suhrkamp taschenbuch
wissenschaft 969

Die politische Theorie hatte größere Schwierigkeiten als die Wirtschafts- oder die Gesellschaftstheorie, die abnehmende Möglichkeit der Intervention in andere Lebensbereiche zu akzeptieren. Sie versuchte noch im 20. Jahrhundert buchstäblich, in alle Bereiche der Gesellschaft »hineinzuregieren«, obwohl alle Versuche, das hierarchische Modell der Politik und des Staates in die alte Position einzusetzen, immer wieder scheiterten.

In diesem Buch wird der Wandel zu immer größerer Bescheidenheit der politischen Steuerung nachgezeichnet, von den großen Soziologen der Jahrhundertwende, Weber, Durkheim und Pareto, bis zu Habermas und Luhmann. Es werden die Prinzipien der klassischen Moderne in der Theorie der Politik herausgearbeitet und die Wurzeln der nachmodernen Revolte gegen den Rationalismus der Moderne freigelegt, die einerseits in die Theorie der Kunst und andererseits in die neuen Ansätze naturwissenschaftlichen Denkens reichen. Das politische Konzept der Steuerung weicht mehr und mehr dem der Selbststeuerung. Der Autor analysiert Gemeinsamkeiten und Unterschiede von Ansätzen der Selbststeuerung, der Katastrophen- und Chaostheorien einerseits und Politikkonzeptionen des Poststrukturalismus und des Postmarxismus andererseits. Weiter zeichnet er die Wirkungen der neuen Makrotheorien auf lebensweltliche Ansätze, Theorien des Wertewandels und der neuen sozialen Bewegungen, der Risikogesellschaft und des Feminismus nach. Schließlich entwickelt er Ansätze einer politischen Theorie auf mittlerer Ebene zwischen den großen Gesellschaftstheorien einerseits und den individualistischen Mikrotheorien andererseits, um die Eigenständigkeit der politischen Theorie gegen die Dominanz soziologischer und ökonomischer Theorie der Politik zu behaupten.

Klaus von Beyme ist seit 1974 Professor für Politikwissenschaft an der Universität Heidelberg. Von 1982 bis 1985 war er Präsident der International Political Science Association. Seine neueren Veröffentlichungen: *Das politische System in der Bundesrepublik Deutschland*, 1979, 7. Aufl. 1991, engl. 1983; *Parteien in westlichen Demokratien*, 1982, 2. Aufl. 1984, engl. 1985; *Die Sowjetunion in der Weltpolitik*, 1983, 2. Aufl. 1985, engl. 1987; *Vorbild Amerika? Der Einfluß der amerikanischen Demokratie in der Welt*, 1986, engl. 1987; *Der Wiederaufbau. Architekturtheorie und Städtebaupolitik in beiden deutschen Staaten*, 1987; *Der Vergleich in der Politikwissenschaft*, 1988; *Reformpolitik und sozialer Wandel in der Sowjetunion (1970-1988)*, 1988. *Hauptstadtsuche. Hauptstadtfunktionen im Interessenkonflikt zwischen Bonn und Berlin*, 1991.

Klaus von Beyme
Theorie der Politik
im 20. Jahrhundert

Von der Moderne
zur Postmoderne

Suhrkamp

Die Deutsche Bibliothek – CIP-Einheitsaufnahme
Beyme, Klaus von:
Theorie der Politik im 20. Jahrhundert : von der
Moderne zur Postmoderne / Klaus von Beyme. –
3. Aufl. – Frankfurt am Main : Suhrkamp, 1996
(Suhrkamp-Taschenbuch Wissenschaft ; 969)
ISBN 3-518-28569-6
NE: GT

suhrkamp taschenbuch wissenschaft 969
Erste Auflage 1991
© Suhrkamp Verlag Frankfurt am Main 1991
Suhrkamp Taschenbuch Verlag
Alle Rechte vorbehalten, insbesondere das
des öffentlichen Vortrags, der Übertragung
durch Rundfunk und Fernsehen
sowie der Übersetzung, auch einzelner Teile.
Satz und Druck: Wagner GmbH, Nördlingen
Printed in Germany
Umschlag nach Entwürfen von
Willy Fleckhaus und Rolf Staudt

3 4 5 6 7 8 – 01 00 99 98 97

Inhalt

I. THEORIEN DER MODERNE
POLITISCHE STEUERUNG IN EINER DIFFERENZIERTEN GESELLSCHAFT

II. THEORIEN DER POSTMODERNE
HILFE ZUR SELBSTSTEUERUNG IN EINER FRAGMENTIERTEN WELT
OHNE ZENTRUM UND NORMKONSENS

Christinae –
sine qua non!

Vorwort

Theorie der Politik als Gesellschaftstheorie ist der Blickwinkel des Verfassers. Die Theorien des 20. Jahrhunderts erscheinen nur dann nicht willkürlich ausgewählt, wenn der Leser bereit ist, dem Verfasser auf dem beschwerlichen Weg zum Studium der Makrotheorien der Politik zu folgen. Politische Theorie als Gesellschaftstheorie ist den Ansätzen gewidmet, die das Verhältnis der Teilbereiche moderner Gesellschaften untereinander reflektieren. Die Unvereinbarkeit der Rationalität verschiedener Systeme und der Versuch der Theorie der Politik, den eigenen Anspruch zu reduzieren, und sich gerade dadurch gegen die Übermacht anderer Teilbereiche der Gesellschaft – vor allem der Ökonomie – zu behaupten, stehen im Zentrum dieses Versuchs. Theorie der Politik wird dabei in ihrem historischen Wandel begriffen. Die immer stärkere Fragmentierung des Denkens im Zeitalter der Nachmoderne erlaubt gleichwohl ein paar Generalisierungen über die vorherrschende Einschätzung des Handlungsspielraums von Staat und Politik. Die Teilbereiche der Gesellschaft gewinnen an Autonomie. Politik kann nicht mehr das naturwüchsige Steuerungszentrum ganzer Gesellschaften sein. Politik unterliegt vielfältigen Einflüssen aus der Theorie der Ökonomie und den Theorien der Kultur. In mancher Hinsicht wird sie den Nachbartheorien ähnlicher. Um so drängender ist die Klärung der Frage, welche Eigenständigkeit die Theorie der Politik noch behaupten kann, die nicht in den Normativismus der klassischen Theorie der Moderne flüchtet. Die Beschäftigung mit Theorien mittlerer Reichweite, die überwiegend auf der Meso-Ebene angesiedelt sind, wird damit nicht überflüssig. Der Verfasser hat diese Theorien an anderer Stelle behandelt (v. Beyme 1986). Empirische Politikwissenschaftler verweisen die großen Theorien der Gesellschaft gern in die Sozialphilosophie oder die politische Philosophie, weil ihre Operationalisierbarkeit für die empirische Forschung gering zu sein scheint. Die großen Theorien sind aber nicht mit dem Einwand erledigt, daß Luhmann nicht angibt, wieviel Prozent Komplexität von einem System unter angebbaren Bedingungen jährlich reduziert werden kann, oder daß Habermas den Behavioralisten nicht verrät, wieviel Kolonialisierung der Lebenswelt bis zum Jahr 2000 stattfinden wird.

Eine Standortbestimmung der Politikwissenschaft bedarf des Rekurses auf die großen Theorien der Politik als Gesellschaftstheorie und kann sich nicht nur auf die verdienstvollen Theorien mittlerer Reichweite beschränken. Die Verflechtung von Politik mit den Bereichen der Wirtschaft, des Rechts oder der Kultur ist eine zu ernste Angelegenheit, als daß man sie punktuellen Andeutungen in Vorworten empirischer Arbeiten überlassen könnte.

Einleitung

Theorien der Politik umfassen drei Operationen:
- Feststellungen über politische Tatsachen, über das, was *ist*.
- Feststellungen über kausale Beziehungen, verbunden mit Prognosen über das, was wahrscheinlich in Zukunft *sein wird*.
- Schlüsse über wünschenswerte Entwicklungen und Reflexionen über das, was *sein soll*.

Nicht zufällig wurde diese Dreiteilung von einem bekannten Historiker der politischen Theorie vorgeschlagen (Sabine 1969: 12). Er wollte sicherstellen, daß auch die prämodernen normativen Theorien der Klassiker aus dem Theoriebegriff nicht ausgeschlossen werden. Empiriker hingegen haben die dritte Operation als quasi-wissenschaftlich der politischen Philosophie überstellt. Umstritten ist auch der Stellenwert der zweiten Operation: Modelltheoretiker haben betont, daß theoretische Modelle in erster Linie im Hinblick auf die Richtigkeit ihrer Prognosen getestet werden sollten und weniger auf den Realitätsgehalt ihrer Analysen des Ist-Zustandes (Downs 1957: 21). Was für mathematisierte Modelle sinnvoll ist, kann nicht in gleichem Umfang für verbale Theorien gelten.

Die Reflexion über das, was sein soll, wurde von der klassischen Moderne versucht, aus der Politischen Theorie zu verbannen (Kap. 1.2.a). Dennoch hat auch dieser Bereich der theoretischen Reflexion eine respektable Minderheitenposition in Fachbereichen der Politikwissenschaft behaupten können. Die Trennung von politischer Theorie und politischer Philosophie ist auch an empirisch orientierten Departments amerikanischer Universitäten niemals strikt durchgeführt worden (v. Beyme 1988: 88 ff.). Eine offen normative politische Theorie hat sich zur Vermeidung von verborgenen normativen Urteilen, wie sie sich auch in empirischen Theorien vielfach nachweisen lassen, durchaus bewährt. Selbst Anhänger der Wertfreiheit haben zugegeben, daß normative Elemente nicht aus allen Phasen wissenschaftlicher Tätigkeit zu verbannen sind: Im ersten Stadium der Hypothesenbildung sind erkenntnisleitende Interessen konstitutiv für die Wahl des Ansatzes, und im dritten Stadium der Evaluation der Befunde sind normative Reflexionen unausweichlich, sofern man nicht

11

folgenlose Theorie anstrebt. Nur im zweiten Stadium der eigentlichen wissenschaftlichen Operation müssen die Werthaltungen herausgehalten werden. Ist-Analyse, Kann-Prognose und Sollens-Urteile müssen in jedem der drei Stadien sorgfältig auseinandergehalten werden.

Keiner der großen Theoretiker der Politik im 20. Jahrhundert hat auf eines der drei Elemente der Theoriebildung verzichtet. Das Mischungsverhältnis der drei Operationen hat sich jedoch im 20. Jahrhundert gewandelt, wie nie in einem Jahrhundert zuvor:

Die *prämodernen* Theorien der Politik waren überwiegend auf *normative Sollensreflexionen* ausgerichtet. Eine ontologisch geprägte Denktradition ging von allgemein gültigen Maßstäben aus. Aus Normen, Werten und Zwecken wurde eine stimmige Ordnung der politischen Phänomene deduziert, und Orientierungen für das Handeln abgeleitet.

Die *Theorie der klassischen Moderne* hat sich vor allem auf die *Ist-Analysen* konzentriert. Je stärker der Modellcharakter der theoretischen Konstrukte betont wurde, um so wichtiger wurde die Prognose im Vergleich zur bloßen Analyse dessen, was ist.

Die *postmodernen Theorien* haben die Ist-Analyse neu konzipiert. Die Prognosen wurden weit weniger betont, obwohl sie selbst bei der abstraktesten Variante nachmodernen Denkens, der Autopoiese, noch eine Rolle spielte (vgl. Kap. 11.2. a). Aufgrund der Absage an lineares Denken schien die Prognose jedoch schwieriger geworden zu sein. Normative Reflexion schließlich war aus methodischen Gründen nicht mehr verketzert, wurde aber aufgrund eines fragmentierten Weltbildes für nutzlos angesehen, soweit Verhaltensmaßstäbe für ganze Gesellschaften entwickelt werden sollten.

Das politische Denken bis zum Zweiten Weltkrieg war vornehmlich durch die Auseinandersetzungen einer kämpferisch gestimmten *Anti-Moderne* gegen die rationalistischen Theorien der Moderne gekennzeichnet. In den fünfziger Jahren kulminierte die Dominanz einer Wiederanknüpfung an die klassische Moderne. In den sechziger Jahren setzten sich die negativen Seiten einer rücksichtslosen Moderne in allen Bereichen durch und lösten damit die theoretische Gegenbewegung aus. Die Postmoderne, die sich im Denken herausbildete, war keine Einheit. Teile knüpften an die Antimoderne an, große Teile aber verstanden sich nur als die konsequente Weiterentwicklung der Prinzipien der Moderne (vgl. Kap. II.1.c).

Dem Verfasser scheint der weite Begriff von Postmoderne, wie er hier zugrunde gelegt wird, durchaus nicht unproblematisch. Dennoch läßt er sich nicht auf die Poststrukturalisten in Frankreich reduzieren und auf jene künstlerischen Revolten in Kunst und Philosophie beschränken, die sich zu ihm bekennen. Der Paradigmabegriff hätte keinen Sinn, wenn der Wandel mit einer Teilgruppe identifiziert würde. Der Ausdruck »Nachmoderne« wäre im Deutschen weniger festgelegt. Aber terminologische Sonderwege zahlen sich nicht aus. In jeder internationalen Diskussion käme der Begriff als »postmodern« zurück. Die Denker einer fortentwickelten Moderne sind hinreichend konstruktivistisch gesonnen, um an solchen Etiketten keinen wirklichen Anstoß zu nehmen, auch wenn sie von Luhmann bis Beck ironische Distanz zum Postmodernismus zelebrieren.

Die drei Stadien Prämoderne, Moderne und Postmoderne werden in diesem Versuch zur Klassifikation benutzt. Daß die theoretische Begriffsbildung der gesellschaftlichen Entwicklung vorauseilt, wird dabei nicht übersehen. Es wird nicht unterstellt, daß eine voll postmoderne Gesellschaft schon existiert (Kap. II.1). Der Paradigmabegriff sollte – auch gegen Kuhn selbst – möglichst auf der Ebene des Grundkonsenses der Wissenschaftler belassen werden, für die er einst konzipiert worden ist.

Keine andere Sozialwissenschaft räumt der Beschäftigung mit prämodernen Theorien soviel Raum ein wie die Politikwissenschaft. Vielleicht ist dies ein Grund dafür, daß sie eigentlich kaum Pioniere der politischen Theorie besitzt, die diesem Fach exklusiv gehören. Durkheim, Weber, Pareto, Parsons, Luhmann oder Habermas, keiner der wichtigsten Theoretiker, die hier behandelt werden, würde sich selbst als Politologe bezeichnen und von Parsons bis Habermas überwog die Herablassung gegenüber den theoretischen Möglichkeiten des Fachs (Kap. 1.3.a). Die Nachbardisziplinen, zwischen die sich die neue Disziplin gleichsam drängte, haben den Neuankömmling nicht eben freudig begrüßt. Üblich war der Vorwurf, daß die Politikwissenschaft anderen Fächern »die Federn ausrupfte und sich mit ihnen schmückte« (v. Kempski 1966: 457). Die Entwicklung einer eigenständigen Theorie der Politik war erst möglich, als einige Vorfragen geklärt werden konnten:

- Die erste betraf das Verhältnis von *Politikwissenschaft und Philosophie*.
- Die zweite Vorfrage betraf das Verhältnis von *Makro- und Mikrotheorie*.
- Drittens war umstritten, ob die politische Theorie in Absetzung von anderen Sozialwissenschaften eher einen *systemtheoretischen* oder vielmehr einen *handlungstheoretischen Ansatz* bevorzugen sollte.

(1) Mit der *Ausdifferenzierung von Philosophie und Sozialwissenschaften* begannen beide Disziplinen im 20. Jahrhundert Prioritätsstreitigkeiten auszutragen, die der prämodernen Theoriearbeit unbekannt war. Vor der klassischen Moderne war weitgehend akzeptiert, daß die Philosophie die Theologie als Grundlagenwissenschaft und Deuterin des gesellschaftlichen Lebens abgelöst hatte. Gerade diese Deutungsfunktionen wurden empirischen Sozialwissenschaftlern suspekt. Makrotheorien schienen der Weltdeutung verhaftet und wurden bereitwillig der Philosophie überstellt. Sozialphilosophie und politische Philosophie wurden zwar in den Universitäten noch geduldet, aber vom Mainstream als vorwissenschaftlich abgetan. Man duldete aus Tradition schließlich auch die Theologie in der Universität, die auch nur in ihrer textkritisch-philologischen Seite als Wissenschaft gewertet wurde. Dennoch hielten sich selbst in den Hochburgen des Erzbehavioralismus, wie in Ann Arbor/Michigan, etwa zehn Prozent von Politikwissenschaftlern, die sich vorwiegend mit politischer Theoriegeschichte und politischer Philosophie befaßten (v. Beyme 1988: 88 ff.).

Die politische Philosophie wurde von diesem Differenzierungsprozeß selbst in Mitleidenschaft gezogen. War die Ansicht noch zu vertreten, daß Philosophie apriorisch verfahre, die Sozialwissenschaften hingegen rein empirisch? Nicht wenige Strömungen der Philosophie versuchten die Philosophie zu einer exakten Wissenschaft zu machen und den Charakter der philosophischen Reflexion aufzugeben. Inzwischen hat nicht nur die Mehrheit der Philosophen, sondern auch die Sozialwissenschaftler eingesehen, daß sozialwissenschaftliche Begriffsbildung ohne apriorische Begriffsarbeit nicht auskommt (Winch 1966: 28).

Damit war der Streit noch nicht beigelegt. Welche Disziplin sollte diese begriffliche Arbeit leisten? Ein Teil der Philosophie hielt sich dafür zuständig. Vor allem die empiristisch gesonnene Phi-

losophie hielt sich dafür kompetent. Gerade die empiristisch gesonnene Philosophie hatte ihrer Disziplin die Aufgabe zugedacht,
Handlanger der Wissenschaft zu sein. John Locke (1959: 11 ff.)
hat schon 1690 in seinem »Essay Concerning Human Understanding« – gegen Leute mit »large thoughts and quick apprehen-
sions« – wie er bissig formulierte – die Auffassung vertreten, daß
die Philosophie vor allem die bescheidene Aufgabe habe, man-
cherlei Gerümpel zu beseitigen, das sich dem Wissen in den Weg
stellt. T. D. Weldon (1953: 32 ff.) trug diese Konzeption der Philosophie unter dem Einfluß des Neopositivismus in die politische
Theorie. Nicht nur prämoderne Wahrheitssuche sollte aufgegeben werden. Auch die üblichen Grundbegriffe wie Staat, Gerechtigkeit oder Freiheit galten als Metaphysik und Ursache für ideologische Kriege und Bürgerkriege. Weldon sah den Beitrag dieser
Grundkonzepte zur Analyse des politischen Geschehens für etwa
so gering an, wie Reflexionen über Raum und Zeit die empirische
Physik weiterbrächten. Mit dieser Ansicht war er womöglich
schon damals nicht auf der Höhe des physikalischen Forschungs-
standes. Ayer (1956) unterschied in der Wissenschaft »Bischöfe
und Facharbeiter«. Nur die letzteren waren erwünscht. Diese
Konzeption folgte einem mechanistischen Weltbild. Wie der Au-
tomechaniker eine Verstopfung des Vergasers beseitigt, so beseitigt der Philosoph oder der Sozialtheoretiker Verstopfungen und
Widersprüche in Diskurs-Systemen.
Positivismus und *Behavioralismus* teilten die Auffassung, daß nur
logische und empirische Aussagen sinnvoll in der Wissenschaft
sind (Falter 1982: 196). Der Behavioralismus legte jedoch mehr
Betonung auf empirische Aussagen, und neigte weit mehr als
andere empiristische Richtungen zum atheoretischen Deskripti-
vismus. Durch die Verbindung mit einer *mikrotheoretischen
Revolte,* welche große Makrotheorien eo ipso für Ontologie-ver-
dächtig hielt, hat er sich auch in größerem Umfang vom *Kausa-
litäts*konzept verabschiedet, und ersetzte es durch *funktionale
Beziehungen* und die Suche nach Korrelationen zwischen beob-
achtbaren Variablen. In der Zuspitzung einer reinen *Variablensoziologie* mußten makrotheoretische Anstrengungen schon wie
eine Vorstufe zur Metaphysik wirken.
Der *Behaviorismus* als die dogmatischste Form jenes lockeren
Kredos, das in Amerika meist als Behavioralismus bezeichnet
wird, war am ehesten geneigt, die theoretische Selbstkasteiung,

welche vom logischen Positivismus als Mittel gegen die prämoderne Reflexion verordnet wurde, so weit zu treiben, daß er auf abstrakte Begriffsbildung weitgehend verzichtete. Aber gerade die empirische Forschung kam ohne abstrakte Konzeptbildung nicht aus. Schon der Begriff »Wahrnehmung« erwies sich als Abstraktion, die nicht rein empirisch gewonnen wurde. Sehr bald wurde in der politischen Psychologie und in empirischen Verhaltensstudien wieder über »Bedürfnisse« räsoniert, ein Begriff, der den logischen Rigoristen wie ein prämodernes Relikt aus der Philosophie Hegels oder von Marx erscheinen mußte (vgl. Kap. 11.3.c). Der Wissenschaftsbetrieb in den USA ging in der Exorzierung der Makrotheorie am weitesten. Viele soziologische Departments waren wie eine lose Konföderation von behavioralistisch orientierten Bindestrich-Soziologien organisiert. Forscher mit makrotheoretischen und historischen Interessen wie Reinhard Bendix in Berkeley oder Seymour Martin Lipset in Stanford mußten mangels Gesprächspartnern in ihrem Fach um »Asyl« im Department für Political Science nachsuchen.

Die *Jagd auf die Metaphysik* vereint alle modernen und postmodernen Ansätze in den Sozialwissenschaften. Sie eint sogar Habermas und Luhmann. Seit Kant wurde die Metaphysik der Abschlußgedanken, welche deduktive Beweise von deren Wahrheit anstrebt, auch von der Mehrheit der Philosophen verabschiedet. Aber eine Metaphysik der Grundlegungen haben auch zeitgenössische Philosophen für notwendig gehalten (Henrich 1986: 495 ff.) und haben sich an keine positivistischen Frageverbote gehalten. Der Versuch, die Philosophie auf reine Sprachanalyse zu reduzieren, den Weldon auf die politische Theorie übertrug, scheiterte.

(2) Legitimatorische Letztbegründungen wurden aus der politischen Theorie in die Marginalität verbannt. Aber eine *»Theorie der Grundlegungen«* war unverzichtbar, und sie konnte nur als *Makrotheorie* geleistet werden. Im empirisch-analytischen Wissenschaftsverständnis blieben die Makrotheorien verdächtig. Theorieansätze, wie sie Luhmann oder Habermas vertreten, bieten nach dieser Ansicht nur »Reflexionen«, keine Theorien, da sie keine Erklärungskraft und schon gar keine Prognosefähigkeit besitzen und esoterische Unterscheidungen nur mit empirischen Illustrationen versehen (Opp 1989: 116). Wo die *Prognosefähigkeit* einer Theorie zum eigentlichen Härtetest erhoben wurde, sprach

alles gegen sozialwissenschaftliche Makrotheorien, die nach der Aufgabe evolutionistischer Ablaufschemata kaum noch Prognosen über die Entwicklung ihrer Großaggregate abgaben. Eine Koalitionstheorie kann nachweisen, daß 60-70% aller Koalitionen in einem Lande theoriegemäß gebildet werden. Habermas könnte schwerlich die Prognose wagen, daß in einem angebbaren Zeitraum 60-70% weitere Kolonialisierung der Lebenswelt stattfinden werde. Trotz der geringen Bedeutung für das Element der Prognose in der politischen Theorie, wurden die Makrotheorien als Trendanalysen für das Studium der Hypothesenbildung zunehmend wieder als nützlich anerkannt.

Die empirische Theorie der Politik strebte nach kumulierbarem Wissen über politische Prozesse. Die Makrotheorien aber neigten zum »Modellplatonismus« (H. Albert) und immunisierten sich gegen die Durchdringung von seiten konkurrierender Theorien. Die Abkehr von der Makrotheorie führte bei Merton (1957: 5) nach dem Zweiten Weltkrieg zum Postulat, sich auf *Theorien mittlerer Reichweite* zu beschränken. Trotzig wurde gegen die großen Systembildner argumentiert: »Wir heutigen Soziologen mögen nur intellektuelle Pygmäen sein, aber wir sind... keine Pygmäen, die auf den Schultern von Riesen stehen.« Die Schultern von Giganten galten nicht mehr als verläßliches Fundament moderner Theoriebildung. Die Kumulierbarkeit empirisch gesättigten Wissens galt als höhere wissenschaftliche Tugend als die Originalität des Denkmodells. Das Problem mangelnder Kumulierbarkeit von Erkenntnissen ist auch in der klassischen Moderne nur partiell gelöst worden. Prämoderne Denker wie Hegel oder Comte nahmen einander kaum zur Kenntnis, selbst wenn man sie aufeinander aufmerksam machte. Aber selbst die drei Pioniere der klassischen Moderne, Durkheim, Weber und Pareto nahmen kaum Notiz voneinander, obwohl sie durch keine Sprachbarrieren getrennt waren (vgl. Kap. 1.2). Auch in der Spätmoderne und in der Nachmoderne gab es trotz der Internationalisierung des Gedankenaustausches immer wieder erstaunliche Wahrnehmungslücken. Foucault bekannte, während seines Studiums von keinem seiner großen Lehrer je den Namen der Frankfurter Schule gehört zu haben (Poster 1989: 18). Habermas und Luhmann schienen kosmopolitische Gelehrte von enzyklopädischer Belesenheit. Aber auch Habermas hat sich zu wenig und zu spät mit dem französischen Poststrukturalismus auseinandergesetzt, und als er damit begann, tat er es vornehmlich mit dem Ansatz der Vorab-Etikettierung auf der Jagd nach neokonservativen Gefahren (vgl. Kap. II.1.a). Luhmann ignorierte trotz seiner umsichtigen Zitatenkränze geradezu planmäßig viele Gedankengebäude, die seinem Denken relativ nahestanden (vgl. Kap. II.2.e).

Die Forscher der mikrotheoretischen Revolte im Behavioralismus hingegen nahmen von vergleichbaren Gedanken mehr Notiz. Die ständige Kooperation der Empiriker in ihren Netzwerken machte die Ignorierung verwandter wie konträrer Ansätze kaum möglich. Das Ansehen der Makrotheorie wurde durch diesen Kontrast nicht gerade gestärkt. Als linke Spötter in den Universitäten den Slogan an die Wände sprühten: »Totalitätsfummler und Fliegenbeinzähler vereinigt Euch!« stachen die Ergebnisse der Makrotheorien unvorteilhaft von denen der Mikrotheoretiker ab. Ein Empiriker wie Erwin Scheuch (1969: 159) hat daher in der Zeit des »Positivismusstreits« die großen Theorien zwar nicht völlig verdammt, aber die eher spekulative Sozialphilosophie von den Theorien mittlerer Reichweite strikt gesondert. Die Theorien und Konzepte mittlerer Reichweite stehen weiterhin im Zentrum der politischen Theorie. Sie sind vom Verfasser an anderer Stelle behandelt worden (v. Beyme 1986). Dennoch dürfen die makrotheoretischen Ansätze nicht dem dezisionistischen Zugriff überlassen werden. Sie stehen daher im Zentrum dieser Analyse. In der Nachmoderne ist die Makrotheorie konstruktivistisch geworden (Giesen 1990: 15). Damit scheinen viele Einwände gegen sie zu entfallen, die in der klassischen Moderne noch vorlagen.

(3) Mit der neuen Würdigung der Makrotheorien nach dem Abklingen der mikrotheoretischen Revolte sind neue Konflikte an die Seite der alten getreten. Der Konflikt zwischen *Handlungstheoretikern und Systemtheoretikern* spitzte sich sogar erneut zu. Beiden Ansätzen gemeinsam ist die Frontstellung gegen eine politische Theorie, die sich auf die Erforschung von beobachtetem Verhalten von Individuen beschränkt. Die klassische Moderne hatte bereits Vermittlungspositionen zwischen Handlungs- und Systemtheorie aufgebaut. Max Weber setzte daher beim »subjektiv gemeinten Sinn« sozialen Handelns an. Er wehrte sich gegen eine individualpsychologische Erklärung von Verhalten in den Sozialwissenschaften und bezog Handeln grundsätzlich auf andere soziale Adressaten. Intentionen und Ergebnisse des Handelns konnten bei diesem Ansatz nicht identisch sein. Immer

wieder kam es daher zum Rückfall in den Versuch, psychologisierende Erklärungen zur Überbrückung des Gegensatzes als Stützkonstruktionen wieder einzuführen.

Die Kluft schien am leichtesten überbrückbar, wenn Systemtheoretiker die Intentionen des Handelns ganz ausklammerten und sich nur für die Handlungsfolgen interessierten. Diese Möglichkeit schien um so verlockender, als sich trotz der starken Reduktion der empirischen Vielfalt in solchen Systemmodellen erstaunliche Prognosefähigkeiten des Ansatzes ergaben, sofern die Spielregeln des Systems korrekt definiert waren und die Akteure sich überwiegend an sie hielten (Schütte 1977: 52). Nur bei der Massierung von abweichendem Verhalten oder gar bei Revolutionen erwies sich die Prognosefähigkeit der Systemtheorie als begrenzt.

Die Ökonomie schien in ihrem theoretischen Ansatz den übrigen Sozialwissenschaften mehr und mehr als Vorbild zu dienen. »Die unsichtbare Hand«, die man seit Adam Smith hinter dem Rücken der einzelnen Wirtschaftsakteure zu einem – im ganzen – gedeihlichen Endergebnis für die Marktwirtschaft am Werk sah, sollte ihr Pendant auch in der politischen Theorie erhalten. Der Fortschritt der Theoriebildung schien zu gebieten, keine Kollektivakteure wie den Staat mehr als Akteure handelnd zu hypostasieren. Die Systemtheorie als »weiche Makrotheorie« hat sich gleichsam als Kompromiß zwischen ganzheitlich-ontologischen Theorien und einem auf individuelles Verhalten reduzierten Ansatz des Behavioralismus entwickelt. Das neue Paradigma der *Postmoderne* hat *den Gegensatz von Makro- und Mikrotheorie einzuebnen* versucht. Widerstände der makrotheoretisch orientierten Sozialwissenschaften gegen diese Nivellierung werden bleiben. Ihre Rechtfertigung können sie aus dem Umstand ziehen, daß auch die Postmoderne ohne makrotheoretische Erwägungen zur Begründung des Primats der Beschäftigung mit fragmentierten Mikrostrukturen nicht auskommt. Die *weiche Makrotheorie eines autopoietisch gewordenen Systemansatzes* erwies sich in dieser Auseinandersetzung als die flexibelste Theorie und hat den Paradigmenwandel gefahrlos überstanden (vgl. Kap. 11.2).

(4) Der ältere Systemansatz war einflußreich auch, weil er verhieß, die Kluft zwischen *Handlungs- und Systemtheorie* zu überbrücken. Bei Parsons geschah dies eher durch bloße Definitionen. Der Begriff der Handlung wurde so gebraucht, daß er mit dem

Begriff »Verhalten« konvergierte (Gunnell 1986: 206). In der Weiterentwicklung von Parsons durch Luhmann wurde die Handlungstheorie als archaisch und überholt noch weiter aufgesogen (Kap. II.2.e). Nur die Verteidiger der Moderne, von Richard Münch (1987) in Fortsetzung der Parsons-Orthodoxie bis zu einem teilweise parsonisierten Habermas (1981, Bd. II: 304), entwickelten den Minimalkonsens, daß System- und Handlungstheorie weiterhin miteinander verbunden werden müßten.

Die politische Theorie mit einer mittleren Ansatzhöhe und einer stark auf institutionalisierten Wandel ausgerichteten Fragestellung neigte stärker zur Pflege handlungstheoretischer Ansätze. Dabei machte sie sich vielfach schuldig, Handlungen institutionalisierten Kollektivakteuren zuzuschreiben. Diese Neigung wurde verstärkt durch den Umstand, daß Politik als System zur Herstellung bindender Entscheidungen, ihren Kollektivbegriffen normative Verbindlichkeit geben konnte. Auch wenn es faktisch gesehen Fiktionen waren, wie der Begriff Souveränität, erlangten sie normative Geltung und konnten daher wider besseres Wissen nicht ohne weiteres aufgegeben werden.

Diese Handlungsorientierung der Politik führte dazu, daß das politische System stärker als andere Subsysteme *auf andere Teilbereiche bezogen* blieb. Wirtschaft oder Kunst haben früh die eigene Autonomie verteidigt. Politik hat sie noch früher erlangt, aber immer wieder aufs Spiel gesetzt, weil sie sich gegen andere Teilbereiche nicht abschotten konnte wie Kunst oder Wirtschaft. *Politik war von Natur aus imperialistisch.* Sie regierte in andere Bereiche hinein. Kulturpolitik entstand als Begriff und Disziplin früher als Kulturökonomie. Das ist kein Zufall.

Kunst kann als *l'art pour l'art* existieren, und die klassische Moderne in der Kunst hat genau dies intendiert. Politik als Kunst um der Kunst willen wäre hingegen ein wirkungsloses Unding. Das »entfremdete Interesse des Staates an sich selbst« (Offe 1975: 15) ist manchmal wie politisches l'art pour l'art interpretiert worden, aber wenn es dieses geben sollte, so ist auch der Kritiker des Systems meist der Ansicht, daß dieses entfremdete Interesse an sich selbst Mittel zu anderen, vielfach sogar ökonomischen Zwecken ist. Politische Eliten mögen »*abgehoben*« wirken, aber sie müssen wenigstens vorgeben, »*responsiv*« zu sein, und sich um die Bedürfnisse ihrer Wähler, die vorwiegend aus nicht politischen Teilbereichen an die Volksvertreter herangetragen werden, zu kümmern. Theoretisch hat diese Verflechtung der Politik mit anderen Subsystemen der Gesellschaft der Disziplin große Schwierigkeiten bereitet, weil sie weniger als Rechts- oder Wirtschaftstheorie ein *rein innerdisziplinäres intellektuelles Glasperlenspiel* aus ihren Theoriebemühungen machen konnte.

Auch wo keine imperialistische Anmaßung der Politik mehr in dem archaischen Sinn vorliegt, daß Politik wieder das dominante Subsystem der Gesellschaft werden möchte, konnte sie sich von der allgemeinen Gesellschaftstheorie weniger lösen als andere Sozialwissenschaften. Theorie der Politik ist weitgehend mit der Gesellschaftstheorie verwoben. Obwohl sich das politische System früher und nachhaltiger aus der alten gesamtgesellschaftlichen *societas civilis* ausdifferenzierte, hat dieser Prozeß nicht dauerhaft zum gleichen Grad von Autonomie geführt, wie der parallele Vorgang in Wirtschaft oder Kunst. Die Durchsetzung des Kapitalismus hat der Wirtschaft zusätzliche Unabhängigkeit von der Politik verschafft. Immer weitere Teilbereiche setzen in der komplexen modernen Gesellschaft lieber das Steuerungsmedium Geld als das Medium Macht ein. Ein Autonomiegrad, wie ihn andere Lebensbereiche verwirklicht haben, würde in der Politik zurück in die Despotie führen, wie das Aufbäumen der konservativen Revolution gegen den Niedergang der Politik gezeigt hat (vgl. Kap. 1.3.c). Die Autonomisierung der *Kunst*, wie sie im Geniekult und Dandyismus der frühen klassischen Moderne intendiert wurde, ist im Zeitalter postmodernen Massenkonsums wieder zurückgeschraubt worden. Das Aufbäumen gegen ökonomische Abhängigkeit ist einem ironischen Akzeptieren und Ausnutzen solcher Zwänge gewichen. Aber dennoch ist der Autonomiegrad der Kunst vermutlich immer noch größer als der Autonomiegrad der Politik, zumindesten in der Frage der Inhalte der jeweiligen Produktion: auf der einen Seite Kunstwerke, auf der anderen Seite Entscheidungen. Die *Kunstgeschichte*, auch eine verhältnismäßig junge Disziplin, hat die Autonomie der Kunst tief internalisiert. Parallel zum Strukturalismus und der Ökonometrie in anderen Wissenschaften entwickelte sich gleichsam eine ikonologische Systemtheorie. In diesem Rahmen nach sozialen Motiven zu fragen, galt eher als unwissenschaftlich. Man hielt sich, wie Systemtheoretiker, an Ergebnisse des Handelns, hier Bilder. Arnold Hauser oder Frederick Antal, die kunstsoziologische und kunstökonomische Fragen ins Zentrum der Betrachtung rückten, galten als marxistische Außenseiter, obwohl sie weit davon entfernt waren, Marxisten im Sinne eines ökonomischen Determinismus zu sein.

Von allen Sozialwissenschaften hat wohl die *Ökonomie* am frühesten die Autonomisierung ihres Substrats theoretisch reflektiert. Die Wirtschaftstheorie hatte einst – wie die Politik und mit dieser verbunden – ihre Reflexion stark politik- und gesellschaftsbezogen begonnen. Als *Politische Ökonomie* hat die frühe wirtschaftswissenschaftliche Theorie sich voll auf das politisch-administrative System bezogen. In den noch älteren *Kameral- und Polizeiwissenschaften* waren Politik und Ökonomie ein kaum zu entwirrender Handlungsverbund. Dies änderte sich im 19. Jahrhundert. Die bürgerliche Ökonomie überließ diese Zusammenschau zunehmend der marxistischen Theorie, die folgerichtig am Begriff der Politischen Ökonomie festhielt, der für die modernistische Mehrheit der Ökonomen obsolet schien. Sie entwickelte statt dessen ein immer stärker *mathematisiertes Modelldenken,* das von autonomen Entscheidungen autonomer Wirtschaftssubjekte ausging, in denen staatliche Eingriffe nur als lästige Störvariablen Eingang fanden. Der Bezug zum politischen System wurde einer eher deskriptiv und normativ arbeitenden Randdisziplin überantwortet, der *Wirtschaftspolitik.* Inzwischen hat die Ökonometrisierung aber auch vor diesem Unterbereich der Wirtschaftswissenschaften nicht halt gemacht.

Das politische Subsystem blieb in ganz anderer Weise auf die Gesamtgesellschaft und benachbarte Lebensbereiche bezogen als jeder andere Teilbereich. Dies war einer der Gründe für eine Neigung zum Rückfall in prämoderne Primatsansprüche des Politischen, welche die Ökonomie oder die Kunst kaum noch aufzuweisen hatten (vgl. Kap. 1.3.b). Aber auch wo der romantische Rückfall des Schmittianismus und der konservativen Revolution vermieden wurde, bedingte dieser enge Bezug der Politik auf andere Lebenssphären eine starke Abhängigkeit der politischen Theorie von anderen Wissenschaften, wie der Ökonomie der soziologischen Systemtheorie, dem Behavioralismus, der politischen Ökonomie oder dem rational choice-Ansatz. Andere Lebensbereiche wie Ökonomie oder Kunst haben in ihrer Theoriebildung früh politische Interventionen von außen abzuwehren versucht. Sie beanspruchten Autonomie, aber keinen Primat der Steuerung. Ihre eigene politisch relevante Aktivität ging über einen *Lobbyismus für die Interessen des eigenen Subsystems* nicht hinaus. Die Politik und ihre Theorie schien im Vergleich zu ihnen latent imperialistisch zu sein. Selbst wenn Politiker ahnen, daß sie nicht handeln können, erschallt der Ruf der Wähler nach ihren Taten. Politik kann den Anspruch nicht aufgeben, in anderen Lebensbereichen zu intervenieren, sonst gäbe es keine Wirtschafts-, Rechts- oder Kulturpolitik.

Diese Handlungszwänge für politische Systeme bringt die politische Theorie in Schwierigkeiten. Wer kolonialisiert wen? Mit zunehmender Komplexität der Gesellschaft verengen sich die Handlungskorridore der Politik. Alle Subsysteme der Gesellschaft entfalten eine *Eigendynamik*. Die Rechtstheorie kann sich leichteren Herzens der Theorie selbststeuernder Systeme verschreiben (vgl. Kap. II.2) und Recht als System zirkularer Beziehungen verstehen (Teubner 1989: 15). Die Theorie der Politik ist zu solcher selbstreferentiellen Selbstgenügsamkeit weit weniger prädestiniert.

Auch andere Sozialwissenschaften sind des Imperialismus verdächtigt worden, vor allem die Ökonomie. Mit der Demokratisierung der Gesellschaft haben sich die Lebensbereiche nicht nur weiter ausdifferenziert. Sie sind mit ihren Steuerungscodes auch vielfach ähnlicher geworden. Kein Wunder, daß der Vergleich vermehrt zur Theorierezeption herausfordert. Die Vorstellung *»eine Wissenschaft, eine Methode, ein theoretisches Paradigma«* wird in der Spätmoderne anachronistisch.

Die *Entzauberung des Staates* in der nachmodernen politischen Theorie entsubstantialisierte den Machtbegriff. Auch das politische System schien mehr nach dem System des *Tausches in Netzwerken* als nach dem Prinzip einer *herrschaftlichen Machtpyramide* organisiert zu sein (Kap. 1.3.d). Auch solche Einsichten brachten die Theorie der Politik der ökonomischen Theorie immer näher. Ökonomen haben an der Entwicklung moderner politischer Theorie mitgewirkt wie Boulding (1969) und Olson (1968). Die Klage über einen *Imperialismus der Ökonomie* wurde jedoch häufiger von den Ökonomen selbst als von ihren Nachbardisziplinen erhoben (Radnitzky/Bernholz 1987).

Was vielfach als Import aus der Wirtschaftswissenschaft angesehen wurde, war die *entscheidungslogische Fragestellung*, die unabhängig vom Substrat mathematisch vorangetrieben werden konnte. Überall da, wo die Präferenzen nach klaren Nutzenkal-

23

külen durchgesetzt werden – von der Koalitionstheorie bis zur Analyse internationaler Konferenzen –, hat sich der Ansatz bewährt. Wo altruistische Motive und diffuse Selbstverwirklichungsideen politisches Handeln motivieren, erwies sich diese Annäherung an die ökonomische Theorie als nicht möglich (Engelhardt 1989). Bei der Erforschung von Wertewandel, neuen sozialen Bewegungen und Alltagsgeschichte (Kap. 11.3) wurde daher der Import aus der Ökonomie geradezu feindselig abgewiesen.

Den wirtschaftswissenschaftlichen Theorien wird ein *individualistisches Vorurteil* nachgesagt. Der Theorievergleich wird jedoch zeigen, daß auch kollektivistische Theorieansätze von Marx bis Durkheim nicht ohne Rückgriff auf das Individuum auskamen (Opp 1989: 113). Das Dilemma aller kollektiver Theorien bleibt, daß kollektive Einflüsse über das Individuum vermittelt werden und durch das »Nadelöhr des individuellen Bewußtseins« müssen (H. Baier). Die Politikwissenschaft bleibt im Gegensatz zur neoklassischen Theorie der Ökonomie auch künftig auf Kollektivbegriffe angewiesen. Diese sind jedoch nicht mehr ontologisch aufgeladene Substanzbegriffe wie Staat und Macht in der Prämoderne, sondern Kristallisationen in den politischen Institutionen (v. Beyme 1988: 69 ff.).

Die vorliegende Untersuchung wird sich den vielfältigen Einflüssen aus Kunst, Ökonomie oder Naturwissenschaft widmen, ohne einen engen Begriff von reiner Politikwissenschaft zu verteidigen, den es schon nach der Genesis des Faches, das aus verschiedenen Disziplinen zusammenwucherte, nicht geben kann. Auswahlkriterium für die Behandlung sind die *großen Theorien*, welche das Problem der *Steuerung der Gesellschaft* und ihrer Teilsysteme durch die Politik reflektieren. Der Versuch, die wichtigen Theoriestränge des Jahrhunderts nachzuzeichnen, wird den Begriff des *Pluralismus* ernster nehmen müssen als viele der hier beschriebenen Gedankengebäude. Keine moderne oder nachmoderne Theorie kommt ohne das Bekenntnis zur interdisziplinären Arbeit aus. Gerade in der Postmoderne haben die Künste und die Naturwissenschaften eine Aktualität für die Theoriebildung der Sozialwissenschaften erhalten, die sie in der klassischen Moderne so nicht besaßen. Nach einem weitverbreiteten Sprachgebrauch wird *interdisziplinär* genannt, was mehrere Autoren als Buchbindersynthese vorlegen. Unternimmt ein einzelner eine solche Synthese,

so wird sie manchmal negativ als *eklektisch* bezeichnet. Im Zeitalter der postmodernen Theorie-Collage hat dieser Vorwurf jedoch
viel von seiner Rufmordkapazität eingebüßt.

1. Theorien der Moderne
Politische Steuerung in einer
differenzierten Gesellschaft

1. Epochen und Zäsuren:
Von der Prämoderne zur Moderne

Die Abgrenzung der Moderne wird häufig dadurch verwirrt, daß die Entstehung der Moderne in der *realen Geschichte* und die Entstehung einer *Theorie dieser Moderne* ständig vermischt werden. Theorien der Moderne lassen sich zu Zeiten finden, da die Durchsetzung der befürchteten oder erhofften Prinzipien der Moderne vom Realhistoriker, vor allem dem Sozialhistoriker, der nicht nur die Eliten der Gesellschaft untersucht, noch kaum festzustellen sind. Realhistorische Untersuchungen haben daher meist einen Begriff der Moderne zugrunde gelegt, der weniger weit in die Geschichte zurückreicht als der Begriff von Moderne, der in theoriegeschichtlichen Werken dominiert.

Die Genesis der Moderne in der realen Geschichte

Jede Wissenschaft neigte dazu, die Gesichtspunkte, welche ihr Forschungsfeld beherrschten, dem Begriff der Moderne zugrundezulegen. In einer *wirtschaftszentrierten* Forschung wurde die Moderne meist mit dem *Kapitalismus* gleichgesetzt. Später wurde die *Industriegesellschaft* als Folge des Kapitalismus mit der Moderne identifiziert (Giddens 1987: 26). In *kultur*-zentrierten Forschungen wurden kulturelle Prozesse wie *Säkularisierung, Ausbreitung der rationalen Lebensführung* und »*Entzauberung der Welt*« als die wichtigsten Kennzeichen der Moderne herausgestellt.

Die Geschichtswissenschaft hat von ihren empirischen Grundlagen und einer Tradition her, welche sich von der spekulativen Geschichtsphilosophie getrennt hatte, die größte Abneigung gegen eine rigorose Periodisierung der Epochen. Innerhalb der Geschichtswissenschaften waren die Wissenschaftler jedoch in diesem Punkt nicht einig. Während die *Kultur- und Geisteshistoriker* noch zu großzügigen Periodisierungen neigten, haben die Sozialhistoriker eher die *Kontinuität historischer Prozesse* betont, welche scharfe Datierungseinschnitte fragwürdig machte. Fernand Braudel war bahnbrechend in der Entwicklung einer Sicht auf die

Ungleichzeitigkeit des Gleichzeitigen. Selbst die *Ereignishistoriker* wurden von den *Sozial- und Wirtschaftshistorikern* darüber belehrt, daß die großen Einschnitte, an die man sich für die Gedenktage hielt, sozialgeschichtlich oft keine großen Spuren hinterlassen haben. Das wurde selbst für die großen Revolutionen geltend gemacht. Die sozialen Wandlungen, die man der Revolution von 1789 nachgesagt hatte, traten erst in der Julimonarchie nach 1830 in großem Ausmaß auf, wie Alexander Gerschenkron nachwies. Der amerikanischen Revolution wurde im Vergleich zur französischen nachgesagt, daß sie nur eine politische und keine soziale Revolution gewesen sei. R. R. Palmer (1959, Bd. 1: 185 ff.) hat ihr hingegen größere soziale Umwälzungen und Modernisierungskräfte zugeschrieben als der französischen. Hatte man erst den Beginn der großen Modernisierung fleißig vordatiert, mußte man sie später vielfach wieder rückdatieren.

Die Entdeckung der Ungleichzeitigkeit des Gleichzeitigen erlaubte eine Epocheneinteilung nur für einzelne Segmente der Gesellschaft. Selbst bei der intellektuellen Führungsschicht unterlag zudem das Zeitgefühl einem permanenten Wandel. In der Neuzeit tat sich eine *Kluft zwischen Erfahrung und Erwartung* auf, die traditionalere Gesellschaften nicht gekannt hatten.

Die Zukunft löste sich von der Vergangenheit. Geschichte hörte auf, Lehrerin für die Gestaltung der Zukunft zu sein (Koselleck 1989: 374). Das moderne Zeitgefühl war auf Fortschritt geeicht. Mit der Ideologisierung der Begriffe zur theoretischen Erfassung der modernen Welt wurden vergangenheitsbezogene Erfahrungsgehalte abgebaut, aber die Erwartungen an die Zukunft stiegen. Demokratie, Wohlfahrtsstaat oder Sozialismus weckten Erwartungen und enttäuschten sie.

Staats- und Politikwissenschaftler haben hingegen die rechtliche Rationalisierung, den Konstitutionalismus, die Demokratisierung oder die Bürokratisierung als das Hauptkriterium der Moderne angesehen. Die *Kulturwissenschaften* stellten die Entwicklung der modernen Wissenschaft, einer universalistischen Moral und die Herausbildung einer Zivilreligion in das Zentrum (Münch 1984: 11). Normativ verstandene Analysen des Projekts der Moderne konzentrierten sich auf den »vernünftigen Gehalt der Moderne«, die universalistischen Grundlagen von Recht und Moral, Rechtsstaatlichkeit und Demokratie, sowie die individualistischen Muster der Identitätsbildung des Menschen (Habermas 1983: 412).

Alle diese neueren Kataloge von Kriterien der Moderne enthalten ein optimistisches Element. Das war in den 40er Jahren anders, als die Frankfurter Schule bei Adorno oder Marcuse die Tendenz der Moderne zur technischen Barbarei ins Zentrum der Betrachtung stellte. Mit der Festigung stabiler demokratischer Verhältnisse in einer wachsenden Zahl europäischer Länder wich diese pessimistische Sicht. Die Frankfurter Schule in der amerikanischen Emigration war trotz der Akzeptanz, die sie dort genoß, hinreichend entfremdet, um den Gedanken nicht aufkommen zu lassen, daß die angelsächsische Demokratie die gesuchte positive Form der Moderne sei. Allenfalls bei Hannah Arendt fanden sich unter den deutschsprachigen Emigranten solche Gedanken. Die Frankfurter Schule kam zu einer prononciert positiven Würdigung der amerikanischen Demokratie eigentlich erst mit Habermas.

Die aufgezählten Kriterien der Moderne vom Kapitalismus bis zum Rechtsstaat oder der Demokratie erlauben keine sehr exakte Periodisierung. Die Wissenschaften haben zudem sehr unterschiedliche Epochenabfolgen beschrieben. Den weitesten Begriff der Moderne pflegte die Philosophie, den engsten die Kunstwissenschaft.

Die Philosophie hat den Beginn der Moderne vielfach an den Beginn des 17. Jahrhunderts verlegt. Zwei Traditionsstränge entwickelten sich seither: der Empirismus wurde mit Francis Bacons »Novum organum scientiarum« (1620) eingeleitet. Der Rationalismus mit René Descartes' »Discours de la méthode« (1637). Beide Traditionen des Denkens haben die »Entzauberung der Welt« vorangetrieben.

Die Suche nach exakt angebbaren Zäsuren erweist sich als Frucht des Denkens der klassischen Moderne. Für postmodernes Denken ist die Moderne kaum mit irgendeinem spezifischen Ereignis der Geschichte in Zusammenhang zu bringen. Modernität erscheint für diese Denkweise als *historische Konstellation*. Sie ereignete sich unter verschiedenen Formen zu unterschiedlichen Zeiten, etwa beim Niedergang der traditionellen Tugenden in Athen zur Zeit des Socrates, beim Untergang der hellenistischen Welt oder beim Ende der Metaphysik zur Zeit Kants (Dreyfus/Rabinow 1985: 117). Die meisten Forscher weiteten den umfassenden Begriff der Moderne in der Philosophie aus und versuchten, den geistesgeschichtlichen Wandel zu vorherrschenden Weltbildern und Inklusionsformeln zu verdichten. Leitbilder eines

selbstbewußten und homogenen Ich, einer säkularisierten Heils-
erwartung, die sich auf den Fortschritt verengte und ein irdisches
Glück in einer individualisiert gedachten Liebe suchte (Wahl
1990: 126), sind als die tragenden Ideen herausgestellt worden.
»Sattelzeiten« im 17. und 18. Jahrhundert kristallisierten sich bei
der Suche nach Zäsuren heraus.

Für die Sozialwissenschaften erweist sich dieser weite Begriff der
Moderne als nicht sinnvoll. Aber auch zwischen ihnen herrscht
kein einheitlicher Modernitätsbegriff. In der Ökonomie ist der
Modernitätsgehalt der Theorien von Smith und Ricardo vermutlich höher als der von Rousseau. Dennoch wird auch in der ökonomischen Dogmengeschichte ein Schnitt gegen Ende des
19. Jahrhunderts vorgenommen. Die Moderne im engeren Sinne
begann nach dieser Auffassung etwa zwischen Leon Walras' *Elé-
ments d'économie pure* (1874) und Alfred Marshalls *Principles of
Economics* (1890). Häufiger als bei anderen Sozialwissenschaften
wurde der Grad der Anwendung mathematischer Methoden zum
Modernitätskriterium erhoben (Soffer 1978: 253 ff.). Er schien die
eigentliche Überwindung der politisierenden oder moralisieren-
den Kathederökonomie einzuleiten. Max Weber vollbrachte diese
Tat gegen Schmoller auch ohne Mathematik. Walras vertrat zwar
dogmatisch die mathematische Methode als Königsweg der Ökonomie, aber seinem Nachfolger Pareto (vgl. Kap. 1.2.a) riet er
gleichwohl, die Vorlesungen davon frei zu halten. Marshall bevorzugte die Mathematik in anschaulicher geometrischer Form
und bestand auf einer sprachlichen Rückübersetzung mathematischer Formeln. Erst mit Paul Samuelsons *Foundations of Economic Analysis* (1946) wurde der Prozeß eingeleitet, der zur Dominanz der Ökonometrie führte. Makrotheorie wurde in den
Hintergrund gedrängt, und ist erst durch den Keynesianismus
vorübergehend wieder zu Ehren gekommen. Hier entwickelten
sich Unterschiede zur Politikwissenschaft, die weder die *Dominanz der Mikrotheorie* noch die der *mathematischen Darstel-
lungsform* in gleicher Weise betonte.

Mit dem Niedergang des Marxismus sank auch in der Politikwissenschaft das Interesse an Makrotheorien. Aber durch den Fokus
auf der *Meso*-Ebene, durch die Vermittlung politischer Prozesse
durch *Institutionen*, und das fortdauernde Interesse an den *Akteuren und ihren Intentionen* entfernten sich ökonomische und
politische Theorie in der Moderne voneinander.

Am einfachsten war die Ermittlung des Beginns der Moderne in der Kunst. In keinem anderen Bereich wird so lapidar von »modern« gesprochen. Als Beginn der modernen Kunst wird Cézannes Aufgabe der Linearperspektive angegeben. Der Bildraum wurde seither auf ein zweidimensional flächig wirkendes Gestaltungsschema umgestellt (Novotny 1970: VII). Die Bildelemente wurden damit enthierarchisiert. Die Vierfeldermatrix der ausdifferenzierten Lebensbereiche, die seit Parsons vielfach variiert wurde, hat ihre optische Parallele in der Kunst. Erst mit dem Paradigmawandel zur Postmoderne wurde auch dieses Gestaltungsprinzip überholt. Interaktionen in selbststeuernden Systemen lassen sich nicht mehr graphisch darstellen.

Aber auch in der Kunst kamen Zweifel an den Epochen auf. In England war die Zäsur verschwommener als in Frankreich. Am schärfsten war sie in den Ländern, die einen Modernisierungsrückstand aufwiesen. Es ist kein Zufall, daß Deutschland zum Vorreiter der modernen Architektur wurde, weil hier eine beispiellose Wohnungsnot sich mit dem Überdruß an einem anachronistischen Neobarock des Wilhelminismus traf, und eine moderne, rationale und soziale Architektur zugleich herausforderte. In den Randgebieten Europas blieb die Moderne eine Insel im Meer des Traditionalismus, wie in Rußland (v. Beyme 1965) oder in Spanien die »Generation von 1898«. Nicht nur die räumliche Dimension der Moderne blieb unklar. Auch die zeitliche Dimension als Epochenbegriff ließ sich nicht – wie versucht – auf einen Stilbegriff reduzieren, wie Renaissance oder Klassizismus. Der Modernismus hatte kein einheitliches Programm und umfaßte widersprüchliche Tendenzen wie den Kubismus, den Konstruktivismus, den Expressionismus (Anderson 1984: 112 f.). Selbst der Surrealismus (vgl. Kap. II.1.b), vielfach als »Antimoderne« interpretiert, wurde gleichwohl unter der Rubrik »moderne Kunst« nicht ausgeschlossen. Weitverbreitet war die Abgrenzung einer älteren Frühmoderne, die bis zur Romantik zurückverlängert wurde, von einer engeren klassischen Moderne. Postmoderne (Jameson 1984: 53 f.) unterschieden in den Literaturwissenschaften:

– Realismus
– klassische Moderne
– Postmoderne

als Phasen der Moderne im weiteren Sinn. Die klassische Moderne ist ihrerseits in Etappen untergliedert worden:

- Entwicklung des Paradigmas bis 1914,
- Durchsetzung des Paradigmas in den 20er Jahren,
- katastrophische Zurücknahme der Prinzipien des großen Rationalisierungsprozesses (Peukert 1989: 83).

Setzt man die 30er Jahre mit der Epoche der katastrophischen Zurücknahme der Moderne gleich, so ist dies wiederum eine Vereinfachung, die eigentlich nur für den europäischen Kontinent zutrifft. In den angelsächsischen Ländern war diese Rücknahme schwächer ausgefallen. Die Rücknahme war zudem selbst in den faschistischen Ländern nur eine halbe Austreibung der Moderne. Die technische Seite der Modernisierung wurde sogar enthusiastisch für die eigenen Ziele mißbraucht. Die Verherrlichung der »Stahlgewitter« und die Mythisierung der technisierten Kriegsmaschine stand neben der Diffamierung der aufklärerischen Teile der Moderne.

Parallel zu den Dreiteilungen, die in der Kunst- und Literaturwissenschaft (Realismus, klassische Moderne, Nachmoderne) überwiegen, lassen sich auch bei der Bildung sozialer und politischer Theorien drei Stufen der Moderne unterscheiden:

- die *frühe Moderne* mit starken Relikten des Evolutionismus, des Holismus und spekulativer Ideen, wie sie von Marx bis Freud nachweisbar ist,
- die *klassische Moderne,* die sich bemühte, die prämodernen Relikte zu überwinden,
- die *Nachmoderne,* welche die wichtigsten Prinzipien der Moderne übernahm, weiterentwickelte und vielfach zuspitzte.

Eine säuberliche Stadienabgrenzung ist in der politischen Theorie sowenig möglich wie in der Kunst. In einigen Ländern – wie in Amerika – schien die Entwicklung kontinuierlich. In anderen war die klassische Moderne ein Intermezzo, das von der Antimoderne lautstark übertrumpft wurde. Aber selbst in Amerika war der Prozeß der Durchsetzung der Moderne in der politischen Theorie keine lineare Entwicklung. Eines der ersten Bücher einer modernen Theoriegesinnung stellte das Werk von Arthur F. Bentley »The Process of Government« (1908) dar.

Obwohl – oder gerade weil – Bentley in Deutschland studiert hatte, war er der kontinentalen Neigung zu großen Theorien und umfangreichen Definitionen abhold. Keiner hat vor ihm so sarkastisch ein modernes empirisches Wissenschaftsverständnis in der Politik vertreten: »Who likes may snip verbal definitions in his old age, when his world has gone crackly and dry«. Konzeptbildung schien Ausdruck der europäischen Senilität. Der Gegenangriff, der diese Position als »naiv« einstufte, wurde von Bentley (1949: 177 Anm.) abgewehrt, indem er diese Naivität zum Ehrentitel der Erfahrungswissenschaft umdeutete. Die Politik befand sich mit dieser Position seiner Ansicht nach in guter Gesellschaft der Physik, die als Inbegriff einer exakten Wissenschaft galt.

In immer neuen Wellen wurden in Amerika moderne empirische Theorien der Politik entwickelt. Zwischen den Weltkriegen lag das Zentrum dieser Bemühungen in der Schule von Chicago. Ihr behavioralistisches Kredo setzte sich jedoch erst nach dem Zweiten Weltkrieg in der amerikanischen Wissenschaft durch. Zu früh wurden in der Politikwissenschaft die Epitaphe auf eine erfolgreiche Revolte gesetzt (Dahl 1961). Schien Anfang der 60er Jahre die klassische Moderne des Behavioralismus gesiegt zu haben, so wurde von einem Präsidenten der American Political Science Association (Wahlke 1979) Ende der 70er Jahre resigniert festgestellt, daß die junge Disziplin sich eher in einem vorbehavioralistischen als in einem postbehavioralistischen Stadium der Entwicklung befinde.

In Europa war die Fortwirkung der frühen Moderne mit ihrer Neigung zu globalen Theorien, bei analytischer Reduktion des Geschehens auf wenige Kräfte, stark, wie sich an einem kurzen Vergleich der beiden *einflußreichsten Theorien* zeigen läßt, die auch in der Zeit der klassischen Moderne vielfach miteinander verbunden wurden: *Marxismus und Freudianismus.*

- Marx und Freud reduzierten das Movens der Bewegung auf wenige *Triebkräfte* (Basis-Überbau, Produktivkräfte-Produktionsverhältnisse oder Ich-Überich-Es).
- Beide waren Anhänger der Aufklärung und *wissenschaftsgläubig.* Das kausal-mechanische Denken wurde von beiden zu hoher Blüte gebracht (Wyss 1969: 54 ff.).
- Beide *kämpften gegen das Prinzip Herrschaft,* welches das Prinzip Lust unterdrückt: bei Marx die Bourgeoisie, bei Freud der patriarchalische Vater. Lustbeschränkende Gewalten sah Marx in Formen des Überbaus, Freud im Überich. Beide waren *Gegner der Religion,* weil sie das »falsche Bewußtsein« verstärkt (Marx) oder als neurotisches Durchgangsstadium angesehen wurde (Freud). Beide waren motiviert von einem Kampf für die Herrschaft der Vernunft (Rattner 1970: 35).

- Marx wie Freud waren große Modernisten in der Abkehr von harmonisierenden Integrationsmodellen. Beide vertraten ein *Konfliktmodell:* Am Ende der Konflikte stand freilich doch ein harmonischer Endzustand: die klassenlose Gesellschaft (Marx) oder der Zustand seelischer Spannungslosigkeit (Freud). Der analytische moderne Ansatz war bei beiden durch einen *latenten Evolutionismus* beeinträchtigt, weil noch, wie in vielen vormodernen Theorien, ein besserer Endzustand verheißen wurde. Prämodern war auch die Geburtshilfe, die sich beide große Denker von einem Demiurg in Form der *Intellektuellen* mit Einblick in die großen Prozesse versprachen, ob sie nun als Revolutionäre (Marx) oder Therapeuten (Freud) konzipiert waren.

Prämodern muten einige weitere Elemente der Theorien von Marx und Freud an:

- Die Festlegung auf je eine Variante eines *materialistischen Ansatzes.*
- Der *Reduktionismus,* der weite Bereiche von Gesellschaft und Kultur auf ökonomische (Marx) oder biologische Konstanten (Freud) reduzierte.
- Die kaum verhüllte Haßliebe zur Arbeit führte zur *Überbewertung einiger Lebenssphären.* Bei beiden sind Kulturerzeugnisse eher Sekundärphänomene: des Überbaus bei Marx, Ergebnisse eines Verdrängungsdrucks und der Sublimierungsbemühungen des Menschen bei Freud.

An einigen Stellen ist der Modernitätsgehalt der beiden Theoretiker auch kaum vergleichbar:

- Marx ist stärker vom Evolutionismus der Prämoderne beeinflußt und glaubt stärker an die *Perfektibilität* des Menschen. Freud dachte weitgehend ahistorisch. Die genetische Komponente, die auch in seinem Denken präsent war, wurde in die Entwicklung des Individuums verlagert und gesellschaftliche Entwicklung wurde parallel zur individuellen Entwicklung gedeutet.
- Freud hatte im Vergleich zu Marx den großen *Kollektivbegriffen gesellschaftlicher Art abgeschworen.* Der Preis war eine Theorie, die keinen Gruppenansatz kannte und von der Isoliertheit des Menschen ausging. Der *homo libidinalis* wurde als Parallele zum liberalen *homo oeconomicus* von Freud entwickelt. Erich Fromm hat die libidinösen Beziehungen des Men-

schen parallel zu den Tauschgeschäften der liberalen Wirtschaftssubjekte gedeutet, die mehr oder weniger verlustreich verliefen. Während bei Marx Großgruppen, wie *Klassen*, als Akteure wirkten, tauchte als Gruppe bei Freud allenfalls die *Familie* auf.

Die prämodernen Elemente der beiden Theorien haben die akademische Durchsetzungsfähigkeit in beiden Fällen beeinträchtigt. Im Gegensatz zur Psychologie wirkte die Psychoanalyse quasi-paradigmatisch mit einem zu weiten Geltungsbereich und einer zu simplen libidinösen Triebkraft als Motor der Entwicklung (Nitzschke 1989: 24). Ähnliches läßt sich vom Marxismus sagen. Beide Theorien waren zu stark an Veränderung interessiert – revolutionär oder therapeutisch –, um jene Distanz zwischen Wissenschaft und praktischem Handeln zu respektieren, die sich in der modernen Theoriebildung durchsetzte (Kap. 1.3.a). Das Freudsche Junktim zwischen Heilen und Forschen war für die Mehrheit so wenig akzeptabel wie das Marxsche Junktim zwischen Theorie und Praxis. Die akademische Ökonomie hat die marxistische politische Ökonomie in Randbereiche der Universität abgeschoben. Die akademische Psychologie war erfolgreich – trotz einiger Vermittlungsversuche, vor allem in Amerika –, die Psychoanalyse in Institute der Psychotherapie oder Psychosomatik abzudrängen. Diese Entwicklung hatte eine partielle *Medizinalisierung der Psychoanalyse* zur Folge, die von orthodoxen Freudianern vielfach kritisiert wurde (Körner 1985). Die Abdrängung der Marxschen Politischen Ökonomie in Randbereiche wie Politikwissenschaft hatte parallel eine stärkere *Politisierung* zur Folge, die von orthodoxen Marxisten ebenfalls für nicht unbedenklich gehalten wurde. Die Marginalisierung beider Lehren in den Universitäten der meisten Länder förderte andererseits die *Sektenbildung.* Geheimbundriten der Jünger, im »Bund der Kommunisten« wie in der Vereinigung von Freuds engsten Schülern in einem geheimen Komitee, in dem Abweichungen mit fast marxistischem Ritual von Kritik und Selbstkritik geahndet wurden, haben die Durchsetzungsfähigkeit dieser beiden Lehren nicht gefördert. Dennoch waren beide außerordentlich wirksam, und haben in Verbindung mit empirischen Ansätzen die Theoriebildung vielfach befruchtet.

In der Zeit der Vorherrschaft der analytischen Wissenschaftsauffassung wurde es üblich, große Entwürfe, wie die von Marx, als

»prämodern« in toto aus der Wissenschaft auszuklammern, und die Pioniere der Moderne in toto von prämodernen Elementen (wie Holismus oder Evolutionismus) gereinigt darzustellen. Bei eingehender Analyse zeigt sich jedoch, daß die meisten großen politischen Denker des 19. und 20. Jahrhunderts durchaus Gemeinsamkeiten aufweisen. Zu ihnen gehören: (1) Theorien der frühen und der klassischen Moderne sind einig darin, daß die *Gesellschaft der Moderne aus der Gemeinschaft entlassen* worden ist. Bei Spencer wurden die Segnungen des Differenzierungsprozesses optimistisch übertrieben, bei Tönnies die Nachteile der Entwicklung von der Gemeinschaft zur Gesellschaft allzu einseitig herausgestellt. Simmel hat am stärksten die Vor- und Nachteile des Prozesses abgewogen. Etwa am Beispiel der Großstadt läßt sich zeigen, daß er die alte Sorge vor Identitätsverlust und Vermassung in der Großstadt am gelassensten überwunden hatte. Seit Simmel wurden mit Aufgabe einer totalisierenden Betrachtung in der Zerstörung der Gemeinschaft Vor- und Nachteile zugleich entdeckt. Auch Habermas sah in der Zerstörung der Gemeinschaft nicht nur Negatives: die Lebenswelt wurde durch diese Entwicklung einerseits beeinträchtigt, andererseits von Machtkalkülen und wirtschaftlichen Funktionen entlastet und konnte so zum Kristallisationspunkt eines neuen normativen Verständnisses werden. Die Ausdifferenzierung der Lebenssphären der Gesellschaft wurde von den Anhängern der Moderne aller Stufen nicht mehr rückgängig zu machen versucht. Es wurden hingegen Vermittlungsstrategien zwischen den autonomen Lebensbereichen gesucht, teils auf der abstrakten Ebene in der Theorie kommunikativen Handelns, teils auf der empirischen Ebene von Institutionen und Prozessen durch Korporatismustheorien (vgl. Kap. 1.3.d) oder der Kooperation von Funktionseliten.

Alte Radikalalternativen, die den Modernisierungsprozeß als Nullsummenspiel wahrnahmen, wurden theoretisch abgebaut. Noch Dahrendorf (1979: 51) hat als Charakteristikum der Moderne angesehen, daß die *Ligaturen,* die Bezüge und Fundamente des Handelns stiften, in dem Maße schwinden, wie die *Optionen* zunehmen. Lebenschancen aber werden als Funktionen von Bindungen und Optionen angesehen, und die Ligaturen werden nicht mehr konservativ verklärt.

(2) Theoretiker der frühen und der klassischen Moderne gingen

38

von der *Universalität des sozialen Wandels* aus. Wandel wird nicht mehr negativ beurteilt, wie viele prämoderne Theorien als Schockerlebnis nach der Französischen Revolution dies noch taten. Die Differenzierung schien unaufhaltsam. Die frühe Moderne hat jedoch ein unterschwelliges Einheitsstreben nicht überwunden und die Vorstellung eines möglichen Endzustandes nicht aufgegeben, ob er nun als preußische Monarchie (Hegel, Lorenz von Stein) oder Kommunismus (Marx) gedacht wurde. Selbst in Habermas' Projekt der Moderne haben seine Kritiker noch Reste dieses Einheitsstrebens entdeckt. Die Hegelsche Idee der sittlichen Totalität war schon von Marx aufgegeben worden. Aber Züge einer »Vereinigungsphilosophie« tauchten im revolutionären Gewande auch im Neomarxismus noch auf (Berger 1986: 83, 89; vgl. Kap. 1.3.c). Trotz aller Anleihen beim Funktionalismus sollte die gewünschte Veränderung jedoch nicht als blinder Prozeß ablaufen, sondern als Ergebnis kritischer Kommunikation.

Vermittlungsversuche zwischen Funktionalismus und dialektischem Denken waren auch in Ländern, die keine hegelianische Tradition hinter sich hatten, wie in Amerika, immer wieder in Gefahr, eine letzte Identität zu suchen. Luhmann (1984: 26) hat solche intellektuellen Annäherungsversuche der Dialektiker zurückgewiesen: »Ich ziehe es vor, Dialektikern zu überlassen, klar zu machen, wie diese letzte Identität zu verstehen ist.« Für die funktionalistische Systemtheorie genügte es, von jeweils kontingent gewählten Differenzen auszugehen. Die Denker der Frühmoderne haben sich vielfach auf eine Identitätsphilosophie im Geiste Hegels gestützt. Die Verteidiger der klassischen Moderne hingegen beriefen sich auf Kant. Seine Ausdifferenzierung von drei Wertsphären – Wissenschaft, Moral und Kunst –, der jeweils eine »Kritik« von Kant gewidmet wurde, ist von den Differenzierungstheoretikern der klassischen Moderne als vorbildlich empfunden worden (Berger 1986: 88).

Frühe und klassische Moderne waren einig in der Akzeptanz einer beispiellosen *Veränderbarkeit der Welt.* Wandel konnte geplant werden. Je später die Moderne, um so bescheidener freilich wurde der Steuerungsanspruch (vgl. Kap. 1.3.d). Auch prämoderne Theorien hatten Wandel analysiert, aber er wurde als Gottesfügung, als klimabedingt oder in biologischen Kreislauftheorien dem menschlichen Eingriff weitgehend entzogen gedacht. Im Gegensatz zu den meisten Epochen der Prämoderne, wurde die

Innovation in der Zeit der Moderne positiv bewertet. Der technischen Entwicklung wurde vielfach die Rolle einer Triebkraft beigemessen. Subjektiv-kulturelle Mechanismen, diese Entwicklung zu verarbeiten, waren jedoch ausschlaggebend, ob der Wandel von Dauer sein konnte: »*Bewußtsein*« bei Marx, »*sagesse*« bei Comte ersetzten die vagen Verweise auf den Zeitgeist, der in der idealistischen Geschichtskonzeption der Prämoderne seine Selbstentfaltung vorantrieb. Der evolutionistische Aspekt der Frühmoderne schwächte sich ab. Die strukturelle Denkweise der Hochmoderne hat keine Ablaufmodelle mehr benötigt (Janos 1986: 151) (vgl. Kap. 1.2.a).

(3) Alt- und neumoderne Denker waren weitgehend auch darin einig, daß an einer »*vernünftigen Identität der Gesellschaft*« festzuhalten sei. Das gilt für die kritische Theorie wie für einen großen Teil der empiristischen Sozialtheorie. Bei Durkheim wurde das Kollektivbewußtsein an die Stelle eines säkularisierten Gottes gesetzt (Touraine 1986: 19). Das Ganze der Gesellschaft wurde auch bei Durkheim oder Weber noch weitgehend mit dem Nationalstaat identifiziert. Die Politik wird in beiden Phasen der modernen Theoriebildung mehr und mehr in die Schranken eines Teilsystems verwiesen. Die Gründungsväter der Moderne kamen gleichwohl nicht von der Idee los, daß das Ganze der Gesellschaft von einer politischen *Repräsentation* abgebildet und artikulationsfähig gemacht wird. Der Staat als Steuerungszentrum wird immer wieder zum Hoffnungsträger der sozialen Theorien. Nur in der amerikanischen Tradition des Funktionalismus seit Parsons war diese Versuchung aufgrund der andersartigen amerikanischen Tradition kaum gegeben. Hier konnte die Kultur den wichtigsten Platz unter den Subsystemen einnehmen, der in Kontinentaleuropa noch für die Politik reklamiert wurde.

Angesichts dieser Übereinstimmungen der Moderne im engeren und weiteren Sinne ist es nicht verwunderlich, daß die nachträgliche Rekonstruktion des Werkes der klassischen Moderne diese Einigkeit noch übertrieben hat. Parsons' Entdeckung des Dreigestirns Durkheim – Weber – Pareto führte zu einer Sichtweise, die alle theoretische Entwicklung auf die Systemtheorie zulaufen sah. Europa bekam seine Klassiker durch die Brille Amerikas zurück. Nur einzelne Querdenker – wie Tenbruck – haben an diesem Bild seit langem gerüttelt.

Beim Übergang zur Nachmoderne fiel ein großer Teil der Litera-

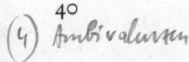

tur in das entgegengesetzte Extrem. Man konnte vor allem in der Weber-Literatur offenbar nur noch Profil gewinnen, wenn man den Klassiker wie einen Vorläufer der Postmoderne oder einen Fortsetzer der Prämoderne interpretierte. Der Versuch der Weber-Orthodoxie, Hennis' Umdeutung Webers zu einem Nietzscheaner mit Nichtachtung zu strafen, mißlang. Ein Autor nach dem anderen (Zängle 1988, Peukert 1989, Breuer 1990) erwies der Uminterpretation seine Referenz. Direkte Einflüsse ließen sich auch durch Wiederholung des Arguments nicht nachweisen. Es bleibt bei hypothetischen Konstruktionen der älteren Geistesgeschichte: »wird Weber Nietzsche gelesen haben«, »ausdrückliche Bezugnahmen oder gar Auseinandersetzungen mit Nietzsche finden sich im gesamten Werk nur wenige, sie geben aber immer einen Blick in Webers innerste Empfindungen frei« ... »ansonsten bleibt Nietzsche stummer Gast« (Hennis 1987: 174 ff.). Man kann davon ausgehen, daß die Spuren der geistigen Anreger eher verwischt als markiert wurden (Peukert 1989: 12 f.), auch heute kein ausgestorbenes Verfahren, wie sich an Luhmann zeigen läßt (vgl. Kap. 11.2.e). Konkordanzen von Themen und Thesen sollen das verwandte Leiden zweier großer Geister erweisen. Auch Pareto ist zum Nietzscheaner stilisiert worden, obwohl hier die Lektüre noch schwerer nachzuweisen ist, und die Wissenschaftslehre noch weniger als die Webers zu der Nietzsches passen will (vgl. Kap. 1.2.a.b). Alle diese Theorievergleiche bleiben prämodern (vgl. Kap. 1.2.c). Sie bauschen einige Ähnlichkeiten auf. Die Kerndifferenzen werden systematisch verkleinert. Eden (1986) hat ein paar Ähnlichkeiten in den Ansichten über Führung bei Nietzsche und Weber herauspräpariert. Ein Gesamtvergleich hätte mehr Differenzen als Übereinstimmungen zutage gefördert.

Die Wahrheit liegt nicht – einem verbreiteten Gemeinspruch zufolge – in der Mitte, sondern auf einer anderen Ebene. Ungereimtheiten und Ambivalenzen durchzogen die Werke der Großen. Muß Webers Beitrag zur Herausarbeitung des okzidentalen Rationalismus geleugnet werden, um »eigentliche Anliegen« Webers in hellerem Licht erscheinen zu lassen? Das Verfahren nach der Konkordanzmethode hat zu viele Webers stilisiert, als Hegelianer, als Marxianer, als Nietzscheaner, als daß die jeweiligen Interpretationsmoden viel Vertrauen einflößen könnten. Was ist richtig? Man kann sich auf Löwith berufen und sagen: beides;

kein Werk war damals ohne Einflüsse von Marx und Nietzsche denkbar (zit. Schöllgen 1985: 73). Die Zitate, die auf ungeschützte Primärreaktionen hinweisen, wie das vielzitierte Wort über den »Fachmenschen ohne Geist« und den »Genußmenschen ohne Herz« als Produkt des Modernisierungsprozesses (Weber 1988, Bd. 1: 204) reichen nicht aus, Weber in seinen Bedenken – noch dazu geprägt durch einen gewissen Antiamerikanismus, der damals nicht nietzscheanisch, sondern weitverbreitet war – zu einem Verleugner seiner Hauptthesen zu stilisieren.

Postmoderne Werkinterpretationen haben einen Vorteil: sie haben uns tolerant für das fragmentarische Denken gemacht, das auch vor Denkern nicht haltmachte, die nach einem großen integrierten System strebten. Voluntaristisch aufgesetzte Rückfälle hat es nicht nur bei Weber gegeben. Auch Durkheim suchte gelegentlich Zuflucht in traditionalen Programmen der französischen Prämoderne, wie die Wiederbelebung der sozialen Zwischengewalten, die seit Montesquieu, Constant oder Tocqueville in der politischen Theorie Frankreichs als Heilmittel für den französischen Zentralismus gehandelt wurden. Bei Pareto scheint der geistige salto mortale von der Wertfreiheit in normative Urteile am wenigsten offensichtlich zu sein. Dennoch ist seine Verherrlichung der Elitenherrschaft nicht so wertfrei wie seine Methodologie suggerierte. Das Bemühen um wertfreie Terminologie, welche ihn zu seltsamen Neologismen trieb, bewahrte Pareto (1946) nicht davor, die »plutokratische Demagogie« der parlamentarischen Demokratie immer wieder rein normativ zu verunglimpfen.

Die These von den *zwei Kulturen* hatte schon immer Sinn für Ambivalenzen im Werk der Großen. Die okkasionelle Gelegenheitsvernunft stand neben der rationalen Grundsatzvernunft im Werk vieler Denker. Akzeptiert man diese pluralistischere Sicht, so braucht man Spinner (1989a) nicht auch darin zu folgen, das Kind mit dem halben Bade auszuschütten, und den ganzen charismatischen Typ zur Inkarnation des endlich gefundenen okkasionellen Denkens bei Weber zu deklarieren. Die Einsicht in Widersprüche und Ambivalenzen bewahrt die Theoriegeschichte auch vor allzu rigorosen Abgrenzungen der Entwicklungsstadien. Auch moderne Empiriker haben in Umfragen immer wieder gezeigt, daß die frühmodernen Theorieansätze für sie keineswegs überholt sind. Die Klassiker der Moderne wie Durkheim und

Weber rangierten zwar an der Spitze. Aber Platz 3 belegte Marx. Prämoderne Evolutionisten wie Comte und Spencer tauchten unter den ersten 20 Nennungen auf, während Pareto – nur einen Punkt vor Freud auf Platz 13 der Prestigeskala rangierte (Jones/Kronus 1981: 231). Wo versucht wurde, den Einfluß der Theoretiker auf die Entwicklung der Sozialwissenschaften zu messen, wie bei Karl Deutsch (u. a. 1971), so tauchten unter den großen Innovatoren sogar Namen auf, die der Empiriker überhaupt nicht in den Bereich der Wissenschaft einordnen würde, wie Lenin oder Gandhi.

2. Grundprinzipien der Theoriebildung der Moderne:
Durkheim, Weber, Pareto, Parsons, Luhmann

Den Theoretikern der Moderne wurde vielfach ein einheitlicher Bezugsrahmen unterstellt (Berger 1988: 225). Aber es herrschte wenig Konsens, welche Elemente in diesem Rahmen als Kriterium der Modernität einer Theorie gelten sollten. Hauptkriterium des Modernisierungsprozesses bei den Theoretikern der Frühmoderne im 19. Jahrhundert war das Konzept der *Differenzierung*. Es war der wichtigste Gegenbegriff gegen die Einheits- und Konsensbegriffe einer normativ imprägnierten Prämoderne, die im Konfliktdenken über ein »mit sich selbst entzweites« nicht hinauskam. Auch bei den Klassikern der Moderne spielten *Integrationsbegriffe* noch eine gewichtige Rolle: *Gemeinschaft* bei Tönnies, »*organische Solidarität*« bei Durkheim. Aber sie waren bereits komplexe analytisch eingesetzte Begriffe, nicht mehr symbolträchtige Metaphern, die vor allem durch ihre metawissenschaftliche Suggestionskraft wirkten.

Das Konzept der Differenzierung ist wiederum der Differenzierung bedürftig. Die eigentliche Moderne in der politischen Theorie entsteht für mich auf der Basis der Anerkennung von vier Differenzierungen:

(1) Die Differenzierung von *Theorie und Praxis,* von sozialwissenschaftlichem Erkennen und politischem Handeln.

(2) Die Differenzierung von *Evolution und Geschichte* und die Aufgabe einer teleologischen Geschichtsbetrachtung.

(3) Die Entwicklung einer *vergleichenden Methode,* welche die Differenzierung der verglichenen Einheiten über die Suche nach substantiellen Ähnlichkeiten stellt.

(4) Die Akzeptanz von *ausdifferenzierten Lebensbereichen* und der Verzicht auf den Primat der Politik.

a) Die Differenzierung von Theorie und Praxis, von sozialwissenschaftlichem Erkennen und politischem Handeln *Wertfreiheit*

Das politische Denken der Prämoderne war mit normativen Ansprüchen zur Verwirklichung eines »*guten und tugendhaften Lebens*« überfrachtet. Seins- und Sollens-Aussagen wurden in naiver Weise vermengt. Erst mit der Säkularisierung des Heilsgeschehens in evolutionistischen Entwicklungsmodellen wurde die Verquickung von Seins- und Sollenssätzen weniger offensichtlich. Als man an die Wirksamkeit der Normen nicht mehr recht glaubte, wurde deren Durchsetzung dem Geschichtsprozeß überantwortet, dem man durch politische Analyse Tendenzen für eine Entwicklung in die gewünschte Richtung entnahm. Da auf den Geschichtsprozeß erfahrungsgemäß kein Verlaß war, wurde der *Ist-Analyse* eine *strategische Sollensanalyse* hinzugefügt, welche Anleitungen dazu geben sollte, wie man die Entwicklung in die erwünschte Richtung beschleunigen könne. Am krassesten geschah dies in der Parteilehre des Marxismus-Leninismus. Der Umschlag von Sein in Bewußtsein wurde nicht mehr der Evolution allein anvertraut, sondern eine aufklärende Intelligenz schien berufen, den historischen Prozeß mit den Mitteln der Propaganda und politischen Aktion zu beschleunigen.

Die politische Theorie der klassischen Moderne versuchte in den Sozialwissenschaften, die sich professionalisierten, die Abkoppelung des wissenschaftlichen Systems von der Politik und ihren Handlungsanweisungen durchzusetzen.

Im Kritischen Rationalismus wurde die Anerkennung des Wertfreiheitspostulats zum Gradmesser der analytisch-empirischen Gesinnung. Prämoderne politische Theorien waren dem Gedanken des Philosophenkönigtums weitgehend verpflichtet. Von Leibniz bis Bentham gab es nicht wenige Versuche politischer Theoretiker auf Reisen, sich als Ratgeber den Herrschenden anzudienen. Ein seßhaftes Studierstubenmilieu, das im 19. Jahrhundert überwog, schützte jedoch ebenfalls nicht vor der Vermengung von wissenschaftlichen und politischen Aktivitäten. Auguste Comte (1923, Bd. 1: 15), der Begründer der Soziologie, der seinen Hohn über alle vorpositiven metaphysischen Theorien ausgoß, war ebenfalls noch prämodern gestimmt, als er die »soziale Reorganisation« theoretisch in die Hand nahm in der überzogenen Absicht, »eine politische Lehre zu begründen, die hinreichend vernünftig erdacht ist, daß sie in ihrer ganzen aktiven Entfaltung immer ihren eigenen Grundsätzen vollkommen treu sein kann.« Mit dem Welterklärungs- und Machtberatungsanspruch wurde eine zirkelschlüssige Absicherung gegen Widerlegungen der Theorie immer gleich mitgeliefert.

Erst die *Pioniere der klassischen Moderne* wie Weber, Durkheim und Pareto haben die Vermengung von Sein und Sollen, von beschreibender und normativer Theorie, von Wissenschaft und politischer Praxis völlig überwunden.

In *Webers* Wissenschaftslehre (1951: 149 ff.) konnten die Erkenntnispunkte nicht aus dem Untersuchungsgegenstand abgeleitet werden, wie in den Geschichtsphilosophien, die von einer Identität von Sein und Bewußtsein ausgingen. Erkenntnis war für Weber immer Einzelerkenntnis. Empfehlungen an die Handelnden wurden nicht angestrebt. Wo sie gleichwohl – und unter methodischen Vorbehalten – gegeben wurden, faßte er sie als Entscheidungsmöglichkeit zwischen Alternativen auf. Der Vorwurf des Dezisionismus, der von prämodern gestimmten Theoretikern erhoben wurde, hat auch vor Weber nicht haltgemacht (Lukàcs 1955: 486 ff.).

Max Weber als Exponent der klassischen Moderne ist mit Hegel – einem Denker der Vormoderne – in seinem Kampf gegen die »falsche Unmittelbarkeit des Gefühls« verglichen worden (Flitner 1983). Es ist nicht nachzuweisen, daß Weber bei Abfassung von »Wissenschaft als Beruf« Hegels Vorwort zur Rechtsphilosophie als Quelle der Inspiration benutzt hat. Hegel prangerte die »Heerführer der Seichtigkeit« an, die »Wissenschaft statt auf die Entwicklung des Gedankens und Begriffs, vielmehr auf die unmittelbare Wahrnehmung und die zufällige Einbildung« gründen (Hegel 1970, Bd. 7: 18). Weber (1951: 593) kritisierte die Katheterpropheten, die als Führer auftraten, statt wissenschaftliche Lehrer zu sein. Beide haben die Ursachen für den in ihrer jeweiligen Zeit grassierenden Irrationalismus als Ergebnis des wissenschaftlichen Rationalisierungsprozesses selbst analysiert. Damit enden jedoch die Parallelen des Denkens. Weber entnahm der Philosophie nicht Hegels »Einsicht, daß nichts wirklich ist als die Idee« (ebd. 25). Webers rigorose Trennung von Sein und Sollen stand in der Nachfolge Kants, nicht Hegels. Webers Vorstellung von einem unlösbaren Kampf der Wertordnungen, die jedes generalisierende Werturteil sinnlos macht, konnte sich kaum auf Hegel berufen (1951: 587). Hegels Vorstellung, »die unendlich mannigfaltigen Verhältnisse« seien nicht Gegenstand der Philosophie, ließ sich auf Webers Soziologie nicht übertragen. Webers Absage an die Konstruktion eines Staates, wie er sein soll, blieb auch gegen Hegel gerichtet. Hegels Vorstellung, daß das Vernünftige auch das wirkliche sei, und der noch verwegenere Umkehrschluß, stellten für Weber prämoderne Metaphysik dar. Der sublime Normativismus, der durch das geheime Band, das für Hegel Sein und Sollen verband, war Weber fremd. Die Sonderung von Wesen und Erscheinung, die von Hegel an die Marxisten überging, ließ sich mit Webers empirischem Ansatz so wenig verbinden, wie Hegels Geschichtsmetaphysik.

»Die objektive Gültigkeit alles Erfahrungswissens« beruhte für Weber (1951: 213) nur in einer Ordnung der gegebenen Wirklichkeit nach Kategorien. Wem diese Wahrheit nicht wertvoll genug war, mußte sich von Weber sagen lassen: »dem haben wir mit den Mitteln unserer Wissenschaft nichts zu bieten.« Dieses Streben nach Objektivität war durchaus auf Werte ausgerichtet. Aber es konnte »niemals zum Piedestal für den empirisch unmöglichen Nachweis ihrer Geltung« gemacht werden. Manche Interpreten sahen in dieser Haltung einen heroischen Nihilismus. Andere jedoch auch einen Trost, daß durch normative Ableitungen des Sollens von Seinsbefunden die Fülle möglicher Werte nicht im voraus beschnitten werden durfte: »das Leben in seiner irrationalen Wirklichkeit und sein Gehalt an möglichen Bedeutungen sind unausschöpfbar, die konkrete Gestaltung der Wertbeziehung bleibt daher fließend, dem Wandel unterworfen in die dunkle Zukunft der menschlichen Kultur hinein.« (ebd.) Geschichte konnte sich nicht auf ein Telos ausrichten, eine Evolution war *ex ante* nicht zu konstruieren. Daher bleibt jede Analogie zwischen Hegel und Weber im Bereich der Wissenschaftslehre ein Phänomen an der Oberfläche gewisser Argumentationsfiguren.

Sozialwissenschaftliche Arbeit war für Weber zwar *»wertfrei«*, aber nicht *»zweckfrei«*. Sie diente der Daseinsvorsorge und Vorausschau. Aber Weber (1958: 12) setzte sich scharf von allen eudaimonistischen Glückslehren in der Volkswirtschaft ab. In seiner Freiburger Antrittsrede von 1895 dämpfte er bereits überhöhte Erwartungen der Studenten an die Wissenschaft: »Aber es gibt auch keine volkswirtschaftspolitische Arbeit auf der Grundlage optimistischer Glückshoffnungen. Für den Traum von Frieden und Menschenglück steht über der Pforte der unbekannten Zukunft der Menschengeschichte: ›lasciate ogni speranza‹«. In der Ablehnung des englischen Utilitarismus, der diese eudaimonistischen Glückslehren in der Wissenschaft am stärksten verkörperte, hat man wiederum Parallelen zu Nietzsche (1983, Bd. 4: 20, 1988, Bd. 9: 479) sehen wollen, die sich durchaus finden lassen. Aber für eine anti-englische deutsche Sonderwegstimmung in der deutschen Geistesgeschichte war man damals nicht auf Nietzsche allein angewiesen. Außerdem hätte Weber die Zuspitzungen einer pauschalen Ablehnung englischer Philosophie im Stil von Nietzsches Gedicht »An die deutschen Esel« nicht mitgemacht:

Dieser braven Engeländer
Mittelmäßige Verständer
Nehmt ihr als »Philosophie«? (Bd. 11: 317)

Nietzsche und Weber lehnten den englischen Utilitarismus aus verschiedenen Gründen und mit unterschiedlichen Konsequenzen ab. Eine Konsequenz war für Weber das Wertfreiheitspostulat, während Nietzsche (Bd. 11: 57) das Gegenteil vertrat: »Das ›Objektiv-sein-wollen‹ ... ist ein modernes Mißverständnis«. Nietzsches Verachtung für den »Gelehrten aus Lebensfurcht« hat nur einiges Pathos mit Webers trotzigem »Dennoch« des Gelehrtendaseins in einer chaotischen Welt gemein (anders: Peukert 1989: 28 f.). Nietzsche (Bd. 1: 245) war alles verhaßt, »was mich bloß belehrt, ohne meine Thätigkeit zu vermehren, oder unmittelbar zu beleben«. Er konnte sich dafür auf Goethe berufen, aber Webers Position war mit dieser nicht identisch.
Die Revolte von Tenbruck (1975) bis Hennis (1987) gegen die Weber-Orthodoxie, die versuchte, Webers Gedanken der funktionalistischen Interpretation wieder zu entreißen, wurde mit dem wachsenden Einfluß des postmodernen Denkens zunehmend erfolgreich. Trotz vieler emotionaler und voluntaristischer Elemente im Werk Webers ließ sich jedoch kein prämoderner Normativist im Sinne der praktischen Philosophie aus Weber herausinterpretieren. Die Tradition der praktischen Philosophie, eine Methode des Argumentierens pro und contra, des Aufzählens und Abwägens von Gründen und der Entscheidung nach ethischen Prinzipien, war auch aus Webers Plädoyer für die Verantwortungsethik nicht herauszulesen (Maier 1969: 69).

Der zweite Pionier der klassischen Moderne, der eine klare Abgrenzung von prämodernen normativen Theorien vollzog, war Émile Durkheim. In Auseinandersetzung mit Vorläufern der französischen Soziologie, wie Montesquieu und Rousseau, unterschied er die älteren Kunstlehren von der modernen Wissenschaft: *Pol. als Kunst"*

- Kunstlehren entwerfen ein *normatives Bild* der Gesellschaft, dem die real existierenden Systeme nacheifern sollen. Historische Fakten werden in der prämodernen Theorie der Politik durchaus geboten. Bei Bodin oder Althusius wuchern sie geradezu in barocker Weise. Aber ihre Funktion ist die Illustration. Es werden keine Daten systematisch gesammelt. Die Beispiele aus Geschichte und Gegenwart wurden seit Machiavelli immer wieder unkritisch nebeneinandergestellt.

- Kunstlehren neigten dazu, ihre normativen Aussagen aus der *menschlichen Natur* abzuleiten. Eine politische Anthropologie lag auch den Theorien der kühlsten Theoretiker wie Machiavelli oder Hobbes zugrunde. Prämoderne Theorien neigten nach Ansicht Durkheims (1953: 32) zu einer psychologisierenden Betrachtungsweise und verstießen gegen das Gebot, Soziales nur mit Sozialem zu erklären. Diese Kritik war auch unter den Anhängern moderner politischer Theorie am wenigsten konsensfähig. Je näher ein theoretischer Ansatz an der ausschließlichen Betrachtung von Individuen war, um so weniger konnte er dem Kredo Durkheims gerecht werden (vgl. Resümee).

- Die prämodernen Kunstlehren haben ein *kurzschlüssiges Verhältnis zur Praxis*. Kunst drängt nach Handeln, Wissenschaft muß sich hingegen dem direkten Handlungszwang entziehen, dem sich viele praktische Philosophien unterwarfen.

Knapper und souveräner ist das wissenschaftliche Kredo der Moderne kaum je zusammengefaßt worden als in diesem Erstlingswerk eines damals noch ganz unbekannten französischen Soziologen. Diese Dissertation von 1892 enthielt noch nicht eine ausgefeilte Methodologie, wie sie Durkheim später in den »Regeln der soziologischen Methode« entwickelte. Aber einzelne Elemente, wie der Gegensatz von Wissenschaft und Kunstlehren, und das Postulat, daß Wissenschaft sich der Nützlichkeitserwägungen zu enthalten habe, waren bereits angelegt. Durkheim (1953: 31) war in seiner Frühschrift gegen die Kunstlehre noch duldsamer. Er

49

sah in ihr immer auch »eine gewisse Wissenschaft« enthalten. Er bemühte sich jedoch, die wissenschaftlichen Elemente von den parawissenschaftlichen zu unterscheiden.

In der Geschichte der normativen politischen Theorien bis zur Wende des 20. Jahrhunderts wurden *episteme* (Wissenschaft) und *phronesis* (Klugheit) in immer neuen Variationen einander gegenübergestellt. Politik litt bis in unsere Zeit an dem Vorurteil, nur als Kunst und nicht als Wissenschaft denkbar zu sein. Eine technokratische Reduktion des politischen Handelns auf Wissenschaft hat kaum jemand ernsthaft vertreten. Dennoch wird auch das Wissen als Politikwissenschaft immer wieder mit dem Einwand konfrontiert, daß politisches Handeln als Kunst sich der strengen wissenschaftlichen Analyse und vor allem der Prognose ex ante entziehe.

In Theorien der Politik, die sich der frühen Moderne zurechnen lassen, wurde eine Differenzierung vorgenommen. Theorie der Politik als Wissenschaft wurde anerkannt. Ihr an die Seite aber wurde eine normativ durchtränkte Handlungslehre gestellt, die strategisches Wissen für den politisch Handelnden vermittelt. Webers Versuch, Elemente einer Verantwortungsethik zu entwickeln, sind in diesem Sinn gedeutet worden, vor allem von der Theorie der doppelten Vernunft der Moderne (Kap. 1.3.b, 11.1.b). Für Weber war jedoch unstrittig, daß nur die wissenschaftlichrationale Seite der Vernunft als Wissenschaft auftreten konnte. Ganz anders entwickelten die Marxisten die Doppelvernunft in ihrer Theorie, die von einem Praktiker wie Lenin (1966, Bd. 2: 425) entwickelt worden ist. Wissenschaft wurde zur Erkenntnis der Gesetzmäßigkeiten des Geschichtsprozesses eingesetzt. Die Kunstlehre von *Strategie und Taktik* wurde hingegen eine praktische Klugheitslehre zur Anleitung des revolutionären Handelns. Aber diese Handlungslehre galt nicht ausschließlich als politische Kunst. Lenin wollte sich strikt vom Blanquismus und seiner voluntaristischen Handlungslehre absetzen. Strategie und Taktik wurden gleichsam als Mischung aus Wissenschaft und Kunst ausgegeben. Einzelne der Klugheitslehren waren freilich so parawissenschaftlich allgemein gehalten wie in den prämodernen Theorien, etwa über die Fähigkeit des Revolutionärs das »schwächste Kettenglied« zu ermitteln.

Dieser Kunstgriff, Wissenschaft und angewandte Wissenschaft als Kunst zu sondern, ist nicht neu. Er war auch keineswegs auf den

Leninismus beschränkt. Keine politisch wirksame Lehre hat jedoch den wissenschaftlichen Kern der eigenen Theorie so von Strategie und Taktik überwuchern lassen wie der Leninismus. Schon Lenin hat unglaubliche Kehrtwenden (etwa vom Kriegskommunismus zur Neuen Ökonomischen Periode) damit gerechtfertigt. Neue Mythen wie die Vergottung der Technik (Sozialismus = Sowjetmacht plus Elektrifizierung), die Verdinglichung des Kollektivs (erst des Proletariats, dann der Partei, dann der Parteileitung) und der Einsatz von Personenkult mußten die wissenschaftlichen Teile der Lehre zunehmend ergänzen, um die widerstrebenden Massen auf dem Zick-Zack-Kurs der Partei bei der Stange zu halten.

Im Gegensatz zu Durkheim und Weber war der dritte große Pionier der klassischen Moderne, *Vilfredo Pareto*, im Ringen um eine wertfreie Wissenschaft ganz am Bild der Naturwissenschaften ausgerichtet. Pareto (1962, Bd. 2: 283) sah sich als den großen Neuerer, der die wissenschaftlichen Prinzipien von den Naturwissenschaften in die Sozialwissenschaften trug. In Floskeln der Bescheidenheit wurden nicht eben bescheidene Ansprüche versteckt: »Vom Absoluten der Metaphysik schreiten wir schrittweise fort zur experimentellen Relativität. Einen riesigen Schritt vorwärts hatten Galilei, Kopernikus, Newton getan, einen weiteren macht jetzt Einstein. Wer weiß, in einem Jahrhundert, wenn einige Exemplare der ›Sociologia‹ dem Nagen der Mäuse entgangen sein sollten, wird vielleicht irgendein Forscher herausfinden, daß es zu Beginn des 20. Jahrhunderts einen Autor gab, der das Prinzip der Relativität in die Sozialwissenschaften einführen wollte, und wird dann fragen: wie konnte es nur geschehen, daß das nicht verstanden wurde, während dieses Prinzip so leicht die Naturwissenschaften eroberte? Er wird sich, so glaube ich, darauf die Antwort geben: Weil damals die Sozialwissenschaften, wie stets im Vergleich zu den Naturwissenschaften, enorm zurückgeblieben waren.« Er nannte seine Methode die logisch-experimentelle, alles andere war für ihn Pseudowissenschaft (1916: § 479). Als Pareto (1962, Bd. 2: 61) sich von der Ökonomie der Soziologie zuwandte, war er tief enttäuscht von der Lektüre von Spencer bis Ferrero: »Das sind alles Romane«, lautete sein vernichtendes Urteil.

Pareto ist vorgeworfen worden, die Mathematik in den Sozialwissenschaften überbewertet zu haben. Es hat auch beckmesserische

Versuche gegeben, ihm selbst in der Verwendung der Mathematik zahlreiche Schnitzer nachzuweisen (vgl. Bourkel 1982: 79). Ein unvoreingenommener Vergleich von Paretos Äußerungen zeigte jedoch, daß er die Mathematik immer nur als eine der möglichen Methoden in den Sozialwissenschaften ansah. In einem Brief von 1899 fand sich sogar der ernüchterte Satz: »Die Arbeiten an der mathematischen Ökonomie erfreuen mich, sind aber zu wenig nutze« (Pareto 1962, Bd. 2: 281). Nach einem Gespräch mit Walras in Lausanne, der in der mathematischen Methode das Heil der Ökonomie sah, bemerkte Pareto (1962, Bd. 1: 58): »Ich weiß nicht, warum die Menschen die Wahrheit immer nur von einer Seite sehen wollten.« Selbst Walras empfahl ihm, in der Lehre auf die Mathematik zu verzichten.

Nach Pareto (1916: § 525 f.) wendet Wissenschaft zwei Arten von Sätzen an: deskriptive und solche, die eine beobachtete Gleichförmigkeit ausdrücken. Dieser Induktivismus stand einigen positivistischen Vorläufern nahe, auch wenn liebende Interpreten (z. B. Eisermann 1987: 38) das Wort für ein Schimpfwort hielten, das von dem verehrten Meister fernzuhalten war. Wissenschaft mußte sich für Pareto an beobachtbare Tatsachen halten. Die bloße Deskription lehnte er ab. Aber selbst die Geschichtswissenschaft konnte für ihn Wissenschaft sein, soweit sie ein Minimum an generalisierender Theoriebildung zuließ. Paretos historische Bildung war immens, aber im Gegensatz zu Weber auf Europa beschränkt (1916: § 2065). Seine historischen Beispiele wurden eher nach prämoderner Art anekdotisch eingeflochten. Nie hat er wie Weber ganze Kulturen systematisch erforscht. Keine Wissenschaft stellte für Pareto die Philosophie dar. Selbst die Logik war für ihn nur eine Art Hilfswissenschaft, da alles, was sie beitragen konnte, an empirischem Material aus anderen Wissenschaften getestet werden mußte. Schein- und Pseudowissenschaften arbeiten nach Pareto mit wortreichen Begriffen, die nicht empirisch erklärt werden können und sich auf das »Wesen« der Dinge zu berufen pflegen. Wissenschaft muß neutrale Termini bevorzugen. Bei Pareto setzte die Neigung der Sozialwissenschaften zur eigenen Begriffssprache ein, um sich mit umgangssprachlichen Worten keinen Mißverständnissen auszusetzen. Grundbegriffe wie Residuen (häufig synonym für Gefühle gebraucht) und Derivationen (die Verschleierungen der Gefühle mit anscheinend rationalen Gründen, die sich aber meist als ideologisch erweisen) sind solche Produkte einer Kunstsprache. Das französische Wort *Elite,* das Pareto (§ 246 ff.) populär machte, diente ebenfalls der Verfremdung umgangssprachlicher Begriffe wie *»classe politica«* oder *»classe dirigente«,* die als Sonderbegriffe beibehalten wurden. Pareto machte klar, daß mit Elite kein normativer Substanzbegriff gemeint war: »Jeder andere Name und selbst ein einfacher Buchstabe wären für unseren Zweck ebenso geeignet« (§ 2031, 119). Nur die Besten eines Metiers waren mit Eliten gemeint, das konnten auch die Maitressen sein (§ 2033).

Für die politische Theorie bahnbrechend war Paretos Ablehnung von Aussagen über das »Wesen des Staates« oder »des Politischen«, wie sie in der Staatslehre jener Zeit grassierten (§ 372). Tugend schien ein besonders unwissenschaftlicher Begriff (§ 103 ff.). Die üblichen Dichotomien wie Geist-Seele schienen ihm Metaphysik zu sein. Anthropologische Aussagen wie »Der Urmensch lebt in uns allen fort« (Freud) waren Paradebeispiele der Pseudowissenschaft.

Pareto hat trotz seiner enormen Belesenheit Max Weber nicht gekannt. Seine Handlungslehre, nach der der Mensch vorwiegend von Gefühlen (Residuen) geleitet ist, war nicht die Webers. Nietzsche ist als Vorbild für Pareto in Anspruch genommen worden, obwohl auch Hinweise auf Nietzsche im Werk Paretos fehlen. Es bleibt ein Kuriosum, daß die drei Pioniere der klassischen Moderne – wiewohl aller drei Sprachen jeweils mächtig – einander nicht zur Kenntnis genommen haben. Erst Parsons (1949) hat sie posthum in ein fiktives Gespräch miteinander verwickelt. Die Ähnlichkeiten der Werke wurden bei diesem Verfahren liebend überschätzt. Hypothetisches Einverständnis von Weber und Pareto konnte nur im nachhinein hergestellt werden, durch zweifelhafte Brücken wie: »So kann dessenungeachtet keinerlei Zweifel bestehen, daß Pareto... den obigen Darlegungen Webers voll zugestimmt hätte.« (Eisermann 1989: 108 f.) – Noch immer ein eher prämodernes Verfahren der Beweisführung! Größer erscheinen die Verwandtschaften zum Denken Nietzsches. Pareto hat gleichsam einige Annahmen Nietzsches operationalisiert und für ein Forschungsprogramm tauglich gemacht (Gehlen 1983: 264).

Wieder kann ein Vergleich, der keine direkten Einflüsse nachweist, nur mit dem Theorievergleich arbeiten, wobei die Differenzmethode eingesetzt werden muß, damit nicht ein paar Analogien zu Ähnlichkeiten aufgebauscht werden. Alle drei großen Pioniere der klassischen sozialwissenschaftlichen Moderne hatten ein leidensreiches Interesse an Theorien des Sozialismus, die sie überwiegend als vorwissenschaftlich ablehnten. Am schärfsten äußerte sich Pareto in dieser Hinsicht. Eine sozialistische politische Ökonomie war für ihn wissenschaftlicher Unfug – ebenso wie eine »christliche Ökonomie« (Pareto 1902, Bd. 1: 2). Der Sozialismus entsprang für Pareto dem Drang, die humanitären Impulse in wissenschaftliche Formen zu gießen, weil Wissenschaft in der Gesellschaft »Mode« geworden sei, wie es einst die »Religion« gewesen ist. Sozialwissenschaften gingen für Pareto von sozialen Tatsachen und Regelmäßigkeiten aus. *Faits sociaux* wie bei Durkheim konnten aber wegen der Dominanz der Residuen nicht einfach unterstellt werden. Die Theorien des Sozialismus gingen in Paretos Augen von einer materialistischen Metaphysik aus. Wissenschaftlich waren allenfalls Teile sozialistischer Lehren wie die Klassenanalyse bei Marx oder Proudhons Geldtheorie (1902, Bd. 2: 267). Für einen Ökonomieprofessor war dieses Urteil eher befremdlich, weil gerade Proudhons Geldtheorie schon zu seinen Lebzeiten am stärksten umstritten gewesen ist.

Wissenschaftliche Begriffsbildung konnte für Pareto nur *nominalistisch* vorgehen. Jeder Begriffsrealismus, der zum Wesen der Dinge vorzudringen trachtete, wurde lächerlich gemacht: »wir können uns nicht zu dieser Höhe erheben« (1916: § 530). Paretos logico-experimenteller Ansatz führte ihn zu Äußerungen, die späterer Überprüfung nicht standhielten. Es wurde eingewandt (Winch 1966: 29), daß Kriterien der Logik kein unmittelbares Geschenk Gottes sind, sondern dem Kontext der gesellschaftlichen Lebensformen entspringen, und nur in ihm verständlich werden. Die moderne Ethnologie führte zu einer Rehabilitierung der Magie, für die Pareto (§ 160) nur Hohn übrighatte (vgl. Kap. II.1.c). Paretos Ideologiebegriff wurde mit dem von Marx oder dem Rationalisierungskonzept Freuds verglichen. Der Versuch, logische und nichtlogische Handlungen zu unterscheiden, scheiterte vielfach in der Empirie.

Die Geschichte des Werturteilsstreits muß in diesem Zusammenhang nicht rekapituliert werden, zumal sie außerhalb der Politikwissenschaft geführt worden ist. Obwohl nachmoderne Ansätze die Wertfreiheit als theoretische Illusion einschätzen, halten auch sie aus rein *funktionalen* Gründen an ihr fest. Es wird aber nicht mehr vom Wertfreiheitspostulat gesprochen, sondern von der Differenzierung von Wissenschaft und Praxis, von sozialwissenschaftlichem Erkennen und politischem Handeln. Diese Differenzierung diente vor allem vier Funktionen:

(1) Anfangs war sie *im ideologischen Bürgerkrieg eine Art »Waffenstillstandsangebot«* (Gouldner). Wo marxistische Transformationstheorien stark wurden, ist das Wertfreiheitspostulat vorwiegend als Abwehrtheorie eingesetzt worden.

(2) Die Differenzierung diente im wissenschaftlichen System selbst dem *Abbau erkenntnishemmender Schranken.* Das Postulat half moralische Bedenken und traditionale Gefühle im Umgang mit unliebsamen modernen Wahrheiten zu überwinden. Sie wurde so auch zum Hilfsinstrument der Sozialisation junger Wissenschaftler (Beck 1974: 208).

(3) Die Distanz zwischen Wissenschaft und Praxis diente der *Abwehr von Einflüssen anderer Lebenssphären,* vor allem aus dem Bereich der Politik. Der Werturteilsstreit wurde nicht zufällig in den deutschsprachigen Ländern zugespitzt. Hier waren viele Wissenschaftler Beamte, was das Bedürfnis weckte, sich der Weisungsgebundenheit zu entziehen, die normalerweise mit einem solchen Status verbunden ist. Der deutsche Professor hat die Quadratur des Zirkels für sich selbst erfunden: die Sicherheit des Beamten in Verbindung mit der Freiheit des unabhängigen Intellektuellen.

(4) Diese Distanz diente nicht nur gegen mögliche Feinde. Sie erwies sich auch *gegen die eigenen Freunde* als nützlich. Sie *entlastet den Wissenschaftler vom Handlungsdruck* im Rahmen der politischen Gruppe, der ein Wissenschaftler angehört, oder die ihn fördert.

Wertfreiheit enthält als Forderung keinen eindeutigen Verhaltenskodex. Widersprüchliche Forderungen sind aus diesem Postulat abgeleitet worden. Einige Interpreten bezogen Webers Forderung nach Wertfreiheit nur auf *politische Werte.* Sie waren hingegen tolerant gegenüber *moralischen* oder *ästhetischen Werturteilen,* weil diese weniger Handlungsdruck ausübten. Kunst- und Literaturwissenschaften stehen ja ganz allgemein vor dem Dilemma, sich weit weniger der Werturteile enthalten zu können, wenn sie nicht einem strukturalistischen Formalismus huldigen wollen.

Umstritten war ferner, für welche Phasen des wissenschaftlichen Arbeitens das Wertfreiheitspostulat gelten solle. Bei der *Hypothesenbildung* galt Wertfreiheit vielfach weder als möglich noch als wünschenswert. In der letzten Phase der *Beurteilung wissenschaftlicher Ergebnisse* sind Wertungen unvermeidlich. Nur für die *mittlere Phase der eigentlich wissenschaftlichen Operation* schien Wertfreiheit unerläßlich. Je sauberer wertfrei in der eigentlichen wissenschaftlichen Arbeit vorgegangen wird, um so gefahrenfreier kann der Forscher in der Frageentwicklung und in der Evaluierung Wertmaßstäbe anlegen (Mayntz 1966: 533).

Die verschiedenen metatheoretischen Positionen waren für das Wertfreiheitspostulat in unterschiedlicher Weise offen. Der positivistische Mainstream übernahm es aus Überzeugung. Dialektiker und Normativisten hatten hingegen ihre Schwierigkeiten. Aber als Ganzes war es in der wissenschaftlichen Welt konsensfähig zum Schutz der eigenen autonomen Arbeit. Das Wertfreiheitspostulat wurde zum Äquivalent des Kampfes um Autonomie in anderen Teilbereichen der Gesellschaft, etwa im Kampf der Politik gegen die wirtschaftliche Durchdringung vermittels Korruption. Der reale Sozialismus hat gezeigt, daß die Indienstnahme der Wissenschaft durch die Politik beiden Subsystemen auf die Dauer schadet. Gorbatschow hat sich daher gegen eine Wissenschaft gewehrt, die eher »Toaste auf die gute Gesundheit« ausbringt als analytische Arbeit zu leisten. Er hat freilich die strukturellen Bedingungen dieser Verflechtung im staatlich bevormundeten Akademiesystem noch nicht erkannt.

Nach Abflauen der Dominanz des Kritischen Rationalismus, der in den turbulenten Zeiten der Studentenrebellion auch Funktionen im Tagesgeschäft der Politik erhalten hatte (vgl. Kap. 11.1.b), wurden die Ansprüche auf die Distanz von Wissenschaft und Praxis wieder stärker reduziert. Die *Finalisierung* der Wissenschaft hat in einer Zeit der Planungs- und Steuerungseuphorie dem Dienst an externen gesellschaftlichen Zwecken das Wort geredet. Die Nachmoderne hat das Wertfreiheitspostulat entmythologisiert. Bei Luhmann (1970: 255 f.) schien die Forderung nach Wertfreiheit entweder als *unmöglich* – was die Ausschaltung eigener Wertungen betrifft – oder als *selbstverständlich,* soweit im Anwendungsbereich nicht verlangt wurde, daß der Theoretiker nach seinen eigenen Maximen handelte. Schelers ärgerlicher Hinweis, als man ihn an seine materiale Wertethik erinnerte, daß der

Wegweiser den Weg nicht selber gehe, mag in diesem Sinn gedeutet werden.

Wertfreiheit verlor den Charakter eines normativen Gebots und wurde zur funktionalen Erwägung. Sie entlastete von Praxis. Zugleich kann sie als Rechtfertigungsstrategie dienen, weil die Sozialwissenschaften der Praxis ihre eigene Nichtanwendbarkeit vielfach demonstrieren. Bei Luhmann (1970: 265) mündete die Aporie für den »Praktiker der Theorie« in das Paradoxon, daß es weniger einen Widerspruch von Theorie und Praxis als von Praxis und Praxis gebe. Praktisches Engagement schien mit theoretischer Arbeit nicht zu vereinen. Dem Theoretiker wird Zynismus nahegelegt: Angesichts kommender Wellen der Mobilisierung für irgendein Engagement wird dem Wissenschaftler empfohlen, die »Schwellen der Indifferenz höher zu mauern und entweder alle Manifeste zu unterschreiben oder keine«. Ich sehe in dieser Empfehlung nicht den von Luhmann (1970: 265) behaupteten Fortschritt gegenüber dem Kritischen Rationalismus. Popper konnte in seiner scharfen Attacke gegen den Marxismus noch mit der differenzierenden Betrachtung schließen, daß der Marxismus als Wissenschaft tot sei, aber daß sein Gefühl für soziale Verantwortung und seine Liebe für die Freiheit weiterhin ein diskutables Anliegen blieben (Popper 1970, Bd. 2: 259). Die neuere Variante der Wertfreiheit kann in der Beschäftigung mit »Gefühlen für soziale Verantwortung« eigentlich nur eine nutzlose Zeitverschwendung sehen. Die autopoietische Selbststeuerung von Systemen erübrigt normative Räsonnements weitgehend (vgl. Kap. 11.2). Dennoch bleibt zu fragen, ob im Rahmen von Luhmanns Möglichkeitsphilosophie die Erwägung, alle oder keine Manifeste zu unterschreiben, nicht eine unzulässige Einschränkung der Wahlmöglichkeiten bedeutet. Kein Manifest zu unterschreiben, mag code-gerecht sein. Alle Manifeste zu unterschreiben, diskreditiert jede Stellungnahme und kann daher nicht ernstgemeint sein.

Die strikte Trennung von Sein und Sollen wurde in der Nachmoderne wieder unterlaufen. Kausalwissen und Wertungen ließen sich für Luhmann (1981a: 131) nur analytisch trennen. Aber in beiden Bereichen wird die Auswahl durch Rücksicht auf den anderen Bereich jeweils gesteuert. Ist das zwingend, wo sonst die Systeme und ihre Codes überwiegend innengesteuert gedacht worden sind? Die politische Theorie wird quer zu dieser Differenzierung von Kausalanalyse und Wertung gestellt. Beide Seiten bleiben unentbehrlich. Beide aber reichen nicht aus. Wenn der Gedanke der politischen Theorie als Selbstbeobachtung des Systems stringent angewandt würde, ließe sich die symmetrische Verwendung von Seins- und Sollenaussagen kaum halten. Nach den Bewegungsgesetzen autopoietischer Systeme hat es wenig Sinn, präskriptive Äußerungen zu machen, da die Entwicklung intern vorprogrammiert ist. Können Sollenssätze in einem solchen Denkansatz mehr als die Duplizierung der innersystemischen Welt sein?

b) Die Differenzierung von Geschichte und Evolution, die Aufgabe einer teleologischen Geschichtsbetrachtung

Politische Theorien der Moderne waren analytische und nicht historische Theorien, wie sie im Evolutionismus der späten Vormoderne überwogen hatten. Sie entwickelten ahistorisch konzipierte Typen gesellschaftlicher Beziehungen. Das bedeutete nicht, daß es in der Zeit der Vorherrschaft analytischer Theorie nicht auch noch historische Stadientheorien gegeben hätte. Sorokin, Toynbee, Alfred Weber oder Alexander Rüstow haben solche noch nach dem Zweiten Weltkrieg vertreten, als die klassische Moderne fast uneingeschränkt dominierte.

Der Einfluß der strukturell-analytischen Theorien machte jedoch selbst vor diesen historischen Ablauftheorien nicht halt. Auch sie arbeiten mit Strukturargumenten. Brüche und Widersprüche von Strukturen trieben die historische Entwicklung voran. Meist wurde eine Variante der Theorie des *cultural lag* vertreten. Nach ihr wurde die Entwicklung von der technischen Revolution vorangetrieben. Die kulturelle Verarbeitung dieses Wandels hinkte indessen hinterher. Erst die Postmoderne hat schematisierte Entwicklungstheorien ganz aufgegeben. Selbst der Neomarxismus rückte zunehmend von ihnen ab (vgl. Kap. 1.3.c).

Bei den makrotheoretischen Ansätzen lassen sich Handlungs- und Systemtheorien unterscheiden (vgl. Einleitung, Resümee). Setzte man diese mit ihrer jeweiligen Konzeption von sozialer Entwicklung in Beziehung, so ließen sich vier Theorietypen in einer Vierfeldermatrix darstellen (Schluchter 1979: 266).

Theorien, welche eine Entwicklungslogik nachzuzeichnen versuchen, sind ständig in Gefahr eines Rückfalls in die Prämoderne.

	Lebenswelt (Handlungsansatz)	System (Systemansatz)
Geschichte	Weber	Durkheim
Evolution (Ent- wicklungslogik)	Hegel, Marx	Parsons, Luhmann

Das gilt jedoch nur, wenn sie *ex ante* die Evolution konstruieren und nicht nur *ex post* rekonstruieren (wie Habermas oder Luhmann). *Finale Theorien* sind dem evolutionistischen zielgerichteten Denken am stärksten verbunden, ob sie nun den Klassenkampf (Marx), den Rassenkampf (Gumplowicz) oder die demographische Entwicklung (Kovalevskij) als Movens der Geschichte unterstellten. *Kausale Erklärungen* des sozialen Wandels als Folge endogener Kräfte haben hingegen mehr Verwandtschaft mit den Grundsätzen der klassischen Moderne entwickelt (vgl. Zapf 1974: 12).

Klassische prämoderne Evolutionstheorien sind im 19. Jahrhundert in der Biologie, und davon nicht unbeeinflußt in den Sozialwissenschaften zu finden, bei Darwin, Spencer oder Marx. Erkenntnisabsichten, Objektbereiche und Methoden sind in Typologien vereinfacht worden (Lau 1981: 13):

	Problemstellung	Objektbereich	Erkenntnismethode
Darwin	Evolutionsmecha- nismen	biologische Systeme	»Funktionalismus«
Spencer	Richtung der generellen Evolutionen	biologische und soziale Systeme	»Systemtheorie«
Marx	Klassifikation von Gesellschafts- formationen	Gesellschafts- systeme	Dialektik

Die meisten übrigen Evolutionstheorien des 19. Jahrhunderts stellten Variationen dieser drei Archetypen dar. Bei der Übertragung biologischer Stadienlehren auf soziale Entwicklungsstufen war es weit schwieriger, die Merkmale der Umpolung, die Sattelzeiten und Schwellenwerte des Wandels anzugeben als in den Naturwissenschaften. Am leichtesten schien dies im künstlerischen Bereich bei der Abgrenzung von Stilen.

Die drei Pioniere der Theorie der klassischen Moderne haben die Stadienlehren des 19. Jahrhunderts abgelehnt. Paretos Elitentheorie war eher ein Rückgriff auf prämoderne Kreislauflehren. Dennoch sind alle drei eines geheimen Evolutionismus verdächtigt worden:

- In Webers Werk sah man eine Dominanz der Entwicklung des okzidentalen Rationalismus und der Bürokratie,
- in Durkheims Werk wurde eine Entwicklung von der mechanischen zur organischen Solidarität nachgezeichnet,
- und bei Pareto wurde ein zyklisches Entwicklungsmodell der Elitenzirkulation entwickelt.

Ohne den Streit der Klassikerphilologie hier noch einmal aufnehmen zu müssen, läßt sich jedoch die These vertreten, daß das Novum in der *Minimisierung evolutionistischer Annahmen* lag. Die Schulen der Interpretation haben jeweils einzelne Aspekte der Werke herausgestellt und andere vernachlässigt. Je mehr der anscheinend gradlinige Prozeß des okzidentalen Rationalismus bei Weber in den Vordergrund gestellt wurde, um so häufiger wurden Webers (1951: 184) Warnungen in der Wissenschaftslehre vernachlässigt: »Endlos wälzt sich der Strom des unermeßlichen Geschehens der Ewigkeit entgegen. Immer neu und anders gefärbt bilden sich die Kulturprobleme, welche die Menschen bewegen, flüssig bleibt damit der Umkreis dessen, was aus jenem stets gleich unendlichen Strome des Individuellen Sinn und Bedeutung für uns erhält, historisches Individuum wird. Es wechseln die Gedankenzusammenhänge, unter denen es betrachtet und wissenschaftlich erfaßt wird.« Sinn wird an die Geschichte vom Betrachter herangetragen. Entwicklungstrends und Lehren können nur *ex post facto* gezogen werden. »*Historia magistra vitae*« entspricht als Konzeption diesem Wissenschaftsverständnis nicht mehr, wie es die Prämoderne beherrschte. In Auseinandersetzung mit dem Althistoriker Eduard Meyer (1951: 254) wurde von Weber klargestellt, daß das »historisch Bedeutsame« immer nur Annahmen eines rückschauenden Betrachters sind. Eine Geschichte des Altertums, die nur das später kausal Weiterwirkende enthielte, schien ihm in Gefahr, nur Mediokres und Epigonales zu überliefern (ebd.: 256). Von den Evolutionisten wie den Kreislauftheoretikern setzte sich Weber (1956: 278 ff.) in gleicher Weise schroff ab. Er wies darauf hin, daß zeitweise versunkene Erscheinungen wieder auftauchten und andere Erscheinungen – wie die Grundherrschaft – mehr Kontinuität von der Spätantike zum Mittelalter entwickelten als nach den vorherrschenden Epocheneinteilungen von der Geschichtswissenschaft bisher angenommen wurde.

Webers Kategorien sind vielfach als *historische* mißverstanden worden, obwohl sie als *logische* konzipiert wurden. Sie dienten als Instrumente, um Querschnitte durch das historische Material legen zu können. Sie waren Vorbedingung für den systematischen Vergleich (vgl. Kap. 1.2.c). Weber kannte keine homogene kohärente Zeit, in der sich Stadien wie bei Comte und Spencer oder Gesellschaftsformationen wie bei Marx und Engels ablösten (Breuer 1978: 409).

Im Gegensatz zu den Theorien der evolutionistischen Prämoderne haben die Theoretiker der klassischen Moderne eine *Trennung von Geschichte und Evolution* vorgenommen. Kausale Vorstellungen wurden reduziert. An die Stelle der notwendigen Kausalität trat die *Kontingenzkausalität*. Stufenabfolgen konnten allenfalls im nachhinein rekonstruiert werden. Prognosen über notwendige Entwicklungen, wie sie vor allem im Marxismus abgegeben wurden, waren nicht möglich. An diese Grundsätze hielten sich vor allem drei Typen historischer Theorie der Moderne:

- die vergleichende Universalgeschichte in der Nachfolge Max Webers,
- die entwicklungslogisch angeleiteten Evolutionstheorien, die universalhistorische Ansprüche durch die Analyse gegenläufiger genetischer und struktureller Kausalität milderten (Habermas),
- und die funktionalistischen Evolutionstheorien.

Selbst Webers Ansatz einer vergleichenden Universalgeschichte ist noch des geheimen Evolutionismus verdächtigt worden (Tenbruck 1975: 800 ff.). Webers Verteidiger haben jedoch allenfalls ein »evolutionstheoretisches Minimalprogramm« bei ihm entdekken können. Universalgeschichtliche Erklärungsansprüche hat Weber nicht erhoben, wenn er die Universalgeschichte als Steinbruch der Theoriebildung benutzte. Bei der Herausarbeitung dominanter Prozesse, wie des okzidentalen Rationalismus, wurde keine zwangsläufige Entwicklung unterstellt. Die komparative Methode, welche an der Entdeckung von Differenzen der Kulturen genauso interessiert ist wie am Nachweis von gleichförmigen Entwicklungen, war der beste Schutz gegen den sozialen Evolutionismus, der die meisten Theorien in den Sozialwissenschaften noch kennzeichnete. Die Auseinandersetzung mit dem Marxismus führte zur Frontstellung gegen den Evolutionismus. Zwar hat man auch Marx vom Evolutionismus der Zeit freizusprechen versucht. Marx hat sich auch nie so stark wie Engels den Evolutionismus von Morgan und anderen zu eigen gemacht, wie man aus den spät gefundenen Randbemerkungen seiner ethnologischen Exzerpthefte weiß (Marx 1976: 79 ff.). Manche davon eigneten sich durchaus, um einigen Dissens zwischen den beiden Gründern des historischen Materialismus herauszuinterpretieren, die eine voreingenommene Parteigeschichtsschreibung selbst in der Edition ihrer Werke wie eine Lehre behandelt. Marx (MEW, Bd. 4: 462 ff.) hat jedoch in den vereinfachend-agitatorischen Schriften, wie im Kommunistischen Manifest, die Vergröberungen der Komplexität der Geschichte auf den Ablauf einiger handfester Gesellschaftsformationen mitgemacht.

Der Evolutionismus war im Gegensatz zu Weber mit einer hierarchischen Vorstellung der Wissenschaft belastet, bei Marx gab es einen Primat der Kritik der bürgerlichen Ökonomie. Weber hat sich auf den Umschlag von traditionaler in rationale moderne Hochkultur konzentriert. Dabei wurden nicht nur die Teilbereiche der Gesellschaft nicht mehr hierarchisch gesehen, sondern auch die Wissenschaften gleichberechtigt nebeneinander eingesetzt. Entwicklungsgeschichtliche Analyse stand neben einer eher deskriptiven Konstellationsanalyse (Bendix/Roth 1971, Schluchter 1979: 257). Die Ansätze konnten sich gegenseitig kontrollieren, um den Einfluß evolutionistischer Annahmen auszuschließen. Die deskriptiv-empirische Seite kam später von Parsons bis Luhmann zu kurz, so daß eine neue Form des Evolutionismus sich wieder in die Analyse einschleichen konnte.

Die Entwicklung von der mechanischen zur organischen Solidarität bei Durkheim ist vielfach als verkappt evolutionistisch gedeutet worden. Im Vergleich zu Weber und Durkheim schien das evolutionistische Element im Werk Paretos am geringsten. Seine Beschränkung auf engere Ausschnitte der europäischen Geschichte schützte ihn vor evolutionistischen Annahmen. Sein Zugriff auf die Geschichte war eher empirisch-anekdotisch und erinnert an Machiavellis Umgang mit der antiken Geschichte in den »Discorsi«. Alle drei Pioniere waren nicht frei von Anwandlungen eines tiefen Pessimismus über die Entwicklung der parlamentarischen Demokratie ihrer Zeit. Keiner aber ging in der Kritik soweit wie Pareto in der Schrift »Transformationen der Demokratie« (1920). Auch Depravationstheorien können evolutionistische Züge entwickeln, wie die optimistische Evolutionstheorie von Spencer im 19. Jahrhundert. Sie verbanden sich bei Pareto jedoch mit einer eher prämodernen Kreislauftheorie.

Pareto suchte nach Gleichförmigkeiten. Er übernahm den altpositivistischen Terminus »Gesetze« (anders Gehlen 1983: 266), schon, weil er ihn für einen naturwissenschaftlichen Grundbegriff hielt. Ihm war nicht mehr präsent, daß der Gesetzesbegriff erst spät von den Geisteswissenschaften in die Naturwissenschaften übertragen worden ist (Eisermann 1987: 39). In seinen empirischen Verallgemeinerungen scheute Pareto (§ 2053) nicht vor Pauschalsätzen im Stil des 19. Jahrhunderts zurück, wie der vielzitierte Satz »Die Geschichte ist ein Friedhof von Aristokratien«. Die Antithese zu Marxens Einschätzung der »Geschichte als Geschichte von Klassenkämpfen« fiel nicht differenzierter als das Vorbild aus. Pareto hatte kein Ziel der Geschichte vor Augen. Trotz seines zunehmenden Antidemokratismus ist er kein theoretischer Faschist geworden, obwohl er eine marginale Ehrung durch Mussolini angenommen hat.

Spätere Generationen der klassischen Moderne haben den Begriff der Evolution wieder starker diskutiert, aber noch immer hielt man sich an das Verbot von Prognosen. Merkmale der Evolutionstheorie älterer Prägung mit ihren Annahmen einer zielgerichteten Geschichte, hat man bei Parsons im Begriff der Differenzierung finden wollen (Savage 1981: 179). Hat Parsons rückläufige Prozesse der Entdifferenzierung (etwa in den Diktaturen des 20. Jahrhunderts) nicht genauso übersehen wie einst Spencer, den Parsons höhnisch für tot erklärt hatte? (Parsons 1949: 3) Evolutionistisch schien auch die Folge, die dem Differenzierungsprozeß bei Parsons nachgesagt wurde. Allzu harmonistisch wurde die Wirkung des Prozesses als Systemstabilisierung begriffen (Willke 1978: 249). Konflikttheorien haben nach dem Zweiten Weltkrieg versucht, das harmonistische Bild der sozialen Differenzierung zu korrigieren. Wachsende Komplexität wurde vielfach in den Systemtheorien der älteren Generation mit Verbesserung der Adaption in Zusammenhang gebracht. Übersehen wurde, daß die Zunahme von Komplexität häufig in die Katastrophe führte, weil sie die relative Autonomie der Subsysteme unter-

Neo - Evolutionismus ? =
Kontingente Causalität + Zirkularität

grub (Bühl 1984: 325). Die biologische Entwicklung wurde gelegentlich wieder zum Modell der Gesellschaftsentwicklung erhoben, obwohl der Mensch sich ja gerade aus der biologischen Adaption herausgehalten hat. Die Festlegung der genetischen Selektion hätte ihn weniger erfolgreich werden lassen. Die Biologie als Modell wurde in den Analogiebildungen weitgehend simplifiziert.

Von Parsons bis Luhmann wurde an einem Bild kontingenter Kausalität festgehalten. Aber da die deskriptive Konstellationsanalyse den Spezialwissenschaften überstellt wurde, bei Luhmann vor allem der Geschichte, kam es zu einer unglücklichen Arbeitsteilung. Nach Luhmanns Konzeption verfuhr die Geschichtswissenschaft noch kausalanalytisch und bewährt sich als bloßer Lieferant historischer Fakten. Die Soziologie hingegen soll die angelieferten Daten »modalisierend reflektieren«. Mit Recht ist gegen dieses Verfahren eingewandt worden, daß die Historie nicht einfach Wirklichkeit präsentiert, über die die Soziologie dann modalisierend reflektieren kann (Schluchter 1979: 260). Handlungsorientierung ist auf die Entwürfe alternativer Handlungsmöglichkeiten angewiesen. Habermas (1971: 160) sah in dieser Auffassung eine existentialistisch-institutionalistische *Gegenontologie* in der Nachfolge von Sartre und Gehlen. Der degradierten Geschichtswissenschaft fällt die rettende Rolle des Nothelfers zu, welche die Beliebigkeit äquivalenzfunktionalistischer Aussagen nachträglich einschränken soll. Evolutionstheorie erschleicht sich somit eine analytische Geschlossenheit, die sie nicht besitzt und bleibt letztlich eine metaphorische Redeweise. Die Vermeidung von Aussagen über die Abfolge von Stadien mündete bei Luhmann in die Vermeidung jeder empirisch überprüfbaren Aussage über den Evolutionsprozeß.

Luhmanns Kontingenzkausalität degradierte die traditionelle Kausalität zu einem Sonderfall. Evolutionstheorie ist für Luhmann (1975: 151) selbstreferentiell angelegt, da sie die Differenzierung der evolutionären Mechanismen, die Evolution ermöglichen, wiederum auf Evolution zurückführt (z.B. Evolution der Sprache und der biologischen Organismen). Evolutionstheorie versuchte für Luhmann die »Evolution der Evolution« zu begreifen. Sie erfordert dabei weder einen Rückgriff auf einen Anfang, noch auch die Erklärung einer Entwicklungsstufe durch eine frühere. Statt dessen sollen ebenenspezifische System-Umwelt-Analysen durchgeführt werden. Die älteren Stadiengesetze werden damit überflüssig. Da keine Theorie für Luhmann das Konkrete erreichen kann, wird auf kausalgesetzliche Analyse verzichtet. Die Bedingungen für den Übergang von einer Stufe zur anderen werden, wie alle genetischen Fragen, der empirischen Geschichtswissenschaft überwiesen. Evolutionstheorie in diesem Sinn erschöpft sich in Zirkelargumentationen, welche die »Funktionen der Variation, der Selektion und der Stabilisierung differenziert« (Lau 1981: 22). *Zirkularität* ist in der klassischen Moderne mit einem Tabu der Unzulässigkeit belegt worden. Noch immer wurde im nachmodernen Denken nicht behauptet, daß Zirkelschlüsse logisch akzeptabel seien. Aber das Tabu wurde unterlaufen, indem man die Zirkularität nicht mehr als Produkt eines »falschen Denkens«, sondern als notwendig ansah, weil sie der zirkulär angelegten Welt sozialer Beziehungen entspreche (Teubner 1989: 16). Erkenntnistheoretisch wurde diese Auffassung durch die zugespitzte These möglich, »daß die Realität auch unabhängig von Erkenntnis zirkulär strukturiert ist« (Luhmann 1984: 648, Anm. 3). Die Realität, auf die Luhmann sich berief, wurde neueren biologischen Theorien entnommen. Nach Maturana (1985: 35) sind lebende Systeme in einem geschlossenen kausalen Kreislauf organisiert. Die chaotische Realität, die Max Weber noch sah, wurde so reduziert, daß sie trotz der Vielfalt der Systeme, die sie konstituieren, nach relativ analogen Mustern aufgebaut schien.

Eine weitere Variante des *Neo-Evolutionismus* entstand in der Modernisierungsforschung nach dem Zweiten Weltkrieg. Unilineare Entwicklungen wurden rekonstruiert. Traditionale Elemente wurden schrittweise abgebaut und das System wurde zu einem modernen umgepolt (Flora 1974: 24, Wiswede/Kutsch 1978: 31). Je stärker ein Modernisierungsforscher sich in der Analyse von Langzeitprozessen engagiert hatte, um so geringer ausgeprägt war die Wiederkehr des Evolutionismus. Bei Bendix (1966) wuchs die Einsicht, daß moderne und traditionale Elemente sich vielfach verbanden. Revolutionen im Namen modernistischer Programme riefen zugleich restaurative Bewegungen auf den Plan. Selbst wo *intentional* Modernisierung geplant wurde, konnte *funktional* das Gegenteil davon herauskommen. Rekonstruktionen des Modernisierungsprozesses waren ständig in Gefahr, in die alten Drei-Stadien-Lehren zurückzufallen. Von

Comte bis Morgan wurden die früheren Stadien als wenig entwickelt abqualifiziert. Schon die Benennung traditionaler Stadien als »theologisches« Stadium (Comte) oder Barbarei (Morgan) hatte diskriminierende Züge. Wo sich Forscher eher an zwei Stadien hielten, schlich sich mit der Konstruktion dramatischer Übergangszeiten doch wieder ein drittes Stadium ein, obwohl der Rückblick auf die Geschichte lehrt, daß die ganze Geschichte eine Kette von Übergangszeiten gewesen ist. Nur wenige dieser Übergangszeiten haben im Meer der Mittelgebirge herausragende Gipfel hinterlassen, wie die großen europäischen Revolutionen.

Die bewegende Kraft der Geschichte wurde nicht mehr nach Art der älteren Evolutionstheorie uniformisiert. Mit *ceteris paribus-Klauseln,* Aufzählungen von *Randbedingungen* und feinsinnigen Klassifikationen der *functional prerequisites* der Entwicklung sicherten sich viele Modernisierungstheorien gegen die Widerlegung ab. Der Funktionalismus gab vor, den finalen Entwicklungstheorien abgeschworen zu haben. Die Wissenschaftstheoretiker konnten aber vielfach nachweisen, daß die funktionalistische Logik vorgab, kausalistisch vorzugehen, die Prozesse aber praktisch finalistisch erklärte (Hempel 1965: 325 ff.). Da funktionalistische Theorien zur Bildung von *Modelltheorien* neigten, haben sie vielfach der *Prognose* einen besonders hohen Stellenwert zugeschrieben (vgl. Einleitung). Prognose und Prophetie haben sie im Sinne Poppers (1966: 116) strikt getrennt, aber gegen seine Verbote von Holismus und Historizismus haben sie gleichwohl vielfach verstoßen (Popper 1965: 41 ff.).

In einer Weiterentwicklung des Paradigmas der klassischen Moderne rückte die politikwissenschaftliche Forschung zunehmend von den globalen Begriffen der funktionalistischen Evolutionstheorie ab. Nicht mehr Differenzierung, Bürokratisierung oder Monetarisierung standen im Zentrum der Analyse, wie bei sozialphilosophischen Entwürfen des Projekts der Moderne bis hin zu Habermas, sondern Teilprozesse wurden als *Variablen* herausgegriffen und in Beziehung zueinander gesetzt wie Professionalisierung, Spezialisierung, Säkularisierung, Alphabetisierung oder Mobilisierung. Prima vista war mit dieser weisen Beschränkung viel gewonnen. Auf den zweiten Blick zeigte sich jedoch, daß vielfach schmale Indikatorenbündel mit dem Modernisierungsprozeß gleichgesetzt wurden, den ältere Theorien aufwendig hypostasiert hatten.

c) Die Entwicklung des systematischen Vergleichs und der Gleichberechtigung von Differenz- und Übereinstimmungsmethode

Prämoderne politische Theorien waren auf normativen Konsens geeicht. Verglichen wurde nur, soweit das normative Ziel Vergleiche zu erfordern schien. Die Suche nach dem guten Staatswesen überlagerte die Erfahrung der realen Vielfalt politischer Systeme. Der Normativismus der Prämoderne wurde von der klassischen Moderne aufgegeben. Aber ein integratives Gesamtkonzept hat vor allem die Systemtheorie immer wieder entwickelt, zunächst im Begriff der »Gesellschaft«, später unter der Bezeichnung »soziales System«.

In der Geschichte der politischen Theorien hat es vielfach Vergleiche gegeben – von Aristoteles bis Tocqueville. Hinweise auf andere Länder und Kulturen dienten jedoch als Beleg für die behauptete zielgerichtete Entwicklung. Selbst für europäisch geprägte Kulturen wie Rußland und Amerika gab es wenig Verständnis. Hegels (1955: 207) Fixiertheit auf die preußische Monarchie trieb ihn zu so verwegenen Äußerungen, daß der amerikanische Republikanismus verschwinden werde, wenn das Land weit genug »vorgerückt« sei, um »das Bedürfnis des Königtums zu haben«. Auch bei späteren modernen Komparatisten hat es natürlich haarsträubende Fehlurteile gegeben. Aber die Chance ihrer Verminderung wurde durch systematische Datenerhebung vermehrt. Tocquevilles Buch über die »Demokratie in Amerika« wurde nicht in erster Linie aus Interesse an einem fernen Land geschrieben, sondern um die Gefahren eines Depravationsprozesses zu zeigen, der von der zunehmenden Demokratisierung ausgelöst wurde (Tocqueville 1961: 14). Schon zeigenössische Kritiker wie John Stuart Mill (1840: 62) – der später von Max Weber (1951: 587) seinerseits für seinen Evolutionismus getadelt wurde – hat kritisiert, daß Tocqueville weder ein Land, noch seine Demokratie vorurteilslos beschrieben habe, sondern allen negativen Prozessen der Moderne einen Namen gegeben habe: Demokratie.

Evolutionisten des 19. Jahrhunderts konnten trotz dieses Verfahrens scharfsinnige Beobachtungen über die Einzelheiten fremder Systeme machen. Aber es fehlte ihnen der Sinn für die Mannigfaltigkeit der Welt, wie ihn die klassische Moderne entwickelte. Der

Vergleich der Prämoderne war auf die Suche nach substanzhafter Ähnlichkeit gerichtet. Die klassische Moderne hat eigentlich erst die *Differenzmethode* gleichberechtigt neben die *Konkordanzmethode* gestellt, obwohl Mill (1959: 253) sie schon in seiner Logik (1846) als gleich wichtig behandelt hatte.

Mill (1959: 256) blieb freilich auch mit dieser Unterscheidung weitgehend prämodern in der Annahme, daß in Sphären, in denen das Experiment unmöglich ist – und das trifft weitgehend für die Sozialwissenschaften zu – die Differenzmethode nicht anzuwenden sei.

Max Weber war der große Pionier der vergleichenden Forschung. Aber auch er ist vielfach aus zwei Gründen kritisiert worden:

– Ein Vorwurf lautet, er habe mit dem Begriff des Idealtypus doch wieder holistisch die Verschiedenheit der Welt verschleiert (Lewis 1975: 12 ff.).

– Ein zweiter Vorwurf lautete, daß Webers Rationalisierungs- und Bürokratisierungsprozeß so universal angelegt sei, daß er sich als geheimer Eurozentrismus auswirken müsse.

(1) Webers *Idealtypen* sind verdächtigt worden, entwicklungstheoretische Implikationen bereits mit der Definition der Idealtypen wie Bürokratie oder Kapitalismus »erschlichen« zu haben. Idealtypen sind nach Weber (1951: 191) nicht der Durchschnitt der in sämtlichen beobachteten vergleichbaren Einheiten »tatsächlich« bestehenden Prinzipien. Sein Idealtypus wird gewonnen »durch die einseitige Steigerung eines oder einiger Gesichtspunkte und durch Zusammenschluß einer Fülle von diffus und diskret, hier mehr, dort weniger, stellenweise gar nicht, vorhandener Einzelerscheinungen, die sich jenen einseitig herausgehobenen Gesichtspunkten fügen, zu einem in sich einheitlichen Gedankenbild ... nirgends in der Wirklichkeit empirisch vorfindbar.« Daß gar das Wort »*Utopie*« in dieser Definition auftauchte, war vielen Empiristen verdächtig, auch wenn sie zugeben mußten, daß ihre *Realtypen* ebenfalls durch die Zuspitzung ausgewählter Merkmale definiert werden. Gerade diese Einsicht kann der Entlastung Webers dienen. Webers Idealtypen wie »Stadt« oder »Bürokratie« sind nicht »metaphysischer« als mancher Realtyp, den die Empiriker verwenden. Unterhalb jener Großbegriffe, für die der Status des Idealtyps in Anspruch genommen wurde, tauchte im Werk Webers eine Fülle von Begriffen auf, die sich ohnehin in die normale Wissenschaft bruchlos einfügten wie

Parteien, Klassen oder Stände. Bei ihnen ging er weit methoden-
bewußter vor als die meisten empirischen Forscher, die solche
Termini naiv verwendeten, wie Webers manchmal belächelte De-
finitionswut zeigte, wenn Abschnitte eingeleitet wurden mit Sätzen wie »X... soll heißen«.

(2) Bei keinem der Pioniere der klassischen Moderne ist der Vorwurf des *Eurozentrismus* weniger gerechtfertigt als bei Weber.
Keiner hat fremde Kulturen – wie den Hinduismus (Weber 1988,
Bd. 1: 573) – in so hymnischen Worten in seiner Besonderheit
»als außerordentliche metaphysische Leistung« zu verstehen versucht, trotz mancher Kritik, die die Wissenschaft später an einzelnen Interpretationen des Hinduismus anbrachte. Die spätere Mo-
dernisierungstheorie fiel im Vergleich dazu hinter Weber zurück.
Die Webersche universalgeschichtliche Traditionslinie war in diesem Punkt freilich weniger gefährdet als die auf Durkheim zu-
rückgehende systemare Theorie, und das lag vor allem an einem
anderen Verständnis von vergleichender Methode in der Durk-
heim-Schule.

Für Durkheim (1950a: 137) war eine besondere vergleichende
Methode nicht notwendig. Die Soziologie schlechthin war für ihn
vergleichend. Das bedeutete für Durkheim, daß sie aufhörte, bloß
deskriptiv zu sein und von theoretischen Fragen angeleitet wurde.
Bei Parsons (1961: 743) wurde sie zum *Ersatz des naturwissenschaftlichen Experiments.* Fälle werden unter kontrollierten Bedingungen geordnet. Vergleiche wurden der bloß genetischen
Ableitung entgegengesetzt. Nach dieser Unterscheidung konnte
Parsons Werner Sombart den Titel »Komparatist« absprechen,
den er für Max Weber in Anspruch nahm. In Fortsetzung dieser
Traditionslinie hat Luhmann (1970: 47) die vergleichende Methode zu einer Art Hilfswissenschaft der Soziologie degradiert.
Die vergleichende Methode konnte für ihn kein sachliches Kriterium anbieten, außer dem rein formalen, daß der Gesichtspunkt
sich zur Orientierung eines Vergleichs eignen mußte. Die vergle1-
chende Methode wurde somit auf die technische Vorüberlegung
zur Wahl des Forschungsgegenstandes und zur Aufbereitung der
Daten beschränkt. Diese Konzeption war gegen prämoderne Vergleiche gerichtet, denn sie lehnte die überlieferten Modelle der
Handlungsrationalität ab, welche eingesetzte Mittel unter dem
Gesichtspunkt angestrebter Zwecke verglichen. Ein wissenschaftlicher Vergleich im Sinne der Moderne konnte sich nicht an einer

normativen Theorie von richtigen Zwecken orientieren. Ein klassischer Moderner war Luhmann als Komparatist auch darin, daß er den Vergleich nicht – wie in der traditionellen Philosophie bis hin zu Edmund Husserl – als »Reduktion des Seienden auf das Wesentliche« ansah, Luhmanns Vergleiche dienten hingegen »der Befestigung des Seienden im Verhältnis zu anderen Möglichkeiten«. Vergleiche suchen für Luhmann (1970: 46) den Handelnden unter dem Gesichtspunkt von funktional alternativen Äquivalenten zu verstehen. Der Handelnde soll in die Lage versetzt werden, die Einheit der Welt von Theorie und Praxis besser zu begreifen. Nicht Seinsgleichheit – wie bei ontologischen Theoretikern – ist Erkenntnisziel der vergleichenden Wissenschaft, sondern »unähnliches wird als *äquivalent*« ausgewiesen. Damit ist die systematische Bevorzugung der Differenzmethode gegenüber der Konkordanzmethode – welche das postmoderne Denken verwirklichte (vgl. Kap. 11.1.c) – bereits angelegt. Mit späteren nachmodernen Entwicklungen kaum vergleichbar ist jedoch die Annahme Luhmanns vor dem zweiten Paradigmawandel (vgl. Kap. 11.2.e), daß eine einheitliche funktionale Theorie und eine strenge Identität der Gesichtspunkte Voraussetzung des Vergleichs sein müsse.

Die hohe Wertschätzung der Differenzmethode ist mit den Intentionen der Weber-Schule kongruent. Von Weber weg führte jedoch das Desinteresse an der Geschichte. »Hohe Kosten der Abstraktion« wurden von Luhmann (1970: 47) im voraus einkalkuliert, um den Preis geringer Relevanz seiner luziden Beobachtungen für eine systematische vergleichende Forschung. Wo immer Beispiele für diese Auffassung des Vergleichs von Luhmann (1971: 169) angeführt wurden, blieben sie problematisch, etwa sein Hinweis auf die funktionale Äquivalenz von Mehrparteiensystemen in Demokratien und Einparteiensystemen in Diktaturen. Im Gegensatz zu ähnlichen Thesen linker Demokratiekritiker wie Agnoli/Brückner in der »Transformation der Demokratie« konnten solche Aperçus nicht als verfassungsfeindlich verdächtigt werden, weil sie in ihrer Abstraktheit politisch folgenlos bleiben mußten. Systematische Vergleiche wurden auch bei Luhmann eher den deskriptiv-genetischen Wissenschaften überlassen, ohne Einsicht, daß gerade diese wegen ihrer Neigung zu genetischen Erklärungen dem konkreten Vergleich so verständnislos gegenüberstanden wie Luhmann ihnen desinteressiert begegnete.

Der vormoderne Vergleich war in der Regel auf die politische Ordnung beschränkt *(Polity)*. Die Klassifikation der Herrschaftsformen war lange die einzig systematische Form des Vergleichs. Nicht immer wurden die Elemente logisch zueinander geordnet. Voltaire hatte sich bereits über Montesquieus Dreiertypologie mokiert, die ihm so logisch vorkam, wie die Eintragungen im französischen Geburtsregister: männlich, weiblich, unehelich. Schon Aristoteles hat kompliziertere Typologien nach zwei logischen Merkmalen versucht, so daß man ihn als den Ahnherren der Mehrfeldermatrix gewürdigt hat (Berg-Schlosser 1987: 58). Erst mit der Entwicklung einer empirischen Politikwissenschaft kamen auch die Entscheidungsprozesse ins Visier der vergleichenden Betrachtung *(politics)*. Ganz neuartige Perspektiven aber wurden entwickelt, als die vergleichende Forschung sich den Politikfeldern *(policy)* zuwandte. Als Pionier dieses Forschungsbereichs mit Aggregatdaten kann Durkheims Studie über den Selbstmord gelten. Die Input-Output-Analyse der Policy-Forschung wurde vor allem durch die Ökonomie angeregt. Obwohl mit der Reduktion des Vergleichs auf konkrete Politik-Resultate *(policy outcome)* die alten ontologischen Gefahren gebannt schienen, tauchten sie in neuem Gewande wieder auf. Entwickelte Industriegesellschaften schienen einen einheitlichen Typus der Problembewältigung zu entwickeln. In der Debatte, die unter der Frage »*Does politics matter*« geführt wurde, minimisierte sich dieser Einfluß der Politik, der zunehmend über die Länder hinwegrechnete, und politische Entscheidungsvariablen übersah. Von Pryor bis Wilensky wurde von der ökonomisch beeinflußten Komparatistik sogar suggeriert, daß der Unterschied zwischen Kapitalismus und Sozialismus gering sei, so groß auch der propagandistische Aufwand des realen Sozialismus war, um zu zeigen, daß »der Sozialismus« nach seinen Grundsätzen die Gesellschaft umgestalten kann. Inzwischen ist der Versuch falsifiziert, und die Forschung droht nach dem Zusammenbruch des bürokratischen Sozialismus in den entgegengesetzten Fehler zu verfallen: plötzlich war nur die Politik der Kommunisten für alle Übel der Gesellschaft in diesen Ländern verantwortlich. Wenn vermutlich nach dem Übergang vieler Länder zu Demokratie und Pluralismus – ähnlich wie in der Dritten Welt – nicht alle Blütenträume reifen und nach einigen Jahren sichtbar wird, daß es doch auch politikunabhängige, schwer zu beeinflussende Variablen der Entwicklung gibt, wird sich diese Übertreibung auf ein differenziertes Betrachtungsniveau wieder einpendeln. Der *sozioökonomische Determinismus der Konvergenztheoretiker* hatte nicht wenig mit dem der von ihnen methodisch bekämpften *Marxisten* gemein.

Unter dem Einfluß des Behavioralismus und eines methodologischen Individualismus unterschiedlicher theoretischer Provenienz, feite sich die makrosozialwissenschaftliche Forschung gegen die Anfechtungen ideologischer Kollektivbegriffe und löste die Komparatistik in die Methodik der *Sonderung von abhängigen und unabhängigen Variablen* auf. Sie war nun endgültig von nichtvergleichender Wissenschaft oder von einer Wissenschaft, die methodisch naiv glaubte nicht vergleichend vorzugehen, kaum noch zu unterscheiden. Eine solche Forschungsentwicklung mußte schwerste Bedenken gegen die Korrelation von kaum operationalisierbaren *Polity*-Variablen und relativ überschaubaren *policy*-outcome-Indikatoren entwickeln. Das Ungenügen über die kleine Zahl vergleichbarer Fälle, die auch durch eifrigste Operationalisierung nicht vergrößert werden konnte (Sharpe/Newton 1984: 218), trieb viele Forscher in die Subsysteme des politischen Systems. Sie kamen in Amerika in der Schule von Sharkansky zunächst auf der Staaten-Ebene an und verloren sich schließlich in der Lokalpolitik bei Krankenhausträgern und »school boards«. Der Staat wurde zur intervenierenden Variable verkleinert. Das Resultat war eine Art »Westside Story« des Politikvergleichs. Man beschränkte sich auf ein enges Revier – Westside New York oder anderswo – und verglich es mit Nachbarrevieren. Das Plädoyer von Przeworski und Teune (1970) für das Studium von Untereinheiten des politischen Systems zur Verbesserung der Komparatistik begann, sich in unerwarteter Sterilität totzusiegen.

Ein Ergebnis dieser Entwicklung war die Kritik an der *Theorielosigkeit der Vergleiche,* die auch durch terminologische Anleihen beim Vokabular des Systemfunktionalismus nicht verdeckt werden konnten. Die Gegenschule in der vergleichenden Erforschung von Politikfeldern, die immer gegen die »Quasi-Eastonians« der Dye-Hofferbert-Schule polemisiert hatten, haben mit historisch-institutionellen Studien des Vergleichs nationaler Systeme wie bei Heclo und Heidenheimer die lokale Kleinkunst sinnvoll ergänzt. Aber die Theorielosigkeit wurde bei diesem Ansatz noch grundsätzlicher zum Prinzip erhoben.

Hauptverdienst dieser zweiten Schule war es, den Vergleich von Politik im Sinne von *politics*, von politischer Entscheidung, wieder ins Auge zu fassen. Politics war in den meisten Korrelationsstudien eine *black box* geblieben. Entscheidungsprozesse wurden nun wieder handlungstheoretisch angegangen. Parteien und Interessengruppen rückten ins Zentrum der Analyse, aber auch die politische Eigeninitiative der Verwaltung, der sogenannte *within-input* wurde zur Erleuchtung der Black box der Systemtheorie eingesetzt. Akteursbezogene Forscher, wie Fritz Scharpf (1987), orientierten sich auch zunehmend wieder auf *Polity*-Variablen. Institutionen der politischen Ordnung, Verfassungstraditionen, Strategien von Wirtschaftssubjekten und einzelne Außenseiter-Akteure, wie die Bundesbank, erklärten die Varianz im Ergebnis von Maßnahmen der Wirtschafts- oder der Sozialpolitik. Damit wurde der Erkenntnis Rechnung getragen, daß auch die quantitativ orientierten Forscher in der Komparatistik ihre Erklärungen gern durch Hilfshypothesen abgestützt hatten, die aus ihrem Material kaum folgten. Der Korporatismus Österreichs, die Konkordanzdemokratie der Schweiz, ein paternalistischer »Korporatismus ohne Gewerkschaften« in Japan waren vielfach in die Analyse wie ein »deus ex machina« eingeführt worden, ohne im Untersuchungsdesign schon stringent angelegt worden zu sein.

Das dumpfe Klappern mit dem *Policy-Cycle,* das sich in der Politikwissenschaft der 8oer Jahre ausbreitete, hat freilich die neue Entdeckung von Entscheidungsprozessen zur Verbreitung neuer Unklarheiten benutzt. Angesichts der Restriktionen für die Akteure, die bei der neuen fallorientierten Entscheidungsanalyse im Halbdunkel blieben, wurden langfristige Systemrestriktionen verdunkelt. Kein Wunder, daß der Policy-Vergleich von den traditionalen Normativisten als Niedergang des Faches wahrgenommen wurde, dem durch Rückzug in die »Kernbereiche der Politikwissenschaft« und die Zitadelle einer Ordnungswissenschaft als *polity science* entgegengesteuert wurde. (Naschold in: Hartwich 1983: 116ff.). Von progressiv-kritischen Normativisten hingegen wurde vor allem die mit dem Politikvergleich verbundene »*Ideologie der Machbarkeit*« kritisiert (Greven in: Hartwich 1985: 185). Als Kompromiß der theoretischen Querelen zeichnete sich eine Beschränkung des Erwartungsanspruchs ab. Die Handlungskorridore zwischen den Begrenzungen der politischen Handlungsspielräume wurden entdeckt (M. G. Schmidt in: Berg-

Schlosser/Müller-Rommel 1987: 191). Dabei wurde die Autonomie des politischen Systems und seine Handlungsfähigkeit nicht mehr geleugnet, wie bei den Staatsableitern und Konvergenztheoretikern. Dennoch war der Anspruch auf Steuerung, der noch erhoben wurde, so bescheiden, daß neue Frustrationen sich ausbreiteten. Circa 25% der Varianz im Politikergebnis konnte man politologisch erklären, wie Manfred Schmidt einmal gesagt hat. Er hat es mundartlich gegenüber dem Verfasser auch schon einmal noch bescheidener formuliert: »Do parties matter? Ein bisserl schon, aber soviel dann auch wieder nicht« (Schmidt 1982: 203).

Die vergleichende Methode wurde von dieser Bescheidenheitskrise der Sozialwissenschaften kaum betroffen. Vieles, was in der Politikwissenschaft als Vergleich ausgegeben wird, hat damit kaum etwas zu tun, sondern ist monographische Beschäftigung mit einem anderen Land. Der einzig vergleichende Aspekt, der sich vielfach findet, ist der Umstand, daß ausländische Autoren häufig automatisch Vergleiche mit ihrem eigenen System anstellen, um das andere System besser zu verstehen. Ein so laxer Begriff von Vergleichen ohne Vergleich, der besser Landeskunde eines anderen Systems genannt würde, stärkt jene Traditionen der Systemtheorie von Durkheim bis Luhmann, die eine besondere vergleichende Methode für überflüssig halten.

Zwei Traditionen beherrschen die empirisch-analytische Wissenschaft bis heute. Die eine läßt sich auf Weber, die andere auf Durkheim zurückführen. Beide haben komplementär ihre Schwächen und Meriten. Im Bereich massenhaften Verhaltens ist die systemtheoretische Modellbildung fruchtbar. Im Bereich makrotheoretischer Analysen in historischer Perspektive gewinnt der Vergleich nach der Differenzmethode eine solche Bedeutung, daß die Webersche Tradition die fruchtbarere zu sein scheint.

d) Die Differenzierung der Lebensbereiche und der Verzicht auf den Primat der Politik

Eine minimale gedankliche Differenzierung von Lebenssphären ist keine Errungenschaft der klassischen Moderne in der politischen Theorie. Ökonomie und Politik, welche in der frühen bürgerlichen Ökonomie noch eine gedankliche Einheit gebildet hat-

ten, sind mit der Professionalisierung der Wirtschaftswissenschaften theoretisch zunehmend voneinander getrennt worden.
Ihre Verbindung wurde allenfalls noch einer Unterdisziplin wie
der Wirtschaftspolitik überwiesen. *Oikos* und *Polis* waren schon
in der klassischen griechischen Staatstheorie unterschiedlich behandelt worden. Archaische Relikte in der Terminologie wie
»staatswirtschaftliche Fakultäten« haben sich gleichwohl bis ins
20. Jahrhundert vereinzelt gehalten.

Für die politische Theorie noch bedeutsamer wurde die Sonderung von *Staat und Gesellschaft.* Immer wieder ist sie in der Zeit
vor Hegel entdeckt worden (v. Unruh 1928; Angermann 1963).
Geistesgeschichtlich wirksam wurde diese gedankliche Differenzierung jedoch vor allem durch die Hegel-Schule. Im frühneu-
zeitlichen »*Polizeistaat*«, der sich auf die Interessen der Gesellschaft richtete, um die Wohlfahrt zu steigern, wurde diese Trennung nicht so scharf gezogen. Die Entwicklung des *Rechtsstaats*
als Inbegriff der Interessen der Gesellschaft, die sich durch Organisation im Repräsentativsystem dem Staat vermitteln, hat die
Sonderung von Staat und bürgerlicher Gesellschaft weiter vorangetrieben (Riedel 1979: 767 f.). Die politischen Theorien bis ans
Ende des 18. Jahrhunderts basierten auf dem Gedanken einer *societas civilis,* die zugleich gesellschaftlich und politisch konstituiert war. In der Zweistufigkeit des naturrechtlichen Vertragsden-
kens hatte die *Gesellschaft* genetische Priorität vor der Entstehung des *Herrschaftsvertrags.* Seit Locke – und im Gegensatz zu
Hobbes und Rousseau – wurde jedoch damit eine Ausdifferenzierung von Gesellschaft und Staat wenigstens als genetische Theorie
angelegt.

Hegel hat schließlich Staat und Gesellschaft gedanklich strikt getrennt. In der »Rechtsphilosophie« (1821: § 190) erhielt der Zusatz »bürgerlich« vor der Gesellschaft seinen sozialen Sinn vom
»Standpunkte der Bedürfnisse« aus, während er vor Hegel einen
politischen Sinn in der Bedeutung *citoyen* (statt bourgeois) gehabt
hatte. Staat wird politischer Staat, die Gesellschaft ist die Sphäre
bürgerlicher Privatleute. Moderne Staaten – wie in Hegels Absetzung vom älteren Reich, das schon seit Bodin oder Pufendorf
nicht mehr als richtiger Staat angesehen worden war – brauchen
ein Gegengewicht gegen die starke Zentralgewalt im Prinzip der
Repräsentation (Skalweit 1975: 15). Die Verschränkung von Staat
und Gesellschaft wurde nicht mehr nur in eine Richtung gedacht.

Staat und Gesellschaft beeinflußten sich wechselseitig. Die Gesellschaft hörte auf, formbare Masse eines absoluten Herrschers zu sein, der befehlen konnte: »car tel est notre plaisir«, wie die Formel Ludwigs XIV. lautete.

Lorenz von Stein (1856: 25) war einer der konsequentesten Hegelianer, die versuchten, die Gesellschaft aus dem Staatsbegriff hinauszudefinieren. Stein nannte die mangelnde Trennung von Staat und Gesellschaft den »Grundirrtum der Staatswissenschaft« und verglich ihn mit einem Fehler in den Naturwissenschaften, den der Betrachter begehen würde, der »einen zusammengesetzten Körper wie einen einfachen behandeln wollte«. Die Rechtsordnung war das Bindeglied zwischen Staat und Gesellschaft. Die Verfassung des Staates war für Stein das Ergebnis der Einwirkung einer bestimmten Gesellschaftsordnung. Aber die Staatswissenschaften neigten seiner Ansicht nach dazu, Ursache und Wirkung nicht zu unterscheiden. Daher konnten sie nur dort mit der Analyse beginnen, »wo Staat und Gesellschaft schon eins sind.«

Niemand hat in Deutschland vor Stein die Gesellschaft so scharfsichtig als Arena von sozialen Konflikten und Klassenkämpfen dargestellt. In jedem Staat gab es für Stein (1856: 33) die Tendenz der vorherrschenden Interessen, sich der Staatsgewalt zu bemächtigen, oder aber die gesellschaftliche Gewalt zu verselbständigen, wo die Eroberung der Macht mißlang. Er nannte diese Einsicht das zweite Gesetz im Wirkungszusammenhang von Staat und Gesellschaft. Den Begriff »Volk« ordnete er der Staatssphäre zu, da jedes Volk tendenziell staatsbildend sei und jeder Staat versuche, sich »sein Volk zu bilden«, auch wenn er aus mehreren ethnischen Gruppen bestand. Dies nannte er das erste allgemeine Gesetz. Das dritte allgemeine Gesetz lautete nach Stein, daß die Staatsgewalt in jedem Staat bestrebt sei, die Herrschaft der gesellschaftlichen Interessen zu brechen. Er hing keiner schlichten Agenturtheorie an, nach der sich das mächtigste Interesse notwendigerweise der Staatsgewalt bemächtigt. Die Inhaber der Staatsgewalt entwickeln eine gewisse Autonomie und versuchen, die Hörigkeit von den mächtigen Interessen der Gesellschaft abzuschütteln.

Trotz dieser für die Zeit luziden Differenzierungstheorie setzte sich bei Stein das Einheitsstreben wieder durch, das alle vormodernen politischen Theorien kennzeichnete. Der späte Lorenz von Stein hat im *Monarchen* die einheitsstiftende Kraft zwischen

Staat und Gesellschaft gesehen. Die territoriale Zersplitterung Preußens schien Stein (1852) ungeeignet, den Weg der normalen westeuropäischen Integration von Staat und Gesellschaft durch ein *repräsentatives System* zu gehen. Der *deutsche Sonderweg* mit einer begrifflichen Überhöhung der staatlichen Sphäre, und in ihr der Exekutive mit einem Angstkomplex vor allzu viel demokratischer Partizipation, wurde schon bei Stein weitergeführt. Erst nach dem Zusammenbruch des »deutschen Konstitutionalismus« kam es in der deutschen Theorie der Politik wieder zu einer differenzierteren Betrachtung von Staat und Gesellschaft, die mit dem liberalen Denken – etwa bei Robert von Mohl – durch die dominante Entwicklung ins Abseits gedrängt worden war. Eine konsequente Differenzierung der Subsysteme der Gesellschaft wurde freilich auch in Ländern mit einer stärker parlamentarischen Tradition nicht vor den Pionieren der klassischen Moderne vorgenommen.

Der wichtigste Vorläufer der Differenzierung der Teilsphären der Gesellschaft in den angelsächsischen Sozialwissenschaften war Herbert Spencer. Wegen seines vormodernen Evolutionismus galt es jedoch in der klassischen Moderne als diskreditierend für den eigenen wissenschaftlichen Anspruch, sich auf ihn zu berufen. Parsons (1961: 3) eröffnete seine Analyse des sozialen Handelns 1937 mit dem theatralischen Satz: »Spencer ist tot. Aber wer tötete ihn und wie?« Er wurde nicht getötet, sondern vergessen. Erst später wurde wiederentdeckt, wieviel ihm die moderne Systemtheorie verdankte (Kunczik 1983). Der Begriff der *Differenzierung,* der aus den Naturwissenschaften adaptiert worden war, ist von keinem Denker des 19. Jahrhunderts so verbreitet worden wie von Spencer. Er blieb der Grundbegriff auch in der klassischen Moderne. Er mußte jedoch von ihr der organizistischen Analogien entkleidet werden, den er auch bei Spencer noch gehabt hatte (Tyrell 1985: 187).

Von den Pionieren der klassischen Moderne in der sozialwissenschaftlichen Theoriebildung verdankte auch Émile Durkheim Spencer noch manches. Er hat jedoch das Prinzip der Differenzierung spezifiziert. *Arbeitsteilung* und Spezialisierung wurden zu Äquivalenten in Durkheims Arbeiten. Die Begriffe entfalteten eine Wirkung als Integrationskonzepte, die trotz der Polemik Durkheims gegen Spencer diesem näher standen, als er vermutete. Von Comte und Spencer bis zu Durkheim und Simmel wurden gesellschaftliches Wachstum und Differenzierung miteinander verbunden gesehen. Bei Durkheim (1960) führten Größenwachstum und interne Verdichtung zu immer größerer Arbeitsteilung. In seinem Frühwerk über die Arbeitsteilung (1893) ging Durkheim noch recht optimistisch davon aus, daß die wachsende Arbeitsteilung den integrativen Rahmen der Gesellschaft nicht sprenge. In dem Buch über den Selbstmord (1897) sah er die Mängel an sozialer Integration in modernen Industriegesellschaften jedoch weit schärfer. Anomie und moralische Krisen wurden entdeckt. Aber auch in dieser Phase seines Denkens war Durkheim weit stärker als andere Soziologen von dem Problem der Integration unterschiedlicher Lebenssphären bewegt als seine deutschen Zeitgenossen Weber oder Simmel.

Georg Simmel hat in der Schrift »Über sociale Differenzierung« (1894) die Auseinanderentwicklung der Teilbereiche der Gesellschaft weit positiver beurteilt als Durkheim. Für Simmel (1989: 130) lag die »Auflösung der Gesellschaftsseele in die Summe der Wechselwirkungen ihrer Teilhaber« im Entwicklungstrend des »modernen Geisteslebens überhaupt«, wie er archaisierend formulierte: »Ein in sich völlig geschlossenes Wesen, eine absolute Einheit ist die Gesellschaft nicht, so wenig wie das menschliche Individuum es ist. Sie ist gegenüber den realen Wechselwirkungen der Teil nur sekundär.« Durkheim (1960: 264) hingegen leitete das individuelle Leben weitgehend aus dem Kollektiv ab, während Simmel von den Individuen ausging.

Die politische Theorie mit ihrem naiven Zugang zu Kollektivakteuren hat mit solchen Ansätzen bei Individuen weniger anfangen können als mit den Ansätzen einer Durkheimschen Systemtheorie. Es ist wohl kein Zufall, daß dieser Ansatz eher im Kontext der amerikanischen Theorien weiterentwickelt wurde, die vom Individualismus geprägt waren, und im 20. Jahrhundert mit wachsenden sozialen Konflikten statt des naiven amerikanischen Kredos nach neuen theoretisch hochstehenden Integrationstheorien suchten. Die kontinentale Staatslehre hingegen bedurfte einer solchen Integrationsidee kaum. Sie hatte sie gleichsam naturwüchsig im Staatskonzept kontinuierlich weiterentwickelt.

Für die Rezeption Durkheimscher Gedanken in der amerikanischen Systemtheorie war der Mangel an klarer staatstheoretischer Durcharbeitung eher ein Vorteil. Bei Durkheim war der Staat – wie schon bei Comte – auf eine Kompensationsfunktion beschränkt, die durch den Verlust der sozialen Einheit aufgrund von wachsender Differenzierung und Arbeitsteilung notwendig wurde. Der Staat wurde nicht mehr – wie bei den Organizisten des 19. Jahrhunderts – als das Gehirn des Organismus angesehen. Weite Teilbereiche der Gesellschaft schienen für Durkheim (1960: 202) vom Staat her nicht mehr steuerbar. Der liberale Optimismus eines Spencer, daß der Staat mit wachsender sozialer Differenzierung absterben werde, fand sich bei Durkheim nicht mehr. Angesichts der wachsenden Anomie war es für Durkheim eher wahrscheinlich, daß die staatlichen Funktionen in der Zukunft noch an Bedeutung gewinnen würden. Solche Einsichten in die Notwendigkeit standen neben einem tiefen Steuerungspessimismus. Die moderne Konzeption einer Gesellschaft ohne hierarchische Spitze war in seinem Denken angelegt.

Luhmann (1970: 132, Anm. 16) hat später Durkheims Systemtheorie »ontologisch« genannt, weil die Systeme noch durch Begriffe wie »Ganzes und Teile« definiert wurden. Die spätere Systemtheorie mit ihrem Drang nach der Systematisierung von Teilbereichen in einer Vierfeldermatrix hat aus Webers »Wirtschaft und Gesellschaft« Grundfunktionen von gesellschaftlichen »Gesamtordnungen« herausgefiltert (Müller 1983: 96). Lehrbücher eignen sich besser zu solchen Schematisierungen als Monographien. Auch bei Durkheim wurde man vor allem in didaktischen Überblicken wie »Cours de science sociale« und »Sociologie et science sociale« (1909) fündig. Es ließ sich eine Vierfeldermatrix aus den Teilbereichen (1) ökonomische Institutionen, (2) politische und rechtliche Institutionen, (3) religiöse, wissenschaftliche und ästhetische Institutionen, (4) Familien- und Erziehungsinstitutionen konstruieren. Wo Parsons von *System* sprach, brauchte Durkheim (1950: 107) noch den Terminus *»société«*. Nicht in diesen Einteilungen lag der Fortschritt gegenüber den prämodernen Differenzierungstheoretikern, sondern in der Aufgabe der Vorstellung einer Evolution. Im Gegensatz zur Comte-Schule wurde Geschichte als offener Prozeß aufgefaßt, und die Soziologie wurde durch Durkheim »aus der Behäbigkeit des geschlossenen Systems« herausgeführt (König 1975: 186). Der Prozeß zunehmender *Rationalisierung,* der das religiöse System zurückdrängte, war jedoch bei Durkheim – wie bei Weber – nicht als Nullsummenspiel zwischen ganzen Teilbereichen der Gesellschaft konzipiert. Der Rationalisierungsprozeß erfaßte alle Subsysteme, auch die religiösen und familiären – und jenen Bereich, der später als Lebenssphäre der Systemwelt gegenübergestellt wurde (vgl. Kap. II.3.b).

Wie andere große Theoretiker hat Durkheim einen Bereich der Gesellschaft noch als Motor der Entwicklung in den Vordergrund gestellt. Bei Marx war es die kapitalistische Wirtschaft, bei Weber die Bürokratie, bei Durkheim waren es die organisatorischen Aspekte der beruflichen Arbeit. Aber im Gegensatz zu Marx wurde bei Weber und Durkheim keine Dominanz eines Bereichs unterstellt, der die Autonomie der anderen Sektoren untergraben mußte. Beide wählten einen Mehrebenenansatz für ihre Analyse, der sich grundsätzlich von der evolutionistischen Sozialtheorie der Positivisten wie der Marxisten unterschied. Bei Durkheim wurde eine Art »Austauschmodell« der Teilbereiche der Gesellschaft entwickelt, das später von Parsons und Luhmann weiter differenziert worden ist. Alle Austauschmodelle, welche die klassische Moderne aus dem Durkheimschen Ansatz entwickelte, standen unter dem Vorbehalt, daß Interdependenz und Gleichgewicht nicht als komplementäre Elemente des Systems gesehen wurden, sondern als Variablen. Sie konnten unterschiedliche Stellenwerte in verschiedenen sozialen Konstellationen annehmen. Sie konnten sich nicht nur komplementär, sondern auch konträr zueinander verhalten (Müller 1983: 103). Auch das hatte es in der Prämoderne, etwa bei Marx, schon gegeben. Aber Komplementarität und Widersprüchlichkeit waren an bestimmte Entwicklungsphasen der Gesellschaften in einer Weise gebunden worden, daß die komplexe Analyse durch den evolutionistischen Drang nach Zielgerichtetheit wieder unzulässig simplifiziert worden war. Die prämodernen Lehren waren Faktorentheorien. Die Theorie Durkheims in der klassischen Moderne bereitete eine Auffassung vor, in der einzelne Bereiche nur noch als Variable behandelt wurden.

Mit diesem theoretischen Fortschritt verbunden war die Aufgabe von älteren Basis-Überbau-Schemen. Damit waren auch notwendige Antagonismen in bestimmten Phasen der Entwicklung von Gesellschaften nicht mehr akzeptiert. Der Vorteil war mit dem Nachteil einer neuen Suche nach Harmonie verbunden. Durkheim löste das Problem durch die Annahme eines strukturellen Pluralismus, das die Integration des Systems und die Sozialintegration miteinander verband (Müller 1983: 113). In seinem Diskussionsbeitrag zur »Position der politischen Ökonomie im Zusammenhang der Sozialwissenschaften« von 1908 ging Durkheim (1975, Bd. 1: 218 ff.) vom *Primat der Ökonomie* aus, während das Ancien régime durch einen *Primat der Politik* gekennzeichnet gewesen war. Damit konnte dem Bereich der Politik nur noch eine begrenzte Rolle zufallen. Durkheim (1950: 59) differenzierte die Begriffe »Staat« und »politisches System«, was seine Lehre ebenfalls attraktiv für die amerikanische Systemtheorie machen sollte. Für System stand bei ihm allerdings noch der Ausdruck *»société politique«*. Staat im engeren Sinn ist eine Gruppe von Funktionären, die mit Autorität ausgestattet sind. Sie erarbeiten die Vorschläge und Wünsche des »Kollektivs«. Der Staat ist nicht – wie in der weitgehend hegelianisierenden deutschen Staatstheorie der Zeit – Inkarnation der *»conscience collective«*, denn diese überschreitet ihn auf allen Seiten (ebd.: 61), nicht nur durch rationale Forderungen, sondern auch durch Mythen und Legenden. Andererseits wurde der Staat von Durkheim als Akteur konzipiert, der »denkt und entscheidet«. Das hieß nicht, daß die Gesellschaft als Ganzes »denkt und entscheidet«. Der Staat ist die »Organisationszentrale der Untergruppen« (*centre organisateur des sous-groupes*, ebd.: 61). Analogien der Staatsorgane zu den Muskeln und Nervensystemen deuteten bei Durkheim bereits in die Richtung der kybernetischen Wende der Systemtheorie (vgl. Kap. 1.3.d) (Durkheim 1950: 62, 1975, Bd. 3: 189 ff.).

Die Schwäche des politischen Systems, das für die Gesamtheit zu handeln suchte und diese dennoch nie voll zur Repräsentation bringen konnte, begann für Durkheim (1950: 105 f.) nicht erst in der modernen Gesellschaft seit der französischen Revolution. Schon das Ancien régime konnte Willkür gegen einzelne Personen üben, aber die Organisation der Gesellschaft – auch *»état social«* genannt –, konnte von der Politik auch damals nicht geändert werden.

Durkheims (1950: 107) Bekenntnis zur Demokratie – das von großer Bedeutung für die intellektuelle Legitimation der krisengeschüttelten dritten französischen Republik gewesen ist –, ist von Durkheim keineswegs voluntaristisch auf die Analyse aufgesetzt worden. Demokratie war nach seiner Ansicht immer stärker als die Autokratie, weil die *»conscience gouvernementale«* breiter entwickelt war. Demokratie koppelte zudem die »conscience de la masse des consciences individuelles« an das Bewußtsein der

Regierenden – im Gegensatz zur Autokratie. Nur in der Demokratie schien die Gesellschaft zum »reinsten Bewußtsein von sich selbst« zu kommen. Nur die Demokratie schien der Komplexität der modernen Gesellschaft angemessen. Gegen Spencer argumentierte Durkheim (1960: 200), daß der gesellschaftliche Individualismus nicht den schwachen Staat brauche. Seine Staatsvorstellung hielt etwa die Mitte zwischen der Vision des absterbenden Staats bei Spencer, dem liberalen Minimalstaat und dem starken Staat, den Comte vertreten hatte.

Der Staat konnte nach dieser Auffassung keine neuen Ideen entwickeln, sondern nur den kleinsten gemeinsamen Nenner aus den Ideen der jeweiligen Mehrheit ziehen (1950: 118). Das Erscheinungsbild des Staates war für Durkheim eine »bizarre Mischung aus Trägheit und Aktivität« (ebd.: 119). Die Vorstellung, ein hypertropher Staat könne die atomisierte Gesellschaft zusammenschweißen – die in der antimodernen Revolte zur Leitidee wurde (vgl. Kap. 1.3.b) –, war für Durkheim (1960: XXXII) eine »soziologische Monstrosität«.

Welchen Ausweg gab es aus der Tendenz der *Atomisierung der Gesellschaft* einerseits und der neuen *Staatsvergottung* andererseits? Durkheims (1960: XXXIII, 1950: 121 f.) Antwort war nicht besonders originell: es war die Hoffnung auf die *sekundären Gruppen* zwischen Staat und Individuen, die von Montesquieu bis Constant und Tocqueville schon als Rettung gegen die Nivellierung der Gesellschaft durch den Etatismus gegolten hatte, ob er nun autokratisch oder revolutionär auftrat. Proudhons Flucht in die Kleinproduzentenidylle machte Durkheim nicht mit. Der Nationalstaat blieb noch immer die wichtigste Ebene. Er trat als Akteur auf, der die Zwischeninstanzen zwischen Staat und Individuen schaffen konnte (1960: XXXIII). Im Gegensatz zu den Denkern des 19. Jahrhunderts dachte Durkheim weniger an regionale Zwischengewalten, sondern an funktionale in Form der *Berufsorganisationen*. Sein Modell hätte zu einer Art *liberalen Korporatismus* weiterentwickelt werden können, um Wirtschaft und Gesellschaft wieder stärker aufeinander zu beziehen. Eine Entdifferenzierung der Gesellschaft wie im klerikalen und später faschistoiden Korporatismus schwebte ihm nicht vor. Versuche, Durkheim zu einem Vorläufer des neuen Autoritarismus zu stempeln, sind abwegig – er blieb ein Liberal-Konservativer. Die Idee eines sozialen Korporatismus (vgl. Kap. 1.3.d) wurde nicht entwickelt, da Durkheim die Institutionenanalyse im Vergleich zu Weber zu kurz kommen ließ.

Max Weber (1951: 184) war stärker noch als Durkheim dagegen gefeit, die Gesellschaft und ihre Geschichte als ein integriertes System nach dem Vorbild der Prämoderne zu konstruieren. In der Wissenschaftslehre bekannte er sich gleichsam zu einem konstruktivistischen Ansatz, der als Wahrheit nur ansah, »was für alle gelten will, die Wahrheit wollen«. Daraus folgte für ihn: »Die Sinnlosigkeit des selbst die Historiker unseres Faches gelegentlich beherrschenden Gedankens, daß es das, wenn auch noch so ferne Ziel der Kulturwissenschaften sein könne, ein geschlossenes System von Begriffen zu bilden, in dem die Wirklichkeit in einer in irgend einem Sinn endgültigen Gliederung zusammengefaßt und aus dem heraus sie dann wieder deduziert werden könnte«. »Systematische Fixierung der Fragen und Gebiete«, welche die Kulturwissenschaften umfassen müßten, erklärte er zum »Unsinn in sich«. Das Resultat eines solchen Versuchs konnte für ihn nur wieder eine »Aneinanderreihung von mehreren, spezifisch besonderten, untereinander vielfach heterogenen und disparaten Gesichtspunkten herauskommen« (1951: 184). Diese Warnung hat einen Teil der Weberforschung, welche sich die Brille Parsons allzu bereitwillig über den Ozean reichen ließ, nicht davor bewahrt, genauso zu verfahren, auch wenn sie die Vierfeldermatrix mit ihren Interpenetrationsschemen nicht ontologisch verstanden, sondern eher als heuristisches und didaktisches Hilfsmittel.

Da Weber sich auch in seinen eher lehrbuchartigen Schriften an sein wissenschaftstheoretisches Kredo gehalten hat, ist seine Vorstellung vom Austauschmodell der Teilbereiche schwerer zu rekonstruieren als bei Durkheim. Interpreten, die Marianne Webers Äußerungen folgten, daß »Wirtschaft und Gesellschaft« Webers Hauptwerk war, haben dem gigantischen Torso immer neue Schematisierungen entlockt. Wellen der Gegeninterpretation, die ein anderes »Anliegen« Webers in den Vordergrund rückten und Weber entparsonisierten (vgl. Kap. 1.2.a) haben die wissenschaftstheoretischen oder die politischen Schriften ins Zentrum gerückt, und die verdinglichte Form des Agil-Schemas bei Parsons – aus einigen Hauptkapiteln von »Wirtschaft und Gesellschaft« herausgefiltert – als verknöcherten Unsinn abgetan. Je nach Ansicht des Interpreten wurden neue geistige Abhängigkeiten Webers herausgestellt.

Populär wurde in der amerikanischen Weber-Rezeption, einen Antipoden von Marx zu stilisieren. Wie bei der Interpretation von Weber als eines Nietzscheaners (Kap. 1.2.a) ergab sich die methodische Schwierigkeit, daß Weber kaum je direkt Bezug auf Marxens Werk nahm. Wo die Wissenschaftslehre Webers im Zentrum stand von Schelting (1934) bis Henrich (1952), ergab sich die klarste Ablehnung des marxistischen Zuordnungsschemas von Basis und Überbau, von Wirtschaft und Politik. Weber (1951: 166) polemisierte in einem Aufsatz von 1904 gegen den »veralteten Glauben, daß die Gesamtheit der Kulturerscheinungen sich als Produkt oder Funktion ›materieller‹ Interessenkonstellationen deduzieren lasse...« Die materialistische Geschichtsauffassung wurde als »genial-primitiv« bezeichnet. Sie schien nur noch für »Laien und Dilettanten« annehmbar. Dennoch ist es wohl eine Übertreibung, daß die Interpretation der »Wirtschaftsethik der Weltreligionen« lange Zeit keine Rolle gespielt habe (Tenbruck 1975: 657). Bei Weber (1951: 166) fanden sich Einschränkungen seines antimarxistischen Verdiktes wie: »glauben wir unsrerseits doch, daß die Analyse der sozialen Erscheinungen und Kulturvorgänge unter dem speziellen Gesichtspunkte ihrer ökonomischen Bedingtheit und Tragweite ein wissenschaftliches Prinzip von schöpferischer Fruchtbarkeit war und, bei umsichtiger Anwendung und Freiheit von dogmatischer Befangenheit, auch in aller absehbarer Zeit noch bleiben wird.« (Weber 1951: 166). Damit war auf differenzierte Weise der ökonomische Erklärungsansatz anerkannt worden. Aber die Wahl einer unabhängigen Variable im wirtschaftlichen Teilbereich bedeutete keinen Primat dieses Sektors mehr. Die Beziehung von Ökonomie und anderen Lebensbereichen klang bei Weber (1956: 199) wie sie auch die spätere Variablensoziologie akzeptieren konnte: »Die Vergemeinschaftungen haben ihrer ganz überwiegenden Mehrzahl nach irgendwelche Beziehungen zur Wirtschaft.« Die Formulierung unterschied sich von der Apodiktik der Marxisten. Analogien des Prozesses der *Entfremdung* bei Marx und der *Entzauberung* bei Weber bleiben oberflächlich. Marx wurde von Weber (1951: 204) als »großer Denker« anerkannt. Einwände, Weber habe Marx vorwiegend aus zweiter Hand über Sombart und Schmoller zur Kenntnis genommen (Schöllgen 1985: 72), können nicht verdekken, daß Weber sich methodisch mit Marx durchaus sehr bewußt auseinandergesetzt hat.

Die Differenzierung der Teilbereiche der Gesellschaft als Pionier-
tat der klassischen Moderne war um so bedeutsamer, als sie von
Theoretikern vorgenommen wurde, die nicht Soziologie oder Politik lehrten, sondern Professoren der Ökonomie waren, wie Weber und Pareto. Pareto hat in seiner Wissenschaftsauffassung einen weiteren Schritt in Richtung auf den erkenntnistheoretischen
Konstruktivismus getan. Parallelen zur »Philosophie als Ob« von
Hans Vaihinger sind gezogen worden, obwohl sich auch hier
direkte Anlehnungen nicht nachweisen lassen. Wahrheit war für
Pareto ein Sich-bewähren in der Empirie (Eisermann 1987: 110).
Die Übernahme des Systembegriffs (§ 2079) war vordergründiger
als bei Durkheim und Weber. Parsons (1961: 455) war jedoch
gerade von Pareto fasziniert, weil sich der Systembegriff in seinem Werk schon fand. In seiner Abstraktheit schien der Systembegriff geeignet, Paretos Bemühen um eine wertneutrale Begriffsbildung zu unterstützen. Die Interdependenz der Teile wurde
von Pareto (1916, § 2060-2062) in Anlehnung an die Naturwissenschaften beschrieben, wobei die Untereinheiten mal als Mole-
küle, mal als Atome bezeichnet worden sind. Die Idee des
Gleichgewichts (§ 2067) wurde teils aus der Physik, teils aus der
Ökonomie übernommen. Im Gegensatz zu Durkheim und Weber fehlte in dieser Flucht in abstrakte Analogien eine konkrete
Auseinandersetzung mit dem Austauschmodell der Teilbereiche
der Gesellschaft. Neu an Paretos Darstellung war jedoch, daß die
terminologischen Anleihen in der Biologie keine substantialisier-
ten Faktoren mehr einführten, sondern menschliche Verhaltens-
weisen, Residuen und Derivationen, Interessen und Neigungen
Elemente der Interaktion von Subsystemen waren (§ 2079).
Den drei Pionieren der klassischen Moderne ist gemeinsam, daß
sie keinen Versuch unternahmen, die Einheit der Gesellschaft
gedanklich herzustellen. Am stärksten war dieser Versuch noch
bei Durkheim, er wurde daher auch nicht zufällig am einflußreichsten für die Fortentwicklung der Systemtheorie in Amerika.
Talcott Parsons (1961: 640ff.) bemühte sich, das Werk der drei
Vorläufer zu einem einheitlichen Bild der Gesellschaft zu integrieren. Dabei wurden die Akzente auch bei den wechselseitigen
Beziehungen der Subsysteme der Gesellschaft vielfach verschoben. Weber hat die »Interaktion« weit stärker betont als Parsons,
der die Betonung auf »action« legte (Poggi 1965: 293). Parsons
(1972: 16) definierte die Gesellschaft als den Typ eines sozialen

85

Systems, der ein Höchstmaß an *Selbstgenügsamkeit* im Verhältnis zur Umwelt und anderen sozialen Systemen entwickelt. Selbstgenügsamkeit war für Parsons noch keine autopoietische Selbstbezogenheit, sondern bedeutete nur eine Stabilität der Austauschbeziehungen und die Fähigkeit, diese zu kontrollieren. Sein System wurde von Durkheims kollektiven Verdinglichungen befreit, da er die individuellen Aspekte nicht ausblendete. Die Persönlichkeit war für ihn das wichtigste Verbindungsglied: »Eine Gesellschaft ist nur insoweit selbstgenügsam, als sie im allgemeinen auf den angemessenen Beitrag ihrer Mitglieder zum Funktionieren der Gesellschaft zählen kann.«

Aus dem Werk von Max Weber wurden von Parsons (/Shils: 1949: 49) die vier Handlungstypen übernommen und zum Agil-Schema in eine Matrix gegossen: A (*adaptation* = Ökonomie), G (*goal attainment* = Politik), I (*integration* = kulturelles System), L (*latent pattern maintenance* = Persönlichkeitssystem). Die Schematisierung war schwerlich im Geiste Webers, aber die Aspektverschiebung der kontinentaleuropäischen Debatte, in der es vornehmlich um das Verhältnis von Ökonomie und Politik ging, war in Einklang mit einigen Intentionen Webers. Parsons suchte nach den *Legitimitätsbedingungen* der Integration von Systemen, wie Weber. Bei ihm wurde diese Legitimität jedoch wieder normativer aufgefaßt als bei Weber. Faktische Regelmäßigkeit eines Verhaltens wurde in die Nähe der normativen Geltung bei Parsons gerückt, trotz der Warnungen der Weberschen Wissenschaftslehre. In einer Gegenbewegung mußte Weber wieder »entparsonisiert« werden (Cohen 1975). Parsons selbst ist für seinen integrativen Harmonismus von späteren Systemtheoretikern wie Luhmann (1975: 11) sogar in die alteuropäische Ecke gestellt worden. Anknüpfungen an die alte *societas civilis* wurden in Parsons System vermutet, weil ein Mindestbestand gemeinsamer Normen und Werte konstitutiv für den Konsens im System erachtet wurde. Parsons hatte freilich davor gewarnt, sich die Struktur sozialer Normen monolithisch vorzustellen. Er teilte sie analytisch wiederum in jeweils vier Komponenten auf, was bei den Epigonen in einem unübersichtlichen infiniten Regress enden sollte.

Mit Parsons gewann die Theorie der Systeme ihre optimistische Haltung zurück, welche die drei Pioniere der klassischen Moderne vermissen ließen. Parsons betonte den *Freiheitsgewinn*, der durch Differenzierung und Individualisierung in der Gesellschaft eintrat. Parsons bestritt auch, daß die Wertbindungen durch den Modernisierungsprozeß zerstört würden. Er sah sie nur als zunehmend abstrakter an, und dies konnte auf der Persönlichkeitsebene dann subjektiv als Gemeinschaftsverlust erlebt werden. Die *Entkoppelung von System und Lebenswelt*, die später von Habermas systematisiert wurde (vgl. Kap. 11.3.b) war damit angelegt.

Die Spencersche Differenzierungsidee war nicht so tot, wie Parsons ihren Urheber für tot erklärt hatte. Bei Parsons' Epigonen wurde die wechselseitige Kohäsion der Teilbereiche der Gesellschaft noch stärker betont. Richard Münch (1980: 48 ff.) sah das Besondere der europäischen Entwicklung in der Einheit der Verschiedenheit. Die Differenzierungstheorien konnten schwer erklären, warum der Prozeß nicht zur Desintegration von Staat und Gesellschaft führte. Auch Durkheims organische Solidarität als Mechanismus einer »wechselseitigen Interessiertheit« schien für die Erklärung des Zusammenhalts von Gesellschaften nicht auszureichen. Eigengesetzlichkeit des Politischen, ja machiavellistische Machtbesessenheit hat es auch in Indien gegeben, und führte dennoch nicht zum europäischen Anstaltsstaat. Das Besondere der europäischen Entwicklung schien die Universalisierung der Gemeinschaftsbeziehungen, die Bindung an das Recht und die wechselseitige Durchdringung von Politik und Gemeinschaft zu sein. Auch die Herausbildung der Marktordnung wird durch die Interpenetration von Markttausch und Gemeinschaftsbeziehung unter der Voraussetzung universalistischer Gemeinschaftsbeziehungen erklärt. Die rücksichtslosen Seiten des Kapitalismus wurden damit harmonisiert, System und Lebenswelt mit symmetrisch gedachten Austauschbeziehungen weitgehend versöhnt (vgl. Kap. 11.2.b).

Habermas (1981, Bd. 2: 439) hat wohl am schärfsten kritisiert, daß Münch das Webersche Austauschmodell so zurechtlege, daß modernes Recht und protestantische Ethik als Ergebnis einer *vertikalen Durchdringung* von Kultur und Gesellschaft erscheinen, während die kapitalistische Wirtschaft und die rationale Staatsverwaltung durch eine *horizontale Interpenetration* von universalistischen Moral- und Rechtsvorstellungen gebändigt würden. Die Parsons-Schule hat die Gefahr einer ahistorischen Verallgemeinerung von Austauschmodellen deutlich werden lassen. Sie wurde nur partiell gemildert, wenn Münch (1986) sich mit sehr

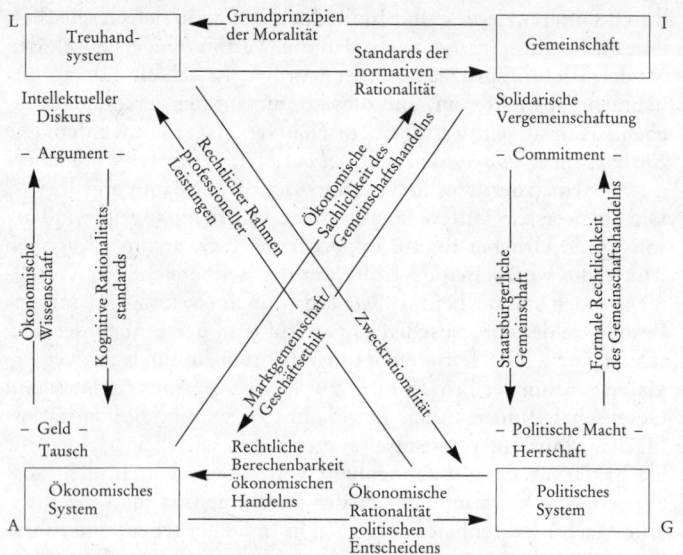

Quelle: Münch 1980, S.36

Die Interpenetrationszonen des sozialen Systems

selektiver Auswahl der historischen Forschungsergebnisse um die Nachzeichnung konkreter historischer Prozesse bemühte. Gelegentlich kam es zu der Einsicht (Münch 1980: 28), daß diese gedachte prästabilierte Harmonie der wechselseitigen Verschränkung der Moderne nachlassen könnte, und daß nicht auszuschließen sei, daß Welt und Ethik und viele der Teilbereiche der Gesellschaft sich konfliktiv zueinander entwickeln könnten. In postmodernen Denkansätzen ist die bloße Suche nach Integrationstendenzen schon als Relikt einer altmodernen Gesinnung nicht mehr ernstgenommen worden.

»Die Totengruft abgestorbener Begriffe«, die bei der »kalten Pracht des Funktionalismus« wortreich gegeißelt worden ist (Hennis 1987: 39), wurde Gegenstand der Kritik von unterschiedlichen Schulen. Kritisch-dialektische Schulen entlarvten die Befangenheit in marktwirtschaftlich-demokratischer Selbstgenügsamkeit. Normativ-ontologische Schulen hingegen drängten auf begrifflich und sachlich scharfe Unterscheidungen. *Oikos* und *Polis* wurden schon zur Abwehr von politischen Partizipationsforderungen im Wirtschaftsbereich strikt getrennt. Nur die Polis konnte Adressat von Demokratisierungsforderungen sein. Alteuropäische Differenzierungstheorien (Hennis 1970: 24) verbanden sich mit systemtheoretischen Argumenten über die unterschiedlichen Funktionscodes einzelner Subsysteme. Die Allianz dauerte freilich nur solange, wie der Druck der neomarxistischen Welle anhielt. Danach zerfiel die Allianz von prämodernen und klassisch-modernen Argumentationen.

Die Systemtheorie – so konservativ ihre Intentionen auch erschienen – löste sich zunehmend von den Resten normativer Argumentation. Der Paradigmawandel zur Theorie der selbststeuernden Systeme (Kap. II.2) ließ nicht nur die ältere Schematik der analytischen Sonderung von Teilbereichen hinter sich. Sie gab auch die *Sonderrolle der Politik* auf, die in der Unterscheidung von Oikos und Polis im Spätaristotelismus der normativen Schulen noch enthalten war. Aber sie ließ auch jeden Versuch hinter sich, die Austauschmodelle noch zweidimensional in einer Matrix darzustellen. Die Entwicklung der Systemtheorie entwickelte sich damit parallel zum Bereich der Kunst, in der erst die Zentralperspektive aufgegeben wurde und später auch die letzte einheitliche Bildidee.

3. Theorien der politischen Steuerung

a) Von der Staatslehre zur Theorie
des politischen Systems

Die Entwicklung der Moderne war durch die Ausdifferenzierung der Teilbereiche der Gesellschaft gekennzeichnet. Die politische Theorie mußte diesen Differenzierungsprozeß nachvollziehen. Die Einheit der alten »politischen Wissenschaften« zerfiel. Die Brennpunkte der Teildisziplinen entfernten sich voneinander. Nur die Soziologie hatte noch eine vage Konzeption des Ganzen und sprach vielfach von »der Gesellschaft«. Die antimoderne Kritik reichte sich mit der postmodernen Kritik die Hand (Tenbruck 1975) in der These, daß dies die verhängnisvollste Fehlentwicklung der Soziologie gewesen sei. Der Funktionalismus, gegen den diese Kritik sich richtete, hatte die Entwicklung zunehmend depolitisiert gedacht. Die Grenzen der Gesellschaften wurden vielfach unscharf definiert. Stillschweigend setzte man sie mit den Grenzen des Nationalstaats gleich, trotz mancher Räsonnements über die Weltgesellschaft. Einige Integrationsleistungen, welche »der Gesellschaft« zugeschrieben wurden, sind eher vom staatlichen System erbracht worden (Giddens 1987: 33).

Die politische Theorie mußte ihren Mittelweg finden, zwischen diesem zu *weiten* Fokus der *Soziologie* und einem zu *engen* Blickwinkel der alten institutionell-normativ orientierten *Staatslehre*. Die sozialen Verknüpfungen der Politik, die in der älteren Staatslehre von Mohl bis Jellinek gleichberechtigt behandelt worden waren, wurde fallengelassen. Bei Kelsen (1922) wurde mit der strikten Sonderung des juristischen und des soziologischen Staatsbegriffs die Abstoßung der sozialwissenschaftlichen Aspekte der politischen Theorie zum Programm. Staatslehre und politische Theorie mit sozialwissenschaftlicher Orientierung mußten fortan getrennte Wege gehen. Die politische Theorie wurde in die Richtung der Soziologie aus den Rechtswissenschaften abgedrängt. Die Politikwissenschaft soziologisierte sich, trotz einiger Rückzugsgefechte zur Wiederherstellung einer »reinen Politikwissenschaft«. Es ist kein Zufall, daß ihre Bannerträger von Hennis bis Crick und Sartori noch eine juristische Sozialisation durchgemacht hatten. Mit dem Eindringen der Systemtheorie in die Theorie der Politik wurde der alte *Staatsbegriff* zunehmend marginalisiert. Für Luhmann (1970: 154) schien er – trotz seiner juristischen Sozialisation – eine »unbestimmte, analytisch wenig brauchbare Kategorie« zu sein. Erst später wurde diese Meinung von ihm modifiziert. Nun schien der Staatsbegriff als »Einheitsformel« für die »Selbstbeschreibung des politischen Systems« nach der autopoietischen Wende Luhmanns (1987: 83) wieder einen Nutzen zu entwickeln (Kap. II.2.e).

Das größte Verdienst der Systemtheorie war ihr Beitrag zur Selbstbescheidung der Politiktheorie. Die Theoretiker der Politik hatten es schwer, einzusehen, daß der *Primat der Politik* an die kurze Epoche des Absolutismus gebunden war, und selbst dort war er durch Restriktionen im Rechtssystem nicht ungebrochen gewesen. Es fehlte der politischen Theorie die Gelassenheit der klassischen Ökonomie, die sich auf Gesetze der »unsichtbaren Hand« berief und nicht mehr nach dem einheitlichen Akteur suchen mußte. Die normativen Grundlagen des ökonomischen Rationalitätsbildes traten daher weniger aufdringlich zutage als in der politischen Theorie. In dieser Verunsicherung brauchte die politische Theorie die Selbstvergewisserung in der großen Tradition des politischen Denkens. Kein Fach hatte solche Mühe, von der Ideengeschichte wegzukommen, wie die Politikwissenschaft. Kein Fach litt so unter der kränkenden Herablassung der Nachbardisziplinen. Parsons hat in der Einleitung in seine Handlungstheorie (Parsons/Shils 1954: 29) behauptet, daß die Politikwissenschaft nie die Schärfe des Fokus erreichen könne wie die Wirtschaftswissenschaft. Politische Prozesse und Strukturen in sozialen Systemen besaßen für ihn nur diffuse Funktionen. Die Politikwissenschaft sei darauf angewiesen, sich mit dem Phänomen »government« zu beschäftigen. Wo die Theoriebildung noch einem expliziten normativen Hintergrund verpflichtet war, fiel das Verdikt gegen die Politikwissenschaft noch schärfer aus, weil diese auf Legitimitätsfragen verzichtete und sich auf die empirische Untersuchung von Legitimitätsüberzeugungen beschränkt habe (Habermas 1981, Bd. 1: 18). Der Ökonomie wurde aus anderen Gründen als bei Parsons eine höhere Dignität bescheinigt, weil sie wenigstens noch ein Krisenbewußtsein erhalten habe. Das erscheint auch empirisch nicht haltbar. In keiner anderen Sozialwissenschaft ist der Anteil an normativem Denken so hoch wie in der Politikwissenschaft und in kaum einer anderen hat die Entdeckung immer neuer Krisen von links (Legitimitätskrise) wie rechts (Unregierbarkeitskrise) einen so breiten Raum eingenommen wie in der Politikwissenschaft. Die Politikwissenschaft hat jedoch gerade durch das Nebeneinander von historischen, formalen und normativ-kritischen Theorien ein gespaltenes Selbstbewußtsein entwickelt (Gunnell 1986: 3), wenn sie nicht theorielos ihr handwerklich aufgefaßtes Metier betrieb.

Das gebrochene Verhältnis zur Theoriegeschichte ist nicht zuletzt durch ein Paradoxon ausgelöst worden: obwohl die Politikwissenschaft die erlauchteste Ahnenkette großer Denker bis zu Platon und Aristoteles zurück beanspruchte, hatte sie kaum Pioniere der klassischen Moderne, wie sie die Soziologie mit dem Dreigestirn Durkheim, Weber und Pareto besaß. Die politische Theorie als Theorie eines ausdifferenzierten Teilsystems blieb stärker auf die Theorien der Nachbardisziplinen angewiesen.

Die Theorie der Wirtschaft oder der Kultur gaben ihre alten Prioritätsansprüche weit kampfloser auf als die Theorie der Politik. Es gab auch wirtschaftliche Theorien, welche die Politik für die Realisierung in den Dienst nehmen wollten. Im revolutionären Marxismus sollte es wenigstens in der Stufe des Sozialismus zu einem *Primat der Politik* kommen, um die sozio-ökonomischen Voraussetzungen für die klassenlose Gesellschaft des Kommunismus zu schaffen. Vom Kathedersozialismus bis zum Keynesianismus gab es immer auch reformerische Wirtschaftstheorien, die das politische System für die Realisierung ihrer wirtschaftlichen Vorstellungen in den Mittelpunkt stellten. Aber in keiner Theorie eines anderen Bereiches kam es so systematisch zu Grenzüberschreitungen wie in der Theorie der Politik. Je stärker die Tendenz, die Grenzen des politischen Systems zu überschreiten, um so größer wurde die Abhängigkeit der politischen Theorien von der Theoriebildung in jenen Bereichen, in welche die Politik hineinzuregieren versuchte. Je höher der Steuerungsanspruch, um so mehr kam es zum Import von Makrotheorien aus den Nachbardisziplinen. Die Soziologie hatte vergleichsweise den breitesten Deutungsanspruch von der Philosophie übernommen, ehe sie sich überwiegend in Bindestrichsoziologien auflöste, und die große Theorie eher einigen Sozialphilosophen überließ. Die Politikwissenschaft gehört zu den treuesten Abnehmern jener Globaltheorien, welche in der Soziologie zunehmend randständig wurden. Die Geschichte der politischen Theorien im 20. Jahrhundert schwankte hin und her zwischen Theorien überzogener staatlicher Steuerungsansprüche, und anderen Theorien, welche der Politik die totale Steuerungsunfähigkeit bescheinigten, ob es sich nun um neomarxistische Restriktionstheorien oder um autopoietische Selbststeuerungstheorien handelte. Einige der einflußreichsten Pendelausschläge der Theorieentwicklung sollen in den folgenden Kapiteln behandelt werden.

b) Der Kampf um den Primat der Politik in der Gesellschaft: Carl Schmitt

Die Suche nach einem Gleichgewicht der Teilbereiche der Gesellschaft war eine der fruchtbarsten Ideen der Moderne. Diese Austauschbeziehungen wurden jedoch in fast keiner Theorie symmetrisch gesehen. Auch bei den Wegbereitern der klassischen Moderne lebte – vor allem in ihren politischen Schriften wie bei Weber und Durkheim – die Sehnsucht nach einem steuerungsfähigen politischen Zentrum fort. Da sich die Möglichkeiten einer Stärkung des Steuerungszentrums aus der Ist-Analyse jedoch nicht ergaben, trat neben die rationale Vernunft der sozialen Analyse eine Rechtfertigung der *okkasionellen Vernunft*. Am stärksten war diese Tendenz bei Pareto, aber sie wirkte auch bei Weber. Selbst Durkheim wurde einen gebändigten Saint-Simonismus in seinen politischen Schriften nicht ganz los.

In drei großen Wellen gingen die Generationen der Theoretiker nach den Wegbereitern einer modernen Theorie gegen die Hilflosigkeit der Politik an:

(1) In der Grundstimmung einer »konservativen Revolution«, wie sie sich in der Spätzeit der Weimarer Republik ausbreitete, wurde das Politische voluntaristisch verherrlicht, um gegen den Primat der ökonomischen Rationalität zu kämpfen. Okkasionistische Grundbegriffe dominierten die politische Theorie wie »die *Tat*«, die *Entschlossenheit* (Heidegger), die *Entscheidung* und der Ausnahmezustand (Schmitt), der *Kampf* (Jünger) (v. Krockow 1958: 2). *Der Plan* wurde schließlich zur rationalisierten Variante der Dezision, die ihren punktuellen Ansatz aufgab.

(2) Die Ohnmacht des Politischen zwang nach Ansicht einiger

Varianten der marxistischen Theorie zur *Revolution*. Revolution war gleichsam das linksdezisionistische Pendant der Tatorientierung. Erst nach einer radikalen Transformation der Gesellschaft konnte der Primat der Ökonomie, der das bürgerliche Zeitalter beherrschte, gebrochen werden. Erst dann ließ sich der *Plan* seiner dezisionistischen Züge entkleiden und zum rational-humanitären Konzept der Herstellung von sozialer Gerechtigkeit ausgestalten.

(3) Nach der Diskreditierung beider Konzeptionen durch autoritäre Regime wurde der Anspruch der politischen Theorie bescheidener. Zum Grundbegriff wurde nun der Begriff der *Steuerung*.

Der dominante Konflikt der Teilbereiche der Gesellschaft im 20. Jahrhundert vollzog sich zwischen Politik und Ökonomie. Politik wurde dazu benutzt, festzulegen, wer wirtschaftlich am meisten von einem System profitierte (Pye 1990: 14). Jedes politische System setzte politische Mittel ein, um wirtschaftliche Chancen umzuverteilen. Liberaldemokratische Systeme befürworteten solche Eingriffe nur zugunsten der Unterprivilegierten. Die Privilegierten wurden weitgehend von staatlichen Eingriffen unbehelligt gelassen. Sozialistische Systeme haben vor allem die alten Privilegierten dem Eingriff staatlicher revolutionärer Gewalt unterworfen, und dabei vielfach das Ziel der Umverteilung zugunsten der Unterprivilegierten aus den Augen verloren. Sie scheiterten schließlich daran, daß sie weder bei den Privilegierten noch bei den Unterprivilegierten hinreichend legitimierende Zufriedenheit schaffen konnten.

Die politische Theorie in Europa entwickelte sich nicht in allen Ländern in gleicher Weise. Je stärker traditionale Systeme umgewälzt wurden durch die demokratische Umgestaltung, um so größer war die Gefahr, die dadurch entstandenen sozialen Konflikte durch die Flucht in die Diktatur zu lösen. Es war kein Zufall, daß die Nachzügler unter den Nationalstaaten und der kapitalistischen Entwicklung, Deutschland und Italien, am stärksten die Verherrlichung einer Wiedergewinnung des Primats der Politik in der Gesellschaft entwickelten.

In Deutschland hat die Niederlage im Ersten Weltkrieg zu einer Wiederholung der *Trotzreaktion* von Jena und Auerstädt 1806 geführt. Damals hatte die Reaktion auch einen aufklärerischen Liberalismus wie bei Humboldt hervorgebracht, nicht nur die

Überhöhung des Staats- und Machtgedankens wie bei Hegel und Fichte. Diesmal überwog die zweite Richtung.

Nach 1918 schien die einfachste Möglichkeit, den Zerfall der modernen Gesellschaft – dramatisiert durch bürgerkriegsartige Zustände in Deutschland – durch die Wiederanknüpfung an ältere Traditionen aufzuhalten. Für Carl Schmitt (1987: 61) waren echte politische Theorien nur jene, die die Macht rechtfertigten, um die böse Menschennatur zu bändigen, wie Machiavelli, Hobbes, Bossuet, Hegel, Fichte, de Maistre, Donoso Cortés oder Stahl. Deutsche Machttheorien von Ranke bis Treitschke konnten gleichfalls als Vorläufer einer Wiederherstellung des Primats der Politik, gelegentlich sogar des Primats der Außenpolitik, dienen. An Hegel beklagte Schmitt (1987: 62) lediglich, daß er über Marx und Engels gleichsam nach Moskau ausgewandert sei, während Berlin von der konservativen Theorie eines Friedrich Julius Stahl ergriffen wurde. Der Konservatismus der Weimarer Zeit hatte die Züge eines frömmelnden und ständischen Altkonservatismus abgelegt. Er war laizistisch geworden und hatte die *Technik* akzeptiert, mit der viele Intellektuelle nur durch das Fronterlebnis mit der Kriegsmaschine in Berührung gekommen waren. Der Werteheroismus des Altkonservatismus ging im Schlamm der flandrischen Schützengräben zugrunde. Ein nietzscheanisch verbrämter heroischer Nihilismus breitete sich aus, der vielfach erst im nachhinein mit nationalen oder rassistischen Gedanken inhaltlich gefüllt worden ist. Nur die Aversion gegen die Dominanz der Wirtschaft teilte die konservative Revolution mit dem Altkonservatismus. Sie wurde erst durch den technokratischen Neokonservatismus der 60er Jahre in der Bundesrepublik überwunden.

Carl Schmitt ist vielfach zur »konservativen Revolution« gerechnet worden, nicht ganz zu Recht. Konnte man noch den Versuch wagen, Weber als Nietzscheaner zu stilisieren (vgl. Kap. 1.2.a), so findet man bei Schmitt sogar einen Anti-Nietzsche-Affekt (Mohler 1988: 131). Den heroischen Nihilismus, den Nietzsche verbreitet hatte, und der in der Ära der »konservativen Revolution« grassierte, wurde von keinem besser ausgedrückt als von Gottfried Benn (1963: 182) in dem Gedicht von 1933: »Dennoch die Schwerter halten«:

»Der soziologische Nenner,
der hinter Jahrtausenden schlief,

heißt ein paar große Männer,
und die litten tief.«

Der Führerkult des Anfangs wird mit dem Ende des Gedichts erst
inhaltlich, wenn deutlich wird, daß ein Inhalt nicht genannt werden kann. Selbst der Erfolg der Mission erscheint dem Künder
zweifelhaft in einer ohnehin zerfallenden Welt:

»und heißt dann: schweigen und walten,
wissend, daß sie zerfällt,
dennoch die Schwerter halten
vor die Stunde der Welt.«

Die vergröberte Version aus Landserkehlen: »Wir werden weiter-
marschieren, wenn alles in Scherben fällt« war damit vorprogrammiert.
Schmitt ist mit den Tendenzen der Literatur seiner Zeit vielfach
verglichen worden. Man will in Schmitt sogar einen politischen
Expressionisten wiedererkannt haben (Kennedy 1988). Schmitts
staatsrechtlicher Essayismus stand der Brillanz der Formulierung
in der literarischen Essayistik nicht nach. Ein Teil seiner Wirksamkeit waren die griffigen Formeln, die er prägte, und die in der
Zeit eines latenten Bürgerkrieges reißenden Absatz fanden.
Erst als der politische Versuch, die Schwerter »dennoch zu halten«, in Deutschland gescheitert war, dämmerte bei Schmitt
(1987: 10) die Luhmann vorwegnehmende Erkenntnis: »Die
Epoche der Staatlichkeit geht jetzt zu Ende.« Mit Bedauern ver-
abschiedete Schmitt »das Glanzstück europäischer Form und oc-
cidentalen Rationalismus«. Der Staat als das erstaunlichste aller
Monopole, nämlich das Monopol der politischen Entscheidung
schien entthront. Diese Einsicht lag um 1933 noch nicht vor.
Aber auch die großen Pioniere der klassischen Moderne waren
gegen dezisionistische Versuchungen nicht gefeit. Max Weber
(1958: 334, 422) hatte noch gehofft, durch charismatische Führung ein Gegengewicht gegen die Bürokratisierung des Systems
zu schaffen. Bei Schmitt war der Hauptfeind nicht die Bürokratie,
sondern das wirtschaftliche Subsystem.
Die erste deutsche Trotzreaktion nach 1806 hatte zur Ehrenrettung des *Machiavellismus* durch Hegel und Fichte geführt, der im
Zeitalter der Aufklärung als Atavismus gegolten hatte. Schmitt
(1987: 65) knüpfte in der zweiten geistigen Trotzreaktion
Deutschlands nach 1918 an diese Tradition wieder an. Er lobte

die Verbeugungen vor dem Machiavellismus bei Hegel und Fichte, in einer Zeit, da es für das deutsche Volk darauf ankam, »sich eines mit einer humanitären Ideologie expandierenden Feindes zu erwerben.« Der Machtstaatsgedanke des 19. Jahrhunderts wurde zu der Gegenüberstellung von *Freund und Feind* zugespitzt, in einer Zeit, da es wieder darum zu gehen schien, sich eines siegreichen Feindes wenigstens intellektuell zu erwerben. Die Übertragung des Begriffs von der Außen- auf die Innenpolitik war problematisch genug. Aber auch in der Außenpolitik hatte es ja nur in Bürgerkriegen und ideologischen Kriegen die schlichte Alternative Freund – Feind gegeben. In den meisten Epochen des europäischen Gleichgewichtssystems der Pentarchie gab es vielfache Koalitionswechsel. Der Feind war immer auch potentieller Freund.

Die Freund-Feind-Formel war ein Beispiel der Durchschlagskraft von Denken in binären Codes. Bei Schmitt (1987: 73) wurde der propagandistische Aspekt des dualen Schemas gar nicht geleugnet. Nur die *»zweigliedrige Antithese«* besaß für ihn die notwendige polemische Schlagkraft. Luhmann hat sich zweifellos an ihr inspiriert. Während sein Differenzierungsdrang in immer luftigere Höhen von Möglichkeitshorizonten vordrang, hielt er in dezisionistischem Starrsinn an dem binären Code fest, dessen Simplizität auffallend zur Komplexheit seines sonstigen Denkens in Widerspruch gerät (vgl. Kap. II.2.e).

Neben dem Denken in Antithesen stand die Sehnsucht nach der Synthese. Politik und Theologie schienen ähnlich in ihrer Ausrichtung auf das *Totale* zu sein. Die theologische Unterscheidung von gut und böse tat in den Augen Schmitts (1990: 8 ff.) der orientierungslosen Politik not. Hauptgegner seines politischen Denkens war der Liberalismus; darin folgte er seinem großen Vorbild Donoso Cortés. Nach Ansicht Schmitts hat der Liberalismus den Staat verneint, und daher keine positive Staatstheorie entwickelt. Nicht einmal die Entwicklung einer eigenen Staatsform wurde ihm zuerkannt. Der Haß gegen das parlamentarische System trübte sein Auge. Die Ausdifferenzierung der Sphären von Politik und Ökonomie, Staat und Gesellschaft wurde als sein Werk angesehen. Dies führte nach Ansicht Schmitts dazu, daß die Politik einerseits von der Ethik überfremdet und von der Ökonomie unterworfen wurde.

Max Webers Bürokratieanalyse wurde teilweise rezipiert. Aber

Schmitt wehrte sich in seinen frühen Schriften dagegen, den Staat – wie Großbetriebe oder Kirchen – als Anstaltsbetrieb im Sinne Webers zu sehen. Das bedeutete für Schmitt (1987: 71) die Unterwerfung von Staat und Politik unter die Prinzipien des Individualismus, nämlich einer privaten Moral oder einem individualistischen ökonomischen Kalkül. Der Liberalismus war in seinen Augen Schuld daran, daß die »Auflösungen alter Einheit« in der Moderne vorangetrieben wurden und Spezialisierung und Isolierung der Lebensbereiche planmäßig gefördert werde.

Schmitt war ein klassischer Moderner in der Aufgabe einer evolutionistischen Idee. Schmitt (1987: 81) sah nur für die zurückliegenden Epochen eine klare Periodisierung, die sich rekonstruieren ließ. Zwar sah er die Dominanz eines »Zentralgebiets« in jeder Epoche. Aber er übersah auch nicht, daß es Jahrhunderte eines »pluralistischen Nebeneinanders verschiedener bereits durchlaufener Stufen« gab. Die Periodisierung wies Brüche und Entzweiungen der Totalität mit sich selbst auf (Schmitt 1987: 88):

- das Theologische
- das Metaphysische
- das Moralische
- Technik   – Ästhetik
- das Ökonomische

Die Entwicklung vom Moralischen zum Ökonomischen führte für ihn über das Ästhetische. Der Weg über einen sublimen ästhetischen Konsum war für Schmitt zugleich der sicherste Weg zur Ökonomisierung des geistigen Lebens. Hier zeigten sich auffallende Berührungspunkte mit der Kulturkritik der Frankfurter Schule. Andererseits führt die Entwicklung über den technischen Fortschritt. Der humanitär-moralische Fortschritt spielt keine Rolle mehr oder wird Nebenprodukt des ökonomischen Fortschritts. Ist ein Bereich einmal zum »Zentralgebiet« geworden, so sind alle anderen Codes »Probleme zweiter Klasse«. In kühnen Analogieschlüssen, wie Schmitt (1987: 87) sie liebte, sah er das religiöse Prinzip *»cuius regio – eius religio«* durch die Entstehung des Sozialismus in den Satz *»cuius regio – eius oeconomia«* weiterentwickelt. Der liberale *»stato neutrale ed agnostico«*, mit seiner Tendenz zum geistigen Neutralismus, konnte die Wiedereinsetzung des Politischen in seine Erstgeburtsrechte gegenüber der Ökonomie nicht durchsetzen. Daher wurde die Theorie der Politik in einem seltsamen salto mortale dazu ausersehen, Anleihen beim theologischen, dual angelegten manichäischen Weltbild zu machen. Kühne Analogien wurden zwischen den politischen Grundbegriffen (1990: 49) und religiösen Termini gezogen. Alle prägnanten Begriffe der modernen Staatslehre waren in den Augen Schmitts säkularisierte theologische Begriffe. Der *Ausnahmezustand* als Grundbegriff in Schmitts Verfassungslehre wurde zum Analogon des *Wunders* in der Theologie. Der Staatsmann wurde – wie in der Theologie – vom deistischen Uhrwerk, an das Gott in der aufklärerischen deistischen Konzeption gebunden schien, wieder befreit. Dem Staat wurde seine *Souveränität* zurückgegeben, wie einige Theologen versuchten, Gott wieder in seine autonomen Rechte der Rolle der *Allmacht* zurückzuversetzen. Gegenüber den Normativisten, die in unpersönlichen Regeln dachten und den Institutionalisten, welche die überpersönlichen Einrichtungen zum Ansatzpunkt der Theoriebildung wählten, setzte der Dezisionist »das gute Recht der richtig erkannten politischen Situation in einer persönlichen Entscheidung« durch. Gefahren des Dezisionismus hat Schmitt (1990: 9) nicht völlig übersehen: sie bestanden darin, daß der Dezisionist »durch die Punktualisierung des Augenblicks, das in jeder großen Bewegung enthaltene ruhende Sein verfehlt« (ebd.).

Die Entscheidung – und ihre Äquivalente im zeitgenössischen Denken wie »die Tat« oder die »Entschlossenheit« hatten den Nachteil, an der vorherrschenden Rationalität des okzidentalen Rationalismus und der Moderne, die solche Prinzipien herausarbeitete, gemessen, irrational und vage zu bleiben. Der Willkür von Führerbefehlen schien Tür und Tor geöffnet, wenn sie 1933 in eine neue Trinität von »Staat, Bewegung, Volk« eingebettet wurde, in der es trotz der Schmittschen Analogie zur klassischen Staatsformenlehre keine Machtbegrenzungen und checks and balances mehr gab.

Der Dezisionismus hat die Strukturanalyse der modernen Entwicklung vielfach *parallel zum Marxismus* entwickelt. Eine *Entfremdungstheorie* wurde ohne hegelianisierendes Vokabular in stärker literarischen Vokabeln entwickelt. Der Dezisionismus war der *subjektivistische Versuch*, diese Entfremdung des Einzelnen in einer strukturell zerfallenden Welt zu unterlaufen. Der Marxismus war gleichsam der *objektivistische Gegenversuch* (v. Krockow 1958: 159). Die idealistische Subjektphilosophie des deutschen Sonderwegs hatte späte und verheerende Folgen: das

Individuum wurde besonders vereinzelt gedacht, während im angelsächsischen Pragmatismus – und in den Vorläufern des schottischen Individualismus – immer eine Bezogenheit der Menschen in der *civil society* mitgedacht worden ist. Das idealistische Individuum – vielleicht aus der lutherischen Tradition einer Überhöhung des Gewissens verstärkt – hat seine Vereinzelung gedanklich durch einen *Salto mortale in das Kollektiv* zu überwinden gesucht: Volk oder Rasse auf der Rechten, Klasse auf den Linken. Da der kommunikative Bezug von ego und alter ego nicht vorgängig einbezogen war, wurde die Auseinandersetzung in der *Konfrontation* allsogleich *gewaltsam* gedacht: im *Krieg* in der deutschen Rechten – im *Klassenkampf* in der deutschen Linken.

Die Akzeptanz ausdifferenzierter Lebensbereiche und der Verzicht auf Steuerung aller Teilsphären der Gesellschaft durch ein Zentrum blieb jedoch an einen universellen Rationalitätsbegriff gebunden. Aber schon Max Weber hat die Doppelvernunft der Moderne nicht übersehen. Wenn dies eingesehen wird, erübrigen sich vermutlich eine ganze Reihe von Auseinandersetzungen zwischen den Interpretationsschulen, die den okzidentalen Rationalismus oder sein »wirkliches Anliegen« betonten. Neben der *Grundsatzvernunft*, die zweifellos im Zentrum der theoretischen Bemühungen Webers bleiben wird, stand die *Gelegenheitsvernunft* zur Orientierung an Okkasion und Opportunität. Ob der charismatische Typ als Ganzes dieser okkasionellen Vernunft zugeordnet werden kann, wie bei Spinner (1989), mag dahingestellt bleiben. Die Grundsatzvernunft begünstigte die Orientierung an Systembegriffen, welche Voraussetzung der Scheidung unterschiedlicher Sphären ist. Die okkasionelle Vernunft hingegen bäumte sich gegen Allgemeinbegriffe auf und akzeptierte keine universalen Legitimationsgründe. Die okkasionelle Vernunft ist in vielen Teilbereichen der Gesellschaft zur Wiederherstellung der Einheit des Menschen eingesetzt worden, von der Freirechtsbewegung bis zur erotischen Sensation im außerehelichen Verhältnis (Spinner 1989: 114).

Während sich bei Weber eine Dualität der Typen der Rationalität zeigte, wurde diese Dualität von Schmitt mit Hohn überspielt. Aus dem normativen Nichts wurde bei ihm die *Entscheidung* geboren – dem theologischen *Wunder* verwandt. *Webers Okkasionalismus des Außerordentlichen* ist nicht ohne Einfluß auf

Schmitts Okkasionalismus der Ausnahme geblieben (Spinner 1986: 928). Der Liebhaber griffiger Antithesen strebte jedoch letztlich zum Monismus einer einzigen rein okkasionellen Vernunft. Schmitt wurde daher als Vorläufer des »Abschieds vom Prinzipiellen« gefeiert, den die Postmoderne später vollzog (Kap. 11.2). Eher wird man einen Rückgriff auf die Prämoderne unterstellen müssen. Schmitts Rückwendung zur Theologie, die er wie einen Steinbruch für die Gewinnung von Begriffssteinen benutzte, ohne echte Glaubenserneuerung, hatte Parallelen zur Postmoderne in der Benutzung von Zitaten in neuen Kontexten. Aber die Hoffnung auf eine Diktatur, welche die Zerklüftung der Gesellschaft durch die Entscheidung beendet, läßt sich mit dem fragmentierten Denken der Postmoderne kaum vereinbaren.

Der Versuch einer gewaltsamen Wiederherstellung des Primats der Politik endete 1945 in Blut und Tränen. Die Staatslehre der Nachkriegszeit verband Sympathien für Gedanken Schmitts mit dem Bekenntnis zur parlamentarischen Demokratie, das bei Schmitt gefehlt hatte. Die Verunglimpfung des Parlamentarismus bei Schmitt war nicht mehr gefragt. Die Wirtschaftsfremdheit und Feindschaft bei Schmitt paßte nicht recht in die Ära Erhard. Der dezisionistische Staat zog sich in die *Verwaltung* zurück. Von Werner Weber bis Ernst Forsthoff war der Gedanke weit verbreitet, daß der Staat berufen sei, Entscheidungen gegen die Begehrlichkeit der gesellschaftlichen Interessen zu setzen. Ernst Forsthoff (1971: 165) variierte den Abgesang auf den Verfall souveräner Staatlichkeit, den Schmitt nach dem Krieg angestimmt hatte. Der Neokonservatismus technokratischer Prägung von Gehlen bis Schelsky hatte noch gehofft, daß sich das Gemeinwohl in einer Gesellschaft durch die Vorherrschaft der Technokraten von selbst herstelle. Diesen Glauben an die einheitsstiftende Rolle der *Technik* teilte Forsthoff (1971: 46) nicht. Noch immer wurde der Staat benötigt, diese Einheit zu schaffen. Was die Gegner Forsthoffs als »autoritär-dezisionistischen Verwaltungsstaat« darstellten (Hammans 1987: 250), war jedoch in doppelter Hinsicht demokratisiert worden: Nicht mehr Führer waren gefragt, sondern vor allem tüchtige Verwaltungseliten. Alternative politische Eliten ließen sich nicht mehr mit einem einheitlich gedachten Führertum vergleichen. Sie standen zur plebiszitären Bestätigung bereit. Der Bereich der Verwaltung wurde aufgewertet, weil man in ihm den sachlich-rationalen Teil der Politik sah. Der Parlamentarismus wurde nicht mehr pauschal kritisiert, aber doch als Arena minderer rationaler Vernunft der Partei- und Interessenkonflikte dargestellt.

Diese verwaltungszentrierte Sicht war nicht ohne Einfluß auf den jungen Luhmann (1971: 339). Luhmann zog jedoch eine Konsequenz aus der Schmittschen Einsicht in die Unmöglichkeit, den Staat wieder in das Zentrum der Gesellschaft zu rücken und als hoheitliche Instanz aus dem Schlachtengetümmel ideologisierter Parteipolitik zu retten. Luhmann trat eine zeitgemäße Flucht nach vorn an und beendete das jahrzehntelange Lamento über den Verfall des Staates. Die Festlegung auf »normative, politisch-rechtliche Mechanismen« erklärte er kurzerhand zu einer »Fehlspezialisierung der Menschheitsentwicklung«. Damit war reaktionären wie revolutionären Träumen vom Primat der Politik der Boden entzogen worden. Die progressive Variante hoffte, die Handlungsfähigkeit des Staates durch Mobilisierung der Gesellschaft und Verbreiterung der Partizipation zu erweitern. Luhmann hielt es für unmöglich, die Codes des Politischen durch voluntaristische Kraftakte der Mobilisierungskampagnen zu überspielen. Partizipation war für ihn auch kein Mittel gegen weitere Bürokratisierung, weil sie neue Bürokratieformen in der Demo-Bürokratie schuf. Damit bahnte sich ein Weg zum Steuerungsagnostizismus der 80er Jahre an.

c) Die Überwindung des staatlichen Steuerungsdefizits durch sozialistische Transformation: vom Neomarxismus zum Postmarxismus

Kapitalismuskritik und realer Sozialismus

Eine der weitreichendsten Folgen der Modernisierung war die Aufspaltung des Lebens der Bürger in ein *privates* und in ein *öffentliches Leben*. Modernisierung ist als ein sich ausbreitender Zustand von *Heimatlosigkeit* beschrieben worden. Der Sozialismus konnte daher als das *Versprechen einer neuen Heimat* verstanden werden (Berger u. a. 1975: 121). Ein Aspekt des versprochenen neuen Heimatgefühls war die Überwindung der Aufspaltung von Rollen des *Citoyen* und des *Bourgeois*, des öffentlichen und des privaten Lebens.

Die Überwindung dieser Spaltung konnte nicht durch den gewaltsamen Versuch der Wiederherstellung des Primats der Politik unter den gegebenen kapitalistischen Bedingungen erreicht werden. Als die dezisionistische Revolte zugunsten einer neuen Hegemonie der Politik gescheitert war, schien die weiterentwickelte Theorie des Marxismus als die einzig attraktive Alternative, das Steuerungsdefizit des bürgerlichen Staates zu überwinden. Mit der Errichtung des ersten sozialistischen Staats war aber noch nicht bewiesen, daß im nachkapitalistischen System die Steuerung der Gesellschaft funktionierte. Der *Kriegskommunismus* mußte unter den Bedingungen des äußeren Friedens scheitern. Die *Neue ökonomische Periode* in Sowjetrußland ab 1921 war eher ein Rückgriff auf bürgerliche Steuerungskonzepte. Angesichts des mehrfachen Wechsels der Steuerungskonzepte durch die leninistische Führung haben die liberalen Theoretiker des Westens von Mises bis Hayek die These vertreten, daß ein sozialistisches Planungssystem aus systemtheoretischen Gründen gar nicht funktionieren könne. Erst durch die Konsolidierung des sowjetischen Modells gegen Ende des Zweiten Weltkriegs schien diese Annahme gegenstandslos geworden zu sein.

Neue Probleme entstanden jedoch gerade durch diesen »Sieg« des realen Sozialismus. Die marxistische Lehre war vornehmlich eine Kritik der bürgerlichen Ökonomie gewesen. Die Ansatzpunkte für eine Theorie des Sozialismus waren schwach entwickelt. Andeutungen in Engels' Schrift zur Wohnungsfrage von 1872 (MEW Bd. 18: 209 ff.) und in Marx' Kritik des Gothaer Programms von 1875 (MEW Bd. 19: 13 ff.) ließen sich auch mit Lenins Willkür der Ausdeutung kaum zu einer Theorie des Sozialismus erweitern. Der reale Sozialismus entwickelte seine *Theorie ad hoc*. Das *strategische Denken* in der Nichtanerkennung einer Differenz von Theorie und Praxis überwog in der Theorie des Sozialismus noch stärker als in der Kritik des bürgerlichen Systems. Glaubensgewißheit mußte die theoretischen Mängel überspielen, wie in Brechts Gedicht »Lob des Kommunismus«:

»Aber wir wissen:
Er ist das Ende der Verbrechen.
Er ist keine Tollheit, sondern
Das Ende der Tollheit.
Er ist nicht das Rätsel,
Sondern die Lösung.

Er ist das Einfache,
Das schwer zu machen ist.«

Durch die Tatsache, daß der Kommunismus schwer zu machen
ist, geriet auch die angebliche Einfachheit der Theorie zunehmend wieder unter Verdacht, nicht die Lösung, sondern das Rätsel zu sein. Seit Lessing wurde theoretisch akzeptiert, daß der
Kritiker es nicht selber besser machen muß. Aber das galt für die
Kunst, nicht für die Ökonomie. Die Schwierigkeiten des realen
Sozialismus beeinträchtigen die Glaubhaftigkeit der Kritik der
bürgerlichen Ökonomie, obwohl diese mit dem Fehlschlag des
Sozialismus noch nicht falsifiziert war. Die Kritik an der modernen kapitalistischen Rationalität begann im Neomarxismus zunehmend auf den Sozialismus zurückzufallen. In der Frankfurter
Schule, vor allem bei Herbert Marcuse, wurden der sowjetische
Sozialismus und der Spätkapitalismus wie pervertierte Zwillings-
brüder angesehen. *Die Kritik der Moderne begann den Sozialismus einzuschließen.* Dabei wurde vielfach nur die moderne Praxis
des realen Sozialismus kritisiert, nicht aber jenes Gemisch aus
eschatologisch-prämodernen Ideen und hochmoderner analytischer Rationalität, das dem Marxismus seine politische Sprengkraft verlieh.
In vielen bürgerlichen Theorien war die Vorstellung angelegt, daß
eine widersprüchliche und krisenhafte Entwicklung der modernen Gesellschaft durch einen Prozeß der Integration aufgehalten
werden konnte. Max Weber trieb den Teufel der Bürokratisierung gleichsam mit dem Beelzebub plebiszitärer Führerschaft
aus. Parsons hatte die Vorstellung integrierender Normen nicht
aufgegeben. Im Marxismus war die Gegensteuerung erst nach der
Revolution möglich.

Der Marxismus und die theoretischen Prämissen
der sozialwissenschaftlichen Moderne

Die Theorie von Karl Marx wurde – mit Freud konfrontiert – als
Beispiel für die Theorien der frühen Moderne charakterisiert, in
der sich vormoderne evolutionistische und ontologische Elemente mit hochmodernen Theorieteilen verbanden (vgl. Kap. 1.1).
In den »Grundrissen« hatte Marx (o.J.: 21) sein wissenschaftsana-

lytisches Kredo entwickelt, das sich gegen den platten Empirismus seiner Zeit richtete. Er hielt es für einen Fehler, vom Realen und Konkreten auszugehen. Das Konkrete einzelner Erscheinungen erschien ihm im Denken nur »als Prozeß der Zusammenfassung, als Resultat, nicht als Ausgangspunkt«. Der Ansatz bei konkreten Einzelerscheinungen führte nach seiner Ansicht in »verflüchtigte Abstraktionen«. Der eigene Erkenntnisweg führte die »abstrakten Bestimmungen zur Reproduktion des Konkreten im Weg des Denkens.« Prima vista ist wenig gegen diese Feststellung einzuwenden. Die Kritik war zutreffend, daß viele der Positivisten des 19. Jahrhunderts sich zu ahistorischen und verblasenen Abstraktionen verstiegen hatten. Der Kritische Rationalismus war sich mit dem Neomarxismus in der Vorstellung einig, daß der naive Empirismus und Induktionismus überwunden werden müsse. Er teilte mit dem Marxismus eine Befürwortung eines *deduktiv-kritischen Vorgehens*.

Die beiden Denkansätze, die für sich das Epitheton »kritisch« bevorzugt in Anspruch nahmen, trennten sich jedoch rasch, wenn der deduktive Ansatz beim Marxismus zu einer Ontologisierung von *Wesen und Erscheinung* führte und die Deduktionen sich gänzlich in Ableitungen verloren, die empirisch nicht mehr überprüfbar wurden. Der Neomarxismus, der die deduktive Methode vielfach stark schematisierte, hat die Berührungsangst der *logischen Ableitung* mit der empirischen Wirklichkeit manchmal sogar zur Tugend erhoben: »Damit wird die theoretische Bestimmung der Staatsfunktionen jedoch zu einem bloßen Anhängsel empirischer Forschung; die Staatsfunktionen kommen nur als allgemeine Erfahrungstatsachen, nicht als logische Bestimmung in die Analyse hinein« (Esser 1975: 148).

Auch diese Ansicht hätte noch relativ begrenzten Schaden angerichtet, wenn nicht durch die metaphysische Vorgabe des materialistischen Ansatzes schon über die Priorität der Lebensbereiche im *Basis-Überbau-Schema* vorentschieden worden wäre. Die prämoderne Komponente des Marxismus (vgl. Kap. 1.1) mit der Neigung zum strategischen Denken wurde mit der Weiterentwicklung des Marxismus nicht abgebaut, sondern noch ausgebaut. Das Bedürfnis nach Einheitlichkeit und Anwendbarkeit einer Theorie, die nach politischem Handeln drängte, gerann in einem dogmatisierten »Histomat« zum Agitprop-Stumpfsinn. Zu den Vergröberungen, welche die Epigonen vornahmen, gehörte die schematische Zuordnung der einzelnen Lebensbereiche durch die neomarxistischen Staatsableiter.

Engels (MEW Bd. 39: 98) hatte sich in einem Brief an Franz Mehring einst ziemlich unwirsch dagegen geäußert, das Basis-Überbau-Schema dazu zu benutzen, den einzelnen Teilbereichen jede Autonomie abzusprechen: »Damit zusammen hängt auch die blödsinnige Vorstellung der Ideologen: weil wir den verschiedenen ideologischen Sphären, die in der Geschichte eine Rolle spielen, eine selbständige historische Entwicklung absprechen, sprächen wir ihnen auch jede historische Wirksamkeit ab. Es liegt hier die ordinäre undialektische Vorstellung von Ursache und Wirkung als starr einander entgegengesetzten Polen zugrunde, die absolute Vergessung der Wechselwirkung.« Neuere Staatstheoretiker interpretierten nicht falsch, wenn sie unterstellten, daß diese Einschränkung nicht die Gleichrangigkeit von Basis und Überbau bedeute (Ebbighausen 1974: 22). Da aber die Analyse dieser Wechselwirkung nicht selbst theoretisch vorgenommen wurde, blieb sie für die marxistische Theorie weitgehend folgenlos. Zahlreiche Versuche, die Autonomie von Überbauphänomenen wie Politik, Recht und Kunst zu demonstrieren, wurden immer wieder durch Verdächtigungen der »Rechtgläubigen« gestört. Das war keineswegs auf den realen Sozialismus beschränkt, wo »Hauptverwaltungen für ewige Wahrheiten« für ihre Auslegungsmacht auch Sanktionen zur Verfügung hatten. Der Vorwurf, die »materialistische« Geschichtsauffassung preisgegeben zu haben, war auch außerhalb der Reichweite des Armes der »Hauptverwaltungen« vielfach tödlich. Fruchtbare Weiterentwicklungen neomarxistischer Gedanken, die nicht nur noch historisches Interesse beanspruchen können, haben jedoch genau dies getan: die ontologischen Verfestigungen des neomarxistischen Denkens aufgegeben, wie Habermas und Offe.

Für die Theorie der Politik wurden nur die neomarxistischen Ansätze relevant, welche sich an die vier Grundregeln der Theoriebildung der klassischen Moderne hielten (Kap. 1.2):

(1) Einige Ansätze in der kritisch-dialektischen Schule haben sich von Anfang an gegen eine kurzschlüssige Vereinnahmung für die politische *Praxis* gewehrt. Habermas und Offe haben sich der ideologischen Zudringlichkeit der neuen sozialen Bewegungen mit theoretischem Weitblick entzogen. Auch orthodoxere Positionen ließen es vielfach bei der Beteuerung »kritischer Solidari-

tät« mit konkreten Bewegungen bewenden. Die Wissenschafts-
konzeption, die sie vertraten, war zwar verbal noch gegen das
Wertfreiheitspostulat eingestellt. Aber sie glaubten nicht mehr,
den Klassencharakter des Staates oder die Deutung des Staates als
»ideeller Gesamtkapitalist« unmittelbar theoretisch ableiten zu
können. Er konnte nur praktisch gewonnen werden: »Erst die
Praxis von Klassenkämpfen löst ihren Erkenntnisanspruch ein«
(Offe 1972: 91). Die Suche nach Bewegungsgesetzen für soziale
Bewegungen wurde für erfolglos erklärt (Hirsch/Roth 1986:
196). Der Zusammenbruch des realen Sozialismus führte zu einer
weiteren Desillusionierung, da heute weniger denn je angegeben
werden kann, »wie eine den Kapitalismus überwindende, befreite
und emanzipierte Gesellschaft aussehen soll, welcher Weg dahin
führt und von wem sie zu erkämpfen wäre.« (Hirsch 1990: 12)
Neomarxistische Ansätze näherten sich den konfigurativen Einzelanalysen ihrer Gegner. Wo als Linke praktisch gehandelt
wurde, sind die Optionen im einzelnen eher dezisionistisch vorgenommen worden.
Die wachsende Distanz von wissenschaftlicher Theoriebildung
und praktischem politischen Handeln wurde begünstigt durch die
zunehmende Arbeitsteilung der Funktionen von politischer Führung und Beschäftigung mit der Theorie. In der deutschen Sozialdemokratie hatten Bebel und Kautsky diese Arbeitsteilung vorgelebt. Lenin vereinigte beide Funktionen erneut in einer Hand, mit
beträchtlichem Talent in beiden Feldern. Stalin, eher ein Organi-
sationstalent, glaubte dem Bilde Lenins noch nacheifern zu müssen, und nahm von Lysenkos Biologie bis zum Marrschen
Sprachstreit über alle erdenklichen theoretischen Probleme Stellung.
Diese Ausdifferenzierung der Funktionen hatte überwiegend positive Seiten. Der *Code der wissenschaftlichen Wahrheit* wurde
relevanter als die jeweilige *Parteiräson*. Nachteil war hingegen,
daß die theoretische Intelligenz im Neomarxismus die Tuchfüh-
lung mit ihrer Bewegung verlor. Der Dogmatismus wurde dadurch gestärkt. Von Korsch wurde kolportiert, daß einem Frager
bei aktuellen Konflikten auf die Frage »wo ist Korsch?« die Antwort zuteil wurde: »er sitzt auf seinem Zimmer und hat recht!«
Theoretiker, die auch politische Funktionen übernahmen, mußten ihre Ansichten häufiger revidieren. Lukács tat dies in spekta-
kulärer Weise zweimal, und ist dafür in seiner theoretischen Inte-

grität stark in Frage gestellt worden. »Geschichte und Klassenbewußtsein« blieb ein wichtiges Buch – trotz des Widerrufs seines Autors. Auch in anderen Ländern fiel auf, daß Theoretiker, die der Politik stärker verbunden blieben – von Gramsci bis Garaudy –, auch theoretischem Wandel stärker offenstanden als die meisten Schreibtischmarxisten. Lenin war bis zum Opportunismus flexibel, wenn er vom »Kriegskommunismus« bis zum »Staatskapitalismus« alles theoretisch rechtfertigte, was politisch opportun erschien.

Nach dem Zweiten Weltkrieg entfernten sich die relevanten neomarxistischen Theoretiker weiter von »ihrer« Bewegung. Vielfach hätten sie sogar Mühe gehabt zu sagen, welches sie als »ihre« Bewegung betrachteten. Selbst ein Theoretiker der Politik wie Nicos Poulantzas, der aus einem noch nicht sehr entwickelten Lande kam, war nach dem Sturz der griechischen Obristendiktatur nur marginal in die Politik seines Herkunftslandes eingebunden (Jessop 1985: 12). Der strukturalistische Marxismus der Althusser-Schule hätte sich als reiner Partei-Marxismus schwerlich zu seinen Abstraktionshöhen entwickeln können. Das war einerseits ein theoretischer Vorteil. Andererseits stärkte diese soziale Distanz zu einer Bewegung die Neigung der neomarxistischen Theoretiker, die *Intelligencija* gleichsam *als schon befreites Subjekt* wahrzunehmen. Je mehr die Krisenanalyse in die Bereiche der Wirksamkeit von subjektiven Faktoren abwanderte und Legitimations- und Motivationsforschung wurde, nahm die Intelligenz sich selbst vom Verdikt des »universellen Verblendungszusammenhanges« aus. Die Kritik konnte sich gefahrlos radikalisieren, da die Toleranz des Systems gegen Andersdenkende trotz der gegenteiligen Perzeption etwas zugenommen hatte, während Marx, Engels oder Bakunin noch von einer international zusammenarbeitenden Polizei erbarmungslos über den ganzen Kontinent gejagt worden waren. Die Lockerung des Praxisbezugs hatte dabei den Nachteil, daß aus dem Scheitern einer marxistischen Politik kein Scheitern der eigenen Ideen mehr gefolgert wurde.

(2) Der *Evolutionismus* des frühmodernen Marxismus wurde in vielen Ansätzen des Neomarxismus aufgegeben. Wo noch zielgerichtete Erwartungen mit der Periodisierung der Geschichte verbunden waren, wie in der Theorie des Stamokap, verlor sich diese in der Rabulistik von Etappen. In der »dritten Phase der Krise des Imperialismus« oder in der »Phase des verstärkten Ausbaus der

gesch.- Teleologie

technischen Basis für den reifen Sozialismus« legten die staatsso-
zialistischen Evolutionisten den Griffel aus der Hand.
Bei reflektierteren Ansätzen wurden Stadien nur noch im nachhinein konstruiert, wie in bürgerlichen Entwicklungstheorien,
etwa in der Theorie des Fordismus und des Postfordismus.
In den drei Phasen des Kapitalismus lag noch immer eine gewisse
evolutionistische Suggestionskraft. Die Entwicklung schien auf
die Zuspitzung der Krise zu drängen. Spätkapitalismustheorien
haben sich dieser Suggestionskraft zu entziehen versucht, aber die
Bezeichnung »spät« legte noch immer die Vorstellung vom baldi-
gen Ende des Kapitalismus nahe. *Neo*kapitalistische Theorien
hatte es rein terminologisch leichter, keine Endzeitstimmung aufkommen zu lassen. Wo eine Entwicklung – in Anlehnung an
Termini von Gramsci – vom Fordismus zum Postfordismus
nachgezeichnet wurde (Aglietta 1976), wurden Veränderungen in
der Arbeitsorganisation des Kapitalismus beschrieben. Über die
Lebensdauer des Kapitalismus aber brauchte ein solcher Ansatz
keine Aussagen zu machen. Damit war ein weiterer Schritt zur
Überwindung des marxistischen Evolutionismus getan.
(3) In den neomarxistischen Ansätzen wurde die *vergleichende
Methode* meist als nutzlose bürgerliche Spielerei angesehen. Wo
der Vergleich als Methode propagiert wurde, blieb er holzschnitt-
artig wie bei Mao (1972: 91): »Man vergleicht das Fortschrittliche
mit dem Rückständigen unter gleichen Bedingungen und ermu-
tigt das Rückständige, das Fortgeschrittene einzuholen.« Diese
Aussage war ein guter Beleg für die These, daß Evolutionismus
und wirklicher Vergleich nicht vereinbar sind. Die Richtung der
Entwicklung war dogmatisch vorgegeben. Der Vergleich war auf
ein Instrument von Strategie und Taktik reduziert. Eine Differenzmethode wurde in marxistischen Vergleichen nur bei der
Konfrontation von kapitalistischen und sozialistischen Systemen
eingesetzt. Dabei wurde jedoch die Differenz kaum noch verglichen, sondern ontologisch als Wesensunterschied aufgebauscht
(v. Beyme 1975: 17 ff.). Im Vergleich von Ländern einer Gesell-
schaftsformation hingegen wurden die Unterschiede systematisch
verkleinert. In der Kritik des Kapitalismus sind Vergleiche auch
im Westen nicht wirklich gezogen worden. Der Sozialismus
wurde nicht zum Objekt systematischer Vergleiche, sondern
ideales Gegenbild des kritisierten Kapitalismus. Selbst ein differenzierter Theoretiker wie Claus Offe (1975: 15) behauptete noch

in den 70er Jahren, daß sich »jede sozialistische Staatsorganisation« von der kapitalistischen dadurch unterscheide, daß sie aus dem Konsens hervorgehe und kein »entfremdetes Interesse des Staates an sich selbst« entwickle. Mit dem Zusatz »jede« ließ er sich wenig Rückzugsmöglichkeiten offen. Die Aussage war längst vor dem Zusammenbruch des realen Sozialismus als empirisch unhaltbar ausgewiesen.

(4) Neomarxistische Ansätze haben hingegen in der Analyse der Austauschverhältnisse von *Teilbereichen der Gesellschaft* Fortschritte in Richtung einer modernen Wissenschaft gemacht. Der *ökonomische Determinismus* des älteren Marxismus wurde abgebaut. Das politische System wurde in seinen Spielräumen der Autonomie als eigenständiger gewürdigt. Der Marxismus war schon immer eine moderne Theorie in der Hinsicht, daß die Differenzierung der Teilsphären analytisch vorangetrieben wurde. Modern war auch die Absage an einen normativen Harmonismus. Der Marxismus bot in der *Widerspruchslehre* ein differenziertes *Konfliktmodell* der bürgerlichen Gesellschaft. Ein Problem der neomarxistischen Literatur war jedoch, daß sie sich in der Rabulistik von Haupt- und Nebenwidersprüchen verlor, soweit der Kapitalismus kritisiert wurde. Im realen Sozialismus wurde der Widerspruchsbegriff erst spät und wenig konsequent eingeführt. Wo dies theoretisch geschah, um die offensichtlichen Mängel des Systems theoretisch anzugehen, beschränkte man sich vielfach auf die Analyse der Widersprüche von Zielen und Mitteln sozialistischer Politik (v. Beyme 1975: 319 ff.). In beiden Anwendungsbereichen verlor der Widerspruchsbegriff zunehmend seine revolutionäre Sprengkraft. Er wurde den »funktionalen Inkompatibilitäten« der Systemtheoretiker immer ähnlicher (Giddens 1981b: 230).

In seiner »Rekonstruktion des Historischen Materialismus« hat Habermas (1976: 158) sich nicht bei der Rekonstruktion aufgehalten, sondern substantielle Revisionen vorgenommen, der die marxistische Theorie einen großen Schritt an die bürgerlichen Theorien der klassischen Moderne näher heranführte. Das Basis-Überbau-Schema wurde nicht nur aufgegeben, sondern auch für Marx wurde es in seiner Gültigkeit auf Zeiten des Umbruchs im Kapitalismus relativiert. In primitiven Gesellschaften nahmen laut Habermas die Verwandtschaftssysteme, in hochkulturellen Gesellschaften die Herrschaftssysteme die Leitfunktion ein. In der postindustriellen Gesellschaft hielt Habermas (1976: 159) für möglich, daß die treibende Rolle der Veränderung vom Bildungs- und Wissenschaftssystem übernommen werde.

Die Verlagerung des Interesses vom Wirtschaftssystem auf den kulturellen Sektor war in der Frankfurter Schule von langer Hand vorbereitet worden. Gramscis Idee, daß die *kulturelle Hegemonie* die Voraussetzung einer wesentlich zivileren Umwälzung des Systems sei, als sie Lenin ins Auge gefaßt hatte, wurde in immer neuen Varianten im Neomarxismus weiterentwickelt, vor allem in den romanischen Ländern. Die Unzufriedenheit mit dem *»Sozialismus der schwerindustriellen Basis«* (E. P. Thompson) breitete sich aus. Die unterschiedlichen Revisionismen seit den 60er Jahren wurden aus der Fernsicht amerikanischer Autoren vielfach als *»kultureller Marxismus«* zusammengefaßt. Viele Autoren wurden unter dieser Bezeichnung geführt, die das Wort kaum akzeptiert hätten, von der Frankfurter Schule bis zu den Praxis-Philosophen in Jugoslawien, von Bahro bis Agnes Heller. Sogar Alain Touraine und Anthony Giddens sind dazu gezählt worden (Weiner 1981: 19). Gemeinsam war ihnen, daß sie die Dynamik der Klassen und Gruppen vor allem durch dominante Glaubenssysteme erklärten. Das Interesse am kulturellen Überbau wuchs proportional zur Verkalkung des realen Sozialismus und zur Ohnmacht der linken Intelligenz im Westen. Die wichtigste Folge dieser Entwicklung war die Verlagerung der Krisenszenarios vom Wirtschaftssystem über die Politik in den kulturellen Sektor.

Verlagerung der Krisenszenarios vom Wirtschaftssystem über die Politik in den kulturellen Sektor

Die Widersprüche im ökonomischen System des Kapitalismus – vor allem zwischen Produktivkräften und den vom Staat auf antiquierter Stufe gehaltenen Produktionsverhältnissen – waren die Voraussetzung für die Zuspitzung revolutionärer Situationen. Der Neomarxismus hat die Erklärung der Krisen des Systems in den drei Stadien des Kapitalismus zunehmend verlagert (vgl. Schema). Die ökonomische Krisentheorie trat zurück, politische Theorien über den kapitalistischen Staat traten in den Vordergrund. Im Spätkapitalismus wurde – in immer neuen Synthesen des Werks von Marx und Freud – die Krisentheorie zunehmend im kulturellen Bereich angesetzt. Die staatliche Krisenpolitik und die ideologische Gegensteuerung gegen die Krisen mußten dabei erklären, warum die älteren Zusammenbruchstheorien zu revidieren waren. Auch die Revolutionstheorie wurde zunehmend aufgegeben. Die Strategie der Transformation des Systems zum Sozialismus wurde in komplexeren Szenarios vorgedacht, oder ganz der revolutionären Praxis überlassen, je mehr der Neomarxismus sich akademisierte.

Der Prozeß war begleitet von der Erosion zweier klassischer Theoreme des Marxismus:

– der Konzentration des Kapitals,
– der Verelendungstheorie.

(1) Die *Konzentration des Kapitals* und der *tendenzielle Fall der Profitrate* entwickelten nicht die vorausgesagte Kraft der Systemzerstörung. In der Phase des Hochkapitalismus ließ sich dies vor allem durch die Gegensteuerung *imperialistischer Politik* erklären. In der Phase des Übergangs zum Spätkapitalismus wurden *neokoloniale Tendenzen* und die Ausbeutung der Dritten Welt in immer neuen *Dependenztheorien* dafür verantwortlich gemacht.

Die Analyse verschob sich von einem wirtschaftlichen Determinismus auf eine politische Analyse kapitalistischer Macht. Der Konzentrationsprozeß ließ sich auch von der bürgerlichen Wissenschaft nicht leugnen. Es gab in der nicht orthodox-marxistischen Literatur und politischen Bewegung vor allem zwei Ansätze, die die Kontrolle kapitalistischer Macht vorantreiben wollten:

– Der *ordoliberale Ansatz*, der seit Ende der Weimarer Republik entwickelt wurde, setzte auf *Monopolkontrolle und Ordnungspolitik*, die vor allem die mittelständische und kleine Industrie gegen den Konzentrationsprozeß schützen sollte.
– Der *sozialdemokratisch-gewerkschaftliche Ansatz*, der seit Beginn der Weimarer Republik – von Ideen wie Naphtalis *Wirtschaftsdemokratie* geprägt – Monopolmacht vor allem durch Gesetzgebung und Mitbestimmung zu kontrollieren versuchte. Schwedische Ideen eines *»funktionalen Sozialismus«* gingen am weitesten in der Vorstellung, daß die Transformation zum Sozialismus in einem über Jahrzehnte gestreckten Prozeß der Aushöhlung des Eigentums bewerkstelligt werden könne.

Die neomarxistische Analyse der Macht im kapitalistischen Staat enttotalisierte sich, obwohl die bürgerlichen Versuche der Monopolbekämpfung und Entflechtung des »ideellen Gesamtkapitalisten« nicht immer zufriedenstellend waren. Die Differenzierung der Teilsysteme Ökonomie und Politik wurde geistig partiell auch im Neomarxismus nachvollzogen. Das Kapital und das Proletariat wurden nicht mehr als monolithische Blöcke verstanden. »Kapitalfraktionen« wurden selbst in der noch stark schematischen Stamokaptheorie entdeckt. Bei Miliband (1969) und Poulantzas (1976) wurde die kapitalistische Akteurszene mit einem differenzierten Elitenansatz angegangen. Das hinderte die beiden Pioniere nicht, einander heftig zu bekämpfen. Miliband wurde der empiristischen Abweichung beschuldigt, weil er die Theorie von Poulantzas mit den empirischen Fakten konfrontierte. Poulantzas wurde für pragmatische angelsächsische Neomarxisten der Inbegriff des strukturalistischen Abstraktionismus. Die Angriffe haben ihn nicht gehindert, sich seinerseits über die abstrakte deutsche Staatsableitung zu mokieren.

Die neomarxistische Theorie der postfordistischen Phase des Kapitalismus hat die Ontologisierung von Kapital und Arbeit noch weiter abgebaut. Die strukturelle Supertheorie, welche nur Restriktionen für die Herrschenden zutage förderte, lähmte zunehmend auch die politisch Aktiven. Je stärker alle politischen Bereiche determiniert schienen, um so geringer mußten auch die Spielräume für die Revolutionäre werden. Der Politik fiel eine widersprüchliche Rolle zu: einerseits diente sie der Mobilisierung der Massen in allen Teilbereichen der Gesellschaft. Andererseits war sie nach dem antizipierten Sieg zum Absterben verurteilt. Nur das ökonomische System wurde langfristig als produktiv angesehen (Guggenberger 1974: 94), so sehr auch nichtorthodoxe Linke immer häufiger die »Produktivkraft Partizipation« beschworen.

(2) Die Debatten um eine absolute Verelendung der Arbeiter wurden früh aufgegeben. Marx hatte in den »Theorien über den Mehrwert« (MEW Bd. 26,2: 569) und Engels in der Kritik des sozialdemokratischen Programmentwurfs von 1891 die Vorstellung einer absoluten Verelendung als »vulgärsozialistisch« verworfen (MEW Bd. 22: 231). Die freudo-marxistische Synthese ermöglichte die Verlagerung der Verelendungsdebatte auf die Entdeckung sekundärer Armut (Armut durch Fixierung auf Sta-

Verlagerung der Krisenszenarios

Phasen des Kapitalismus	Organisation der Arbeitswelt	Krisentendenzen	Krisenpolitik des kapitalistischen Staates	revolutionäre Hoffnungsträger
Frühkapitalismus	Taylorismus	Konzentration des Kapitals tendenzieller Fall der Profitrate Verelendung Zusammenbruch	Gewalt, einzelne soziale Gesetze	Arbeiterbewegung
Hochkapitalismus	Fordismus	Akzeleration ökonomischer Krisen Pauperisierung (außer der Arbeiteraristokratie)	Kriegskapitalismus, Imperialismus Anfänge des Sozialstaats Staatskapitalismus	Die Partei
Spätkapitalismus	Postfordismus	Krisen durch weltweiten Syndikalismus (Rohstoffkartelle) Schwund der Massenkaufkraft Zweidrittelgesellschaft Krise des Steuerstaats Legitimationskrise Psychische Verelendung Motivationskrise	Durchstaatlichung, Sicherheitsstaat Ausbau des Wohlfahrtsstaats Universalisierung des Verblendungszusammenhangs durch ideologische Steuerung Korporatismus, Konzertierung Regulierung	revolutionäre Befreiungsbewegungen revolutionäre Intelligencija neue soziale Bewegungen

tussymbole) und *tertiäre Armut* (psychische Verelendung). Auf dem Weg zum Postmarxismus wurde von anderen Schulen das Verelendungsargument entweder auf den »*Schwund der Massenkaufkraft*« reduziert, oder eine *ökologische Verelendungstheorie* aufgestellt. Diese aber betraf nicht mehr das Proletariat allein. Der Bürger, der sich zwar ein schönes Auto kaufen kann, aber im Stau steckenbleibt, verliert zunehmend den Gebrauchswert seines Objekts, ob Arbeiter oder nicht.

Die ökonomische Krisentheorie verlor an Bedeutung. Die Krisen im lebensweltlichen Bereich schienen weit bestandsgefährdender als die zyklisch wiederkehrenden wirtschaftlichen Krisen. Habermas (1973: 60) schloß im Jahr der größten Krise der Nachkriegszeit (1973) nicht aus, daß die ökonomische Krise auf die Dauer abgefangen werden kann. Die Übernahme eines komplexen Austauschmodells unter Anlehnung an die Systemtheorie führte bei Habermas (1973: 67) auch zu einer differenzierten Krisentheorie:

Entstehungsort	Systemkrise	Identitätskrise
ökonomisches System	ökonomische Krise	
politisches System	Rationalitätskrise	Legitimationskrise
soziokulturelles System		Motivationskrise

Spätkapitalistische Gesellschaften sind von mindestens einer der folgenden Krisentendenzen gefährdet:
– das ökonomische System erzeugt das erforderliche Maß an konsumierbaren Werten nicht. *(Ökonomische Krise)*
– das administrative System bringt nicht das erforderliche Maß an rationalen Entscheidungen hervor. *(Rationalitätskrise)*
– das legitimatorische System beschafft nicht das erforderliche Maß an generalisierenden Motivationen. *(Legitimationskrise)*
– das soziokulturelle System generiert nicht das erforderliche Maß an handlungsmotivierendem Sinn. *(Motivationskrise)*

Habermas hat sich nicht wie viele Neomarxisten von jeder neuen ökonomischen Krise von der Grundidee abbringen lassen, daß die Hauptwidersprüche nicht notwendigerweise im ökonomischen Teilbereich der Gesellschaft produziert werden. Dennoch erwiesen sich auch seine komplexen Krisentypologien als erstaunlich zeitgebunden. Die *Rationalitätskrise* mit ihren Friktionen zwischen Wirtschaft und Politik wurde in unerwarteter Weise gemildert: die Politik reduzierte ihre Steuerungsansprüche. Das Tucholsky-Wort »Die Probleme werden von der Menschheit nicht gelöst, sondern liegen gelassen«, bewahrheitete sich erneut. Die Planungseuphorie verflog. Selbstregulierung in den Subsystemen milderte die Widersprüche aufgrund mangelnder rationaler Entscheidungen. Auch die generalisierende *Motivation* entwickelte sich nicht im Sinne von Habermas. Im Zeitalter der Postmoderne wurde auch sie als überflüssig angesehen. Die Suche nach handlungsmotivierendem Sinn stellte sich für eine »Null-Bock«-Generation nicht mehr in der universalen Form eines humanistischen Konzepts der Moderne. Die *Legitimitätskrise* war gedanklich auf generalisierende Motivation gegründet. Wo Gruppen und Bewegungen Autonomie statt Partizipation verlangten (vgl. Kap. II.3.d), nahm auch das Bedürfnis nach genereller Legitimation ab. Die postmoderne Theorie gab das Legitimitätskonzept sogar ganz auf (vgl. Kap. II.1.c). Wo postmodernes Lebensgefühl noch nicht entstanden war – und das galt für die Mehrheit – unterschätzte Habermas die Möglichkeiten des modernen Staates, »Legitimation« zu beschaffen – durch immer neue Konzessionen an Problemgruppen, die drohten, aus dem Legitimationsminimalkonsens auszubrechen.

Je stärker die Krisentheorie sich professionalisierte, um so mehr beschränkte sie sich auf Ausschnitte der *Interaktion von Subsystemen*, die für eine politische Theorie am relevantesten erschienen, wie bei Claus Offe (1972). Zunächst klang die Krisenentfaltung Offes noch recht orthodox. Das politisch-administrative System erfüllte nach dieser Ansicht instrumentelle Funktionen zur Stützung kapitalistischer Verwertungsinteressen. Zugleich mußte im ideologisch-kulturellen Bereich vom System ein Beitrag zur »Verschleierung« dieser Entwicklung geleistet werden. Der Fluch der »guten Tat« erscheint, daß sie »fortzeugend Böses muß gebären«: die Staatsintervention als gutgemeinte Aktion erzeugt immer neue dysfunktionale Folgen. Je mehr der Staat versuchte, die Schwächen eines sich selbst blockierenden wirtschaftlichen Systems auszugleichen, desto stärker wurde er durch die Logik seiner Steuerung gezwungen, immer mehr *systemfremde Elemente* zuzulassen. Wo die Bielefelder Schule zunehmend einen interventionsresistenten Code in jedem Subsystem annahm, hat Offe in seiner frühen Bielefelder Zeit wenigstens an die Fähigkeit des politischen Systems geglaubt, Verwirrung in anderen Teilbereichen zu stiften. Das System war dadurch in den Augen Offes gezwungen, immer mehr nichtkapitalistische Steuerungsinstrumente einzusetzen, andererseits aber durch Legitimationsbeschaffung diesen Widerspruch des Systemverhaltens möglichst latent zu halten. Inzwischen ist die Annahme, daß immer mehr nichtkapitalistische Steuerungsinstrumente eingesetzt werden, überholt. Auch die größten Kritiker des bürgerlichen Staates haben offenbar nicht für möglich gehalten, daß das politische System nach einigen fehlgeschlagenen Steuerungsversuchen auch den Rückzug antreten könne.

Die Analyse Offes hat im Vergleich zu den Neomarxisten weit mehr empirische Teiltheorien verarbeitet, wie die Analyse von Nicht-Entscheidungen (non-decisions), die von Bachrach und Baratz in den USA entwickelt worden war. Der kapitalistische Staat übt eine klassengebundene Selektivität aus, indem er die gegensätzlichen Interessen der Einzelkapitale zu einem kapitalistischen Gesamtinteresse zusammenfaßt. Weitreichende Veränderungen aber scheitern an der Nichtentscheidung im System. Die bloßen Nachweise der empirischen Interessengruppenforschung, daß es zahlreiche Interessenkollisionen der Wirtschaftssubjekte gibt, wurden als nicht ausreichend erachtet, um die Entwicklung des Systems ohne bestandsgefährdende Krisen zu erklären. Die Interessengegensätze der »Kapitalfraktionen« aber wurden ernster genommen als in anderen neomarxistischen Ansätzen, die weitgehend die politischen Akteure als Agenturen eines relativ einheitlich handelnden »Kapitals« auffaßten. Der Staatsableitung wurde ein empirischer Ansatz entgegengestellt. Bestandsgefährdende Krisen wurden nicht mehr deduziert und schon gar nicht prognostiziert. Angedeutet wurde aber eine Möglichkeit für ihre Entstehung, dort, wo instrumentelle und symbolische Staatsfunktionen nicht mehr in der Lage schienen, den Legitimationsbedarf des Systems in den Grenzen des kapitalistischen Produktionsverhältnisses zu decken.

Auch bei Staatstheoretikern, die dem Neomarxismus näher standen als Offe, wurde die Krisentheorie ihrer eschatologischen Heilsgewißheit beraubt. Der Kapitalismus hat seine Flexibilität und Reorganisationsfähigkeit unter Beweis gestellt. Der kapitalistische Entwicklungspfad ist daher für Joachim Hirsch (/Roth 1986: 42) weder systemfunktional gesichert noch kausalanalytisch prognostizierbar. Die Entwicklung konfliktorischer Strukturen konnte zwar empirisch beschrieben werden. Deren Gelingen aber wurde prinzipiell als ungewiß eingestuft. In der alten Orthodoxie waren die Prognosen auch vorsichtiger geworden. Sie wurden mit ceteris paribus-Klauseln abgesichert. Der beliebteste Ausdruck der Abschwächung war das inflationär gebrauchte Wort »*tendenziell*«. Damit wurden Theorien gegen die Widerlegung abgesichert – ein Verfahren, das freilich nicht auf den Neomarxismus beschränkt war.

Auf dem Wege zum Postmarxismus ging die neomarxistische Staatstheorie in Bielefeld in die Schule und wurde »selbstreflexiv« (Hirsch/Roth 1986: 43). Die materialistische Staatstheorie wurde aufgefordert, dem ökonomischen Reduktionismus und der abstrakten Totalisierung abzuschwören. Die Suche nach dem ganzheitlichen revolutionären Subjekt wurde aufgegeben. Es wurde nach einem Mittelweg zwischen kontingenter Abfolge zufälliger Ereignisse und der Selbstentfaltung eines Prinzips (Rationalisierung, Ausdifferenzierung) oder einer Struktur (Antagonismus von Produktivkräften und Produktionsverhältnissen) gesucht. In der Kritik am Funktionalismus wurden bei den Nichtmarxisten ganz ähnliche Kompromisse gesucht, nur daß man dort nicht von einer »materialistischen Staatstheorie« sprach, ja vielfach den Terminus »Staat« vermied und sich an das luftigere Systemvokabular hielt.

Mit einer differenzierteren Krisenanalyse wurde auch die Einschätzung der Krisensteuerung durch den kapitalistischen Staat weniger simpel gedeutet. Im Frühkapitalismus überwog die *Repression*, im Hochkapitalismus trat der Ausbau des *Sozialstaats* hinzu. Nur wenige Staatsableiter gingen von vornherein von einer bloßen »Sozialstaatsillusion« aus (Müller-Neusüß 1970). Gerade wo Erfolge im Ausbau des kapitalistischen Wohlfahrtsstaats nicht völlig geleugnet wurden, mußte die Krise verlagert werden. Populär wurde die Form der Rationalitätskrise als *Krise des Steuerstaates* (O'Connor 1973). Wieder reagierte der kapitalistische Staat unerwartet durch Rückzug. Partiell kam es zum Abbau des Sozialstaats. Neue Krisenszenarios schienen sich aus der neokapitalistischen Strategie der Reaganomics und des Thatcherismus ableiten zu lassen. Nur Neomarxisten mit Augenmaß erkannten, daß auf dem europäischen Kontinent der neokonservativen Strategie eines Abbaus der Sozialstaatlichkeit relativ enge Grenzen gesetzt waren (Hirsch/Roth 1986: 145).

Wo der Sektor des Sozialstaats nicht ausreichte, um die Krisen-entwicklung zu erklären, bot sich die neue Form kapitalistischer Steuerung durch den *Neokorporatismus* als Erklärung an, warum die Krisen im System sich nicht in vorausgesagter Weise manifestierten (vgl. Kap. 1.3.d). Während die *Dekonzentrierung* der Initiative des Staates zunehmend Vergesellschaftung der politischen Prozesse suggerierte, wurden auch gegenläufige Vorgänge, wie die zunehmende *Durchstaatlichung der Gesellschaft* wahrgenommen. Sie waren gleichsam die akzelerierte Form der *Bürokratisierung und Verrechtlichung der Lebenswelt*, die Habermas (1981, Bd. 2) analysierte.

Die neuen sozialen Bewegungen wurden in dieser Pattsituation als Hoffnungsträger von vielen Ex-Marxisten begrüßt. Ökosozialistische Theorien überlagerten den alten Neomarxismus. Einerseits wurde der *Sicherheitsstaat* als Warnung vor übertriebenen Hoffnungen als Schreckensbild gezeichnet. Andererseits wurde die latente faschistische Entwicklungsgefahr in immer neuen Varianten ausgemalt, bis selbst die Marburger Schule Ende der 80er Jahre ermattet den Griffel fallen ließ.

Schon länger wurde von einigen Ansätzen aufgegeben, den kapitalistischen Staat als superpotenten Akteur auftreten zu lassen. Claus Offe (1972: 83) machte den *Nichtentscheidungsansatz* von Baratz/Bachrach fruchtbar, um die spezifische Selektivität des Staates zu demonstrieren. Nur Ereignisse und Probleme werden sichtbar, die »sozusagen bereits im nächsten Augenblick Gegenstand reformistischer Politik sein könnten«. Weiterreichende Probleme werden durch *Nichtentscheidung* gelöst. Selbst die politische Theorie klammerte sie laut Offe (1972: 84) zunehmend aus, da sie aus der Vogelperspektive der Systemtheoretiker oder aus der Froschperspektive der Behavioralisten angepeilt werden. Die historische Selektivität wurde in diesem Ansatz nicht mehr dogmatisiert. Komparative Verfahren zur Ermittlung von *Selektivität* wurden nunmehr rezipiert (ebd.: 88). Theorie und Praxis wurden in ihrer Verknüpfung noch stärker voneinander gelöst. Die Analyse kritischer Theoretiker und der Systemtheoretiker näherten sich an. Es ging bei beiden um *Adäquanzverhältnisse zwischen Teilsystemen* (Schluchter 1980: 184), zwischen Basis und Überbau und neuerlich: System und Lebenswelt. Die »bürgerlichen« Theoretiker – auch dieses Wort wurde mit dem Klassenkampf obsolet – hatten lediglich mehr *Ambiguitätstoleranz* als die Marxisten. Nicht jeder empirisch gefundene Widerspruch, nicht jede Nichtadäquanz von Teilbereichen der Gesellschaft wurde zu einer neuen Krise hochstilisiert. Sie sahen realistischer, wieviel Unordnung eine Gesellschaft verträgt, und daß Legitimität bis zu einem gewissen Grade durchaus »beschafft« werden kann, während die Dialektiker gerade dies bezweifelten. Der *teutonische Ordnungssinn* des Marxismus hat bis heute größte Schwierigkeiten, mit der fluktuierenden Unordnung einer zentral nicht mehr gesteuerten Gesellschaft zu leben.

Regulationstheorie und Postmarxismus

Es ist vielleicht kein Zufall, daß die Überwindung des teutonischen Ordnungssinns im Neomarxismus aus den romanischen Ländern kam. Der Poststrukturalismus hatte sich in Frontstellung zum hyperrationalistischen strukturalistischen Marxismus der Althusser-Schule entwickelt, die nach 1968 dominierte. Totalitätserfassung war selbst schon totalitarismus-verdächtig.

In Überwindung des rationalistischen Ordnungsdenkens – trotz eines Konfliktmodells der Gesellschaft – hat der französische Neomarxismus versucht, zwei anscheinend unvereinbare Bewegungen einander näher zu bringen: den Postmodernismus und den Marxismus. Die »New Left Review« wurde vielfach zum Organ dieser Vermittlungsversuche. Der Versöhnungsversuch wurde von orthodoxeren Theoretikern als »neuer Anarchismus« abgewiesen. Es fehlte nicht an persönlichen Verdächtigungen, daß die Anpassung an den Postmodernismus bei einigen Marxisten rein karrierepolitische Gründe hatte (Mouzelis 1988: 108, Geras 1988: 60). Die Vereinbarkeit von Marxismus und Postmodernismus wurde vor allem in dem Umstand gesehen, daß auch der Postmodernismus bei aller Feststellung einer fragmentierten Welt gedanklich einen Vorgriff auf diese *Totalität* machen müsse (Jameson 1989: 33). Überwiegend aber optierte der Postmodernismus eher für die Verdächtigung des Marxismus als »essentialistisch«, »deterministisch«, »teleologisch« und »monistisch«. Es wurde dem Marxismus vorgeworfen, das handelnde Subjekt vergessen und die Autonomie der Lebensbereiche übersehen zu haben (Laclau/Mouffe 1985).

Die Gegenposition trachtete nach der Ehrenrettung des Marxismus durch einen Theorievergleich. Man versuchte zu zeigen, daß die vom Neomarxismus inspirierten Historiker und Sozialwissenschaftler von Barrington Moore bis Braudel und Hobsbawm weit pluralistischer und fruchtbarer gewirkt hätten, als die Anhänger der Systemtheorie von Eisenstadt bis Smelser (Mouzelis 1988: 113). Eine Neigung zu Sterilität der Systemtheorie in der Anwendung auf die Geschichte läßt sich nicht von der Hand weisen – sie zeigte sich etwa bei Richard Münch (1986). Aber es gibt ebenso viele marxistisch inspirierte Studien, die nicht weniger schematisch ausfielen. Das Spiel der Aufrechnungen konnte auch in der »New Left Review« nicht zum Erfolg führen. Die Debatte war noch vielfach von prämodernem Eifer gekennzeichnet. Postmoderne Gelassenheit und Ironie wollte sich nicht recht einstellen, wie sie Luhmann (1984: 13) ausstrahlte, als er auf seinem Höhenflug über den Wolken die »erloschenen Vulkane des Marxismus« gesichtet haben will. Zutreffend an dieser Vista ist, daß die große eruptive Kraft marxistischer Theorie in den 70er Jahren verlorenging. Die Ableitungen wurden immer akademischer, der einstige Praxisbezug des Marxismus immer verschwommener.

Wie in der Zeit des strukturalistischen Marxismus der Althusser-Schule wurde auch im Zeitalter des Poststrukturalismus die interessanteste Variante des Neomarxismus in Frankreich entwickelt. Der französische Spätmarxismus hatte sich dem Poststrukturalismus angepaßt und gerierte sich vehement *antifunktionalistisch*. Die *Theorie der Regulation* wurde seit Aglietta (1976) als ein neues Paradigma ausgegeben, obwohl sie vorwiegend – und auch darin war sie weitgehend schon postmodern – eine Theorie-Collage aus unterschiedlichen Elementen früherer Theorien darstellte. Im Gegensatz zur bürgerlichen Theorie der Regulierung in der Policy-Forschung, die der Ansatz nicht zur Kenntnis nahm, war noch eine umfassende Theorie ökonomischer, sozialer und politischer Prozesse angestrebt. Akkumulationsregimes, Produktionsweisen und Regulationsweisen wurden als relativ autonome Sphären begriffen, die sich nicht mehr auseinander ableiten ließen (Lipietz 1986: 111). Der neue Ansatz kombinierte einen altmodernen Ganzheitsanspruch der Erklärung mit einem nachmodernen Sinn für die Autonomie und Eigensinnigkeit der Teilbereiche der Gesellschaft. Einerseits wurden Überabstraktionen aufgegeben. Es gibt keinen Kapitalismus mehr, sondern nur noch Kapitalismen. Die Vielfalt der nationalen Besonderheiten des Krisenmanagements in kapitalistischen Ländern wird nicht voreilig reduziert. Andererseits wurde mit Stadien wie *Fordismus* und *Postfordismus*, die vor allem die Arbeitsverhältnisse, die im Zentrum des Regulationsansatzes standen, beschrieben, doch wieder eine relativ einheitliche Entwicklung suggeriert. Es zeigte sich in der empirischen Forschung, daß die Realität des Rationalisierungsprozesses und der Regulierung des Lohnverhältnisses in Europa vielfach vom fordistischen Modell abwich, und ähnliches wurde für die postfordistische Adaption des Kapitalismus in Europa festgestellt (Hübner 1989: 224). Fordismus als »fortgeschrittene Moderne« wurde in neueren Durchsetzungstheorien als »diskontinuierliche Kontinuität« bestimmt (Böckler 1991: 299 ff.).

Der Begriff der Regulation suggerierte eine Geschlossenheit staatlicher Interventionsabsichten, die gerade nicht gemeint war. Andererseits war der Rekurs auf Theorien der *Selbstorganisation* ein unvollkommener, weil der Regulationsansatz sich als Überwindung der neoklassischen Selbstregulationstheorien verstand. Anleihen bei den Autopoietikern, welche die »Ordnung durch Fluktuation« entdeckten, sind unverkennbar. Als *Krisentheorie* suchte der Ansatz nach Gesetzmäßigkeiten von Diskontinuitäten und Regelmäßigkeiten bei der Herstellung des Systems von vorübergehendem *Gleichgewicht*. Im Gegensatz zur Neoklassik werden diese prekären Gleichgewichtszustände nicht als Ergebnis der Selbstregulierung des Marktes, sondern als Resultat eines Zusammenwirkens von strukturellen und institutionellen Formen erklärt. Dem Ansatz ist eine »heimliche Gleichgewichtsorientierung« nachgesagt worden (Hübner 1989: 226).

Eine Fortentwicklung der elitentheoretischen Ansätze von Nikos Poulantzas wurde mit Gramscis Konzeption der Hegemonie verbunden. *Hegemonie* wurde als die Fähigkeit eines Modells sozialer Verhältnisse bezeichnet, sich als exemplarisch durchzusetzen. Institutionen, die lange als unmarxistischer Gegenstand »rechts« liegengelassen wurden, traten wieder ins Zentrum der Analyse, was die Regulationstheorie für die Politikwissenschaft attraktiv erscheinen läßt. Gegen die neoklassische Theorie der Ökonomie ging die Regulationstheorie davon aus, daß es Gesetze gebe, welche die Reproduktion determinieren und die Elemente des Systems zu notwendigen Beziehungen verknüpft (Mazier 1984: 11).

Der krisenhafte Anpassungsprozeß von Gleichgewicht im Ungleichgewicht wurde in Termini der zeitgenössischen Katastrophentheorie beschrieben (Boyer 1987: 8, Mazier 1984: 11 f.). Die Argumentation ist zirkulär angelegt, wie in der Autopoiese. Die *Dialektik*, mit der die Gralshüter der klassischen Moderne, wie Popper, ihre besonderen Schwierigkeiten hatten, weil sie sie für eine mystifizierende Verdunklung klarer Aussagen hielten, wurde im Postmarxismus als eine Art zirkuläre Verknüpfung und mutuelle Bedingtheit aufgefaßt. Nachmoderne Denker wie Luhmann (vgl. Kap. II.2.e) konnten daher die Dialektik wenigstens spielerisch adaptieren.

Gerade dieser postmoderne Zug der Regulationstheoretiker konnte den Vertretern der älteren marxistischen Staatstheorie (Hirsch 1990: 25 ff.) nicht gefallen. Die Vagheit der gesellschaftlichen Selbstproduktionsverhältnisse, welche dieser Ansatz zutage förderte, und die Vernachlässigung eines zentralen Koordinationszentrums »Staat« ging vielen deutschen Adepten des Ansatzes zu weit. Das strukturalistische Erbe blieb erhalten durch die Vorliebe für eine hohe Abstraktionsebene. Die konkrete staatstheoretische Arbeit der älteren Stamokap-Schule drohte in den Augen der Regulationstheoretiker in einer deskriptiven historistischen Institutionenkunde zu enden (Boyer 1987: 91 ff.). Die neuen Abgrenzungen erinnerten an die Zurückweisung einer herkömmlichen sozialwissenschaftlichen Machtanalyse durch die Anhänger der »Archäologie des Wissens« bei Foucault. Nicos Poulantzas (1978: 41) hat in seiner Staatstheorie Ende der 70er Jahre noch die stärker staatszentrierte Sichtweise gegen Foucault und Deleuze vertreten. Foucaults Dekonzentration der Macht erinnerte ihn an den *»Pluralismus der Mikromächte«*, den die Funktionalisten und Institutionalisten von Parsons, über Merton bis zu Dahl vertraten. Er hielt es als weiteren Beleg für den Provinzialismus der französischen Intellektuellen, daß diese Untersuchungen sich nun als »Neuheit« herausputzen konnten, obwohl sie aus der »Mottenkiste« stammten. Die Regulationstheoretiker hatten einen Teil dieses Provinzialismus abgebaut, und einen großen Teil ihrer Theoreme aus amerikanischen sozialwissenschaftlichen Theorien bezogen, ohne dies zu verbergen oder sich der Anleihen bei der »bürgerlichen« Wissenschaft zu schämen.

Die Regulationstheorie hat einige postmoderne Züge in ihrer

Konzentration auf dezentralisierte Regulierungsverhältnisse, insbesondere das Lohnverhältnis (Lipietz 1986: 110). Der krisentheoretische Ansatz des Neomarxismus blieb erhalten, aber er wurde nicht mehr in Zusammenbruchstheorien umgesetzt. Das parlamentarisch-demokratische System wurde auch in den neomarxistischen Varianten, die sich an der frankophonen Regulationstheorie inspirierten, zunehmend als ein flexibles Gehäuse für die anpassungsfähige Vorherrschaft des Kapitals gewürdigt (Jessop 1985: 68). Nicos Poulantzas – einst das theoretische Idol der Generation der 1968er in Frankreich – endete bei einem zahmen, kooperationsbereiten »demokratischen Sozialismus«, nachdem das bloße Wort zwanzig Jahre lang als sozialdemokratisches Täuschungsmanöver von den Neomarxisten bekriegt worden war: »Diese Risiken des demokratischen Sozialismus kann man mit Sicherheit nur auf eine einzige Weise vermeiden: Indem man sich still verhält und unter den Auspizien und der Rute der fortgeschrittenen liberalen Demokratie mitmarschiert. Aber das gehört nicht mehr hierhin...« (Poulantzas 1978: 244). Nur die Auslassungspunkte lassen noch einen *dolus eventualis* vermuten, der nicht so revisionistisch ist, wie er klingt. Poulantzas' deutsches Echo hat inzwischen sogar an Lafontaines »Sozialismus innerhalb einer Klasse« einigen Gefallen gefunden, ein Konzept, das nicht so sehr die Umverteilung zwischen Arbeit und Kapital als die solidarische Verteilungspolitik unter Lohnabhängigen im Blick behält (Hirsch 1990: 182). Als Fritz Scharpf (1987: 336) eine empirische Studie einst mit diesem Gedanken schloß, galt dies in der Linken als zynischer Verrat. Als gesunkenes Kulturgut sind solche Gedanken gleichwohl beim Neomarxismus angekommen. Die Abgrenzung vom Sozialdemokratismus bleibt schwach: »Daß ›radikaler Reformismus‹ etwas ganz anderes meint als sozialdemokratische Reformpolitik, sollte aus dem Text deutlich geworden sein« (Hirsch 1990: 193). Damit kann der Sozialdemokratismus leben. Auch er begann einst damit, sich als »revolutionäre, aber nicht Revolutionen machende Partei« zu deklarieren (Kautsky).

Joachim Hirsch war der wendigste der deutschen Neomarxisten, der dank vielfältiger internationaler Rezeptionen auf der Höhe des neomarxistischen Diskussionsstandes blieb. Im Gegensatz zu den französischen Ursprüngen, die stark aus den Wurzeln der bürgerlichen Krisentheorien und poststrukturalistischer Machttheorien genährt wurden, übernahm er die Regulationstheorie selektiv und im Hinblick auf eine staatstheoretisch orientierte Politikwissenschaft, die sich gegen das Überwuchern ökonomischer Theoreme sträubte. Noch war von »*materialistischer Gesellschaftstheorie*« die Rede. Aber »materialistisch« war schon länger zur Ehrenbezeichnung aller Ansätze verkommen, die Neomarxisten für akzeptabel hielten, etwa für Teile der Frankfurter Schule, die in Amerika eher als »kultureller Marxismus« bezeichnet wurden, oder für Dissenter, wie Franz Neumann, die unter dem Eindruck des Nationalsozialismus das Basis-Überbau-Schema auf den Kopf stellten, und einen »Primat der Politik über die Ökonomie« behaupteten (Söllner 1979: 159). Ein metaphysischer Materialismus ist im Neomarxismus kaum vertreten worden. »Materialistisch« schrumpfte auf eine politökonomische Erklärung sozialer Prozesse zusammen. Da das Basis-Überbau-Schema bei Poulantzas (1978: 15) oder Hirsch (1990: 13) längst einer differenzierteren Betrachtungsweise gewichen war, wirkte die Selbstetikettierung als »materialistisch« wie ein Akt ritualistischer Selbstvergewisserung, daß man trotz aller Revisionismen noch im richtigen Lager stehe.

Der »Kapitalismus ohne Alternative?« (Hirsch 1990) strahlte nur noch durch ein Fragezeichen einen Hoffnungsschimmer für »sozialistische Politik« aus, die im Untertitel erwähnt, später meist zu »sozialrevolutionär« verwässert wurde. Hirsch hatte vergleichsweise immer recht abständlich über die neuen sozialen Bewegungen geschrieben. Modische Rezeptionsschnörkel blieben auch angesichts des Niedergangs der Grünen auf die Übernahme einer Schreibweise von »FeministInnen« beschränkt. Die Beschreibung der »Selbstkonstitution« sozialer Bewegungen geschah fast in Bielefelder Jargon. Materialistisch war sie gewiß nicht mehr. Die »sozialrevolutionäre und emanzipierte Politik« (Hirsch 1990: 192), die noch beschworen und recht voluntaristisch dem aus Frankreich importierten Regulationsansatz aufgesetzt wurde, verdünnte sich zu einer Foucault-Lyotardschen Widerstandsphilosophie, unabhängig davon, daß die postmoderne Bewegung mit ihrem Primat kultureller Aspirationen einem »Materialisten« verdächtig bleiben muße. Die »Eigendynamik des politischen Prozesses« wurde unter stillschweigender Einführung einigen Vokabulars der Autopoiese beschrieben. Konsequenz dieser stillen »*Postmodernisierung*« des Neomarxis-

mus war das Ende revolutionärer Hoffnungen und die endgültige Verabschiedung von revolutionären Subjekten. Hatte Poulantzas (1975: 286) Anfang der 70er Jahre noch die Arbeiterklasse als hegemoniale Kraft nicht aufgeben wollen, und spitzfindige Szenarios entworfen, wie man Teile der »kleinbürgerlichen Fraktionen« doch noch für ein Bündnis mit der Arbeiterklasse gewinnen könne, wurde nun klar gesehen: »Die ›Logik‹ der kapitalistischen Entwicklung birgt offensichtlich keine Befreiung und an der Erkenntnis, daß Individuen und Klassen gegen ihre vernünftigen Interessen handeln können, ist längst nicht mehr vorbeizugehen.« (Hirsch 1990: 13). Nur ein Schritt in Richtung Postmodernismus steht noch aus: die Erkenntnis, daß auch eine in Anführungszeichen gesetzte »Logik der kapitalistischen Entwicklung« eine Mystifikation darstellt, und daß die Entdeckung eines »vernünftigen Interesses« ganzer Klassen die theoretische Selbstüberforderung par excellence darstellt, die nur zu weiteren Frustrationen führen kann.

Letzte Hoffnung auf dem Wege zum Postmarxismus blieb die Möglichkeit, die *»zivile Gesellschaft«* zu stärken. Manche Neomarxisten hatten ihre Hoffnungen auf einen »Dritten Weg« der ex-sozialistischen Länder Osteuropas gesetzt. Hirsch blieb da skeptisch. Aber die zivile Gesellschaft selbst ist schon eine Art »dritter Weg«, bei dem sozialistische und radikal-bürgerliche Traditionen ihre Kräfte vereinen konnten. »Regulation« erklärte nicht nur das Überleben des krisengeschüttelten Kapitalismus. Regulierung wurde auch ein Ersatz für die Visionen eines Endzustandes im Sozialismus oder Kommunismus. Die *società regolata*, die Gramsci einst skizziert hatte, wurde der etatistischen Regulierung des kapitalistischen Staates entgegengestellt (Schreiber 1982: 123, Hirsch 1990: 172). Regulation als Konzept für die Zukunft, als ein letzter lockerer Zusammenhalt in der Gesellschaft, die kein Steuerungszentrum mehr hat, hat auch in der Postmoderne bei Lyotard (1986: 52) einen gewissen Stellenwert erlangt. Les extrêmes se touchent: Postmodernismus und Spätmarxismus kamen zu analogen Schlüssen. Der Postmarxismus ist in Sicht.

d) Stufen der neuen Bescheidenheit:
staatliche Hilfe zur gesellschaftlichen Selbststeuerung

Quer durch die politischen Lager hindurch ging seit der Zwischenkriegszeit das theoretische Bemühen um eine *Rationalisierung der politischen Entscheidung*. Herrschaftliche Elemente wurden in diesen Theorien abgebaut. *Strukturen* und *Interaktionsmuster* waren in solchen Ansätzen, die zunehmend die *Akteursperspektive* zugunsten der *Systemperspektive* aufgaben, wichtiger als kausale Aussagen über Einflüsse und Folgen von Handeln. Die Gesellschaft wurde mehr und mehr als lernfähiges und vermaschtes Regelsystem angesehen. Politik wurde als Koordination und Vermittlung von autonomen Unterbereichen des politischen Systems verstanden (Naschold 1969: 28). *Macht* als Grundbegriff wurde flexibilisiert. Erst schien *Planung* ein Grundbegriff, später wurde auch dieser noch weiter flexibilisiert und es wurde nur noch von *Steuerung* gesprochen. Die neue Bescheidenheit entwickelte sich in drei Stufen:
– von der *Planung* zur Steuerung,
– von der *Steuerung* zum korporativen Steuerungspragmatismus,
– um schließlich bei einer Theorie gesellschaftlicher *Selbststeuerung* bei minimalen Funktionen des Staates zu enden.

Von der Planung zur Steuerung

Der Plan wurde zum Äquivalent der Entscheidung, wo keine voluntaristisch-faschistische Entwicklung angestrebt worden ist. Bei Hans Freyer (1987: 28) wurde der Plan 1933 als die rationalere Form der Entscheidung dargeboten. Im Plan wird von dem »Strahlenbündel von Möglichkeiten«, zwar nicht theoretisch Ordnung, wohl aber praktisch Eindeutigkeit geschaffen. Plan ist Entscheidung für eine der Möglichkeiten. Pläne sind Kampfmittel der Politik. Keine technokratische Utopie wurde von Freyer suggeriert. Planung setzt Herrschaft voraus, Politik geht der Technik voraus. Andererseits läßt Herrschaft sich nicht völlig planen. Sie setzt eine gemeinschaftliche Identitätsbildung voraus. Nicht jede im Plan rationalisierte Dezision erscheint daher historisch möglich. Vom Schmittschen Dezisionismus war diese Position in einigen Äußerungen nicht weit entfernt. Das Politische ist das Feld der Taten. Es ist keine Sachwelt und kein systematischer Zusammenhang: »Ohne die Kategorien des Willensaufbruchs und der Entscheidung ist es nicht zu denken« (ebd.: 53).

Bei Karl Mannheim (1958: 391) fand sich in jener Zeit des Untergangs der Demokratien um 1935 ein ähnlicher Hymnus auf den Plan wie bei Freyer. Bei Mannheim wurde einerseits die *Sozialtechnik* weit umfassender beschworen als bei Freyer. Andererseits war der Planwille – zwischen planungsbesessenem Utopismus und planungsunfähigem Konservatismus angesiedelt (ebd.: 237) – noch durch eine *demokratische Kontrolle* eingeschränkt gedacht. Aber auch Mannheim ging von einer zunehmenden Ähnlichkeit zwischen den liberal-demokratischen und den totalitären Staaten aus.

Nach dem Zweiten Weltkrieg schien Planungstheorie in vielen Ländern zunächst einmal diskreditiert. Gerade in Deutschland, wo die Traditionen staatlicher Daseinsvorsorge groß waren, hat sich die einflußreichste Schule der Ökonomie vom Plan völlig abgewandt und im Ordoliberalismus nur noch Regulierungen zugunsten einer störungsfreien Marktordnung zugelassen. Erst mit der ersten ökonomischen Krise 1966, in die der politische Exponent jener Freiburger Schule in Gestalt von Bundeskanzler Ludwig Erhard hineingeführt hatte, wurde Planungstheorie wieder diskutiert. Soweit sie zu einer Theorie weiterer Reichweite entwickelt wurde, stellte sie sich als eine Fortentwicklung älterer Systemtheorien dar, welche nicht mehr Macht, sondern Kommunikation als das Medium der Steuerung ansahen (Deutsch 1966: 77). Die Prozesse, »*steering or governing*« genannt, wurden nicht mehr als »Sache« oder »Energie« nach Art des mechanischen Materialismus des 19. Jahrhunderts aufgefaßt. Aber ihnen war gleichwohl materiale Realität zugeschrieben (ebd.: 83), die mit physikalischen Methoden erfaßt werden konnte. Diese *Kommunikation* war weitgehend auf ein Zentrum hin konzipiert. *Rückkopplung* der Steuerungsleistung war unerläßlich. Aber die Initiativen gingen vorwiegend vom Steuerungszentrum aus.

Mit der Enttäuschung der Planungsillusionen einer aktiven Politik in der zweiten Krise ab 1973 wurde der Lenkungsanspruch wieder bescheidener. Steuerungsimperative wurden eher zur *Schadensbegrenzung* bei ungeplanten Prozessen als zur Planung gesellschaftlicher Prozesse selbst entwickelt. Der Neokorporatismus wurde zu einem Hilfsinstrument des Steuerungszentrums, das die gesellschaftliche Selbstkoordination ermöglichte. Noch ging die Initiative vom Zentrum aus, aber die Lösungen der Initiative konnten von diesem Zentrum auch theoretisch nicht mehr erbracht werden.

Der liberale Neokorporatismus

Die Theorie des Neokorporatismus war eine wenig durchgearbeitete Variante der neuen Bescheidenheit an die staatlichen Steuerungsansprüche. Sie hatte aber den Vorteil, von vornherein stark auf empirische Forschung angelegt zu sein. Ein Altmeister der vergleichenden Methode urteilte streng über Schmitters Versäumnis, die abhängige und die unabhängige Variable stringent zu definieren (Almond 1990: 185). Wo dies geschah, wie im Verhältnis von Unregierbarkeit und Korporatismus (Schmitter 1981), war das Resultat gleichwohl unbefriedigend. Die *Unregierbarkeit* schien vor allem in Nordeuropa durch einen hohen Grad an Korporatismus reduziert. Länder mit ganz anderen Mechanismen der Kooperation wie Japan oder die Schweiz haben ganz ähnliche Konfliktdämpfer entwickelt und Ende der 80er Jahre waren weder der Neokorporatismus als gesamtgesellschaftliches Steuerungskonzept noch die Unregierbarkeit als gesamtgesellschaftliches Steuerungsdefizit noch intensiv diskutiert.

Formen der *indirekten Steuerung* waren schon immer Gegenstand der Forschung gewesen. In der Politikwissenschaft vor allem in der Pluralismusforschung, in der Staatsrechtslehre als Teil des Verwaltungsrechts, soweit es sich mit der Implementation von Entscheidungen befaßte. Steuerung über parastaatliche Einrichtungen, die Delegation von Staatsaufgaben an private Gruppen und viele Formen quasi-hoheitlichen Handelns nicht-staatlicher Organisationen wurden deskriptiv behandelt, ohne zu einer Steuerungstheorie integriert zu werden. Die Korporatismustheorie unternahm diesen Versuch. Sie senkte dabei jedoch die Ansatzhöhe von den älteren Staatstheorien und makrotheoretischen Modellen auf eine Theorie herab, die eher an einer *Meso-Ebene* ansetzte (Williamson 1989: 141).

Die Korporatismusdebatte ist ein Produkt einer Pattsituation der Paradigmen – ähnlich wie ihr thematisches Objekt der Analyse. Die Kapitalismuskritik des *Neomarxismus* (Kap. 1.3.c) hatte sich

enttotalisiert und der Vielfalt sozialer und politischer Kräfte im »Spätkapitalismus« zugewandt. Die altliberale Konzeption des *Pluralismus* hatte sich weitgehend als Import aus Amerika erwiesen, der vor allem in kontinentalen Ländern zu keiner Zeit große Entsprechungen mit der politischen Realität aufwies. Korporatismus wurde daher vielfach als »*Post-Kapitalismus*« aufgefaßt (Cawson 1986: 22). »*From Post to Neo*« – wie später beim Postmodernismus (Kap. II.I.a) – lief auch in diesem Fall die Entwicklung der dominanten Begriffe, nur, daß sie in der Reichweite kaum auf der gleichen Ebene lagen. Gegenüber der neomarxistischen Staatsableitung wie gegenüber der neopluralistischen Reserve gegenüber jedem Staatsbegriff, schien sich der *Staat* als Begriff auch in der angelsächsischen Literatur wieder durchzusetzen. Ein Handlungsverbund zwischen Regierung und organisierten Großinteressen ließ sich als »Staat« benennen, ohne daß zu älteren ontologischen Überhöhungen gegriffen werden mußte, die sich analytisch nicht in die Bestandteile zerlegen ließen. Der Erfolg des neuen Paradigmas wäre nicht zu erklären, wenn nicht alle drei metatheoretischen Hauptrichtungen in der Politikwissenschaft aus unterschiedlichen Gründen eine gewisse Geneigtheit gezeigt hätten, sich mit dem neuen Ansatz zu befassen:
(1) Es gab eine alte soziologisch orientierte Tradition der Systemanalyse, die nicht den amerikanischen *Pluralismusansatz* schlicht auf Europa übertrug und anfangs dazu neigte, den Staat wie eine »Black box« im Schnittpunkt von »*crosscutting pressures*« der Gruppen anzusehen. In Europa waren nicht wenige Gruppen mit staatlicher Hilfe gegründet worden, und einige Interessenverbände – wie die Konsumenten – waren selbst nach dem Zweiten Weltkrieg noch von staatlicher Förderung getragen. Gegen den älteren Institutionalismus wurden die eher mit den Mitteln der Umfrageforschung erforschten Haltungen gegenüber dem politischen System und die Stile der Interessenaushandlung seit Almond und Verba in den Vordergrund gestellt. Theoretiker von Proporz- und Konkordanzdemokratie konnten leicht eine »strukturelle Isomorphie« der bisher erforschten Konkordanzdemokratie mit dem »liberalen Korporatismus« entdecken, mit der Neigung, hochintegrierte und relativ elitäre Gruppen zur Aushandlung von Konflikten antreten zu lassen, die sich nicht majoritär schlichten ließen, wie die Doktrin der parlamentarischen Regierungsweise britischen Musters das unterstellte (Lehmbruch

in: Schmitter/Lehmbruch 1979: 59). Der _positivistische Mainstream_ der Politikwissenschaft hatte seinen Zugang zu dem neuen Begriff von dieser Forschungstradition her.

(2) Die konservativ gestimmten _Normativisten_ hielten weniger von dem szientistischen Aufwand an Umfrageforschung, räsonierten jedoch gleichfalls über die Macht der Interessengruppen. Die ältere Carl Schmitt-Schule in Deutschland hatte die Mediatisierung des Staates durch mächtige Gruppen beklagt. Die »Revolution der steigenden Erwartungen« schien aber auch den Konservativen, die nicht schlicht traditioneller Überhöhung des Staates erlagen, geeignet, moderne Systeme in zunehmende Schwierigkeiten zu bringen. Das neue Schlagwort dafür wurde »_Unregierbarkeit_«, das erstmals im Bericht der »Trilateralen Kommission« popularisiert wurde (Crozier 1975). Von Schmitter bis Hennis wurde der Ausdruck rasch auch in die Debatte um den Korporatismus einbezogen, soweit man die Einbindung der großen organisierten Interessen als Lösungsstrategie akzeptierte und nicht schlicht eine antigewerkschaftlich orientierte Einschränkung der Macht der Verbände durch die Gesetzgebung und eine neue Variante der Theorie des »starken Staates« proklamierte. Tendenzen zum Korporatismus – oder auch nur zu annähernder Machtanballung, wie sie die Kapitalseite schon immer besessen hatte – wurde dann gerne als »Gewerkschaftsstaat« angeprangert. Der technokratisch-positivistisch orientierte Teil der Konservativen hingegen ließ sich nicht auf den Weg des starken Staates gegenüber den Verbänden mit einer projektierten Verbandsgesetzgebung locken, sondern sah eher den Korporatismus als Mittel an, das Machtgleichgewicht der beiden Grundinteressen zu zementieren.

(3) Auch die _dialektische Schule der Neomarxisten_ konnte den neuen Begriff wenigstens als negativ belegten Feindbegriff brauchen, der erklären half, warum das konfliktorische Gegenmodell – bei Schmitter schlicht Syndikalismus genannt – nicht die Erfolge zeitigte, wie sie die vielen Varianten von Wirtschafts-, Legitimitäts-, Sinn- und Motivationskrisen eigentlich wahrscheinlich gemacht hätten (Kap. 1.3.c). Die Erklärung, welche die eigenen Analysen immunisieren sollte: Das System zerbrach nicht, weil neokorporative Strukturen den überfälligen Wiederausbruch scharfer Klassenkonflikte verzögerten. Die alten Thesen vom »_Organisierten Kapitalismus_«, eine sozialdemokratisch-reformi-

stische Strategie seit dem Ersten Weltkrieg, die den Kapitalismus angeblich schon damals in schwerer Krise gerettet hatte, diente dabei vielfach als Anknüpfungspunkt, um die historische Kontinuität aufzuzeigen. Während Vertreter der ersten beiden Ansätze eher skeptisch waren, den Korporatismus zum Erklärungsmuster ganzer Gesellschaften auszudehnen, wurde bei der dritten Richtung der Neokorporatismus gelegentlich zur ganzheitlichen Vokabel für die Analyse einer bestimmten Phase des Spätkapitalismus und zum Inbegriff all der kapitalistischen Konfliktreduktionsstrategien, die man ablehnte. Vor allem in den romanischen Ländern, in denen ein dichotomisch-konfliktorisches Syndikalismus-Modell bei allen Gewerkschaften weit verbreitet war, wurde der Neokorporatismus zum großen Schimpfwort. Bei »Antirevisionisten«, die sich noch links von den Partei-Kommunisten fühlten, richtete sich der Verdacht korporativistischer Tendenzen nicht nur gegen die Sozialdemokratie des Nordens. Ihnen wurde sowieso immer wieder nachgesagt, daß sie einen korporativistisch stabilisierten »Leistungskern« konsolidierten, demgegenüber eine ausgegrenzte Peripherie, die Alternativbewegung, ziemlich machtlos als Ghettoexistenz einer unmittelbarkeits-ideologischen Sekte bleibe (Roth/Hirsch 1980: 133). Aber auch die Kommunisten Italiens kamen zunehmend als »korporativistisch« unter Beschuß, soweit sie sich in Stabilitätsverhandlungen und Austeritätspolitik einspannen ließen. Eine Analyse der empirischen Fruchtbarkeit eines Begriffes droht selbst stark normativistisch voreingenommen zu werden, wenn sie sich zur Schutzinstanz gleichsam herrenlos gewordener Begriffe aufwirft. Für gegenwärtig umstrittene Begriffe und für ebenso umstrittene Prozesse ist die Festlegung auf irgendeine beglaubigte Genesis müßig. Die Hauptpopularisatoren wie Schmitter haben ihn angesichts des Erfolgs auf immer neue Phänomene ausgedehnt und rieten erst zu Vorsicht, seit die Welle über sie hinweggeschwappt und der Korporatismus als *deus ex machina* zur Erklärung fast aller Prozesse in westlichen Demokratien strapaziert worden ist.

Sinnvoller erscheint ein Verfahren, den Begriff auf seine Fruchtbarkeit in verschiedenen theoretischen Ansatzhöhen und in verschiedenen Anwendungsbereichen »trans«-nationaler wie internationaler Art zu testen. Auch die Forscher, die sich eher einer analytischen Richtung als einer holistischen Ableitungstheorie zurechneten, waren immer wieder in Gefahr, den Korporatismus als unzulässigen Reduktionismus einzusetzen (Cox 1981). Aus der Fülle der integrativen und kooperativen Strategien, die die meisten Gewerkschaften in westlichen Demokratien erfassen, müssen analytisch die Institutionen und Strategien ausgeschieden werden, die nicht korporatistisch genannt werden können, um nicht zu einer sinnlosen Ausweitung des Begriffs zu kommen und ihn analytisch fruchtbar zu halten.

Das neokorporatistische Modell wurde zu höchst widersprüchlichen Beweisketten eingesetzt. Einig ist man sich über die Dreiecksnatur des Korporatismus: Der Staat steht den großen Interessengruppen nicht nur als schutzloser Adressat von »pressure« gegenüber, sondern greift aktiv gestaltend in das Geschehen der Schlichtung von Interessenkonflikten ein.

– Bei den einen tut er es aus *Schwäche und Überforderung* (»*overload*«). Die Ausdehnung der Agenden zwingt dazu, immer mehr an Interessengruppen zu delegieren, wo der Staat allenfalls noch anregen und fördern, aber nicht mehr administrieren und implementieren kann.

– Bei den anderen gewinnt er jedoch eine übertriebene *Stärke* aus der korporatistischen Einlassung. Neo-Weberianer wie Neomarxisten berührten sich darin, daß sie vielfach den Staat als allzu monolithisch in seiner Handlungsfähigkeit und einheitlich in seiner Zielsetzung ansahen. Die Reform- und Planungseuphorie, welche die Grenzen des staatlichen Handelns in einer Welle von Optimismus Anfang der 70er Jahre gleichsam voluntaristisch – durch aktive Politik in Verbindung mit einer Mobilisierung der Bürger – glaubte ausdehnen zu können, tendierte zu einer Überschätzung der Fähigkeit des Staates, Konflikte zu regulieren.

In beiden Hypothesen, jener, die von der Stärke, wie der, die von einer Schwäche des Staates ausging, steckte jedoch ein gewisser Kern von Wahrheitsgehalt. Wo die staatliche Regulierungsfähigkeit schwach war und die altliberale Trennung von Staat und Gesellschaft einen guten Teil Erklärungskraft behielt, wie in Amerika, war der Staat auch zu schwach, um die großen Interessengruppen durch korporative Strategien einzubinden. Wo es noch darum ging, das »government« zu »nationalisieren« und zu »zentralisieren« und die Staatsagenden im zähen Kampf mit föderalistischen Untereinheiten und starken autonomen gesellschaftlichen Kräften auszudehnen, wie in den USA, blieb die Tendenz zum Korporatismus gering. Was Lowi (1978) die »Europäisierung« Amerikas nannte, war eher ein totum pro parte. Der starke Staat war nur in einem Teil der europäischen Staaten gegeben. Weder in Großbritannien noch in vielen südeuropäischen Staaten existierte er. Aber selbst dort, wo er existierte – vielfach dort, wo die Sozialdemokratie den stärksten Einfluß hatte –, entstand der Neokorporatismus aus vorübergehenden *Schwächen* in der Steuerungsfähigkeit des Staates: im Patt der Lager wie in Österreich oder in Skandinavien in der Zeit sozialdemokratischer Regierung, geschwächt durch den Minderheitsparlamentarismus. Wo die Gewerkschaften noch relativ machtlos waren und das Patronat seine Stärke behielt, wie in Frankreich oder Japan, und dort, wo der Staat die gesellschaftlichen Organisationen noch in milderen Formen des Altkorporatismus bevormunden konnte wie in Spanien in der Demokratisierungsphase, war ein liberaler Korporatismus noch kein Desiderat für die Staatsführung.

Die Fülle der Kooperationsebenen zwischen Staat und Verbänden, die sich aufzeigen lassen, machen jedoch noch keinen Korporatismus aus. Auch in pluralistischen Systemen sitzen Interessengruppenvertreter in Beiräten und Royal Comissions und kultivieren vor allem informelle Kontakte. Daher ist die umfangreiche Repräsentation der Gewerkschaften in öffentlichen Gremien kein Korporatismus in einem klar definierbaren Sinn, auch wenn diese Kooperation die Herausbildung eines korporativen Klimas sicher begünstigt. Neomarxistische Kritiker nahmen gelegentlich das Auftauchen eines Regierungsrundschreibens in einer Gewerkschaftsäußerung schon als Beweis für »korporativen Geist«, damit ist jedoch die Zahl der kooperativen Phänomene bis zu der Grenze ausgeweitet, daß die Korporatismusforschung im Vergleich zur traditionellen Interessengruppenforschung nichts Neues mehr bringen kann, insbesondere dann, wenn sie sich wirklich so etatozentrisch gebärdet, wie manche ihr vorwarfen. Gremien, die lohnpolitische Kompetenzen absorbieren, die bisher dem frei ausgehandelten Konflikt überlassen wurden, wie Preis- und Einkommensausschüsse, konzertierte Aktionen oder institutionalisierte Einkommenspolitiken, sind ins Zentrum der Korporatismusforschung gerückt worden, obwohl die Ergebnisse der wirklichen Reglementierung der Lohnpolitik in kaum einem Land (vielleicht mit Ausnahme Österreichs) tatsächlich integrierte korporative Politik idealtypischen Zuschnitts hervorgebracht haben.

Um die »produktivste Begriffsverwirrung« der letzten Jahre nicht noch zuzuspitzen, hat Philippe Schmitter angeregt, nur jene Institutionen als Korporatismus zu bezeichnen, die eine *Interessenvermittlung* anstreben (social contract-Versuch in England, schwedisches System), bloße *Konzertierung* bei der Politikformulierung hingegen (z. B. österreichische paritätische Kommission und die schüchternen Anfänge des Korporatismus in Schweden in der Harpsund-Demokratie) als Unterfall von nicht mehr pluralistischer korporativer Politik davon zu trennen. Unterscheidungskriterium für die beiden Formen sind dann »Druckausübung« oder »Konzertierung«. Daß auch die deutsche »Konzertierte Aktion« nicht schon eine erfolgreiche Strategie eines integrierten Korporatismus war, zeigt die Unfähigkeit der Tarifpartner, ihr Monopol zu halten, und die Fähigkeit der pluralistischen Gruppen, die nicht korporatismusgeneigt sind, sich in dieses Gremium hineinzubringen.

Das Dreiecksverhältnis von Staat und zwei konfliktorisch zueinander stehenden mächtigen Interessengruppen legt nahe, von Korporatismus nur dort zu sprechen, wo der Staat nicht lediglich mit einem Verband, der ein Repräsentationsmonopol besitzt, verhandelt. Wo ein Verband überwiegend Statusverband, wie bei Ärzten, Advokaten, Bauern oder Konsumenten, ist, der durchaus Gegner hat, aber keinen institutionalisierten Gegenverband mit einem grundsätzlich antagonistischen Interesse auf der Basis eines Nullsummenspiels, ist es wenig sinnvoll, von Korporatismus zu sprechen. Solche Verbände können weit erfolgreicher sein in der Penetration der Parlamentsausschüsse und in der Schaffung von Klientelverhältnissen zu Ressorts als etwa die Tarifpartner. Aber ihr Einfluß läuft doch überwiegend nach einem älteren Pluralismusmodell ab, nur daß es keine Symmetrie einer Vielzahl von Gruppen, ihren »cross-cutting pressures« und »overlapping memberships« gibt, wie dies die alte Bentley-Truman-Schule in Amerika unterstellte. Korporatismus – autoritärer wie liberaler – bedeutet den Versuch, mit staatlicher Hilfe konfliktorisch einander gegenüberstehende Interessen zu *versöhnen*. Nur wo Interessengruppen untereinander in einen andauernden Konflikt geraten, so daß der Staat vermittelnd eingreift, liegt korporative Politik vor. Das gilt für die meisten Standesorganisationen nicht. Die Gründe, die für die korporative Agrarpolitik angeführt wurden, sind wenig überzeugend (Heinze 1981: 125).

Jeder Paradigmawechsel beginnt mit einer neuen Übertreibung. Schmitter kritisierte die Parteienlastigkeit der politikwissenschaftlichen Forschung, indem er das Bild vom betrunkenen Seemann bemühte, der sich an einer Laterne festhält und im Umkreis ihres Scheines nach seinem verlorenen Kabinenschlüssel sucht, obwohl er wissen müßte, daß er ihn schon vorher auf dem Weg verloren hat. Die empirische Forschung über Entscheidungen in politischen Systemen hat die Rolle der Parteien nicht als so geringfügig erweisen können, wie gelegentlich unterstellt wurde. Wiederum hängt die Korporatismusträchtigkeit einer Gesellschaft jedoch von intervenierenden Variablen ab. Die Kooperationsformen zwischen Parteien und Verbänden, insbesondere zwischen Arbeiterparteien und Gewerkschaften scheinen mir entscheidend für ein politisches Klima zu sein, das die Herausbildung korporativer Strukturen begünstigt. Dafür typisch ist die Literatur, welche die Fehlanzeige für Korporatismus begründet. Die Frage »Warum gibt es keinen Korporatismus in Amerika?« wurde sehr schnell auf die klassische Frage Werner Sombarts zurückgeworfen »Warum gibt es keinen Sozialismus in Amerika?«, und es zeigt sich, daß enge Kooperationsverhältnisse zwischen den Säulen der Arbeiterbewegung notwendig sind, um korporative Strukturen möglich zu machen.

Korporativistische Konfliktschlichtungsmuster – darüber herrscht Einigkeit bei der Mehrheit der Forscher – sind keine *Episode* der Nachkriegsgeschichte. Es ist nicht einmal sicher, daß sie ein Phänomen sind, das nur in bestimmten Krisenzeiten des »organisierten Kapitalismus« auftaucht. Als die polnische »Solidarität« begann, die Macht des Staates und der Partei in Kernbereichen des Monopolanspruchs, an den die Parteien im »realen Sozialismus« gewöhnt waren, herauszufordern, sahen nicht wenige polnische Betrachter die korporative Einbindung der neuen Gewerkschaft in neue Formen eines trilateralen Machtkartells als einen Ausweg an. Im Modell der Erosion des realen Sozialismus, wie im Fall Ungarns und Polens, hat man sogar »Revolution durch korporative Verhandlungen« gesehen. Nur bei der polnischen Solidarität handelte es sich jedoch um eine gesellschaftliche Großorganisation. In der Regel saß eher die politische Opposition am Verhandlungstisch.

Der Neokorporatismus in westlichen Demokratien ist gelegentlich als »*Schönwetterprodukt*« der Nachkriegszeit hingestellt worden. Er kam zweifellos wieder stärker in Mißkredit in Zeiten, da es um die »Umverteilung des Mangels« und das »blamesharing« der funktionalen und Partei-Eliten ging. In solchen Epochen liegen auch die »Drucktechniken« und die »Konzertierungsbereitschaft« nicht mehr so säuberlich unterscheidbar nebeneinander, wie eine neue Typologie Philippe Schmitters nahelegt. Es spricht manches dafür, daß die zwei Verteilungsgesetze von Gerhard Lenski, wonach fast der ganze »surplus« in einer Gesellschaft durch Macht verteilt wird, während das Existenznotwendige eher konsensual aufgeteilt wird, umgedreht werden müssen (Lenski 1966: 44). Von der Genesis her gesehen sind korporative Strukturen und ihre Vorformen, die als »organisierter Kapitalismus« bezeichnet wurden, in Schweden, Deutschland und Österreich in »Schlechtwetterperioden« entstanden, auch wenn sie am konfliktfreiesten in den nachfolgenden Aufschwungphasen funktionierten. Neue Krisenperioden haben die Experimente mit neokorporativen Strukturen wieder aufleben und in manchen Ländern – wie Großbritannien und Italien – erstmals zu einem Problem werden lassen. Mit der *Umstrukturierung der Interessengruppen*, mit der *Übernahme von Konfliktformen*, die einst die Arbeiterorganisationen entwickelten, durch immer weitere Gruppen, bieten immer mehr Interessenkonflikte Ansatzpunkte für korporative Konfliktschlichtungsmuster. In den großen Vistas über die Zukunft des Korporatismus spielten diese bisher eine durchaus widersprüchliche Rolle. Einerseits machen syndikalistische Konfliktschlichtungsmuster und Konfrontationsstrategien korporative Arrangements verwundbar, vor allem, wenn sie in neue soziale Bewegungen einmünden, andererseits wurde der Neokorporatismus neben diesen neuen sozialen Bewegungen als Totengräber der parlamentarischen Demokratie mit ihrem traditionellen Mehrheitsprinzip angesehen (Offe 1981). Dennoch wurde der Neokorporatismus nicht zum Beleg für die zunehmende Unvereinbarkeit von Kapitalismus und Demokratie, weil die beiden Gegenprinzipien Korporatismus und neue soziale Bewegungen nicht gleichsinnig die bestehenden Strukturen unterminierten.

Die folgenreichste Theoriemode der Nachkriegszeit erwies sich als eine der kurzlebigsten. Dies war vermutlich die Folge der Tatsache, daß sie stark empirisch blieb und sich nur selten mit der Makrotheorie verband.

- Die Theorie schien stark *an das Intermezzo keynesianischer Steuerungsstrategien* gebunden. Mit der Verdrängung dieses »sozialdemokratischen Konsenses« in vielen Ländern gewann ein Neoliberalismus an Boden, der mit dem Neokorporatismus unvereinbar schien (Cawson 1985: 85).
- Der Neokorporatismus *profitierte vom Funktionsverlust der Volksparteien*, die sich von gesellschaftlichen Interessengruppen stärker zu »Staatsparteien« gewandelt hatten (v. Alemann 1981: 60). Der parteiliche Wettbewerb hat sich in den 80er Jahren wieder belebt. Neue *cleavages* schlugen sich im Parteiensystem nieder. Die elitären Strategien des Verhandelns, in denen Großorganisationen, und die ihnen nahestehenden Parteien, die Mitglieder zur Annahme des jeweiligen Verhandlungsergebnisses disziplinieren konnten, geriet mit dem Aufbruch der neuen sozialen Bewegungen rasch in die Krise (Williamson 1985: 191 ff.).
- Der aufgeklärte Technokorporatismus, der die *Entpolitisierung* des Konfliktaustrags in förmlichen »Beiratsphilosophien« als Weltbild einer neuen Klasse voranzutreiben versuchte (Marin 1982: 301 ff.), geriet durch die postmoderne Technikkritik ebenfalls in Mißkredit.
- Der Tripartismus eines wirksamen Neokorporatismus ließ sich auf den mittleren Ebenen *(Mesokorporatismus)* und im Bereich eines lokalen *Mikrokorporatismus* erst recht nicht durchhalten (Grant 1985: 9). Immer neue soziale Gruppen stellten die Beratungskartelle in Frage. Wurden sie aufgenommen, so schwächten sich ihre Einigungsfähigkeit und Verpflichtungsleistung ab. Wurden neue Kräfte ausgegrenzt, so schufen sie neue Konfliktarenen, die nicht mehr korporativ bearbeitet werden konnten. Mit einem Umweltverband kann man schlecht über 5% weniger Emissionen pro Jahr verhandeln, auch wenn gerade dieses Ergebnis langfristig bei neuen Konsultationsformen herauskommt, die auf den Druck neuer sozialer Bewegungen entstehen.

Der Neokorporatismus als Idealtyp hat nur in wenigen nordeuropäischen Ländern die gesamte Gesellschaft umfaßt. Auch, wo er als Modell begrenzte Erklärungskraft entwickelte (Scharpf 1987: 314), haben korporative Strategien nur einen Teil der Varianz im Resultat der politischen Entscheidungen erklären können. Korporatismus und Pluralismus erwiesen sich nicht als einander ausschließende Begriffe, sondern als Pole auf einem Kontinuum. Sektoral konnte in den Gesellschaften je ein verschiedener Pol dominant sein. Korporatismus war ein theoretisches Modell, daß die Ansprüche auf zentrale Planung und Steuerung reduzierte. Der Staat leistete nur Hilfe zur Selbsthilfe. Aber die Entscheidung wurde noch auf der zentralen Ebene getroffen. Daneben wurden zunehmend andere Handlungsmöglichkeiten des Staates entdeckt, welche den Steuerungsanspruch noch weiter reduzierten wie Delegation, Dezentralisation oder Subsidiarität (Kap. 1.3.d). Ihre Wiederentdeckung in den 80er Jahren durch neokonservative politische Kräfte hat den Neokorporatismus etwas in den Hintergrund gedrängt. Es ist jedoch wahrscheinlich, daß dieser als Steuerungsinstrument wieder entdeckt wird, wo immer große, dichotomisch angelegte Konflikte eine ganze Gesellschaft betreffen.

Gesellschaftliche Selbststeuerung

Unter dem Einfluß der Theorie selbststeuernder Systeme (Kap. II.2) entwickelte sich eine weitere Stufe der theoretischen Zurücknahme von staatlichen Steuerungsansprüchen. Der Korporatismus war in die Krise gekommen. Neokonservative Strategien vor allem in den angelsächsischen Ländern hatten wenig Ansatzpunkte für korporative Steuerung übriggelassen. Die Angst vor der *Japanisierung* der Verhältnisse ging um: ein *Korporatismus ohne Arbeiterbewegung* – auf der Basis einer Kooperation von Staat und Industrie – wurde als Schreckensvision ausgemalt, obwohl allenfalls in Großbritannien der Thatcherismus dieses Modell ansatzweise verwirklichte.

In der Bielefelder Schule wurde Luhmanns Steuerungsagnostizismus mit einigen Relikten der Steuerungstheorie zu einem Konzept der Entzauberung des Staates verbunden, die dem Staat gleichwohl noch einen gewissen Spielraum für zentrale Einflüsse ließ. Die Staatstheorie der Entzauberung des Staates setzte bei Max Weber an. Die bürokratische Rationalität des modernen Herrschaftsbetriebes wird in Frage gestellt. Wo Max Weber die Eigendynamik der Bürokratie im Gehäuse jener Hörigkeit der Zukunft fürchtete, wurde nun versucht, auch diesen Prozeß zu entdämonisieren. Unaufhaltsam erscheint dieser Prozeß nicht mehr. Max Weber wurde seine Befangenheit im Denken von staatlichen und nationalen Kategorien vorgehalten.

Die Aufgabe imperialistischer Neigungen der Theorie soll nach diesem Ansatz vor allem auch den Staat umfassen, der in vielen politischen Theorien nach dem Zweiten Weltkrieg noch immer Hoffnungsträger gewesen ist, keineswegs nur bei der einflußreichen Schule von Carl Schmitt, welche den Staat für berufen hielt, das allgemeine Interesse gegen die Begehrlichkeit erstarkender Gruppeninteressen zu verteidigen.

Das politische Teilsystem in der Gesellschaft hat keinen Primat für die Integration der Gesellschaft, wie viele Staatstheorien bis in die 70er Jahre immer wieder unterstellten. Das politische System, das immer stärker analog zum wirtschaftlichen System organisiert gedacht wird, und mehr und mehr als politischer Markt widerstreitender Akteure verstanden wird, kann ebensowenig wie die Ökonomie emotionale Begeisterung erwecken. Insofern sind die beiden wichtigsten Subsysteme Wirtschaft und Politik in einer schwierigeren Lage als andere Teilsysteme der Gesellschaft. Technologie scheint unmittelbar seine Nützlichkeit für jeden einsichtig zu machen, Moral kann sich auf das Gute berufen, Recht wenigstens auf das Angemessene *(suum cuique)*. Wissenschaft tritt mit einem Wahrheitsanspruch auf. Die Politik hingegen versucht ihre Nützlichkeit auf vielen Gebieten zu erweisen. Wo Ideologie im Spiel ist, wird Wahrheit beansprucht, Nützlichkeit wird dem Wähler versprochen, und das Angemessene erscheint als das Minimalresultat von Politik. Bei soviel Selbstüberforderung ist es kein Zufall, daß das politische Subsystem mit ständig überhöhten Erwartungen konfrontiert wird. Wenn es sich selbst nicht überforderte, durch die mobilisierenden Slogans der Wahlkämpfe, würde es vermutlich dennoch durch den Bürger überstrapaziert, der in der Demokratie wenigstens *»responsiveness«* von den Politikern verlangt.

Die neue Staatskritik richtete sich gegen alle Systeme. *Westliche Gesellschaften* erschienen als übertrainierte Kraftprotze, die fassungslos feststellen, daß Muskeln allein noch keine Handlungsfähigkeit in schwierigen Situationen verbürgen. *Sozialistische Staaten* hingegen wurden mit ihren Steuerungs- und Kontrolltechniken mit einem asketischen und intoleranten Guru verglichen, der nicht verstehen kann, daß der Körper die Befehle des Kopfes ignoriert, weil er zu schwach ist, um handlungsfähig zu sein

(Willke 1983: 14). Innerhalb der westlichen Systeme wurde das Steuerungsproblem in unterschiedlicher Weise gelöst:
– in den kontinentaleuropäischen Ländern durch eine Dominanz des Staates,
– in den angelsächsischen Ländern durch die Dominanz der Ökonomie.

Die Typen »postmoderner Gesellschaften« folgen weitgehend denen von Etzioni (1968). Theorie und Wissenschaft der Steuerung aller Systeme wurde als inadäquat eingestuft. Nur die »*Praxis des Durchwurstelns*« hat die Systeme vor dem Kollaps bewahrt. Inzwischen muß man hinzufügen: mit Ausnahme der sozialistischen.

Grundbegriff wurde in dieser Analyse der Begriff gesellschaftliche oder sozietale Steuerung. Die Evolution als Mechanismus für Strukturänderungen, welche aus Anlaß von Zufällen neue Systemelemente in neuen Systemkontexten organisiert, scheint in drei Phasen der Ordnungsbildung zu verlaufen, von
– der Selbstorganisation,
– über die Selbstreferenz,
– zur Selbstproduktion.

Im Begriffsanlegespiel der Bielefelder Schule fanden sich für diese Stadien Entsprechungen bei den Stufen des Hirns, den Entwicklungsstufen des Seelischen bei Freud (unbewußt, vorbewußt, bewußt), und den Entwicklungsstadien des Kindes nach Piaget (senso-motorisch, praeoperativ, operativ) (Willke 1983: 18f.).

Auf der höchsten Stufe der Entwicklung ist Demokratie selbst *zu einer universalen Norm und Steuerungsform* der Gesellschaft geworden. Keine Diktatur verzichtet auf den Anschein demokratischer Symbole wie Partizipation, Wahlen, Konsultation – wie gelenkt die Demokratie auch immer konzipiert sein mag. Hierarchie und Repräsentation als die klassischen staatlichen Organisationsprinzipien sind jedoch nicht mehr hinreichend.

Trotz des Lobs der inkrementalen Praxis bei scharfer Kritik der vorherrschenden politischen Theorien, führte dieser Ansatz nicht zu pessimistischen Krisenszenarios. *Katastrophentheorien* erscheinen für eine solche Sichtweise noch allzusehr dem alten linear-kausalen Denken verhaftet. Der Sprung von der inkrementalen Praxis in eine Supertheorie, eine alle traditionellen Disziplinen übergreifende allgemeine Evolutions- und Steuerungstheorie komplexer lebender Systeme läßt befürchten (ebd.: 20), daß wiederum keine operationalisierbaren Einsichten herauskommen.

Der theoretische wie praktische Optimismus, den diese Variante
der Selbststeuerungstheorie ausstrahlte, wird durch die Entwicklung einer *retikalen* (netzförmigen) *Steuerungsform* gerechtfertigt. Westliche Gesellschaften sind durch minimale Koordination
ihrer wachsenden Interdependenzen gekennzeichnet. Sie tun dies
durch unterschiedliche Verfahren:
durch *dezentrale Makrosteuerung* des Staates. Verbindliche Re-
gelung von Bereichen durch den Staat wird immer seltener. Der
Steuerungsprimat des Rechts geht verloren. Historisch verläuft
die Entwicklung parallel zu vier Typen von Staatsfunktionen.
(Willke 1983: 56)

Zuordnung von Staatsfunktionen und rechtlichen Programmtypen

Funktionen	Staatsform	primärer Programmtyp
1. Ordnung	liberaler Staat	Konditionalprogramm (repressiv + restitutiv)
2. Ordnung	Interventionsstaat	Zweckprogramm (globale Parameter)
3. Ordnung	Wohlfahrtsstaat	Zweckprogramm (globale und Mikroparameter)
4. Ordnung	postmoderner Staat	? (dezentrale Steuerungsparameter)

Die letzte Stufe wurde »postmoderner Staat« genannt, obwohl
das kaum zum Unterscheidungskriterium der drei anderen Staats-
begriffe paßte. Immerhin zeigte die Benennung, daß auch Autopoietiker als Konstruktivisten keine Berührungsängste mit dem
Wort »postmodern« haben. Die Steuerungsmittel, welche die
Bielefelder Schule in eine Typologie brachte (Schimank/Glagow
1984), sind nicht neu, und wurden in der Politikwissenschaft
schon immer behandelt:
– Etatismus,
– Subsidiarität,
– Delegation,
– Neokorporatismus.
Die *Rationalität der Teilsysteme* wird gesteigert, die *Irrationalität
des Ganzen* wächst. Diese Grunderfahrung der klassischen Moderne führte jedoch nicht mehr zur Suche nach einer integrieren-
den Klammer, sondern nur noch zur Suche nach Mechanismen,
wie Handeln in den auseinanderdriftenden Teilsystemen noch

koordiniert werden könnte. Selbststeuerungspotentiale wurden in der Realität entdeckt und lösten auch in der Theoriebildung ein Aha-Erlebnis aus (Görlitz/Voigt 1985: 185). Ungelöst blieb bei solchen Vermittlungen zwischen empirischen Befunden und theoretischen Ansätzen, welches Ausmaß der Selbststeuerung realistisch ist. (Willke 1984: 39) hat der anarchistischen Idee ausschließlicher Selbststeuerung, die von der autopoietischen Theorie eigentlich nahegelegt wird (vgl. Kap. 11.2) widerstanden. Wir werden mit dem Paradoxon entlassen, daß die List der Gesellschaft zwar zur Entzauberung des Staates geführt habe. Der Staat aber entwickelte Gegenlisten in Form von Verhandlungssystemen. Politik wurde damit der Ökonomie immer ähnlicher. Die Theorie der Macht als oberstes Steuerungsmittel der Politik wurde abgelöst durch die *Theorie des politischen Tauschs*.

Das politische System wird vor der altmodernen Neigung gewarnt, sich zu überfordern. Dafür wird ihm aber auch Trost zugesprochen: es geht darum, die Politik unabhängiger und den anderen gesellschaftlichen Teilsystemen gegenüber ebenbürtig zu machen (Willke 1989: 132).

Ökonomische Theorien der Politik haben seit langem den politischen Markt analog zum wirtschaftlichen Markt konstruiert (Downs 1957). Mit einigem Erfolg wurden *rational choice*-Ansätze für konkrete politische Entscheidungen auf der Mikro- wie der Makroebene angewendet, vor allem, um die prognostischen Fähigkeiten der politischen Theorie zu steigern. Die Besonderheit des politischen Systems mit seinen stärker asymmetrischen Belastungen der Machtverhältnisse einerseits, aber auch seiner stärkeren Neutralisierung dieser Asymmetrien durch Schutzvorkehrungen der politischen Ordnung (von den Menschenrechten bis zu garantierten Minderheiten- und Mitwirkungsrechten) andererseits sind in diesen Ansätzen verkannt worden. Die *Theorie des »generalisierten politischen Tauschs«* (Marin 1990: 39) versuchte, die Inflationierung der Konstruktionen von Tauschsituationen zu verhindern und von den Schlacken der Vorstellung kurzfristig angelegter Naturaltauschsituationen zu befreien. Politischer Tausch ist langfristig angelegt. Das Gemeinwohl ist nicht – wie im Marktmodell – Resultat einer »unsichtbaren Hand«, als nicht beabsichtigtes Nebenresultat von zweckgerichtetem Handeln. Politischer Tausch ist intendiertes Resultat von kollektiv strukturierter Politik. Die politischen Güter werden bereits durch

Konsens widerstreitender Gruppen gelegentlich absichtsvoll produziert. Politik ist kein Markt im eigentlichen Sinne, sondern eine Art *»Versicherungsmodell« auf dem Prinzip der Gegenseitigkeit*. Ökonomische Politikmodelle haben die Steuerungsmedien »Geld« vielfach in die Politik übertragen und die Bedeutung anderer Steuerungsressourcen wie Macht, Einfluß oder Vertrauen verkannt. Die Theorie des generalisierten politischen Tausches wurde zur bisher letzten Antwort der Moderne auf die libertär-postmoderne Beliebigkeit eines Neo-Neo-Pluralismus-Modells einerseits (Kap. II.1.c), und die Fragmentierung eines Systems, in der nur noch Steuerungshilfen zur Selbsthilfe denkbar sind, andererseits.

II. Theorien der Postmoderne

Hilfe zur Selbststeuerung in einer fragmentierten Welt ohne Zentrum und Normkonsens

1. Postmodernes Denken

a) Epochen und Zäsuren: Von der Moderne zur Postmoderne

Postmodernes Denken wirkt vorerst in den Sozialwissenschaften als weltbildträchtige Supertheorie. Postmoderne Theorien verstanden sich als Gegenentwürfe zu System- und Totalitätsbegriffen. Sie entwickelten sich daher anders als frühere allgemeine Theorien: einst diente der große Systementwurf zu immer neuen Ableitungen für Teiltheorien. Die postmodernen Theorien betonen hingegen ihren kompilatorischen Charakter. Elemente der sozialen Realität werden theoretisch fokussiert und mosaikartig zusammengesetzt. Lebensweiseparadigma, Pop Art, Öko-Widerstandsrecht, libertäre Alternativtheorien – kaum ein Element der Theorie, das in den Subkulturen nicht schon vorgedacht und vorgelebt worden ist.

Im Selbstverständnis ist postmodernes Denken populär im Gegensatz zum Elitismus der klassischen Moderne. Vor allem der französische Poststrukturalismus bewegt sich jedoch auf einer Abstraktionsebene, die der bekämpften Moderne nicht nachsteht. Der selbstreferentielle Sprachstil des postmodernen Denkens läßt wirkliche Popularität bei vielen Varianten nicht entstehen. Allergische Gegenreaktionen zahlen den postmodernen Denkern ihre Neigung, auch Kalauer (vgl. Luhmanns Anspielung auf »Scharfsinnigkeit« 1989: 8) als Argumente zu akzeptieren, heim. Da ist von »Derridada und Lacancan« die Rede (Laermann 1986).

Angesichts der neuen Esoterik haben die Sozialwissenschaften sich um das postmoderne Denken überwiegend nicht gekümmert. Nur vereinzelt kam es zu Rezeptionsversuchen (Wellmer 1985). Selbst wo starke Parallelen zu Elementen des postmodernen Denkens auftauchten, wurde die Auseinandersetzung eher vermieden, bei Habermas wie bei Luhmann.

Es wird sich Widerstand gegen die Einordnung höchst unterschiedlicher Ansätze als postmodern erheben, da die Postmoderne mit einem Trend in der Architektur und einigen poststrukturalistischen Philosophen identifiziert wird. *Nachmoderne* wäre vielleicht sinnvoller. Die Erfahrung lehrt jedoch, daß ein deutscher *terminologischer Sonderweg unmöglich* ist. In Übersetzungen käme die Nachmoderne unweigerlich als »Postmoderne« zurück.

Jede Post-Bezeichnung leidet unter ihrem rein negativ-abgrenzenden Selbstverständnis. Der Postmodernismus entstand nicht als kompakte Paradigmagruppe, die sich zunehmend durchorganisierte, wie ein wissenschaftshistorisches Modell des Paradigmawandels suggeriert hat (Mullins 1973). Die Post-Bewegungen tauchten in unterschiedlichen Zusammenhängen auf. *Posthistoire* war der erste Begriff, der Breitenwirkung erzielte. Er entstand schon im Zweiten Empire durch den französischen Philosophen Antoine Augustin Cournot. Er hatte bei ihm noch nicht den späteren pessimistischen Klang, sondern war mit einem sozial-technologischen Optimismus der Saint-Simon-Schule verbunden (Niethammer 1989: 27).

Die *postindustrielle Gesellschaft* war der zweite Post-Begriff, der sich rasch durchsetzte. Ihm folgten im marxistischen Denken der *Post-Fordismus* (vgl. Kap.1.3.c). Der *Postmaterialismus* wurde ein Kennwort zur Erforschung der neuen sozialen Bewegungen (vgl. Kap. 11.3.c). Der *Postfeminismus* wurde ausgerufen, noch ehe der Feminismus eine überzeugende Theorie entwickelt hatte (vgl. Kap. 11.3.e).

Postmoderne Bewegungen traten nicht mehr als integrierte dogmatische Bewegungen in die Arena mit bombastischen Erklärungen wie »Ornament ist Verbrechen« (Loos), die in der modernen Avantgarde üblich waren. Der Postmodernismus will keine Proselyten mehr machen, sondern sich selbst verwirklichen. Ein Zwang zum postmodernen Sein wird nicht ausgeübt. Es gibt kein Pendant zu Rimbauds Diktum: »*il faut être absolument moderne*«. Ein »Lukács der Postmoderne«, der die literarischen Standards definiert, ist für die Postmoderne nicht in Sicht (Huyssen 1986: 26). Post-Bewegungen schließen auch Rückgriffe nicht aus. Buchtitel »*Post to Neo*« ließen vor allem in der Kunstszene nicht auf sich warten (Tomkins 1989). Ein modernistischer Periodisierungsdrang wird ad absurdum geführt: »Ein Werk ist nur modern, wenn es zuvor postmodern war« (Lyotard 1987a: 26). Je verfügbarer der Zusatz »*Neo*«, um so leichtfertiger wurde der Umgang mit der Bezeichnung »*Post*«. Eine klare Epoche der Postmoderne kann ein konsequenter postmoderner Denker nicht annehmen. Ihm bleibt nur die dumpfe Neugier, welches Epitheton das 21. Jahrhundert im Rückblick auf diese Epoche beibehalten wird (Hassan 1975: 40). Postmodernes Denken hat einen spielerischen Zugang zu Etikettierungen. Habermas' kämpferischer Eifer, die Getreuen um das Projekt der Moderne auszumachen, und die anderen als Neokonservative mit negativ gemeinten Bezeichnungen zu belegen, ist dem postmodernen Denken fremd. Jeder hat seine eigene Terminologie. Luhmann (1984: 14) beansprucht für sich eine poly-kontexturale Theorie. Für das Etikett »postmodern« hat er freundlichen Spott übrig, genau wie Beck (11.2.e, 11.3.f). Der Konstruktivist ist aber auch nicht beleidigt, wenn er selbst unter gewissen Bezeichnungen eingeordnet wird.

Der Umschlag in postmodernes Denken

In der Kontroverse um die Postmoderne geriet ein mühsam erreichter Minimalkonsens über die Zäsuren der Epoche der Moderne (vgl. Kap. 1.1) wieder ins Wanken. In einigen Wissenschaften, wie der Philosophie, wurde die Moderne als »Projekt« bis in die frühe Neuzeit zurückverlängert. Postmoderne haben gerade dieses Projekt auf die Anklagebank gebracht. Nur wenige Freisprüche wurden vorab bekanntgegeben, wie Pascal oder Nietzsche, Kierkegaard oder Heidegger. Teile der Werke von Kant und Wittgenstein konnten auf Gnade hoffen, weil sie auch für postmodernes Denken wegweisend wurden. Hauptangeklagte waren die Systemphilosophen von Hegel bis Marx. Zu den Hauptbelasteten gehörten jedoch nicht nur die vormodernen Systemdenker, sondern auch die Systemtheoretiker der klassischen Moderne. Es wurde bereits darauf hingewiesen (Kap. 1.2.a-d), daß es an der Wende zur Postmoderne ein beliebter Sport wurde, von Weber bis Pareto lauter Nietzscheaner zu entdecken. Mit diesem Kunstgriff ließen sich Teile ihrer Werke retten. Selbst zwischen Hegel und Heidegger wurden so viele Ähnlichkeiten entdeckt, daß ein milderes Licht auf den Hauptangeklagten des postmodernen Gerichts fiel (Kolb 1988: 201). Wo Rettungsversuche nicht integral erfolgreich sein konnten, ließ sich in traditioneller Manier ein Früh- und ein Spätwerk rekonstruieren. Joyce – lange als Ahnherr der klassischen Moderne gefeiert – wurde mit Ulysses (1922) der Moderne überstellt, Finnegans Wake (1939) aber wurde für die Geburt der Postmoderne requiriert (Hassan 1975: 44, Eco 1990: 296 ff.). Wo sich das Werk weniger auseinanderdividieren ließ, wurde es uminterpretiert. Musils »Mann ohne Eigenschaften« (publ. 1930-1943), einst als Leitfaden zur Bestimmung moderner Individualität selbst in den Sozialwissenschaften als Demonstrationsobjekt benutzt (Berger 1988: 132 ff.), wurde vielfach als Klassiker der Postmoderne gefeiert: das fragmentierte Ich, das Leben als System von Variablen, die Auflösung eines cartesianischen Ichs »cogito ergo sum«, das plurale Ich als »Variationskreisel« wurde nach Bedarf modern oder postmodern genannt. Diese Praxis warnt uns vor rigiden Periodisierungen und vor einer schematischen Sonderung von Moderne und Postmoderne. »Unsere postmoderne Moderne« (Welsch 1987) gewinnt an Plausibilität. Mit dem neuen Periodisierungsdrang und ihrer Suche nach Vorläufern wurde die Moderne immer kürzer. Der Beginn der eigentlichen Modernisierung der Gesellschaft ist vor allem in Deutschland immer weiter zurückverlegt worden: ca. 1933 in der Dahrendorf-These, 1943-1948 von Broszat u. a. (1988). Die Moderne kulminierte nach allgemeinem Verständnis in den 20er Jahren, schon verfolgt von einer militanten Antimoderne. Nur die 50er Jahre blieben für die Moderne im engeren Sinn als Zeit ungetrübter Lebensfreude und Optimismus. Was nach dem Krieg noch vielfach von den neuen alten Avantgarden als miefige Restaurationskultur gebrandmarkt worden war, wurde in den 80er Jahren langsam als »roaring fifties« wie die gleichnamigen twenties verklärt. In der Architekturgeschichte wurde die Moderne nach hinten immer weiter verkürzt. Charles Jencks setzte die Geburt um 1960 an (siehe Schema). Auch die erste Sprengung von Bauten der klassischen Moderne in St. Louis (1973) ist manchmal als Zäsur empfunden worden. Jencks (1990: 47) versuchte, seinen problematischen Periodisierungen durch parasoziologische Untermauerung mehr Glaubwürdigkeit zu verschaffen. In jeder Epoche sah er eine »Paraklasse« am Werk. Sie wurde für die Postmoderne als *Cognitariat* bezeichnet. Die Schichtung reicht vom Cogni-Aristokraten bis herab zum Cogni-Proletarier. Die Hierarchie der Statusgruppen scheint sich zu verkehren. Als der ausgebeutetste Teil der Hierarchie galt die Spitze der Pyramide. Ihr Einkommen ist zwar zufriedenstellend. Aber sie muß mehr Informationen pro Minute verarbeiten als alle Führungsschichten zuvor. Ausbeutung und Selbstausbeutung schlagen sich in psy-

	Produktion	Gesellschaft	Zeit	Orientierung	Kultur
	Revolution im Neolithikum	*Tribal/Feudal*		*Ort/Stadt*	*Aristokratisch*
PRÄMODERN 10000 v. Chr.-1450	Agrikultur Handwerk dezentralisiert	herrschende Klasse von Königen, Priestern und Kriegern Bauern	Langsame Veränderung, umkehrbar	agrar	integrierter Stil
	Industrielle Revolution	*Kapitalistisch*		*Nationalistisch*	*Bürgerlich*
MODERN 1450-1960	Fabrik Massenproduktion zentralisiert	besitzende Klasse der Bourgeoisie Arbeiter	linear	Rationalisierung des Geschäfts exklusiv	Massenkultur herrschende Stile
	Revolution in der Information	*Global*		*Welt/Ort*	*Geschmacks-Kulturen*
POSTMODERN 1960	Büro getrennte Produktion dezentralisiert	Para-Klasse des Cognitariat Büroangestellte	rasch ändernd zyklisch	multinational pluralistisch eklektisch inklusiv	zahlreiche Genres

Quelle: Jencks 1990: 47

chischer Armut nieder. Die durch einen Stil geformte Massenkultur des Modernismus wird durch die Geschmackskultur zahlreicher Genres abgelöst. Der einzig noch gültige Ismus ist ein endlich beim Wort genommener Pluralismus.

Für die meisten Analytiker ist die Geschichte nicht so gradlinig verlaufen, wie Jencks sie darstellte. Lineare Entwicklungsschemen passen nicht zu der antievolutionistischen Botschaft des postmodernen Denkens. Die *Gleichzeitigkeit des Ungleichzeitigen* konnte Widersprüche in der postmodernen Periodisierung aufklären helfen. In den 20er Jahren hatte die klassische Moderne sich bei den Eliten durchgesetzt, in den 50er Jahren auch bei den Massen. Als Träger der neuen Massenkultur galten die *Dienstleistungsklassen*. Sie wurden Vollender und Totengräber der Moderne zugleich. Wo Hierarchie sich in Statusdifferenzen auflöste, brauchten die neuen Mittelklassen *Symbole* für die Unterscheidung der Konsumklassen (Bourdieu 1984). Der Umschlag zur Postmoderne wurde an der Musik demonstriert. *Rock* schien die letzte Epoche der auratischen Kunst mit dem Kult der Langspielplatte. *Pop* leitete die Überwindung der Kluft zwischen Leben und Kunst ein, die *Punk* schließlich vollendete (Lash/Urry 1987: 291).

Die klassische Moderne war schon vor der Postmoderne mit zwiespältigen Gefühlen kommentiert worden. Für Parsons und seine Schüler schien sie die beste der denkbaren Welten. Für Marcuse und die linke Gesellschaftskritik war diese Epoche der klassischen Moderne hingegen die zweitschlechteste aller Welten. Noch schlechter war nur der Faschismus gewesen. Das frühbürgerliche Zeitalter wurde hingegen noch in marxistischer Manier verklärt. Während der frühe Habermas die Aufklärungsaspekte des Frühkapitalismus liebend überzeichnete, kam es bei Marcuse (1967: 79) zu einer romantischen Verklärung der Lebensweise, als die Menschen noch »wanderten und Kutschen fahren« und »Zeit und Lust haben, nachzudenken, etwas zu betrachten, zu fühlen und zu erzählen«. Die Beschaulichkeit abendlicher Märchenerzählung wurde dabei überschätzt. Die Verklärung des Wanderns wirkte geradezu anachronistisch. Es wanderten allenfalls Studenten und Handwerksburschen, und sie taten dies keineswegs immer in Eichendorffscher Lust. Wandern war eher eine geduldete Form des Nassauerns – wie in der Spätmoderne das Trampen. Geduldet wurde es nur für junge Menschen, die keine Mittel zum

Reisen hatten, aber denen das Reisebildungserlebnis gleichwohl verordnet wurde. Wandern als freiwillige Beschäftigung wurde erst von städtischen Intellektuellen Ende des 19. Jahrhunderts erfunden, die keine natürliche Fortbewegung mehr kannten. Organisierte Spontaneität, verbunden mit neuromantischer Naturnostalgie, mußte die ungesunden Lebensverhältnisse der Großstadt kompensieren.

Der Übergang von der Moderne zur Postmoderne wurde gelegentlich mit *Generationentheorien* erklärt, welche den Vorteil hatten, daß pointierte Zäsurenfestlegungen vermieden werden konnten. Nach dem Zweiten Weltkrieg lösten sich Generationen ab, deren erste sich dem *Existentialismus* verschrieb, der Europa beherrschte, bis Amerikas *optimistischer Rationalismus* sich in der Zeit der Prosperität auch hier durchsetzte. Die *Studentenrebellion* war Ausdruck des ersten Zweifels an den Segnungen dieser Moderne. Postmodernismus ist manchmal als Resultat der Frustration der 1968er Generation gedeutet worden (Heller/Fehér 1988: 139). Die Bannerträger des Poststrukturalismus wandten sich gegen radikale Theorien, vor allem gegen den Marxismus. Aber das schloß – wie bei Foucault – radikales Engagement in Einzelfällen (Auslieferung Croissants, Abtreibungsfrage) nicht aus (Altweg/Schmidt 1987: 84). Mit der Studentenrevolte begann die Ästhetisierung der Politik, die in der Postmoderne weiterentwickelt werden sollte. Für einige Interpreten folgte auf die Kulturrevolution eine narzißtische Phase (Bühl 1986: 156 f.), die im *Terrorismus* kulminierte. Mit der Ernüchterung vollzog sich der Rückzug ins Private. Auf dem Boden eines *Konsumerismus* gedieh der Postmodernismus. Eine umfassende Ideologie gab es nicht mehr. Der Markt wurde das einzige Band, das alle umfaßte (Baumann 1987: 188). Wo die Devise *»anything goes«* ausgegeben wurde, war Konsequenz und ideologische Konsistenz keine Tugend mehr. Die Perioden ließen sich auch in *Zyklentheorien* unterbringen (Bühl 1986). Die langen Kontratieff-Wellen schienen sich im Bereich der Lebensstile wiederzufinden. Lang- und Kurzwellen überlagerten sich. Wo verkappte moderne Evolutionisten noch jeden Ismus als neue Ära feierten, schien für die zyklische Deutung eher ein belangloses Wabern kurzer intellektueller Moden sichtbar. War die Postmoderne nur eine solche kurze Mode?

Epoche und Zäsuren der Moderne wurden von den Vorläufern

der Postmoderne neu definiert. Zwei Positionen haben schon längst vor dem Postmodernismus das *Ende der Moderne* eingeläutet. Eine neokonservative Position der technokratischen Gesellschaftstheorie von Gehlen bis Bell und eine anarchoid-spontaneistische Gruppe enttäuschter Linker, die den einst politischen Protest auf eine ästhetische Revolte reduzierten und sich dem Postmodernismus verschrieben, lassen sich unterscheiden.

Arnold Gehlen (1963: 321) stand für die *neokonservative Bankrotterklärung der Moderne*. Er nannte seine Zustandsanalyse *»kulturelle Kristallisation«* in Anlehnung an einen Begriff von Pareto. Kristallisation trat in den Augen Gehlens ein, wenn auf kulturellem Gebiet ein Zustand sichtbar wird, in dem alle angelegten Möglichkeiten bereits entwickelt sind. Grundlagenveränderungen, Revolutionen, Avantgarden verlieren ihre Funktion. Wo sie noch versucht werden, erscheinen sie lächerlich. Gehlen beruft sich auf Gottfried Benns Maxime: »rechne mit deinen Beständen«. Es lohnt sich, den Originaltext zu Rate zu ziehen. In der Berliner Novelle »Der Ptolemäer« (1949: 115) entwickelte Benn in einer prismatischen Darstellung, welche tradierte Gattungen durcheinanderwirbelte, seine aphoristische Lebensmaxime in einer Weise, die an spätere postmoderne Literatur erinnert: »Meinen Sie nicht, lieber Herr, daß Sie mir meine Ansichten bestätigen oder bestreiten könnten, seien Sie überzeugt, daß für mich der Consensus omnium kein Kohlweißling ist, wie er über allen Bauerngärten fliegt. Falls Sie die Maximen meines Lebens hören wollen, so wären sie folgende: 1.) Erkenne die Lage. 2.) Rechne mit deinen Defekten, gehe von deinen Beständen aus, nicht von deinen Parolen. 3.) Vollende nicht deine Persönlichkeit, sondern die einzelnen deiner Werke.«

Als *»politische Lageanalyse«* (Arndt 1985: 754 ff.) spielte die erste Maxime im Schmittianismus eine prominente Rolle, ohne je in den Rang einer Methode gehoben zu werden. Sie bedeutete nicht mehr als ein Denken, das sich der Dogmatisierung, der Generalisierung, der Geltungsgewißheit entzieht. »Erkenne die Lage« wurde durch die Verstärkung mit dem Wort »konkret« vornehmlich gegen universale Prinzipien eingesetzt. Die Maxime diente vor allem dem Neonationalismus als Rechtfertigung für seine Absage an humanitäre Weltideale. Die zweite Maxime eignete sich trefflich, um das *Ende der Ideologie* zu verkünden. Die dritte schließlich gab jede humane Handlungstheorie auf und verzichtete auf die Erwartung von irgend etwas grundsätzlich Neuem. Eine These der *posthistoire* war in ihr schon enthalten. Das *Prinzip der Reflexivität* in dieser Maxime scheint einige Gedanken der Postmoderne vorwegzunehmen. Die Verlagerung der Aufmerksamkeit von der *Analyse des Subjekts* bei einem Schriftsteller, hin zur *Analyse des einzelnen Textes* scheint ebenfalls poststrukturalistische Gedanken vorwegzunehmen (Lawson 1986: 10).

Am ähnlichsten mit den späteren postmodernen Denkrichtungen war die 5. Maxime im Text von Benn: »Wenn dir jemand Ästhetizismus und Formalismus zuruft, betrachte ihn mit Interesse: es ist der Höhlenmensch, aus ihm spricht der Schönheitssinn seiner Keulen und Schürze«. Die 6. Maxime als Aufforderung zur psychedelischen Ich-Behandlung zu interpretieren, liegt nahe: »nimm gelegentlich Brom, es dämpft den Hirnstamm und die Unregelmäßigkeit der Affekte.«

Gehlen formulierte vorsichtiger als Benn. Das *Ende der Philosophie* – im Sinn einer Grundwissenschaft – wurde jedoch auch von Gehlen eingeläutet. Wissenschaft konnte für ihn keine neuen weltanschaulichen Gebote mehr entwickeln. Die Unterscheidung von primärer und sekundärer Codierung – von Luhmann später strapaziert (Kap. II.2.c) – war in nuce schon bei Gehlen (1963: 316) zu finden. Nur Ideen, welche sich noch in die Betriebsgesetze des Bestehenden einfügen, wurden als durchsetzungsfähig gewertet. Die Sekundärcodierungen – die Ideologien – haben gegen die große, gut eingespielte Maschine keine Chance. In ihr sind selbst die Betriebsverluste eingeplant. Neue Ideologien wird es nicht mehr geben. Wir sind im »Posthistoire« angekommen.

Der zweite Ansatz, der die Moderne für beendet erklärte, wurde von Habermas (1985: 12) als »anarchistisch« bezeichnet. »*Anarchoid*« wäre vermutlich zutreffender, da kein geschlossenes Weltbild im Sinn der anarchistischen Lehren des 19. Jahrhunderts vorliegt. Die Postmoderne wird in den Typologien von Habermas (1981a: 463) in zwei verschiedene Strömungen eingeordnet:

– Eine Strömung wird als *jungkonservativ* bezeichnet. Sie vertritt in modernistischer Attitüde einen unversöhnlichen Antimodernismus, wie Bataille, Foucault, Derrida und die Nietzsche-Renaissance. Spontaneität, Imagination, Selbsterfahrung, Liebe zum Fernen und Archaischen wird von dieser Gruppe der instrumentellen Vernunft entgegengesetzt. Die Bezeichnung

»jungkonservativ« stammte aus der Geschichte der Weimarer Republik und erwies sich als verwirrend, weil sie in englischen Übersetzungen als »neokonservativ« wiedergegeben wurde.

- Auch bei den *Neukonservativen* werden einige Postmodernisten ohne Namensnennung eingeordnet (1981a: 463). Diese Gruppe akzeptiert den technischen Fortschritt und das kapitalistische Wachstumsdenken. Die explosiven Gehalte der kulturellen Moderne aber werden entschärft. Kunst wird ihres utopischen Charakters beraubt und rein immanent verstanden. Von der Moderne bleibt nur noch erhalten, was man unter Verzicht auf das »Projekt der Moderne« haben kann. Als Vorläufer werden der frühe Wittgenstein, der späte Benn und der mittlere Schmitt angeführt.

In der Tendenzwende zeichnete sich für Habermas ein *Bündnis von Prä- und Postmodernismus* ab. Nur die Altkonservativen mit ihrer durchgängigen Ablehnung der Moderne erscheinen nicht bündnisfähig. *Nachaufklärung* gerät so in Komplizenschaft mit der Tradition der *Gegenaufklärung*. Postmodernismus und Neukonservatismus nähern sich in vielen Bereichen einander an. Luhmanns neokonservative Affirmation der gesellschaftlichen Moderne wird von Habermas (1988: 411) als gekonntere Version des Postmodernismus gewürdigt, weil sie immer schon differenzierter vorgedacht hat, was die Anwälte der Postmoderne vorbringen sollten.

Die Typologie des meist als Neokonservatismus undifferenziert bezeichneten Spektrums wurde von Habermas in immer neuen Stellungnahmen verfeinert. Dennoch bleibt suggeriert, daß die Verteidigung der Moderne heute »progressiv« ist und der Kampf für die Postmoderne eine Form von Konservatismus impliziert. Gelegentlich wurde Habermas (1987: 109) auch ganz undiskursiv polemisch, wenn er von den *»verschwitzten Subkulturen ehemals linker Provenienz«* sprach. Es ist kaum zu leugnen, daß viele Poststrukturalisten und Postmoderne zu den ehemals linken Subkulturen gehörten. Nur wenige Postmoderne haben Habermas diese negative Einordnung verziehen. Einige linke ex-marxistische Postmodernisten wie Fredric Jameson (in: Ross 1988: 23) hielten Habermas' vehemente Verteidigung der Moderne im deutschen Kontext für akzeptabel, da Deutschland durch den Nationalsozialismus um die Blüte seiner Moderne geprellt worden sei.

Die 70er Jahre wurden zu einer *Epoche der verkehrten Allianzen*. Mit Ausbreitung des Postmaterialismus wurde die *Rechts-Links-Skala* zwar nicht hinfällig, aber neue Konflikte entwickelten sich quer zu den *alten cleavages* (vgl. Kap. II.3.c). Die Radikalen von gestern wurden zu den *Wertkonservativen* von heute. Die *Strukturkonservativen* von heute mauserten sich zu den Verteidigern der Prinzipien der klassischen Moderne, die sie generationenlang bekämpft hatten. Die Progressiven verteidigten das abendländische Erbe von Humanismus und Aufklärung. Konservative verkündeten das Ende einer Epoche nach Art früherer Revolutionäre und beriefen sich auf große Vorläufer. Nietzsche hatte die Epoche des Christentums für beendet erklärt, Heidegger die Epoche der Metaphysik und Derrida die Epoche des Logozentrismus. Wechselnde Allianzen führten zu verkehrten Fronten. Die Verteidiger der Moderne, wie Habermas, wurden von einigen Postmodernen als konservativ verschrien. In der Kritik am Postmodernismus und seinen anarchoiden Tendenzen kam es jedoch auch zu Bündnissen von Neokonservativen. Ist die Gleichung postmodern = neokonservativ schon eine Simplifizierung, so ist der Umkehrschluß gänzlich unzulässig. Viele Neokonservative sind strikt gegen die Postmoderne, vor allem da, wo sie von neuen Bewegungen wie Feminismus oder Homosexuellen-Bewegung in Anspruch genommen wurde. Versuche, die Postmoderne auf der Rechts-Links-Skala einheitlich zu verorten, erwiesen sich als abwegig. Pro-Postmodernisten wie Jencks mochten konservativ genannt werden. Andere, wie Lyotard, waren in wesentlichen Fragen nicht weniger progressiv im klassischen Sinne wie die Gegner der Postmoderne, etwa Habermas (vgl. Jameson 1984: 62).

Gibt es eine postmoderne Gesellschaft?

Viele der ideengeschichtlichen Konflikte um die Abgrenzung der Moderne und der Postmoderne waren fruchtlos, weil sie sich auf die Geistesgeschichte beschränkten. Strenger mußten die Kriterien sein, wenn Gesellschaftshistoriker neue Epochen sahen. Je stärker lebensweltlich ein Ansatz, um so mehr wurde der Paradigmawandel gesehen (vgl. Kap. II.3.a). Je elitärer die Betrachtung, um so früher schien die Postmoderne begonnen zu haben. Wenn postmodernes Lebensgefühl an einem Wirrwarr von Lebensbausteinen festgemacht wird, die nicht zusammenpassen, dann lag Postmodernismus vor, wo Penthouse neben der Ökohütte benutzt wurde, wo Zweitbürgerschaft und Halbgeliebte, Termininversionen und Freizeitsprünge sich ausbreiteten (Welsch 1987: 194). Solche Yuppie-Phänomene hatte es in den Oberschichten aller Zeiten gegeben. Die Postmoderne könnte erst dort angesetzt werden, wo diese Merkmale in der Massenkultur Verbreitung finden.

Die Merkmale einer postmodernen Massenkultur schienen am leichtesten nachzuweisen, wenn man sie psychologisierte als egalitäre *Familienstrukturen* und therapeutische Betreuung. Diese Massenkultur wurde durch Verlagerung der Erziehung in die Kindertagesstätten und peergroups erklärt. Die emotionale Abwesenheit des Vaters führt beim Kind zu Omnipotenzgefühlen, da ihm keine Grenzen in der Familie mehr gesetzt werden. Neue Formen des manipulierbaren Individuums entstehen durch die Verwischung von Illusion und Realität. *Junk food, junk music und junk comics* sind die kulturellen Nahrungsmittel dieser neuen Gesellschaft (Lasch 1984). Apokalyptische Visionen der drohenden Öko-Katastrophe oder des Atomkriegs stören den Konsum gelegentlich und verstärken die Tendenz zum Hedonismus des hier und heute. Die Individuen werden austauschbar: *Everyone can be anyone* (Featherstone 1987: 55). Das Konzept der *Minimal Art* hat ihr Pendant im Lebensstil der Menschen, die sie bewundern. Das Minimal-Ich scheint in der Postmoderne zu entstehen, es lebt in selektiver Apathie und in emotionalem Desengagement von anderen dahin. Posthistoire hat den individuellen Lebenslauf erfaßt. Man verzichtet auf die Vergangenheit und die Zukunft und lebt mit Techniken des emotionalen Selbstmanagements für den Tag (Lasch 1984: 58). Das hedonistische Zeitalter hat sein Pendant im *Sensitivity Training*, in Encounter Groups und in der Glückstherapie. Das Konsumangebot auf dem psychedelischen Basar wächst. Allen Techniken liegt das hedonistische Motiv zugrunde, den Menschen durch Körperkontakt und verständnisvolle Berührung zu entkrampfen. Kultureller Ausdruck des neuen Lebensgefühls ist die Pop Art. Sie bevorzugt die Ikonographie der Alltagswelt. Die hehren Gegenstände, die das Stilleben von Braque bis Morandi in der klassischen Moderne noch hochstilisierte, wurden entweiht. Cola-Flaschen sind so sujetfähig wie Blumenvasen. Der Inhalt der Botschaft wird zweitrangig: »the *medium is the message*« (McLuhan). Wissen wird in Formeln und binären Zeichen verschlüsselt. Luhmanns Code-Idee ist der postmodernen Denkweise tief verbunden.

Psychologische Erklärungen des Lebensgefühls der Postmoderne sind in Gefahr, so monokausal zu werden wie altmoderne Erklärungsansätze. Wurde die Moderne einst aus Freuds Übervater erklärt, der aufgeschobene Gratifikationen erzwingt und Sublimierungen förderte, so trat zur Erklärung der Postmoderne der entzauberte schwache Vater als Produkt der antiautoritären Bewegung in seine Fußstapfen. Weniger weit hergeholt sind Erklärungen des neuen Lebensgefühls durch die *Medien*: eine »Guck-Guck-Welt«, in der vieles gezeigt wird, aber kaum Zusammenhänge deutlich werden. Nichts fordert uns auf, etwas zu tun. Hedonismus wird erzeugt unter der Devise »wir amüsieren uns zu Tode« (Postman 1985: 99). Das fragmentierte Denken der neuen Theorien zeigt zweifellos Ähnlichkeiten mit dem Kaleidoskop organisierter Sinneseindrücke, die den Menschen in der multimedialen Welt prägen.

Die Epoche der Postmoderne erscheint weniger durch den Konflikt zwischen Ökonomie und Politik beherrscht zu sein, der die Moderne kennzeichnete. Die *Austauschverhältnisse von Kultur und Ökonomie* sind in den Vordergrund gerückt. Einerseits wird die Kultur immer stärker kommerzialisiert, andererseits ist »vom ökonomischen Wertgesetz bis zur Staatsgewalt« alles auf eine bisher theoretisch kaum erfaßte Weise »Kultur« geworden (Jameson 1986: 93). Die politische Ökonomie des Postmarxismus analysierte die neue Epoche mit dem schlechten Gewissen eines Ex-Marxismus, der sich im postmodernen Scheinprimat der Kultur bequem eingehaust hat. Über Jameson, den Meister der Synthese von Postmoderne und Marxismus, ist auch noch bissiger geurteilt worden: »Er spricht mit Marx und denkt mit Gehlen« (Welsch 1987: 158).

Die politische Ökonomie, welche die Grundlagen der postmodernen Kultur untersuchte, neigte ebenfalls zu binären Antithesen. Der Kapitalismus ist noch immer Grundlage der postmodernen Gesellschaft. Noch immer dominieren seine alten Merkmale wie Warenfetischismus und Apparate, die der Ideologieproduktion dienen. Unklar bleibt dann freilich, warum die Antithese der flexiblen Postmoderne gleichwohl so positiv erscheint zur These, welche die Moderne setzte (Harvey 1989: 340 f.). Fordistische Modernität versus flexible Postmodernität:

Fordistische Modernität	_flexible Postmoderne_
Wirtschaft großen Maßstabs	Brennpunktwirtschaft
Hierarchie	Anarchie
Arbeitsteilung im Detail	soziale Arbeitsteilung
Paranoia	Schizophrenie
Monopolkapital	Unternehmertum
Universalismus	Lokalismus
Ethik	Ästhetik
Gottvater	Heiliger Geist
Produktion	Reproduktion
Autorität	Eklektizismus
blue collar	white collar
Avantgardismus	Kommerzialismus
Interessengruppenpolitik	charismatische Politik
Semantik	Rhetorik
Synthese	Antithese
collective bargaining	lokale Verträge
phallisch	androgyn
Metatheorie	Sprachspiele
Utopie	Heterotopia
Funktion	Fiktion
protestantische Arbeitsethik	Zeitvertrag
werden	sein
Internationalismus	Geopolitik

Viele der beiden Begriffe stehen nicht auf der gleichen logischen Stufe und wirken nur durch die Überraschungskontrastierung (vor allem im politischen Bereich). Andere reproduzieren Binsenweisheiten (blue collar – white collar). Die binäre Antithese hat jedoch den Vorteil, daß keine evolutionistische Hoffnung mit ihr verbunden wird. Die Folgen der Entwicklung werden allenfalls für unterschiedliche Gruppen in verschiedener Weise erträglich gemacht.

Der Kapitalismus wird weiterhin kritisch betrachtet, aber sein Untergang wird nicht mehr prognostiziert, obwohl er sich zunehmend als _desorganisierter Kapitalismus_ entpuppt.

Aus postmoderner Sicht hat die Gesellschaft als Begriff abgedankt, sie ist allenfalls noch ein Konstrukt zur Erklärung relationaler Beziehungen. Der Nationalstaat der klassischen Moderne, von dem Weber oder Durkheim sich noch nicht lösen konnten, schien die Grenzen der Gesellschaft noch festzulegen. In Europa fallen nicht nur schrittweise die äußeren Grenzen der Nationalstaaten, auch die inneren Konturen der nationalen Gesellschaften, die sich ethnisch und sprachlich definieren, verschwimmen. Die multikulturelle Gesellschaft ist zum Bekenntnis geworden, selbst wo die Vorstellungswelt der verantwortlichen Politiker noch ganz der Moderne verhaftet erscheint.

b) Lebensführung als Kunst: Postmodernes Denken als künstlerische Revolte gegen den Rationalismus der Wissenschaft

Die antirationalistische Revolte aus dem Geist der Kunst

Im Zeitalter der Entartung der Moderne fiel das vielzitierte Wort Adornos, daß es nach Auschwitz keine Lyrik mehr geben könne. Überspitzt ließe sich behaupten, daß die postmoderne Haltung eher eine Umkehr des Adorno-Wortes nahelegt: nach Auschwitz ist allenfalls noch Lyrik möglich. Kunst ist zur Rettung berufen, wo rationales Denken im technokratischen Faschismus nach Auschwitz führte. Die Ablehnung des irrationalen Faschismus in der rationalen Moderne blieb auch bei den Theoretikern der Postmoderne überwiegend erhalten, aber eher in der verständnislosen Art, die in einem immer wieder zitierten Wort von Karl Kraus offenbar wurde: »Zu Hitler fällt mir nichts ein« (Kraus 1952: 9). Das Verhältnis zum Faschismus wurde vielfach spielerisch. Dali oder Ezra Pound wurden weit positiver beurteilt, trotz ihrer faschistischen Eskapaden. Postmoderne Architekten wie Stirling machten unverhohlen Anleihen bei der faschistischen Architektur und Albert Speer wurde von Leon Krier als einer der bedeutendsten Architekten des 20. Jahrhunderts wieder entdeckt, trotz der Ablehnung seiner politischen Rolle. Die postmoderne Fragmentierung des Denkens setzte sich in die Fragmentierung der Beurteilungsmaßstäbe um.

Lebensführung war bereits ein Zentralbegriff in der Entstehung der Moderne (Schluchter 1989). Sie wurde noch zentraler in der Analyse der postmodernen Gesellschaft. Die *Religion*, um die es bei der Rationalisierung der Lebensführung im Frühkapitalismus noch ging, war verdrängt. Ihr Äquivalent wurde die *Liebe* in der Zweierbeziehung. Liebe in ihrer Konkretheit und Nachprüfbarkeit der Erfüllung, verheißt keine aufgeschobenen Gratifikationen im Jenseits, sondern Erfüllung hier und heute. Damit ist jedoch eine Überforderung eingetreten, welche die Religion gerade vermieden hatte: daher zerbrechen so viele Partnerbeziehungen an dieser Überforderung (Beck/Beck-Gernsheim 1990: 235 ff.). Liebe, zum »Monopol erlebbarer Sozietät« hochstilisiert, entpuppt sich bei näherem Hinsehen als bestsellerträchtige Übertreibung. Andere erlebbare Sozietätsformen wie peergroups, Bürgerinitiativen, Wohngemeinschaften, werden demgegenüber übersehen.

Zur postmodernen Lebensführung scheint die *Stilisierung des Lebens als konsumeristisches Kunstwerk* zu gehören. Wie in der italienischen Renaissance die Usurpatoren ihre mangelnde Legitimität durch die Ästhetisierung der Politik mit Kunstpatronage kompensierten, so scheint die ästhetische Ersatzlegitimation heute die Massen zu ergreifen. Die Sexualität hat in diesem Prozeß zweifellos eine herausragende Rolle. Foucaults (1989, Bd. 3: 303) Trilogie über »Sexualität und Wahrheit« schloß mit dem Band *»Die Sorge um sich«*. Die Heideggersche Sorge nach außen gerichtet, wurde selbstreferentiell. Der dritte Band schloß die Kunst der Existenz mit der Selbstkunst im *»souci de soi«*. Diese Betonung der Sexualität ist mit der Reich-Renaissance der Studentenrevolte vielfach verglichen worden. Damals wurde in der sexuellen Triebauslebung noch die Lösung sozialer und politischer Probleme erhofft. Die Postmoderne ist nicht prüder, aber skeptischer geworden. Foucault (1989, Bd. 3: 306) befürchtete, daß die Sexualität gerade zur Bedrohung des Selbstverhältnisses werden könne.

Kunst konnte zum Träger der Revolte gegen die rationalistische Wissenschaft werden, weil sie exemplarisch schon mehr Möglichkeiten der Lebensgestaltung durchgespielt hatte als die Wissenschaft. Wissenschaft sollte daher von der Kunst lernen. Die Aufgabe eines dogmatischen Wahrheitsbegriffs wurde als das erste angesehen, das die Wissenschaft von der Kunst lernen konnte. Kubismus und Surrealismus lebten in der Einsicht nebeneinander, daß sie keine generalisierbare Wahrheitserfahrung anbieten konnten. Man konnte sich auf eine Richtung kaprizieren wie die meisten Sammler. Man konnte sie aber auch nebeneinander im Museum genießen. Eine Connaisseurin wie Peggy Guggenheim (o.J.: 3) hat einmal ihre Ambiguitätstoleranz demonstriert, indem sie mit zwei verschiedenen Ohrringen von Künstlerhand auftrat, der eine von Calder, der andere von Max Ernst. Damals schokkierte das noch; heute trägt die Jugend vielfach Unterschiedliches oder nur einen Ohrring, und niemand findet etwas dabei.

Wissenschaft wurde in der Sicht der postmodernen Denker zum *Komplizen von Herrschaft*. Herrschaft ist entlarvt worden, der Komplize Wissenschaft ging straffrei aus. Foucault (1989, Bd. 1: 75) bedauerte einmal, daß es keine *ars erotica* in Europa gegeben habe, sondern nur *Sexualwissenschaft*. Die Genealogie der Sexualität war für ihn vor allem die Ausbreitung des Wissens über sie, verbunden mit der verwissenschaftlichten Praxis der religiösen Beichte, die den Menschen planmäßig zum »Geständnistier« dressierte (ebd.: 77). Sexualwissenschaft und Psychiatrie sind bei den Geisteskrankheiten die Krankheit selbst geworden, die zu bekämpfen sie vorgaben.

Die exemplarische Analyse, die Foucault anstrebte, wurde weiter relativiert. In »Wahnsinn und Gesellschaft« (1961) handelte es sich für Foucault (1973: 13) nicht um eine Geschichte der Erkenntnis, sondern um die rudimentären Bewegungen einer Erfahrung. Durch die Geschichte der Psychiatrie glaubte er, dem Phänomen Wahnsinn näher zu kommen: »Man müßte also mit aufmerksamem Ohr, sich jenem Geraune der Welt zuneigen und versuchen, so viele der Bilder, die nie in der Poesie ihren Niederschlag gefunden haben, so viele Phantasmen wahrzunehmen, die nie die Farben des Wachzustandes erlangt haben.« Das Projekt der Postmoderne war ehrgeizig: neue Formen einer archäologischen Wissenschaft sollten die Kunst noch übertreffen in der Deutung der Gefühlszustände und Erlebnisse des Menschen. *Geschichte im Singular* war für Foucault verdächtig. Es gab nur *Geschichten im Plural*. Selbst die deskriptive Geschichtswissenschaft geriet in Verdacht, voreilig übergeordnetes Bewußtsein der Darstellung von Vielfalt überzustülpen. Empathie mit dem Wahnsinn steigerte sich zur Neurose. Die Lust der Analyse wurde zur voyeuristischen Lust an der Wahrheit der Lust (Foucault 1989, Bd. 1: 91).

Im Rückblick scheint die Kunst in ihrem Erkenntnisanspruch die Wissenschaft schon zu Beginn der klassischen Moderne überflügelt zu haben. Der Kubismus hat schon zu Beginn des 20. Jahrhunderts die Fiktion des einen Gegenstandes in Vielfalt und Mehrdeutigkeit seiner Perspektiven aufgelöst. Joyce und Musil haben die Naivität des Ich-Erzählers in Frage gestellt. Der große Opportunist und Zyniker unter den Malern der klassischen Moderne, Francis Picabia, gab schon 1921 die Devise aus: »Wenn Du saubere Ideen haben willst, wechsele sie aus wie die Hemden«. Der *Ikonoklasmus* nichtkonformistischer Künstler war die Kehrseite des Rationalisierungsprozesses in der Moderne, der auch vor der Kunst nicht halt machte. Die Schwierigkeit, moderne Kunst durchzusetzen und von ihr zu leben, zwang zur Revolte gegen die bürgerliche Marktgesellschaft und verschärfte die Selbstabsonderung in *Dandyismus* und *Künstlerkult*.

Die postmoderne Revolte aus dem Geist der Kunst wurde zuerst in der Architektur und in der Literatur entfacht, und dies war kein Zufall. Die Architektur wurde in der Aufbauphase hunderttausendfach in Schablonen des klassischen Modernismus gezwängt und der technisierten Produktion zugeführt, die ihre künstlerische Seite verkümmern ließ. Postmoderne Kunst war zugleich die Revolte des Künstlers gegen den Sozialen-Wohnungsbau-Techniker. Das sprachliche Kunstwerk war der zweite Bereich, der immer stärker durchrationalisiert worden war. Strukturalistische Interpretationstechniken wurden schon im Prozeß der Schaffung von Texten antizipatorisch einflußreich. Dekonstruktion wurde in diesem Bereich zu einer radikalen Form der Hermeneutik. Postmoderne Theoretiker gaben der Hermeneutik gewaltigen Auftrieb. Dekomposition wurde jedoch auch gegenüber Teilen der Hermeneutik notwendig. Das neue Kredo hieß: es gibt keinen Sinn außerhalb des Textes.

Der Postmodernismus aus dem Geist der künstlerischen Revolte gegen den wissenschaftlichen Rationalismus suchte nach historischen Vorläufern und fand ihn vor allem in der Antimoderne, welche von den *Surrealisten* und *Dadaisten* verkörpert worden war. Ihr Einfluß ist vielfach in dieser Suche überschätzt worden. Selbst Lenin ist inzwischen zum Dadaisten umgedeutet worden (Noguez 1990). Daß der Surrealismus im Rückblick als pseudorevolutionär eingeschätzt wurde, machte ihn für die Postmoderne gerade attraktiv, welche die Vorstellung einer revolutionären Umwälzung ganzer Systeme ablehnte. Die Anhänger eines linken Projekts der Moderne haben auch in der Kunstgeschichte am Surrealismus kein gutes Haar gelassen: »Der Biß des Surrealismus war nie so tief, wie das revolutionäre Bellen laut war« (Smith 1988: 258). Mit Hohn wurde die Flucht der Surrealisten vor dem

Faschismus kommentiert. Bretons »Gemisch aus Marxismus und Paranoia, music hall und Psychoanalyse, das sich antifaschistisch gab, ohne klar Stellung zu nehmen«, endete in kopfloser Flucht. Die »revolutionäre Phrase« wurde durch ein kapitalistisches Rettungsmanöver beendet, als Peggy Guggenheim den surrealistischen Messias (Breton) und seinen Propheten (Max Ernst) aus dem geschlagenen Vichy-Frankreich per Flugzeug abtransportierte (ebd.: 238). Die »verschwitzten Subkulturen ehemals linker Provenienz«, die Habermas später in Teilen der Postmoderne wiedererkannte, hatten ihr surrealistisches Vorbild.

Der Surrealismus war nicht der einzige Vorläufer der postmodernen künstlerischen Revolte. Pop Art, Fotorealismus, politischer Realismus, New Image Painting, Transavanguardia und Neo-Expressionismus trugen zum Wandel des Paradigmas bei. Die Gralshüter der Moderne wie Clement Greenberg oder Hilton Cramer sahen in diesem Wandel nur eine sinistre Verschwörung einiger Kunsthändler und Museumsdirektoren. Leo Castelli schien das Haupt der Verschwörung, als er plötzlich Rauschenberg, Frank Stella und Jasper Johns statt Pollock und de Kooning zu fördern begann. Auf den Vorwurf, er habe die Spätmoderne in Gestalt des abstrakten Expressionismus getötet, antwortete Castelli lakonisch: »Sie war doch schon tot« (Tomkins 1989: 11). Kunst und Wissenschaft begannen sich einander zu nähern: der Künstler markierte nur noch einige Vorzugslinien, ohne andere kombinatorische Möglichkeiten auszuschließen, wie Luhmann (1984: 12) die Theorie sich selbst produzieren ließ. Theorie wurde eine neue Form der Praxis.

Der Dogmatismus der klassischen Moderne wurde zu Grabe getragen, aber ein *neuer Dogmatismus* breitete sich aus. Die Weißenhofsiedlung in Stuttgart wurde zum Vatikan der Moderne deklariert. Sie wurde als Fanal des künstlerischen Protestantismus der Moderne gedeutet. Der Vatikan der Gegenreformation entstand wiederum in Deutschland, im Architekturmuseum Frankfurts, von Heinrich Klotz geleitet. Die »Biennale von Venedig« wurde zum »Tridentinischen Konzil« der postmodernen Bewegung (Jencks 1990: 43). Die neue polytheistische Religion begann in eine neue Inquisition umzuschlagen. Da war von Schismen die Rede – ein Unbegriff für einen konsequenten Postmodernen. Mit Argusaugen wurde darüber gewacht, wer sich postmodern nennen durfte. Leon Krier wurde zum postmodernen »Ignatius von

Loyola« stilisiert. Aldo Rossi zum neuen Papst der Architektur deklariert (Jencks 1990: 42). Analogien zu früheren Stilrevolten drängten sich auf. Die *discordia discors* des Manierismus schien geistesverwandt mit postmodernen Bestrebungen (vgl. Hauser 1964: 13). Ein einheitlicher Stil wurde nicht mehr für möglich gehalten: der barocke Postmodernismus (Michael Graves), der Rokoko-Postmodernismus (Franco Venturi, Charles Moore) und der klassizistische Postmodernismus (Aldo Rossi) setzten auf Ko-Evolution (Jameson 1984: 55). Jencks nährte noch die Hoffnung auf einen einheitlichen Barock, der alle Künste zu einem »rhetorischen Ganzen« verband (Jencks 1980: 146), Lyotard (1987: 27) ließ es sich nicht nehmen, die Sehnsucht nach Integration bei dem Propheten der Postmoderne als Rückfall zu geißeln.

Eine Einheit des Postmodernismus wurde gleichwohl sichtbar. Sie lag für Jencks (1990: 14, 38) – in Anlehnung an die Autopoiese (vgl. Kap. II.2) im Begriff der *doppelten Codierung*. Postmoderne Kunst ist eine Kombination moderner Technik mit Rückgriffen auf die Tradition. Der doppelte Code liegt in der Synthese von

– elitär und populär,
– neu und alt;
– exklusiv und inklusiv (Orientierung),
– linear und zyklisch.

Der Ursprung des Postmodernismus aus der künstlerischen Revolte führte zur Antiwissenschaft bei Foucault und Bataille. Die Flucht in eine neue Esoterik führte zur Verschmelzung von Logik und Rhetorik. Habermas (1988: 390) klagte: »Das sperrige Gut wird nur an einen anderen Platz verlagert, wenn wir das Bezugssystem wechseln und dieselben Diskurse nicht mehr als Wissenschaft oder Philosophie behandeln, sondern als ein Stück Literatur.«

Die Revolte gegen den Strukturalismus und den Kritischen Rationalismus

Die Revolte aus dem Geist der Kunst setzte zum Sturm auf die letzte noch nicht entzauberte Bastion des okzidentalen Rationalismus an: die Wissenschaft. Die beiden rationalistischen Orthodoxien, die am stärksten betroffen waren, sind in Frankreich der Strukturalismus und in Deutschland der Kritische Rationalismus gewesen. Beide Richtungen hatten die einheitliche Erklärung der Welt gegen den Relativismus und Historizismus am weitesten vorangetrieben.

Ansätze zu einer solchen Kritik hatte es aus vielfältigen Richtungen gegeben. Hayek (1975) hatte spontane und rationale Systeme unterschieden. Erstere waren für ihn mit dem Ruch des Utopischen und Gewaltsamen umgeben. Den Angelsachsen wurde eine Neigung zum Anti-Utopischen nachgesagt. Hatte die moderne Kunsttheorie die Devise ausgegeben, »alles Ungeplante ist häßlich«, so wurde nun das Zufällige als Hort der Freiheit gepriesen (Goodwin 1984: 264). Die Kontroverse um den französischen oder englischen Garten zu Beginn des 19. Jahrhunderts wurde noch einmal ausgetragen. Das Rationale und Geplante schien von eindimensionaler Eindeutigkeit und war daher abzulehnen (Hudson 1983: 141 ff.). Selbst die Utopie bekam in ihrer Mehrdimensionalität eine positivere Einschätzung.

Der Poststrukturalismus in Frankreich machte Jagd auf den Strukturalismus, zu dem alles gerechnet wurde, was nicht als existentialistisch auszuweisen war. Der Strukturalismus hatte keinen Unterschied zwischen Geistes- und Naturwissenschaften gemacht. Er hatte es abgelehnt, einen Gegenstand aus seiner Genesis zu erklären. Geschichte war für ihn zufällig. Struktur zeigte allein Erkennenswertes an. Das menschliche Subjekt wurde durch Beziehungen und Interaktionen ersetzt. Gerade in diesem Punkt wurde jedoch der Poststrukturalismus zum konsequenten Fortsetzer des Strukturalismus. Trotz der künstlerischen Attitüde kam es nicht zu einer Wiederherstellung des Subjekts wie in der Avantgarde der klassischen Moderne. Habermas' Beharren auf der Intersubjektivitätsproblematik wies ihn in den Augen der Poststrukturalisten als »altmodern« aus. Habermas (1988: 409) hat diesen Vorwurf schlicht umgedreht: der Systemfunktionalismus und die Theorie der selbststeuernden Systeme wurden zu Erben einer veralteten Subjektphilosophie erklärt. An der Theorie selbstreferentieller Systeme wurde jedoch gerade kritisiert, daß ihr die einheitliche humane Dimension fehle. *Antihumanes Denken* ist daher den Poststrukturalisten vorgeworfen worden. Antihumanes Denken wurde auch Luhmann unterstellt, aber es handelte sich laut Habermas (1988: 436) um einen methodischen Antihumanismus, während bei Gehlen, von dem Luhmann manches übernommen hatte, ein normativer Antihumanismus vorgelegen haben soll. A-Humanismus wäre vermutlich ein weniger diskriminierender und zutreffenderer Begriff.

Der Strukturalismus als Vermittlungsposition zwischen atomistischen und holistischen Denkmodellen war in mancher Hinsicht ein Höhepunkt des Denkens der klassischen Moderne. Die Grundstruktur der Rationalität und Ordnung wurde hinter der Vielfalt der Kulturen (Lévi-Strauss) und der Vielfalt der Sprachen (Chomsky) entdeckt. Der Strukturalismus interessierte sich nicht für die inhaltlichen Aussagen, sondern nur für die *Beziehungsverhältnisse* von Sätzen. Er ist zutreffend mit der Mengenlehre in der Mathematik verglichen worden (Bell 1986: 192). Die strukturalistische Denkweise kolonialisierte selbst den Marxismus. Althusser (1968: 137) erhob einen Nebensatz von Marx aus der »Einleitung in die Kritik der politischen Ökonomie« zum Programm, welches ein »schon gegebenes, konkretes, lebendiges Ganzes« zu einem strukturalistisch verstandenen, »schon gegebenen komplexen strukturierten Ganzen« weiterentwickelte. Rationalität wurde in dieser Variante des Rationalismus in anscheinend irrationalen Bereichen wie Religion und Magie entdeckt. Auch in diesem Punkt war der Poststrukturalismus nur eine weitere Zuspitzung strukturalistischer Erkenntnisse.

Der Kritische Rationalismus war das zweite Hauptziel der postmodernen Kritik. Vor allem in Deutschland war er im Kampf gegen den Neomarxismus (vgl. Kap. 1.3.c) zu einer Abwehrphilosophie geworden (v. Beyme 1986: 35 ff.). Der größte Feind einer Theorie war ihr Erfolg. Der Einfluß des Kritischen Rationalismus war in den Sozialwissenschaften größer als in seiner heimischen Disziplin der Philosophie. Es bekam Poppers Lehre schlecht, daß sie in Deutschland zu einer Staatsphilosophie wurde, die alle drei etablierten Parteien als Minimalkonsens zu umfassen begann. Die Entwicklung zum »Jedermanns-Popper« veränderte ihren kritischen Gehalt (Spinner 1978: 19 ff.). Aus einer kritischen Frontphilosophie wurde eine konservative Besitzstandwahrungsphilosophie. Die zweite Generation der Kritischen Rationalisten begann den Pluralismus auf ihn selbst anzuwenden. Der Kritische Rationalismus berief sich auf den Pluralismus, vergaß jedoch, daß er nach seinen eigenen Grundsätzen nur eine Partei auf dem Markt widerstreitender Theorien sein konnte.

Wie bei anderen Revolten vollzog sich die Kritik als kritische

Nestbeschmutzung. Paul Feyerabend entdeckte die andere Rationalität der Kunst; Helmut Spinner die Doppelvernunft der Moderne für die Wissenschaftstheorie wieder. Reste des von Popper bekämpften Begründungsdenkens wurden in seinem Werk aufgespürt. Das Falsifikationsprinzip kam unter Beschuß, weil empirische Daten immer schon nach theoretischen Gesichtspunkten ausgewählt wurden. Wissenschaftstheorie im Sinne der Popper-Orthodoxie wurde als logisch verkleidete Normenlehre angeprangert. Sie drohte in eine oberste Zensurbehörde für gute Wissenschaft nach Art der kirchlichen Inquisition zu entarten. Die wissenschaftliche Religion sollte der Säkularisierung unterworfen werden (Beck 1986: 270f.). Sie wurde nicht nur säkularisiert, sondern nach der Auffassung postmoderner Theoretiker auch vermenschlicht. Wo Luhmann noch am Wahrheitsbegriff festhielt, haben andere den Begriff ganz über Bord geworfen: »Auch ohne Wahrheit läßt sich Wissenschaft betreiben, vielleicht sogar besser, ehrlicher, vielseitiger, frecher, mutiger« (Beck 1986: 272). Bei dieser Zuspitzung wurden freilich Wahrheit und Wahrheitsanspruch in leichtfertiger Weise identifiziert. Eine Wissenschaft ohne Orientierung an einem Wahrheitspostulat, wie präliminarisch auch immer die Wahrheitsbefunde sein mögen, ist stets in Gefahr, zum strategischen Denken der Prämoderne zu verkommen (vgl. Kap. 1.2.a). Der Teufel des technokratischen Rationalismus wurde mit dem nicht minder gefährlichen Beelzebub der Emphase ausgetrieben.

Keiner der genannten Autoren stellte Überlegungen darüber an, wie eine Gegenwissenschaft in einer rationalistischen modernen Welt Vertrauen einflößen sollte, wenn sie nur Ressentiments gegen die etablierte Wissenschaft weckte, wissenschaftliche Standards für unmöglich erklärte und in der Darstellung ihrer eigenen Ideen ein Bild heilloser Verwirrung bot. Eine *Collage-Technik* in der Wissenschaft, wie sie Hassan (1975) mit einem verwirrenden Satzspiegel demonstrierte, mag in sich einen Kunstgenuß vermitteln. Aber schon aus didaktischen Gründen ist sie schwerlich geeignet, eine an sich bei Laien populäre Botschaft wirkungsvoll zu vermitteln. Unter dem Anspruch, populär zu sein, tritt ein Teil der Postmoderne besonders elitär auf. Auch Wissenschaftler, die den Anspruch der klassischen Moderne nicht aufgegeben haben, arbeiten zunehmend mit illustrativen Computerbildern, aus denen nichts mehr abgeleitet wird (Böhret 1990). Die Gefahr einer

Wissenschaft als additive Ansammlung von Spiegelstrichen ist schon durch die Computerproduktion der Texte immer größer geworden. Gedanken werden nicht mehr zu Ende gedacht, eröffnen aber gerade dadurch verschiedene Möglichkeiten, wie Musil mit seinem offenen Schluß, bei dem sich die Gelehrten bis heute streiten, welchen der fragmentarischen Schlüsse Musil eigentlich für die Vollendung seines Werkes vorgesehen hatte. Gut geschrieben, kann die Collage, wie sie Eco schrieb, mehr Interesse am Mittelalter wecken als herkömmliche wissenschaftliche Arbeiten. Andererseits zeigte Barbara Tuchmann im »Fernen Spiegel«, daß sich die postmoderne Collage durchaus mit der modernen Erzählung verbinden ließ, um ein Interesse an einer fernen Epoche zu wecken, das gleichwohl wissenschaftlich angeleitet bleibt.

Während Luhmann Wissenschaft dem Code *wahr/falsch* verpflichtet sah, wurde von den Theoretikern der Postmoderne behauptet, die wissenschaftliche Vernunft orientiere sich eher an der *Wirksamkeit ihrer Aussagen*. Daher bekommen die größten Institute meist den Zuschlag. Im Zeitalter der Technowissenschaft zählt der Erfolg, nicht die Vernunft. Auch Wissenschaft vermehrt sich parallel zur Ökonomie durch eine Art »Mehrwert«, den Mehrwert ihrer Nützlichkeit.

Die Denker der Postmoderne hüteten sich angesichts dieser Wissenschaftskritik, sich selbst als Wissenschaftler zu bezeichnen. Feyerabend (o. J.: 44) bezeichnete seine methodologische Position in der Nachfolge Kierkegaards als »unwissenschaftliche Nachschrift«. Philosophie hieß für Lyotard (1987a: 126) lediglich, »in actu oder tätig sein«. Foucault mochte sich nicht einmal als Philosophen bezeichnen. Auch er stilisierte sich wie ein Künstler »in Ausübung einer Tätigkeit«. Die Etiketten reichten vom »Werkzeughändler« und »Rezeptaussteller« bis zum Kartographen und Waffenschmied. Die Tätigkeit wurde als *»diagnostizieren«* beschrieben.

Der *Ökonomie* wurde von der Postmoderne vielfach Abneigung wegen ihrer hemmungslosen Förderung der Technik entgegengebracht. Aber es wurde ihr bescheinigt – im Gegensatz zur frühen Frankfurter Schule in der Tradition der Entlarvung eines »Warenfetischismus« –, daß sie kaum versuche, sich mit einer Aura zu umgeben. Die Aura der *Kunst* der klassischen Moderne und ihres avantgardistischen Religionsersatzes wurde von der Kritik zerstört. Der Staat wurde entzaubert. Nur die *Wissenschaft* schien ungeschoren davongekommen zu sein. Alle großen Entlarver bestehender Institutionen von Marx über Kropotkin oder Ibsen hatten sämtliche Einrichtungen in Frage gestellt – bis auf die Wissenschaft. Nun kam auch die Wissenschaft auf die Anklagebank. Feyerabend (o. J.: 38) nahm die Gerichtsmetaphern sogar wörtlich. Die Irrtümer der wissenschaftlichen Experten sollten von einer Art Schwurgericht mit Laienrichtern beurteilt werden. Der Staat hatte seinen Gelüsten nach dem Steuerungsprimat abgeschworen. Die Wissenschaft schien ihn beerben zu wollen. Kein anderer Lebensbereich von der Wirtschaft bis zum Recht schien einen vergleichbaren Rationalitätsanspruch zu erheben, wie das System der Wissenschaft, obwohl sich für Feyerabend (ebd.: 40) alle angeblich wissenschaftlichen Methoden später als falsch oder schädlich erwiesen hatten. Lyotard (1987a: 89) führte alle politischen Verbrechen des 20. Jahrhunderts auf »dieses Konkubinat zweier Ordnungen – Wissen und Welt« zurück, die Pascal noch strikt voneinander geschieden hatte. Feyerabends Forderung nach der Entflechtung von Wissen und Welt, d. h. in diesem Falle, Wissen und Macht, Räson des Wissens und Staatsräson, wurde unterstützt. Auch in der Theorie der Risikogesellschaft wurde zum Angriff auf Monopolanmaßungen geblasen, wie das Monopol der Männer in der Berufswelt, das Monopol der politischen Klasse in der Politik, der professionellen Wissenschaftler in der Wissenschaft. Poppers Grundsätze der Kritik wurden noch akzeptiert, aber aus ihrer Halbierung der Vernunft befreit. Die Kritik als Prinzip konnte nicht mehr einem angeblich pluralistischen Wissenschaftsbetrieb überlassen werden. *Gegenexpertise* mußte institutionalisiert werden (Beck 1986a: 663). Bei Feyerabend schien die Gegenmacht des Wissens gerichtsförmig organisiert, bei Beck eher als Gegeninstitut der Wissenschaft. Wie der Widerstand in einer postmodernen Gesellschaft vor neuer Kartellbildung und korporativer Einbindung bewahrt werden kann, hat keiner der Autoren dargelegt.

Die zweite Generation des Kritischen Rationalismus revidierte den Vernunftbegriff. Feyerabend hat die *Grundsatzvernunft* gänzlich verabschiedet. Spinner (1989) stellte ihr die okkasionelle *Gelegenheitsvernunft* an die Seite – mit Rückgriffen auf Max Weber und Carl Schmitt (vgl. Kap. 1.3.b). Bei Feyerabend führte die Entwicklung zu einer völligen Verwischung von Kunst und Wissenschaft. Im Kampf gegen den Totalitarismus der Vernunft und den Terror des Szientismus wurde auf Begründungsregeln und auf wissenschaftliche Methoden gänzlich verzichtet. Eine Liebe Feyerabends zum Dadaismus ist unverkennbar. Wie 1920 Oskar Kokoschka von George Grosz und John Heartfield wegen seiner Verteidigung der bürgerlichen Kunst zum »Kunstlumpen« erklärt wurde, wurden nun die Häupter der Popper-Schule zu »Erkenntnislumpen« degradiert (Spinner 1980: 45). Spinners verständnissuchenden Annäherungen an Feyerabend wurden meist herablassend kommentiert. Wird er wieder replizieren: »Aber Helmut, Baby, reg Dich doch nicht so auf – was willst Du denn?« (Feyerabend 1979: 90), oder fühlte er sich endlich verstanden? Auch die Poststrukturalisten in Frankreich würden nicht alle die Bezeichnung »Künstler« als Beleidigung ihrer Wissenschaftlerehre empfinden. Aber was ist mit dem Verständnis der postmodernen Theorie als Kunst gewonnen? Bisher hat die Analogie von Kunst und Wissenschaft mehr Probleme aufgeworfen als gelöst. Das Festhalten der Theoretiker selbststeuernder Systeme an der Existenz unterschiedlicher Codes in Wissenschaft und Kunst scheint eine Variante nachmoderner Deutung zu sein, die weniger tief in die Sackgasse führt.

c) Grundprinzipien postmoderner Theoriebildung

Allgemeine Grundprinzipien

Der Angriff auf die Moderne wurde von der Postmoderne an der Kritik der großen Meta-Erzählungen festgemacht. Gelegentlich waren damit alle Ideologien gemeint. Die ubiquitäre Denunziation von Ideologien in der frühen Frankfurter Schule wurde aber von den postmodernen Denkern nur bedingt fortgesetzt. Machtverhältnisse gingen mit Ideologieproduktion einher, aber Ideologien können die Haltbarkeit von Machtverhältnissen nicht erklären (Foucault 1978: 87). Die großen Meta-Erzählungen hatten jedoch für andere Denker durchaus ideologische Züge. Bei Lyotard (1986: 14) sind die großen Dispositive der Legitimation Hauptangriffsziel. In immer neuen Dreiertypologien wurden die großen Meta-Erzählungen dingfest gemacht. Nicht immer waren die Kriterien der Einteilung logisch auf der gleichen Stufe angesiedelt, wie etwa die Einteilung der Emanzipationstheorien, der idealistischen Theorien einer Verwirklichung des Geistes und der »Kapitalismus« (Lyotard 1986a: 98).

Ein großer Teil der Denker der Prämoderne und der Moderne kamen auf die Anklagebank. Der Linkshegelianismus war der Hauptangeklagte. Wer an Aufklärungsidealen festhielt, machte sich als »totalitär« verdächtig, weil er »Totalaufklärung« anstrebe (Koslowski 1986: 4 f.). Habermas bot sich immer wieder als lohnendes Ziel der Kritik, obwohl seine Verteidigung der Lebenswelt gegen die Imperative des Systems ähnliche Intentionen hatte, wie sie die Denker der Postmoderne entwickelten (vgl. Kap. II.3.b). Habermas tat nach Lyotard (1986: 16) der »Heterogenität der Sprachspiele« mit seiner Suche nach Konsens aus dem herrschaftsfreien Diskurs Gewalt an. Der Gegenvorwurf, die Postmoderne und der Neokonservatismus seien eng verschwistert, bringt ihm günstigstenfalls die Entschuldigung ein: »Habermas muß sich geirrt haben« (Huyssen/Scherpe 1986: 29). Habermas hat im übrigen die Attacken meist ignoriert. Vielleicht ist dies die einzige Möglichkeit zu verhindern, daß der intellektuelle Streit wie in der antiken Tragödie endet: die Bühne leert sich, die Helden sterben hinter den Kulissen.

Moderne Theorien, wie Lyotard sie ablehnte, waren für ihn sowohl Integrations- als auch Konfliktmodelle. Parsons und Marx exemplifizierten für ihn die Extreme (Lyotard 1986: 42). Diese Kritik war nicht neu. Der Ontologieverdacht gegen beide ist schon von der Frankfurter Schule geäußert worden. Die Kritik an einigen großen Denkern rannte offene Türen der klassischen Moderne ein: Hegel und Marx waren für den Gralshüter der rationalistischen Moderne, Popper, nicht weniger »falsche Propheten« wie für den Gralshüter der Postmoderne, Lyotard.

Die Metaerzählung hatte ihre Glaubwürdigkeit eingebüßt und mit ihr eine Reihe von Prinzipien des Erzählens in der klassischen Moderne, wie

- die Annahme eines stabilen Ichs,
- die Reklamierung eines privilegierten Durchblicks,
- die Annahme einer Realität außerhalb des Betrachters, die in den »Heldensagen« beschrieben wird,
- die Unterstellung, daß die politische Philosophie in der Lage sei, die nötigen Verbindungen von Vernunft, Autonomie und Freiheit herzustellen,
- die Postulierung, daß Sprache für die Erzählung ein adäquates Medium sei.

– Eine rationalistische und optimistische Philosophie, die von
  der Perfektibilität des Menschen ausgeht, weist den Weg zum
  Fortschritt (Flax 1990: 31).

Postmoderne Denker wiesen auf die Widersprüche zwischen diesen verschiedenen Annahmen hin. Trotz dieser Kritik wurden
viele Werke der klassischen Moderne für die eigene Erzählweise
der Postmoderne reklamiert, die in der Selbstreflexivität, der
Montage, der Verwendung von Paradoxien und Ambiguitäten
gesehen worden ist (Lunn 1982: 35 ff.). – Meist wurden die Prinzipien der Postmoderne negativ in Absetzung zur Moderne definiert. Nur gelegentlich wurden sie auch positiv formuliert aufge-
listet (Hassan 1988: 49 ff.):

– Unbestimmtheit,
– Fragmentierung,
– Auflösung des Kanons,
– Verlust von Ich und Tiefe,
– das Nichtzeigbare in einer unrealistischen, nicht-ikonischen
  Kunst,
– Ironie,
– Hybridisierung, Parodie und Travestie,
– Karnevalisierung (Bachtin), ein ins Absurde gehendes Ethos,
– Teilnahme. Im Versuch der Überbrückung von Kunst und Le-
  ben will der postmoderne Text verändert, beantwortet, ausge-
  lebt werden.
– Konstruktcharakter.
– Immanenz.

Solche Kataloge von Antithesen postmoderner Selbstdefinitionen
beleuchten wichtige Merkmale, aber entziehen sich der Systematisierung des theoretischen Beitrags der Postmoderne zur politischen Theorie. Sechs Merkmale scheinen das Denken der Nachmoderne besonders auszuzeichnen:

(1) Die Revolutionierung des Zeitbegriffs und das Bewußtsein, in
    einer Zeit des epochalen Wandels zu leben.
(2) Die Zuspitzung der Irreligiosität der Moderne.
(3) Die ironische Distanz und die Lust am Spielerischen.
(4) Die Akzeptanz der postindustriellen Konsumgesellschaft.
(5) Die Aufgabe des Gesellschaftsbegriffs.
(6) Die Abwendung von einem instrumentellen Verhältnis zur
    Natur.

(1) Die *Revolutionierung des Zeitgefühls* hatte in der Moderne begonnen und schlug in der Postmoderne auf diese zurück. Der Modernismus hielt sich an Gegenwart und Zukunft, und vernachlässigte darüber die Bezüge der Vergangenheit. Der Wandel des Zeitgefühls ist dafür verantwortlich gemacht worden, daß ein Gefühl der Sinnlosigkeit in der Avantgarde der Moderne sich ausbreitete. Weil der Glaube unmöglich geworden war, wurden Kunst und Natur nur noch im »Rausch und in der Raserei des dionysischen Akts für einen Augenblick« erfahren. Nietzsche ist als Vorläufer der Postmoderne gedeutet worden. Die Postmoderne hat zwar dieses Gefühl der Sinnlosigkeit nicht beseitigen können, durch stärkere selektive Rückbindung an die Vergangenheit hat sie jedoch gelernt, mit diesem Gefühl wohlgemuter als die alten Avantgarden umzugehen.

Die Beschleunigung des Zeiterlebens hat in der Postmoderne noch zugenommen. Einerseits scheint der Raum wichtiger zu werden als die Zeit, weil die Ungleichzeitigkeit des Gleichzeitigen nur noch räumlich zur Darstellung gebracht werden kann. Andererseits hat die Entdinglichung des Sozialen Metaphern der Zeit und der Bewegung gefördert: Vergesellschaftung statt Gesellschaft, soziale Bewegung statt Klasse (Giesen 1991: 243). Die Akzeleration des Zeitgefühls äußerte sich in der Kunst im Happening und in der Politik in der Inszenierung. Christos Akt des Einwickelns altvertrauter Gegenstände ist wichtiger als das fade Endprodukt eines verfremdeten Gebäudes. Die Postmoderne hat mit dem Erlebnis des Kurzfristigen leben gelernt. Sie verfällt nicht mehr so häufig wie die genialen Vorläufer der Moderne in Depressionen. Sie begnügt sich mit jener Zufriedenheit der 15 Minuten, die man laut Andy Warhol künftig allenfalls noch berühmt sein kann (zit. Jencks 1990: 48).

Im Gegensatz zur Avantgarde der klassischen Moderne ist das Bewußtsein des epochalen Neuanfangs bei den postmodernen Denkern und Künstlern nicht mit dem eigenen Ewigkeitsanspruch verbunden. Wo die Postmoderne nur als Stil begriffen wurde, ist ihr Ende voreilig deklariert worden. Der Dekonstruktivismus, der den Postmodernismus in der Architektur angeblich ablöste (Kähler 1990: 7), ist allerdings eher eine Variante der Postmoderne. Wo Postmoderne als Paradigma des Denkens und nicht nur als »Manier« verstanden wird – wie überwiegend bei den »Neuen Philosophen« –, ist das Ende dieses Paradigmas noch keineswegs vorgedacht.

Der Wandel des Zeitgefühls in der Postmoderne wurde durch die *Selbstbefreiung vom »Projektauftrag«* der Moderne ermöglicht. Der Moderne wurde ein Hang zur »politischen Kinetik« nachgesagt, welche die Theoretiker zwang, an die Machbarkeit von Welt und Geschichte zu glauben, und in Handlungstheorien diese Machbarkeit zu verbessern. Der heroische Überschwang der »totalen Mobilmachung« erscheint nur als Zuspitzung der Moderne, als rastlose Mobilmachung. Modernität schien ontologisch für die postmodernen Denker als »reines Sein-zur-Bewegung« (Sloterdijk 1989: 37). Modernes Denken kreiste um Handeln und vernachlässigte das Erdulden. Die Rückwendung zum asiatischen Denken faszinierte nachmoderne Denker ganz unterschiedlicher Herkunft. Vor allem bei den sozialen Bewegungen wurde die gelassene Kombination zwischen Aktivität und Fähigkeit, mit den Zuständen zu leben, auffällig (vgl. Kap. 11.3.d). Der dominante Aktivitätstyp entwickelte sich von der Mobilisierung über die Partizipation zum Typ einer Aktivität, die sich auf die Erweiterung des Spielraums der eigenen Autonomie beschränkt.

(2) Das Gefühl der *Irreligiosität* der Moderne hat sich ausgebreitet und vertieft. Die klassische Moderne hatte die verloren gegangene Religiosität noch durch die Suche nach neuen Integrationsmechanismen (Charisma, Solidarität, Normkonsens) kompensiert. Die Unmöglichkeit, gemeinsame Normen zu finden, wurde von den Denkern der Postmoderne wörtlich genommen.

Das Gefühl des Glaubensverlusts hatte nach dem Ersten Weltkrieg in einen Dezisionismus geführt. Gottfried Benn (1963: 342) war 1933 zum besten lyrischen Interpreten dieses Gefühls geworden, das die konservative Revolution vereinte (vgl. Kap. 1.3.b). 1953 wurde er wieder zum Interpreten des Gefühls eines gar nicht mehr heroischen, neokonservativen Postmodernismus. In dem Gedicht »Nur zwei Dinge« wurden die Tröstungen des Lebens zurückgewiesen. Der nun eher leidenschaftslos »autopoietisch« gewordene Blick des Dichters sah nur noch zwei Dinge:

»Ob Rosen, ob Schnee, ob Meere,
was alles erblühte, verblich,
es gibt nur zwei Dinge: die Leere
und das gezeichnete Ich«.

Quälten sich die Gründungsväter der sozialwissenschaftlichen Moderne, ähnlich wie Benn 1933, noch zu einem heroischen

»Dennoch«, so breitete sich in der Nachmoderne zunehmend eine heitere Wurstigkeit aus. Camus (1965: 198) hat seinen Sisiphos bereits gegen ein zeitgenössisches Mißverständnis geschützt und bemerkt, daß man sich Sisiphos als einen glücklichen Menschen vorzustellen habe.

Viele Postmoderne beriefen sich auf Nietzsche auch für die Negierung der Religion. Nietzsche hatte die *amor fati* beschworen, und ganze Generationen von heroischen Nihilisten hatten das Thema variiert. Bei Nietzsche konnte aber von einer gelassenen Beugung unter das Schicksal keine Rede sein, und noch in der konservativen Revolution wirkte die Verwendung des Nietzsche-Wortes ziemlich verkrampft. Erst die nachmodernen Denker, postmoderne wie autopoietische, haben das »schlechte Gewissen« überwunden. Nietzsche hat das »gute Gewissen« in hundert Variationen für sich reklamiert. Den Christen warf er vor, sie müßten erlöster aussehen, wenn Christus die Menschheit wirklich erlöst hätte. Nietzsches Selbsterlösungsversuch war nicht recht glaubhaft, solange er das schlechte Gewissen als Krankheit einstufte (1988, Bd. 5: 327). In einem Gedicht »Dem unbekannten Gotte« wurden diesem noch »Altäre feierlich geweiht«. Es zeigt, wie schmerzhaft der Pastorensohn am schlechten Gewissen noch immer litt. Erst die Nachmoderne brachte eine neue Spezies des »magnanimus peccator«, des wohlgemuten Sünders wider die Götter der Prämoderne, hervor. Die Klassiker der Moderne büßten für ihre theoretische Befreiungstat noch mit dem Gefühl der Sinnlosigkeit. In der Postmoderne wurde die Suche nach einem Gesamtsinn aufgegeben. Die holistische Postmoderne fand einen neuen Sinn. Selbst Physiker, die zugaben, daß es nicht zu den Möglichkeiten der Wissenschaft gehört, herauszufinden, ob das Universum einen Sinn habe, verkündeten ein optimistischeres Weltbild als es die Pessimisten der klassischen Moderne hatten. Theoretiker der Selbstorganisation haben selbst an der teleologischen (sie sagten inzwischen im Rückgriff auf den Vitalismus eines Driesch oder Bergson lieber »teleonomisch« oder sprachen von *Entelechie*) Sichtweise, die von der klassischen Moderne aufgegeben worden war, wieder Interesse gefunden (Monod 1971: 30), nach der biologische Systeme einen Entwurf oder Aktionsplan in sich trugen. Die Wirkungskräfte, die zum Optimismus zu berechtigen schienen, wurden nicht mehr als »*élan vital*« (Bergson) oder als metaphysische Prinzipien verstanden, sondern lediglich als Eigenschaften der Selbstorganisation (Davies 1990: 287). Der zweite Hauptsatz der Thermodynamik, nach dem das Universum durch das ständige Wachsen der Entropie dem Untergang geweiht schien, war religiösen Denkern vermutlich das plausibelste an der naturwissenschaftlichen Revolution der Moderne. Nur wenige nichtreligiöse optimistische Denker wie Engels in der »Dialektik der Natur« (MEW Bd. 20: 327), haben im 19. Jahrhundert zu hoffen gewagt, daß man der Unausweichlichkeit dieses Gesetzes entrinnen könne. Seine Begründung wird von Naturwissenschaftlern noch immer als laienhaft belächelt. Der Grundgedanke aber erscheint nach dem Paradigmawandel zum »Prinzip Chaos« nicht mehr so absurd.

Während die Autopoietiker in den Sozialwissenschaften sich einige Kenntnisse der Entwicklung in den Naturwissenschaften angeeignet hatten, blieben die Denker der Postmoderne davon weitgehend unberührt. Dennoch haben sie die Tröstungen der Naturwissenschaften auf ihre Weise und auf eigene Faust – eher durch künstlerische Intuition als durch wissenschaftliche Einsicht – reproduziert. Die Beschreibung evolutionärer Prozesse durch die *Chaostheorie* wurde gleichsam in gewollter Unordnung der geistig-künstlerischen Produktion nachvollzogen. Die Experimente und Konstruktionen waren nicht mehr Ausdruck eines *neurotischen Sinnlosigkeitswahns*, wie bei einigen Künstlern der frühen Moderne, auch wenn sie vielfach noch so mißverstanden wurden. Für einen konsequenten Postmodernen konnte alles Sinn machen, wenn es nur richtig miteinander in Beziehung gesetzt war. Für Luhmann (1984: 96) konnte ein System gar nicht sinnfrei leben. Sinnlosigkeit war für ihn nur selbstproduziertes Durcheinander im Bereich der Zeichen. Auch ein Trümmerhaufen ist nicht sinnlos. Er ist als solcher immer erkennbar. Sogar die Ursachen der Zerstörung sind offensichtlich, ob sie Verfall, Erdbeben oder Feindeinwirkung signalisieren.

Mit der inneren Akzeptanz der Irreligiosität endeten auch die Kämpfe gegen die Dominanz der Priester, die Nietzsche noch durchgefochten hatte. An die Stelle der *Priester* waren die *Technokraten* getreten. Im Gegensatz zur alten Religionsstürmerei kam es jedoch nicht mehr zur generellen Technikfeindschaft. Die Technik muß ausgenutzt werden, selbst der religiöse Mythos ist nicht so absurd, wie ihn die klassische Moderne überwiegend dargestellt hatte. Aber die Religion ist kein Problem mehr. Dem

»unbekannten Gotte« werden keine Altäre mehr geweiht. Gott bleibt tot. Den postmodernen Denkern ging es nur noch darum, wie wir in dieser Antiglaubensgewißheit »ohne Neurosen« leben können (Vattimo 1986: 34).

(3) Eine *ironische Distanz* und die *Lust am Spielerischen* finden sich in fast allen Ansätzen der Nachmoderne, außer bei der behavioralistischen Theorie des Postmaterialismus, die noch stark vom Wissenschaftsideal der klassischen Moderne zehrt. Es kann nicht nur keine Utopien mehr geben, weil alles schon irgendwo da ist, sondern auch die *Doomsday-Szenarien* flößen keinen rechten Schrecken mehr ein. Die Möglichkeit der Fehlspezialisierung der Menschheit in der Evolution wird bei Luhmann als Möglichkeit kühl mit eingeplant. In der Theorie der Risikogesellschaft ist der eifernde Ton der Moderne einer ironisch zurückgenommenen Anklage gewichen.

Die Darstellungsweise von Theorie hat sich fundamental gewandelt. Es dürfen wieder Bilder interpretiert und Gedichte vorgetragen werden. Die Sprache ist nicht mehr nur Chiffre, sondern Mittel der Gestaltung. Luhmann, Beck, Lyotard und Foucault sind nicht immer klare, aber zweifellos brillante Schriftsteller, ein Genuß im Vergleich zur Lektüre von Durkheim oder Parsons! Ohne diese spielerische Brillanz wären die Redundanzen im Werk Luhmanns oder Foucaults nicht zu ertragen. Selbst die eigene Rezeption wird spielerisch vorweggenommen und selbstironisch verarbeitet, am weitestgehenden wohl bei Foucault (vgl. Ferry/Renaut 1987: 84).

Der Wissenschaftler steht bei der Theorie der Selbstorganisation, der Künstler bei der Postmoderne im Zentrum. Beide sind nicht mehr die großen Therapeuten mit dem universalen Durchblick. Beide haben aufgegeben, paternalistisch und monistisch zu sein. Die Theorie des Feminismus hat gerade aus dieser Entwicklung neue Hoffnung geschöpft (vgl. Kap. 11.3.e). Die klassische Moderne war von hohem sittlichen Ernst gezeichnet, mit einem Pathos, wie es heute Habermas noch verkörpert. Die Verspieltheit der Postmoderne bringt die Bannerträger des Projekts der Moderne in Harnisch. Der Papst der Kunstkritik in Amerika reagierte auf die Anfänge der postmodernen Kunst unwirsch: »*Art is serious, these people are not*« (Hilton Cramer zit. in: Tomkins 1989: 7). Niemand leugnet, daß einiger Scharlatanismus im Kielwasser der Postmoderne mitsegelte, aber wurde das gleiche nicht schon der Kunst der klassischen Moderne vorgeworfen? Waren Picabia und Duchamps ernsthafter als Rauschenberg und Warhol? Wohltuend bleibt in jedem Fall die Selbstironie, die bei vielen postmodernen Theoretikern ihre hohe Selbsteinschätzung und ihre Herablassung gegenüber »alteuropäischem Denken« erst erträglich macht.

(4) Nachmoderne Denkansätze gehen von einer *postindustriellen Gesellschaft* aus. Die Dominanz des Dualismus von Arbeit und Kapital in der klassischen Industriegesellschaft ist ihnen nicht mehr nachvollziehbar (vgl. Luhmann 1986a). »Der Arbeitstempel« (Portoghesi 1983: 17) der Moderne ist nicht mehr gefragt. Die wohlfahrtsstaatliche patronisierende Attitüde, in der selbst Architekten als »Wohltäter der Arbeiter« aufspielten, wurde vom Postmodernismus mit beißendem Spott verfolgt. Der soziale Wohnungsbau, in Europa erfunden, wurde auch in Amerika angeprangert: »Arbeiterwohnungsbau für jeden Zweck, außer für Arbeiter zum Wohnen« (Wolfe 1984: 61). Die epigonale Moderne, welche die Nachkriegszeit dominierte, endete in einem »Knalleffekt des Banalen« (Schulz 1977: 10). Die Moderne hatte sich an hehren Zielen orientiert und produzierte das Banale. Die Postmoderne löste kognitive Dissonanzen durch die *Akzeptanz des Banalen* in einer konsumeristischen postindustriellen Gesellschaft.

(5) Mit dem Niedergang der großen Leitideen war die *Aufgabe eines integrierenden Gesellschaftsbegriffs* verbunden. Das Meta-Soziale in der Theorie wurde abgebaut (Touraine 1986). Die konservative Weber-Interpretation hat schon lange dagegen gewettert, Max Weber einen Gesellschaftsbegriff zu unterschieben (vgl. Kap. 1.2.d). In der Postmoderne wurde der Gesellschaftsbegriff in den Strudel der Dekonstruktionsbewegungen gerissen. Für Luhmann (1984) hat die Gesellschaft keinen Ort mehr. Der Begriff kann nur noch als Metapher für die Gesamtheit der Subsysteme benutzt wie Gott eine Metapher für das Universum scheint. Lebensweltliche Ansätze halten sich in der Regel fern von der allgemeinen Gesellschaftstheorie, denken aber in ihren handlungsorientierten Fragmenten der postmodernen Theorie vergleichbar.

(6) Nachmoderne Denkschulen *gaben das moderne instrumentelle Verhältnis zur Natur auf*. Die Natur war in der christlichen Tradition mit einem negativen Vorzeichen versehen. Sie galt als

Antithese zum Göttlichen, als Reich der Sünde, der Sexualität, des Teufels (Touraine 1986: 18). Mit zunehmender Beherrschung der Natur, vor allem als die Gentechnologie in vorher nie gekannter Weise in die »Geheimnisse der Natur« eingriff, verlor die Natur ihren Schrecken. Das Verhältnis der Menschen zu ihr entspannte sich. Der Mensch erkannte zunehmend, daß er auf die Natur angewiesen ist. Die Natur wurde eigentlich erst erkannt, als man sie halb zerstört hatte. Selbst die Systemtheorie, welche nur Spott für die Aufgeregtheit der ökologischen Bewegung aufbringt, teilt mit anderen nachmodernen Theorien das Interesse an »Autonomie und Umweltsensibilität«, das an die Stelle von Vorstellungen über die Kontrolle der Natur trat (Luhmann 1984: 27).

Die Kontinuität der Prinzipien
von der Moderne zur Postmoderne

Die Selbstdarstellung der Postmoderne in Antithesen hat vielfach die Kontinuität der Denktraditionen überspielt. In vieler Hinsicht sind die nachmodernen Denker nicht die Überwinder, sondern die Vollender der Moderne. Testfall einer modernen Theorie des 20. Jahrhunderts sind *die vier Grundprinzipien* sozialwissenschaftlichen Denkens, welche die klassische Moderne entwickelte (Kap. 1.2.). An ihr lassen sich auch die Prinzipien des nachmodernen Denkens messen:

(1) In der *Wertfreiheitsfrage* sind die Positionen der Postmoderne unterschiedlicher als in der Moderne. Die lebensweltlichen Ansätze lehnen die Wertfreiheit ab. Typisch für postmodernes Denken ist jedoch nicht der antimodernistische Rückfall, sondern die Skepsis. Wertfreiheit ist entweder trivial oder unmöglich. Aber ein direktes Engagement von Wissenschaftlern erscheint erst recht als nutzlose Spielerei. Selbst die schwache Form des politischen Engagements, die Politikberatung, wird als Versuch, die Grenzen der Autonomie unterschiedlicher Systeme zu überspielen, als nicht sehr aussichtsreich angesehen. Es sind funktionale Gesichtspunkte, welche die direkte Verbindung von Theorie und Praxis im Sinne von Akteurstheorien unmöglich machen (vgl. Kap. II.2.e, 3.f). Die Devise Lyotards: »Laßt uns in Ruhe spielen« stellt sich außerhalb der Gegensätze von Wertfreiheit versus politisches Engagement der Wissenschaft. Die *»Theorie der Praxis«*

wird damit zur »*Praxis der Theorie*«, die sich im Spiel, in Sprachspielen, im Leben als Kunstwerk schon ausdrückt. Veränderungen werden analysiert, nicht propagiert. Foucault (1989: 12 ff.) hat in dem Buch »Die Ordnung der Dinge« den Vorwurf, er richte seine Aufmerksamkeit überhaupt nicht auf Veränderungen ins Paradoxe gewendet mit der Behauptung, er sei vor allem an Veränderungen interessiert. Diese Veränderungen fingen sein Interesse nicht durch engagierte Theorie-Praxis-Theorien, sondern durch die Reorganisation des Wissens selbst, die Foucault anstrebte.

(2) In der Betonung des *anti-evolutionistischen Denkens* sind die Theoretiker der Postmoderne noch konsequenter als die Klassiker der Moderne. Die Postmoderne mißbilligt an der Moderne vor allem ihre *Obsession des Zeitlichen*. In der Literatur wird diese an Proust oder Thomas Mann demonstriert. Der Postmodernismus entzeitlichte die Kultur. Damit hat auch der Gedanke der Evolution von klar abgrenzbaren Stadien der Entwicklung für die Postmoderne etwas Vergewaltigendes. Die *Gleichzeitigkeit des Ungleichzeitigen* läßt sich in Zeit-Kategorien nicht mehr darstellen, sondern nur noch im *Raum*. Es ist kein Zufall, daß die Postmoderne vor allem als architektonische Raumkunst begann. Unterschiedliche Anspielungen auf Epochen und Zeiten können in der Postmoderne räumlich nebeneinander gestellt werden, im architektonischen Ornament oder im Museum. Allenfalls eine negative Teleologie findet sich in der postmodernen Literatur (Huyssen 1986: 28), weil die Geschichte der Aufklärung als Horrortrip dargestellt wird, der geradewegs nach Auschwitz oder in den Archipel Gulag führt. Die Widersprüchlichkeit der Geschichte wird zwar beschworen. Die Genealogie (Nietzsche) oder Archäologie (Foucault) soll die rationalistische und kausalistische Besessenheit der Geschichtsschreibung ablösen. Aber angesichts der Vagheit der eigenen Methodologie fällt es kaum auf, wenn gegen die postmodernen Einsichten verstoßen wird, weil selbst in der Zeit, da Auschwitz möglich wurde, die anderen Traditionen der Geschichte gleichzeitig lebten und den Faschismus erfolgreich bekämpften.

In ihrer Haltung zum evolutionären Denken sind die postmodernen und die autopoietischen Denkansätze am wenigsten miteinander zu vergleichen. Die Triebkraft der Evolution wird im Gegensatz zum prämodernen Evolutionismus nicht mehr in einer angebbaren Sphäre der Gesellschaft (Ökonomie, demographische Entwicklung etc.) fixiert, sondern endogenisiert. Wandel kommt letzlich von innen. Die Zunahme der Komplexität bleibt vage (Bühl 1990: 153). Aber es wird ein eher optimistisches Bild der Entwicklung suggeriert, nur getrübt mit einigen Hinweisen auf Sackgassen der Evolution und Arten, die ausgestorben sind (vgl. Kap. 1.2.b, 11.2.b).

(3) Nachmoderne Ansätze haben dem *Vergleich* einen völlig neuen Stellenwert verliehen. Die Moderne hatte das Verdienst, die Differenzmethode gleichberechtigt neben die Suche nach Ähnlichkeiten in der Konkordanzmethode zu setzen.

Sie hat diesen Ansatz vielfach nur halbherzig entwickelt. Die Suche nach substantiellen Ähnlichkeiten überwog, bis Luhmann gerade Unähnliches als äquivalent erkannte (vgl. Kap. 1.1.d). Schon Husserl hatte den Vergleich als die Methode der freien gedanklichen Variation eingeführt, das von einem faktisch Gegebenen ausging und dieses nur als Exempel verstand (Landgrebe 1975: 19).

Luhmanns zweiter Paradigmawechsel zur Theorie der Selbstorganisation von Systemen war in dieser Konzeption schon angelegt. Die postmoderne Philosophie entwickelte unabhängig ähnliche Gedanken. Alles, was die Wissenschaft nach dieser Auffassung tun konnte, war die kulturellen Traditionen zu kontrastieren. Eine *Vorherrschaft der Differenzmethode* bahnte sich an. Konsens- und Konkordanzfindung war kein Ziel mehr. Dissensfindung wurde sogar zum vorherrschenden Interesse in der Kommunikation von Theorieansätzen (Luhmann 1987: 252).

Auch in Foucaults (1986: 228) »Archäologie des Wissens« wurde auf die Methode des Vergleichs Bezug genommen. Die Unterschiedlichkeit der Diskurse zu zeigen, war das Ziel. Dazu mußte zwar auch eine *Operation der begrifflichen Zusammenfassung* eingesetzt werden. Aber der archäologische Vergleich rühmte sich, keine vereinheitlichende, sondern eine vervielfachende Wirkung zu entfalten.

Prima vista war die Radikalisierung des modernen Vergleichsgedankens zu begrüßen. Die Vorstellung, daß die Differenzmethode nicht wirklich vergleiche, ist noch immer weit verbreitet. Aber die Zuspitzung des fragmentierten Denkens in nachmodernen Ansätzen droht den Vergleich letztlich ad absurdum zu führen. In der Theorie der selbststeuernden Systeme entwickelte sich eine Tendenz der Systeme, den Vergleich sinnlos zu machen. Allenfalls ein *Vergleich der Codes*, welche die unterschiedlichen Systeme steuern, konnte sinnvoll erscheinen. Ein Vergleich von Systemen des gleichen Steuerungstyps war mangels gewichtiger Unterschiede eigentlich uninteressant geworden.

Der frühe Luhmann hatte gegen den Vergleich substantiell-ontologisch aufgefaßter Begriffe gekämpft (Kap. 1.2.c). Nach der autopoietischen Wende seines Denkens wurden die Systeme lebenden Zellen so ähnlich, daß sie erst recht nicht des Vergleichs bedurften, da sie nach analogen Konstruktionsprinzipien aufgebaut sind. Die Zellenmetaphern bei einigen Autopoietikern führten sogar zu neuen Substantialisierungen. Vergleiche werden sinnlos, außer in dem Sinne, wie Pathologie betrieben wird, um das Konstruktionsprinzip kranker Zellen im Vergleich zu gesunden Zellen zu untersuchen. Der Komparatist wurde in die Nähe des Goethe zugeschriebenen Wortes gedrängt: »nur Dummköpfe vergleichen«. Was Goethe freilich zum Vergleich lehrte, bezog sich auf die Kunst und nicht auf gesellschaftliche oder politische Phänomene. Goethes Botschaft in der vergleichenden Kunstbetrachtung ist mit der Kurzfassung jedoch nicht richtig wiedergegeben: »Der ausgebildete Kenner soll vergleichen ... der Liebhaber ... fördert sich am besten, wenn er nicht vergleicht, sondern jedes Verdienst einzeln betrachtet; dadurch bildet sich Gefühl und Sinn für das Allgemeinere nach und nach aus. Das Vergleichen der Unkenner ist eigentlich nur eine Bequemlichkeit, die sich gern des Urtheils überheben möchte.« (Goethe: Maximen und Reflexionen. Weimar. Verlag der Goethe-Gesellschaft, 1907, Bd. 21: 106 f.). Also nicht Dummköpfe, sondern Kenner vergleichen, mit der Einschränkung, daß »Unkenner« mit dem Vergleich auch Unheil anrichten können. Wichtig ist zudem der grundsätzliche Gedanke, der häufig auch auf Kenner zutrifft, daß der Komparatist den Vergleich gern als Vorwand benutzt, der Bewertung von Fakten auszuweichen.

Im Licht der Autopoiese könnte ein Komparatist alter Schule als Dummkopf erscheinen, weil er Unmögliches versucht, nämlich das ganz Andersartige zu verstehen, von dessen Code er sich unzureichende Vorstellungen macht, oder gar Systemfremdes zu adaptieren. In der Autopoiese gibt es letztlich kein Verstehen. Was von »Nichtkennern« dafür gehalten wird, ist Produkt der Imagination des Außenbetrachters, mehr nicht. Die Vorstellung, daß Systeme voneinander lernen können, schrumpft auf code-gerechte Adaptionen. Nur Systeme, die vom gleichen Code gesteuert werden, könnten solche Adaptionen allenfalls ins Auge fassen.

Der Wandel in der Theorie der Politik ist durch den Zusammenbruch des realen Sozialismus beschleunigt, aber nicht ausgelöst worden. Die Konzeption eines autopoietischen Weltsystems bekam Auftrieb. Konvergenzen scheinen in der Welt zu wachsen. Paradoxerweise folgt daraus eine geistige Uniformisierung in der Sicht der Welt, obwohl die Postmoderne die Vielfalt der Welt preist. Die Theorie der drei Welten hatte ein Minimum an Vielfalt akzeptiert. Sie wird zur Zeit von einer Ein-Welt-Sicht verdrängt, allenfalls eine zweite Welt – einst die dritte genannt – weist noch ihre radikalen Besonderheiten auf. Die autopoietische Theorie scheint die einzige zu sein, welche den Zusammenbruch des Sozialismus vorausgesehen hat, was weder von der Totalitarismus- noch von den Konvergenztheorien gesagt werden kann. Als Anfang der 80er Jahre im Kreis von Maturana (1985: 178) die Behauptung aufgestellt wurde, daß kein Land voll sozialistisch werden könne, weil das dominante Weltsystem kapitalistisch sei, hat man das für eine abstrakte Spinnerei angesehen. Inzwischen sind solche globalen Aussagen von der faktischen Entwicklung eingeholt worden. Der reale Sozialismus konnte sich gegen das kapitalistische Weltsystem strukturell nicht durchsetzen, weil er sich als unfähig erwies, die notwendigen marktwirtschaftlichen Steuerungscodes in das System einzubauen. Die Folgen für die vergleichende Methode sind noch nicht voll abzuschätzen. Aber die Uniformisierung der Welt – bei wachsenden Autonomietendenzen der Untereinheiten – scheint zuzunehmen. Insofern haben die nachmodernen Theorieansätze etwas richtig gesehen, das für die Zukunft relevant erscheint. Gerade weil die Welt sich angleicht, kann die *Differenzmethode* für die verbleibenden Unterschiede um so radikaler angewandt werden. Erst postmodernes Denken hat den Primat der Differenzmethode über die Suche nach Ähnlichkeiten gestellt, und ist damit auch in diesem Bereich als Vollender und nicht als Überwinder der Moderne aufgetreten.

(4) Die *Ausdifferenzierung der Teilsphären der Gesellschaft* wird im postmodernen Denken ebenfalls noch stärker betont als in den Theorien der klassischen Moderne. Die Differenzen der Lebenssphären werden allerdings weniger schematisiert als von Parsons

bis Habermas. Letzte Reste von Denken in Hierarchien wurden aufgegeben. Der Primat einer Teilsphäre wird nicht mehr angestrebt. Wo von ihm noch ohne normativen Eifer geredet wird, kann es sich nicht um die Politik, sondern allenfalls um die kulturelle Sphäre handeln, die eine Vorherrschaft in der Gesellschaft erlangt. Bei einigen Denkern scheint das *»kulturelle Projekt«* die Stellung des *ethischen Projekts* der Moderne einzunehmen. Damit wurde die Wissenschaft zwar entzaubert, aber die Intelligenz hat sich von diesem Dekonstruktionsprozeß wiederum ausgenommen und rechnet sich Chancen aus, eine dominante Stellung zu behaupten (Touraine 1986: 20). Der Stellenwert der Wissenschaften, die der Intelligenz zur Analyse dienen, wandelt sich freilich in der Postmoderne. Die Sozialgeschichte als Errungenschaft der klassischen Moderne steht im Verdacht, strukturalistischer Generalisierung Vorschub zu leisten. Daher wird eine eher handlungstheoretisch-individualisierende Ereignisgeschichte, oder eine lebensweltliche Alltagsgeschichte wieder ins Zentrum gerückt.

Strukturgeschichte wurde auch deshalb verdächtig, weil sie dazu neigte, dem Primat eines Teilbereichs Vorschub zu leisten. Nach der Zerstörung der Wissenschaft im Dienst des politischen Teilbereichs wird jedoch in vielen postmodernen Denkansätzen ein neuer Primat sichtbar, der *Primat der Kultur.* Wieder konnte man sich auf Nietzsche (1988, Bd. 1: 14) berufen, der in der »Geburt der Tragödie« seine Aufgabe darin sah, »die Wissenschaft unter der Optik des Künstlers zu sehn, die Kunst aber unter der des Lebens«. Kunst wurde als Antwort auf den »Willen zur Macht« gewertet. Es zeigte sich jedoch in der Postmoderne, daß die Kunst, die sich an solche Prinzipien hielt, ihrerseits wieder einen neuen Willen zur Macht entwickeln konnte. Beuys (/Ende 1989: 21) proklamierte eine »soziale Kunst«, die Gesellschaft als Kunstwerk, als Utopie. An die Stelle von l'art pour l'art der Moderne sollte eine sozial prägende Kunst treten, die die gesamte Lebensführung umfaßte. Die herrschaftlichen Elemente, die bei Durchsetzung dieser Utopie entstehen konnten, wurden von Beuys übersehen.

Wo bei einigen Postmodernen die Prinzipien einzelner Lebensbereiche mangels analytischer Schärfe ineinander zerflossen, wurde bei den Autopoietikern sowohl die Trennung der Systeme als auch der Wissenschaften, die sich mit jeweils einem Teilbereich befaßten, strikt vorgenommen. Selbst die Wissenschaften mußten sich vor Amalgamen hüten, vor allem die Theologie wurde vor der Soziologisierung gewarnt. Atheisten machen den Gläubigen Mut zur Transzendenz – wenn auch in wenig tröstenden Paradoxen: »Je stärker ... die Differenz von Immanenz und Transzendenz betont wird ... desto ferner rückt Gott. Das wäre zu ertragen.« (Luhmann 1987: 233) Wo die Lebensbereiche und die ihnen zugewandten Wissenschaften sich ausdifferenzieren, taucht das Zauberwort »interdisziplinäre Forschung« auf. Nachmoderne Denker bleiben auch hier skeptisch: Kommunikation ja – aber keine Konsensfindung. *Dissensfindung* ist das vorherrschende Interesse der Wissenschaft (Luhmann 1987: 252). Theorien können nicht mehr amalgamiert werden: sie müssen nur noch »anschlußfähig« sein. Die Pluralisierung der Welt und die Autonomisierung der Lebenssphären ist nicht gegen die klassische Moderne gerichtet, sondern die konsequente Weiterführung des Entzauberungsprozesses, den sie eingeleitet hatte.

Der Beitrag des postmodernen Denkens zur Theorie der Politik

Das fragmentierte Denken der Postmoderne widersetzte sich der Bildung integrierter Theorie. Die Politik verlor ihre zentrale Bedeutung. Eine allgemeine Theorie der Politik war daher nicht zu erwarten. Aber in einigen Punkten zeigen sich typische Merkmale des nachmodernen politischen Denkens:
(1) Entsubstantialisierung der Macht,
(2) Radikalisierung der Technokratie-Kritik,
(3) Zuspitzung des Pluralismusbegriffes
(4) Ende der Revolutionstheorie
(5) Aufwertung der Minderheiten und Kritik des Mehrheitsprinzips.
(6) Ende der Legitimationstheorien.

(1) *Machtanalysen,* welche die Macht nur noch als relationale Größe auffaßten, hatte es auch in der Spätzeit der klassischen Moderne vielfach gegeben (v. Beyme 1986: 152 ff.). Mit der Annäherung der Steuerungsprinzipien in Ökonomie und Politik wurde die Analyse der Macht immer mehr zu einer *Theorie des Tausches.* Wo der Einfluß von A auf B auf zwar asymmetrische,

aber durchaus gewichtige umgekehrte Machtbeziehungen von B auf A stieß, wurde zwar kein Äquivalententausch erreicht, aber die Machtbeziehung änderte ihren Charakter. Die klassische Moderne hat Macht und Herrschaft noch weitgehend *vertikal* aufgefaßt. Es traten nun die *horizontalen* Beziehungen in den Vordergrund. Das entthronte Zentrum stellte nicht mehr die Spitze einer Pyramide dar. Es gab keinen klaren institutionellen Sitz der Souveränität mehr. Auch der Staat mußte Macht durch Verhandlung ersetzen. Machteinsatz blieb der Grenzfall. Schon in der *kybernetischen Steuerungstheorie* (vgl. Kap. 1.3.d) wurden Machtbeziehungen in Kommunikationsströme aufgelöst. Im Modell des *Korporatismus* war die Macht des politischen Zentrums darauf beschränkt, gesellschaftliche Akteure an einen Tisch zur Verhandlung zu bringen. Der *entzauberte Staat* als Modell der Spätmoderne nahm nur noch eine Koordinierungsfunktion wahr. Machtanalysen in der Spätmoderne wurden als Netzwerkanalysen aufgefaßt. Das Abendland hat die Macht bisher überwiegend juridisch und negativ gesehen. Es galt, die technisch-positive Seite der Macht zu entlarven (Foucault 1978: 37).

Postmoderne Theoretiker haben eine weitere »Verflüssigung« der Macht vorbereitet. Zielscheibe der Machtkritik ist nicht mehr das politische System. Machtkritik mußte für Foucault (1978: 39) über die marxistische oder antiautoritäre Staatskritik hinausgehen, »weil der Staat nur auf der Grundlage vorher bestehender Machtverhältnisse funktionieren kann«. Staat wurde wiederum zum »Überbau« erklärt, aber nicht zum Überbau der Ökonomie, wie bei den marxistischen Staatsableitern, sondern zum Überbau einer ganzen Reihe von Machtnetzen, die ihrerseits von einer Art »Übermacht« konditioniert sind, die um eine große Anzahl von Verbotsfunktionen herum strukturiert ist. Das zirkuläre Denken der Nachmoderne hat auch die Machtanalyse erreicht. Macht soll nun als etwas analysiert werden, das nicht irgendwo seinen »institutionellen Sitz« im Gehäuse irgendeiner als souverän bezeichneten Einrichtung hat, sondern in einer Kette, in netzförmigen Organisationen funktioniert (ebd.: 82).

Die Institution, die Foucault (1978: 51) weit mehr als die politischen Einrichtungen interessierte, war die Wissenschaft. Wissenschaften wurden als die wichtigsten Handlanger der Politik angesehen. Sie waren die Komplizen der Versklavung, die schärfer kritisiert wurden, weil ihre Rolle weniger sichtbar war als die der

Politik. Als »politische Ökonomie« wissenschaftlicher Wahrheit wurde von Foucault (ebd.: 51 f.) ausgegeben, daß Wahrheit weder außerhalb der Macht steht, noch ohne Macht ist. »Wahrheit ist von dieser Welt.« Sie verfügt über geregelte Machtwirkungen. Sie akzeptiert bestimmte Diskurse, die sie als die wahren Diskurse ausgibt. Es werden Instanzen entwickelt, die eine Unterscheidung von wahren und falschen Aussagen ermöglichen und den Modus festlegen, in dem abweichende Meinungen sanktioniert werden. Es gibt bevorzugte Techniken der Wahrheitsfindung. Der Intellektuelle ist heute nicht mehr – wie in der klassischen Moderne – »Träger universeller Werte«, sondern jemand, der eine spezifische Position besetzt.

Wo ein Teil der postmodernen Denker – wie Lyotard – bei der zentralen Technikkritik ansetzt, hat Foucault innerhalb der Wissenschaft wiederum bei prima vista marginalen Erscheinungen theoretisch angesetzt, wie Wahnsinn oder Kriminalität. Ein Sprecher der französischen Kommunistischen Partei verkündete: Die sowjetische Psychiatrie sei die beste der Welt. Foucault (1978: 67) nahm ihn beim Wort: er gab ihm Recht, und genau das warf er der sowjetischen Psychiatrie vor, die beste im Sinne seiner Machtanalyse zu sein, mit deren Hilfe man zeigen konnte, wie die Dispositive der Macht wirken – am wirkungsvollsten im Archipel Gulag, aber darum auch am uninteressantesten, weil die Machtbeziehungen dort so offensichtlich waren, daß man sie nicht mehr entlarven mußte.

Die Rolle der Wissenschaften bei der Unterdrückung abweichenden Verhaltens schien besonders groß, weil der Staat ohne Psychiatrie seine Knebelung nicht durchsetzen konnte. Wo die traditionelle Geschichtsschreibung einen Fortschritt von aufgeklärter Behandlung des abweichenden Verhaltens sah, wurde zunehmende Versklavung als Kehrseite der Aufklärung – und nicht unbeabsichtigte Nebenfolge, sondern gerade direkt mit ihr verbunden – angeprangert. Humanismus und Terror schienen zwei Seiten einer Münze zu sein.

Diese allumfassende Vernunftkritik führte dazu, daß der Wahnsinn gerade als Produkt der angeblichen Vernunft ausgegeben wurde. Foucault ging dabei recht unbekümmert mit den empirischen Daten über die Stigmatisierung von Wahnsinn, Verbrechen oder Sexualität um (vgl. Ferry/Renaut 1987: 102 ff.). Die historische Entwicklung sieht anders aus als in der Genealogie Foucaults. Dieser sah nur die Seite der Kasernierung und Verwahrung abweichenden Verhaltens. Übersehen wurde, daß seit der Aufklärung auch im Wahnsinn noch die Menschenexistenz und auch beim Kriminellen noch das Subjekt von Menschenrechten gesehen wurde. Foucault hat die Ambivalenz der Moderne in seinen Paradoxien doch wieder monistisch aufgelöst und gegen das postmoderne Programm des fragmentarischen Denkens doch wieder eine Art monokausaler Depravationstheorie geliefert. Unterschied zu früheren revolutionären Theorien einer ständigen Verschlechterung der Verhältnisse war lediglich, daß daraus – nicht mehr wie bei den Jüngern von Wilhelm Reich – ein Aufruf zur Gegenaktion oder zur Revolution folgte. Revolutionen waren obsolet. Allenfalls die Gründung eines Patientenkollektivs konnte noch als sinnvoll erscheinen.

Ungewöhnlich schien an Foucaults Machtanalyse auch, daß die Sexualität einen so starken Stellenwert für eine ganz und gar unpolitikwissenschaftliche Machttheorie gewann. Ethik und Moral gaben dem wirtschaftlichen Ernährungsverhalten und dem politischen Verhalten nach Ansicht Foucaults (1989, Bd. 2: 17) mehr Aufmerksamkeit als dem sexuellen Verhalten. Machtanalyse am Beispiel von Sexualität oder Wahnsinn wurde als exemplarische Entfaltung von Erfahrungen verstanden, die uns davor bewahren, die Ansätze als geschlossene Herrschaftstheorie darzubieten. Der Poststrukturalismus wollte weder die abgerundete Herrschaftstheorie des Strukturalismus noch die Vorstellung von Herrschaft als Trugbild bei einigen psychoanalytischen Theorien reproduzieren. Zum Grundbegriff der politischen Analyse wurde bei Foucault der Begriff der *Disziplin*. Sie ließ nützliche Untertanen entstehen, die sich den Standards der Gesellschaft unterwarfen (Walzer 1986: 59).

Nach soviel radikaler Machtkritik erwarteten viele Leser Anleitungen zum Handeln und wurden enttäuscht. Foucault (1989, Bd. 1: 120) hat vor allem die Theoretikerinnen des Feminismus erst angezogen, und bei näherer Lektüre wieder abgestoßen (vgl. Kap. 11.3.e), wenn offenbar wurde, daß ihn nicht interessierte, wer im Bereich der Sexualität Macht hat (Männer, Eltern, Ärzte), und wer ihrer beraubt ist (Frauen, Kinder, Kranke). Die Beziehungen des Machtwissens waren für Foucault nicht feste Verteilungsformen, sondern »*Transformationsmatritzen*«. Gegenseitige Bedingungsherde wurden aufgespürt. Die *Zirkularität* des nachmodernen Denkens sperrte sich auch in der Machtanalyse gegen eindeutige *kausale Zuschreibungen*. Die Diskurse in der Männergesellschaft sind nach Foucault nicht ein für allemal einer einzigen Macht unterworfen. Ein Diskurs kann zum Machtinstrument werden, aber auch zum Ausgangspunkt von Gegenstrategien. Es fehlte bei Foucault (1989, Bd. 1: 189) jedes Pathos der Befreiung – trotz der Trostlosigkeit der Beschreibung des Istzustandes. Es gehörte noch zu den Ausflüssen des »Dispositivs der Macht«, daß sie uns glauben macht, »daß es darin um unsere Befreiung geht«. Foucaults (1989, Bd. 1: 106 ff.) Machtbegriff kann nicht an gegebenen Institutionen oder Unterwerfungsarten festgemacht werden. Der Begriffsnominalismus der Moderne wird weiter zugespitzt: Macht ist weder eine Institution, wie die Prämoderne sie konzipierte, noch eine Struktur im Sinn der Theorien der klassischen Moderne, sondern eine »komplexe strategische Situation«. Politik wird zur Fortsetzung des Krieges mit anderen Mitteln (ebd.: 114). Macht konstituiert sich im Spiel ungleich-beweglicher Beziehungen. Macht erzeugt Widerstand. Widerstand ist also nie außerhalb der Macht zu denken. Darin lag ein optimistischer Zug, der für die neuen sozialen Bewegungen attraktiv war, vor allem, wenn eine schwer organisierbare Großgruppe sich um Widerstandsformen bemühte, wie die Schwarzen oder die Frauen (vgl. Kap. 11.3.d). Revolution ist Utopie, die sich nie ereignet – Widerstand erscheint als Realität, die sich immer schon ereignet hat.

(2) Die *Technokratiekritik* der französischen Poststrukturalisten erinnerte gelegentlich an Thesen der Frankfurter Schule. Es ist kein Zufall, daß Lyotard (1985: 87) zu der Meinung gelangte, daß Adorno in seinem Denken »das Postmoderne vorwegnahm, obschon er ihm oftmals zurückhaltend, wenn nicht ablehnend gegenüberstand«. Diese Ablehnung führte Lyotard auf ein eher altmodernes Konzept von Politik unter dem Banner der Gerechtigkeit zurück.

Die Technik wurde von den postmodernen Theoretikern weder verherrlicht, wie in den Posthistoire-Theorien von Gehlen bis Baudrillard, noch verketzert. Die *Informatisierung der Gesellschaft* hat eine neue Variante der Technokratie sichtbar werden lassen. Die Postmoderne bäumte sich gegen die Gefahr totaler sozialer Kontrolle auf, die von dieser Entwicklung auszugehen schien. Die Obsession der französischen Poststrukturalisten gegen die technokratische *Sprachuniformisierung* klang gelegentlich wie die Rationalisierung des gaullistischen Kampfes gegen die Dominanz des »franglais« und gegen das Vordringen einer angelsächsischen Computersprache. Erkenntnisse können in den neuen technisierten Kanälen nach Lyotard (1986: 23) nur weitertransportiert werden, wenn sie in Informationsqualitäten übersetzt werden. Damit haben nicht nur die Technokraten einen Vorsprung erlangt. Auf der Basis einer nivellierten Codesprache – so könnte man diese Befürchtungen als übertrieben zerstreuen – kann das Englische seine Differenzierungskraft, die es anderen Sprachen gegenüber hervorhebt, wieder einbüßen. Die Uniformisierung einer reduzierten Techniksprache läßt das Englische außerhalb künstlerischer Texte eher an Qualität verlieren. Die kleinen Sprachen, die nicht hoffen können, regionale oder sektorale Sprache zu werden, wie es das Französische noch ist, würden von der Durchsetzung eines nivellierten Englisch eher profitieren.

Lyotards Theorie hat die Brücken zur alten wehleidigen Kulturkritik abgebrochen. Sie hat einen aufklärerischen Zug bewahrt, trotz der verbalen Ablehnung der Aufklärung. Die Szenarios dieser Postmoderne führen keineswegs in neokonservative Resignation. Aktive Gegenbewegungen gegen die Sprache der Technologie sind möglich: »Sie kann auch den über die Metapräskriptionen diskutierenden Gruppen dienen, indem sie ihnen die Informationen gibt, die ihnen meistens fehlen, um in Kenntnis der Sachlage zu entscheiden. Die Linie, die man verfolgen muß, um sie in diesem letzteren Sinn umzulenken, ist im Prinzip sehr einfach: Die Öffentlichkeit müßte freien Zugang zu den Speichern und Datenbanken erhalten.« (Lyotard 1986: 192) Ähnliche Vorstellungen wurden in der Theorie der Risikogesellschaft entwickelt (vgl. Kap. II.3.f). Noch erscheinen diese Hoffnungen als illusorisch. Nur die »Hacker« haben ein solches Vertrauen in die Stärkung des Pluralismus der Sprachmaschinen bisher verdient, und diese nutzen ihre Möglichkeiten nur selten im Namen des »Widerstands«.

Verdienstvoll an den postmodernen Theorien schien, daß es nicht mehr zu rückwärtsgewandten Verklärungen des frühbürgerlichen Lebens kam, wie noch bei Marcuse. Die Botschaft lautet: hic Rhodos, hic salta. Auch unter den Bedingungen der technokratischen Gesellschaft sind oppositionelle Möglichkeiten angelegt. Gegen das, was Lyotard den »ökonomischen Diskurs« nannte, und den er ablehnte, erschien es möglich, »das Vorkommnis, das Ereignis, das Wunder, die Erwartung einer Gemeinschaft von Gefühlen« zu erleben. Lyotard (1987: 293 Ziffer 252) sah Möglichkeiten in der Gesellschaft, den »Widerstreit aufs Äußerste zu verschärfen«. Auch in anderen Ansätzen des nachmodernen Denkens blieb der Gedanke erhalten, daß die Halbierung der Moderne aufgehoben werden könne (Beck 1986: 361 ff.).

(3) Postmoderne Theorien haben den *Pluralismus* erstmals konsequent als Prinzip zu Ende gedacht. Der Pluralismus der klassischen Moderne war vielfach harmonistisch konzipiert: »overlapping memberships« und Kooperationsformen sicherten die Bändigung der pluralistischen Bestrebungen. Im postmodernen Denken wurde »*Inkommensurabilität*« ein Grundbegriff für die Analyse des Pluralismus. Die Rationalität der Auseinandersetzung wird nicht mehr überwiegend nach dem Bild der Wissenschaft konstruiert, wie in der Pluralismustheorie der klassischen Moderne, der Bentley-Truman-Schule. Der Wettbewerb von Rationalitäten der Kunst, der Religion, des Mythos, der Lebenswelt erschwert den Diskurs im neuen Pluralismus. Selbst für einen Soziologen wie Beck (1986: 39) klaffen wissenschaftliche und soziale Rationalität auseinander, bleiben aber wenigstens aufeinander bezogen. Die Unterscheidung der beiden Rationalitätsformen ist im Einzelfall schwierig. In der Abschätzung von Technologiefolgen, beispielsweise, wird zunehmend die Analyse der Akzeptanz vorgenommen. Dabei zeigt sich, daß die sozialen Erwartungen der Menschen keineswegs aus wissenschaftlichen Quellen gespeist werden. Die unorthodoxe Orthodoxie des Kritischen Rationalismus glaubte noch, die Forderung nach einer doppelten Wahrheit als obskurantische Immunisierungsstrategie entlarven zu müssen, und bestand auf der einen »kritischen Wahrheit« (Albert 1968: 105). Inzwischen ist die Doppelvernunft der Moderne auch von früheren Mitgliedern der Popper-Schule akzeptiert worden. Grundsatzvernunft wurde der Gelegenheitsvernunft, die sich an Opportunität und Okkasion orientiert, gegenübergestellt. Empirisch sind die beiden Typen nur selten in reiner Form vorfindlich. Sie fließen ineinander (Spinner 1986: 933 f.). Wieder offenbaren sich starke Einflüsse der Kunsttheorie. Seit langem wurden auch in der Kunst die Pole Rationalität – Expressivität, Wahrnehmung – Bewußtsein kontrastiert. Die Kunst oszillierte zwischen den Polen hin und her. Die Wissenschaft auch, aber die

Antimoderne ist vom wissenschaftlichen Begriff der Grundsatz-vernunft her nicht ernstgenommen worden. Ohne Propagierung eines generellen heroischen Irrationalismus hat die Postmoderne das Plädoyer für den Abbau der szientistischen Rationalität von der Kunsttheorie auch in die Wissenschaft getragen (Kamper 1986: 72).

Kann die politische Theorie diese Überdehnung des Pluralismus in der Diskussion nachvollziehen? Der politikwissenschaftliche Pluralismusbegriff bleibt an den der klassischen Moderne inso-fern gebunden, als sie vor allem in der »wehrhaften Demokratie« bewußt zur Begrenzung des Pluralismus neigte. Die These von den vielen Wahrheiten oder der Doppelvernunft können wissen-schaftliche Toleranz fördern, aber kaum Grundlage einer demo-kratischen Entscheidungstheorie werden. Die scharfsinnige Un-terscheidung Lyotards von Widerstreit (*différend*) und Rechts-streit (*litige*) ist für die politische Sphäre nur von begrenztem Nutzen. Zwar werden politische Widerstreite zunehmend ver-rechtlicht. Insofern verfließt die strikte Antithese. Politische Konflikte werden in Ländern mit Verfassungsgerichtsbarkeit vielfach in rechtliche Streitformen transformiert. Diese lösen die politischen Konflikte zwar nicht, aber entschärfen ihre Auswir-kungen. Die Mehrheit der politischen Widerstreite folgt dem Mo-dell des différend nicht, das sich allenfalls auf wissenschaftliche Auseinandersetzungen anwenden läßt. Auch die Transformier-barkeit politischer Konflikte in rechtliche stößt auf Grenzen. Ge-richte schirmen sich vielfach durch eine »political question-Dok-trin« gegen die Überforderung ab, indem sie sich weigern, rein politische Fragen zu entscheiden.

Ein Vorwurf gegen Lyotard, der von konservativ-etatistischer Seite (Willms 1989: 351) vorgebracht wurde, lautete: die »post-moderne Geistesverfassung« entspräche dem Naturzustand bei Hobbes. Auch dies ist eine Übertreibung, da Lyotard durchaus Regeln vernünftiger Auflösung des Widerstreits akzeptiert. Post-moderne sind in ihrer Machtkritik eher am Gegenpol einer Hob-besschen Auflösung der latenten Bürgerkriegssituation angesie-delt. Was der postmoderne Pluralismus hingegen verkennt, sind die Tauschbeziehungen in einer politischen Gesellschaft. Sie sind noch häufiger als in der Wirtschaft asymmetrisch angelegt. Noch offensichtlicher ist ihre Machtstrukturierung. Aber die politische Ordnung setzt der Begrenzung des Machteinsatzes im Widerstreit striktere Regeln und Sanktionen entgegen. Allenfalls alternative Rückzugsgruppen verhalten sich nach dem Widerstreitmodell Lyotards. Schon grüne Parteien müssen soviel Konzessionen an die Spielregeln des Systems machen, daß sie sich nicht nach dem Prinzip des différend verhalten können.

Ein theoretisches Modell, das zwischen dem liberal-libertären Widerstreitmodell und seinen etatistischen Widersachern angesiedelt ist, könnte die Theorie des »generalisierten politischen Tausches« (Marin 1990: 61) darstellen. Diese Operationalisierung des politischen Widerstreits verwischt nicht die asymmetrischen Kräfteverhältnisse, wie manche ökonomische Politiktheorien. Sie sieht das politische Ergebnis des Widerstreits auch nicht als unintendiertes Resultat von zielgerichteter Aktion (Crozier/Friedberg 1977), sondern als kollektiv gewünschtes, durch Strukturen der politischen Ordnung reguliertes Ergebnis des Systems. Politik wird nicht als Markt verstanden, und auch nicht mehr – wie im Korporatismus (vgl. Kap. 1.3.d) – als vom staatlichen Zentrum her gesteuerte Konzertierung der Willen antagonistischer Akteure, sondern als eine Art *mutuelles Versicherungssystem«*. Lyotards Widerstreit bleibt *situationell* gebunden. Generalisierter politischer Tausch hingegen ist langfristig angelegt. Er entwickelt multi-laterale Netzwerke, die nicht auf kurzfristigen Tausch geeicht sind, und bedarf generalisierter Medien wie Geld, Macht, Einfluß, Wertvorstellungen, Vertrauen, politischen Kredit und Information.

Auch das Modell des generalisierten politischen Tausches dürfte im Licht der Theorie des Widerstreits noch harmonisierende Züge aufweisen, da sie die Rolle der nicht oder kaum tauschfähigen Segmente der Gesellschaft nicht genug beleuchtet. Aber auch für diese Bereiche hat die politische Ordnung Schutzmechanismen bereitgestellt, die ständiger Aktualisierung bedürfen. Der politische Widerstreit muß so organisiert werden, daß keine Minderheit permanent überstimmt wird. Wo dies strukturell unvermeidbar ist, wie bei ethnischen Minderheiten, wird der Konflikt durch Veto-Rechte, Partizipationsangebote oder autonome Entscheidungsrechte, die delegiert wurden, entschärft. Die Angst vor dem Diskurs oder gar prozeduraler Spielregeln hat einige Varianten des Postmodernismus für die politische Theorie unfruchtbar gemacht.

Ein Einwand der Postmoderne gegen Habermas' Diskursmodell

lautet: es gibt keinen Diskurs, der nicht ein Diskurs der Macht ist (Koslowski 1986: 14). Ohne Akzeptanz von Minimalspielregeln bricht jedoch der Kampf aller gegen alle aus. Die Devise »laßt uns in Ruhe spielen«, die am Ganzen desinteressiert ist, führt zur *Entpolitisierung*, und diese zur Dominanz der rücksichtslosesten Gruppen. Polemiken gegen Habermas, daß er mit seinen Diskursregeln den Sprachspielen schon Gewalt antue (Lyotard 1986: 16), sind überzogen. Vergleicht man Lyotards Vorstellungen über eine Widerstands-Gegenöffentlichkeit, so liegen auch ihnen ein paar Grundregeln zugrunde wie rationale Selbstbestimmung, demokratische Entscheidungsfindung, gewaltlose Konfliktbewältigung (Wellmer 1985: 107). Trotz einer hochstilisierten Differenz ist der Dissens zu Habermas eigentlich minimal. Habermas ist nicht dafür verantwortlich, daß sein Diskursmodell zu einer Art Nötigungspotential studentischer Vollversammlungen verdinglicht worden ist.

Einige Anwälte des postmodernen Denkens haben dem Gedanken einer politischen Ordnung, die den Widerstreit in Schranken hält, nicht aufgeben wollen. Koslowski (1989: 68 ff.) polemisierte einerseits gegen den »dogmatischen Pluralismus« der Moderne. Pluralismus ist für ihn nicht »Vielheit und Beliebigkeit«, sondern die *»zwanglose Einheit«*. Pluralismus als normative Forderung konnte für ihn nur noch mit »romantischer Ironie« vertreten werden. Gänzlich ohne Ironie mündete jedoch das Bekenntnis zur Postmoderne bei Koslowski in eine neue normative Suche nach Einheit, die sich vom »anarcho-liberalen Projekt der Postmoderne« distanzierte. Eine ganzheitliche Kulturphilosophie wird in diesem »Projekt der Postmoderne« dem positivistischen Atomismus der Moderne wie dem libertären Postmodernismus entgegengesetzt, der nur als »Fortsetzung der Moderne« mit anderen Mitteln eingeschätzt wurde. Als Aufgabe einer Kulturtheorie sah Koslowski (1989: 79) es an, die »Mitte zwischen Beliebigkeit und zwanghafter Vereinheitlichung zu finden«. Das normative Projekt wäre unverdächtiger, wenn es nicht nur als Vorspiel zu einer Kulturpolitik für die Wirtschaft auftauchte. Diese normative Konzeption eines »echten« Pluralismus setzte sich auch von der Proklamierung der multikulturellen Gesellschaft ab, die vor allem bei der linken und der hedonistischen Postmoderne zum neuen Glaubensbekenntnis geworden war. Vielheit konnte nicht Programm und Inhalt einer Kultur bilden. Der bloße Anspruch auf

Vielheit ohne inhaltliche Bestimmung wird zurückgewiesen (ebd.: 186), wie jeder bloß prozedurale Minimalkonsens zurückgewiesen wird, etwa die »Legitimation durch Verfahren« oder eine bloße Einigung auf ein paar Grundsätze der Diskursführung. Mit der Losung: »Nicht Pluralismus, sondern Subsidiarität ist das Prinzip der Postmoderne, nicht multikulturelle Beliebigkeit, sondern subsidiäre Gliederung der Kulturen die Signatur der kommenden Weltkultur« (Koslowski 1989: 190) wandte sich ein Zweig der Postmoderne zum prämodernen Normativismus zurück. Das Subsidiaritätsprinzip hat durch die Tendenzen der Deregulierung der Gesellschaft und den Verzicht auf Steuerungskapazitäten des Staates als Alternative zum laisser faire-Prinzip einerseits und zum Korporatismus andererseits in den 80er Jahren auch in sehr laizistisch gesonnenen Denktraditionen wieder an Boden gewonnen (vgl. Kap. 1.3d.).

(4) Mit dem Scheitern der letzten Revolutionstheorie der Studentenrevolte kam es zu einer beispiellosen Wiederbelebung älterer Theorien des Widerstandsrechts und des zivilen Ungehorsams. Die postmodernen Denker sahen Revolutionstheorien als Teil der »totalitären Versuchung« (Revel) an. Die postmoderne Dämpfung des Machbarkeitswahns der klassischen Moderne betraf nicht nur die Natur, sondern auch die Gesellschaft. Wo der Staat als Kodifizierung vielfältiger Machtbeziehungen aufgefaßt wurde, konnte auch eine Revolution nicht mehr sein als ein Gegentyp der Kodifizierung von Machtbeziehungen. Für Foucault (1978: 40) war es wahrscheinlich, daß die Machtbeziehungen, auf deren Grundlage der Staat funktionieren konnte, von Revolutionen im wesentlichen unangetastet blieben. Damit wurde die Vorstellung einer Transformation ganzer Gesellschaften eine Absurdität. Kulturrevolutionen waren an die Stelle der großen politischen Revolutionen getreten. Die friedliche Kerzenrevolution von 1989 in Osteuropa wäre ohne den Wandel des Paradigmas schwer möglich geworden. Neue soziale Bewegungen haben noch Veränderungswünsche an das System, aber diese haben sich partialisiert. Die autopoietische Freude an der Selbsterzeugung hat die Veränderungstheorien erfaßt. Der Wandel wird nicht in eine revolutionäre Geschichte hineingeheimnist, sondern hier und heute durch Tätigkeit vorgenommen (vgl. Kap. 11.3.d).

Mit dem revolutionären Pathos wurden Internationalismus und Kosmopolitismus der klassischen Moderne verdächtig. Multinationalität wird in einem viel direkteren Sinne ernstgenommen. Die Funktion des *Mythos* wird von den Zwängen der rationalistischen Moderne befreit und bekommt wieder unmittelbar erlebbare Funktionen der Symbolproduktion zur Angstbewältigung und Affektbindung (Kaufmann 1986: 303).

(5) Die Radikalisierung der Pluralismustheorie hat zu einer *Infragestellung des Mehrheitsprinzips* geführt. Wenn Lyotard für das *»patchwork of minorities«* schwärmt, so klingt das vorerst noch unverbindlich. Er operationalisiert die Thesen nicht für die politische Arena. Wo die politische Philosophie solche Gedanken weiter entwickelt hat, führten sie wie bei Robert Spaemann (1984: 252) zu völlig unhaltbaren Konklusionen: »Wo irgend jemandes Subjektstellung negiert wird, da steht es jedermann frei, diesem Betroffenen und aus der Loyalitätspflicht Entlassenen beizustehen und seinerseits die Loyalität aufzukündigen.« Für das Judenpogrom möchte man Spaemann noch folgen, aber wer stellt fest, ob die Subjektstellung der Menschen durch ein Kernkraftwerk tangiert wird? Das Mehrheitsprinzip kam im postmodernen Denken zunehmend unter Beschuß, weil es in der klassischen Moderne dazu geführt hatte, daß im instrumentalisierten Verhältnis zur Natur irreparable Zerstörungen angerichtet worden sind. In der Prämoderne hatten Konservative wie Conrad Ferdinand Meyer gern die Mehrheit der Toten beschworen:

»Wir Toten, wir Toten, sind größere Heere,
als ihr auf der Erde, als ihr auf dem Meere.«

In der Postmoderne wurden statt der Vergangenen die Zukünftigen beschworen, die Heere der noch nicht Geborenen, deren Lebenschancen schon heute verspielt zu werden drohen. Es fehlt in diesem Lob der Minderheit an Spielregeln, wie sie das klassische Widerstandsrecht entwickelt hatte. Die Schule von Salamanca hat für die katholische und die Monarchomachen haben für die protestantische Widerstandslehre strikte Regeln entwickelt, mit klarer Eskalationsstufenfolge (Verwarnung, Widerstandsbeschluß, Tyrannenmord). Heute hätten einige Gruppen, die die Botschaft des Postmodernismus nur allzu begierig aufgriffen, am liebsten den letzten Schritt vor dem ersten getan. Einst waren Institutionen mit fest umrissenen Kompetenzen für den Widerstandsfall zuständig, heute wird das gleiche Recht für jede Mini-Gruppe ohne Struktur beansprucht. Martin Luther King hatte die amerikanische Widerstandslehre nicht als Mittel gegen das positive Recht und seine Regeln verstanden. Mit begrenzten Regelverletzungen wollte man die staatliche Sanktion sogar auf sich lenken, um sie in einer Strategie für ein neues Bewußtsein und die Bildung neuer Mehrheit zur Wachrüttelung der öffentlichen Meinung einzusetzen. Das patchwork der Minderheiten ist an öffentlicher Meinung hingegen nicht mehr interessiert.

(6) Zu Ende gedacht, kommt es im Postmodernismus auch zu einem *Ende der Theorie der Legitimität*. Legitimitätstheorien der klassischen Moderne wurden von postmodernen Theoretikern noch als Herrschaftstheorie angesehen. Max Weber glaubte nicht mehr an ein Naturrecht und eine religiöse Botschaft. Aber gerade darum hat er den Staat und die Problematik seiner Legitimität so stark betont. Legitimitätstheorie entsteht immer erst, wenn die Legitimität eines Systems fragwürdig geworden ist. Im Hochmittelalter brauchte man kein Buch über das »Divine right of the king«. Die neuere Legitimismusbewegung entstand nicht zufällig nach der Französischen Revolution. Max Weber wurde von postmodernen Theoretikern verübelt, daß er den Staat noch als Monopol physischer Gewalt in einem abgegrenzten Territorium definierte. Die Soziologie der klassischen Moderne blieb weitgehend Herrschaftssoziologie, nicht Soziologie des Konsenses (Turner 1989: 214). Bei diesem Urteil wurde freilich übersehen, daß in Webers Empfehlung der Verantwortungsethik die Hinnahme von politischen Entscheidungen keineswegs nur auf Zwang gegründet war.

In der Postmoderne erschienen Legitimitätstheorien als Teil der mythischen Emanzipationserzählungen. Der Rückzug auf lokale Legitimität wurde von Lyotard (1987a: 54) als Reaktion des Widerstands gegen die verheerenden Folgen des Imperialismus verstanden. Der Wiederaufbau des Weltmarkts nach dem Zweiten Weltkrieg führte zu Herrschaftsverhältnissen, die auch dem Kosmopolitismus jede Zukunftsperspektive genommen hatte. Ein heiliger Egoismus zerstörte die letzten Legitimitätsgrundlagen. Die extremsten Verkörperungen dieses selbstgenügsamen Egoismus sind in der Anpassung der Yuppie, in der Rebellion der Terrorist (Joas 1990).

Die Suche nach einer Theorie der Legitimität wurde aufgegeben. Nur in der abgeschwächten Form einer Legitimation durch Verfahren ist sie bei Luhmann noch toleriert worden. Die Geschichte des Legitimitätsdenkens kam in seine Phase der *posthistoire*. Die Entwicklung der drei Paradigmen durchlief die Phasen:

– die Suche nach dem *guten Staat* durch die Prämoderne,
– die Suche nach dem *legitimen Staat* durch die Moderne,
– die Beschränkung auf *Legitimation durch Verfahren* in der Postmoderne.

2. Theorien der Selbstorganisation von Systemen (Autopoiesis)

Die unterschiedlichen Ansätze nachmodernen Denkens – die Postmoderne im engeren Sinne aus dem Geist der künstlerischen Revolte, die Autopoiese aus dem Geist einer naturwissenschaftlichen Neubesinnung – haben mehr gemeinsam, als sie prima vista wahrhaben wollen. Beide Ansätze förderten einen weiteren Schritt zur »Entzauberung der Philosophie« (Kap. II.1.b). Die Poststrukturalisten stilisierten sich als Kunsthandwerker, die naturwissenschaftlich inspirierten Nachmodernen als Computerkünstler. Beide rückten den Spieltrieb und eine Kombinatorik, die Eigendynamik gegenüber dem Schöpfer gewinnen kann, ins Zentrum. Beide kultivierten eine große Skepsis gegenüber dem statischen Systemdenken. Philosophie war für Feyerabend (o. J.: 79) die langweiligste der Wissenschaften. Geistige Innovationen sah er nur noch von der Kunst und den Naturwissenschaften ausgehen. Der ersten Anregung folgten die Poststrukturalisten, der zweiten die Autopoietiker.

Die beiden Ansätze haben einander kaum zur Kenntnis genommen, und haben gleichwohl eine Reihe von Gemeinsamkeiten:

- Beide Ansätze bezeichnen sich als *selbstreflexiv* und reflektieren das beobachtende Subjekt und seine Rolle im Erkenntnisprozeß.
- Beide Denktraditionen brechen mit der herkömmlichen Logik und dem linearen Denken. Beide verletzen das klassische Tabu *zirkulärer Argumentationsweise.*
- Parallelen zeigen sich auch im Theoriedesign mit der Kultivierung von *Antiprinzipien* wie Unbestimmtheit, Fragmentierung, Hybridisierung, Konstruktcharakter, Ironie. In beiden Denkansätzen hat sich die Mehrheit nie mit dem erkenntnistheoretischen Konstruktivismus befaßt, verhält sich aber gleichwohl, »als ob« sie ihm folgte.
- Beide Denkrichtungen sind *antiteleologisch* gestimmt. Die Geschichte hat kein Ziel. Die Poststrukturalisten inspirieren sich an Heideggers Haltung des »permanenten Aufschubs« oder Derridas »Entwirrung ohne Aufruf zur Tat« (Lawson 1985: 125).

- In beiden Richtungen wird die *Überfütterung mit Handlungs-theorien* durch die Moderne durch Kultivierung einer *Fähig-keit des Duldens* im Vergleich zum kinetischen Aktivismus der Moderne ausbalanciert (Sloterdijk 1989: 28).
- In beiden Ansätzen wird die *Katastrophe entmystifiziert*. Wo noch Horrorszenarien ausgemalt wurden, wie in der Theorie der Risikogesellschaft (vgl. Kap. 11.3.f), vermögen sie keinen wirklichen Schrecken mehr auszulösen. Katastrophen gehören zur normalen Wahrnehmung. Unterschiedlich sind die Reaktionen auf sie nur prima vista: Luhmanns wohlgemuter Nihilismus mit der Botschaft »Ruhe ist die erste Bürgerpflicht« ist nur anscheinend getrennt von postmodernen Strategien des gelassenen »Weitermachens«.

a) Theoriebildung in den Naturwissenschaften

Im 19. Jahrhundert haben Natur- und Geisteswissenschaften sich so stark ausdifferenziert, daß es zu heftigen Abgrenzungskonflikten kam. Die Avantgarde der deutschen Naturwissenschaftler wie Helmholtz oder Liebig sagte sich von der vorherrschenden idealistischen Einheitsphilosophie los. Die Gegenreaktion der Geisteswissenschaftler war eine essentialistische Überhöhung der Geisteswissenschaften. Bei Dilthey (1959: 9) wurde im Gegensatz zur »Sinnenerfahrung über die Natur« die »Analysis des Gesamterlebnisses der geistigen Welt« für die Geisteswissenschaften beansprucht. Bei Droysen (1960: 25) wurde der verstehende Geisteswissenschaftler zu einer »Totalität in sich« hochstilisiert. Vermittlungsversuche zur Toleranz zwischen zwei gleichberechtigten Erkenntniswegen bei Windelband und Rickert (1926) haben die Überhöhung der Geisteswissenschaften in der Wahrnehmung des deutschen Bildungsbürgertums, und vor allem des deutschen Gymnasiums, nicht aufhalten können. Ein erster solcher Vermittlungsversuch stammte von Vico (1953: 125-131) aus dem Jahre 1744 mit seiner Unterscheidung von Naturtheologie (*teologia naturale*) und der Ziviltheologie (*teologia civile*). Die erste versucht nachzuvollziehen, daß Gott die Natur versteht, die er in seiner Allmacht schuf. Die zweite ist dem menschlichen Verstande offen. Der Mensch versteht nur, was er selbst schuf, die menschliche Gesellschaft. Diese Unterscheidung war jedoch im Zeitalter der Aufklärung, die sich einem technisch-mechanistischen Weltbild zuwandte, bereits ein Anachronismus (Scheibe 1986: 71).

Die Sozialwissenschaften fühlten sich zwischen Natur- und Geisteswissenschaften gestellt. Je mehr sie sich szientifizierten, um so mehr setzten sie sich von den Geisteswissenschaften ab. Wie alle Proselyten, übernahmen sie dabei die naturwissenschaftliche Methode unkritischer als viele »Altgläubige«. Der Prozeß wurde erst aufgehalten, als in den Naturwissenschaften selbst ein Paradigmawechsel eintrat, und die Naturwissenschaftler ihre Isolierung zu beklagen begannen. Prigogine (1977: 15) wollte zwar nicht zur prämodernen subjektivistischen Wissenschaftsauffassung zurückkehren. Aber er plädierte angesichts der »wissenschaftlichen Revolution«, die das galileische Weltbild überwunden hatte, dafür, die physikalische Erkenntnis mit den charakteristischen Merkmalen des Lebens in einen Zusammenhang zu bringen. Die Integration der Wissenschaften von der Biologie bis zur Physik sollte die Spezialisierung der Einzelwissenschaften überwinden und zu einem vereinheitlichten Bild führen. Der Glaube an die strenge Gesetzmäßigkeit der nomothetischen Naturwissenschaften, die Generationen von Sozialwissenschaftlern mit Neid und stillem Gram über die Mängel ihrer Wissenssphäre erfüllt hatte, wurde relativiert: Physik und Soziologie schienen plötzlich mit ähnlichen Unvollkommenheiten behaftet: »Auch in der Physik können wir – wie in der Soziologie – lediglich verschiedene mögliche Szenarios vorhersagen. Auch die Differenz der neutralen Beobachtung in den Naturwissenschaften und der teilnehmenden Beobachtung in den Sozialwissenschaften schwand. Schon Niels Bohr hatte erkannt, daß auch der Naturwissenschaftler zugleich Zuschauer und Handelnder ist« (ebd.: 18). Der deterministische Atomismus der Naturwissenschaften des 19. Jahrhunderts war seit langem ins Wanken geraten. Physikalische Prozesse schienen im 19. Jahrhundert im Gegensatz zu den historischen wiederholbar. Auch diese Gewißheit wurde erschüttert, je komplexere Prozesse untersucht wurden, bei denen die Ausgangsbedingungen schwer reproduzierbar waren. Auch bei der Erforschung von Gesetzmäßigkeiten wurde immer mehr Kontingenz neben der Gesetzlichkeit des Ablaufs von Prozessen entdeckt. Die Naturkonzeption dynamisierte sich. Eine Annäherung an die historischen Wissenschaften vollzog sich, als das Werden in den Naturwissenschaften mehr Interesse auf sich zog als das Sein.

Seit den Tagen des Sozialdarwinismus und seit dem Biologismus vieler prämoderner Soziologien hat es keine so starken Anleihen mehr bei den Naturwissenschaften gegeben. Aber der Fokus des Interesses verschob sich. Die ältere Systemtheorie und Kybernetik war an physikalisch-technischen Analogien interessiert gewesen. Die Nachmoderne hingegen wandte ihr Interesse der Analyse nichtlinearer Systeme zu, von Prigogines dissipativen Strukturen bis zu Hakens Synergetik oder den Chaos- und Katastrophentheorien.

Angesichts der Vielfalt der Anregungen und der Vorbildrolle unterschiedlicher Naturwissenschaften, die sich theoretisch erst in den letzten 20 Jahren aufeinander zu bewegten, war es nicht verwunderlich, daß keine einheitliche Theorie selbststeuernder Systeme entstand: Synergetik, Autopoiese, Selbstorganisation oder Konstruktivismus konkurrierten als Grundbegriffe. »Selbstorganisation« scheint jedoch der Oberbegriff zu sein, auf den die unterschiedlichen Schulen sich am besten einigen können, daher wird er hier zugrunde gelegt, ohne Verfremdung des griechischen Wortes Autopoiesis, das weitgehend synonym benutzt wird (Schmidt 1987: 441).

Die neuen Ansätze nehmen für dieses »neue Denken« für sich den Terminus »wissenschaftliche Revolution« in Anspruch. Stärker als bei Thomas Kuhn, auf den man sich dabei stützte, wurde der außerwissenschaftliche Anreiz betont, der den Paradigmawandel beschleunigte. Er entstand durch die Kritik an der Moderne, wie sie die Wachstumskritik, die Technologie- oder Bürokratiekritik vorbrachte. Die These von den *zwei Kulturen* war nicht neu. Die Kultur der harten Wissenschaften ging bei der Kultur der weicheren Wissensformen in die Lehre.

Der Kampf um die Durchsetzung neuer Ideen war in der Geschichte der Naturwissenschaften schon häufiger mit Erbitterung geführt worden. Aber bei früheren Revolutionen von Kopernikus über Newton bis zur probabilistischen Revolution des 19. Jahrhunderts oder dem Darwinismus, hatten sich solche Konflikte in einer Wissenschaft abgespielt. Die Theorie der Selbstorganisation erwuchs jedoch aus Anregungen ganz unterschiedlicher Wissenschaften. Als Geburtsstunde gilt – wie bei der Postmoderne im engeren Sinne – das Jahr 1960, als Heinz von Foerster das Buch »On Self-Organizing Systems and their Environment« herausbrachte. Es war noch stark von der kybernetischen Systemtheorie geprägt. Erst um 1975 kam es in Foersters »Biological Computer Laboratorium« in Urbana/Illinois zu einer institutionalisierten Zusammenarbeit der Ansätze von Prigogine, Haken, Eiken und anderen. Die unterschiedlichsten Naturwissenschaftler entdeckten analoge Strukturmuster in ihren Forschungsgegenständen. Die Welle erfaßte die Geistes- und Sozialwissenschaften. Einige der Gründungsväter förderten in einer bisher unüblichen Weise die Popularisierung des neuen Denkens und trugen damit zur Senkung der Hemmschwellen der vorschnellen Rezeptoren in den Geisteswissenschaften bei, zumal sie manchmal gewagte Ausflüge in die soziale Welt machten, in der sie Laien waren.

Die Integration der verschiedenen Ansätze in den Naturwissenschaften schien der philosophischen Untermauerung zu bedürfen. Eine respektable Ahnenreihe schien die Größe der wissenschaftlichen Revolution nicht zu verkleinern. Kants »Kritik der Urteilskraft« (B 291) erklärte bereits die innere Zweckmäßigkeit der Natur, ohne auf die »Zweckmäßigkeit der Zwecke« zu rekurrieren. Dort wurde der »Naturzweck« bereits ein »organisiertes und sich selbst organisierendes Wesen« genannt. Wo Kant jedoch noch von der »unerforschlichen Eigenschaft« der Produktion und Selbstproduktion des Lebens sprach, glaubten die Autopoietiker dieser unerforschlichen Eigenschaft endlich auf die Spur gekommen zu sein (Krohn u. a. 1987: 443).

Die erkenntnistheoretischen Grundlagen der Autopoiese waren über Kant hinaus weiter entwickelt worden. Luhmann (1984: 381) hielt im Anschluß an Husserl eine erkenntnistheoretische Position für überflüssig. Erkenntnistheoretische Fragen wurden ausgeklammert. Er wehrte sich gegen den Vorwurf, einen naiven, unreflektierten alltagsweltlichen Realismus zu vertreten, der ihm vielfach vorgeworfen wurde. Das System ist für Luhmann (1984: 30) wirklich. Es ist nicht bloß Methode. Das System muß sich an der Empirie bewähren. Die Erkenntnistheorie wird von der Systemtheorie gleichsam mitbetreut.

Auch Theoretiker, die stärker an den erkenntnistheoretischen Grundlagen interessiert waren, rückten von der klassischen Erkenntnistheorie ab. Ernst von Glasersfeld (1987: 411), ein Pionier in der Entwicklung des »radikalen Konstruktivismus«, sprach nicht mehr von Erkenntnistheorie, sondern nur noch von Kognitionstheorie. Die Erkenntnistheorie war psychologisiert worden. Anleihen von der Erkenntnispsychologie seit Piaget sind unverkennbar. Erkenntnistheorie muß nach diesem Ansatz von der Ontologie radikal getrennt werden. Glasersfeld hielt es für die verhängnisvollste Fehlentwicklung des abendländischen Denkens, daß von der Annahme ausgegangen wurde, daß das, was ich erkenne, schon »da ist«. Alles, was ist, ist nur »als ob« – ein Konstrukt des Betrachters. Hans Vaihingers »Philosophie als ob« (1911), die Fiktionen akzeptierte, soweit sie dem Denken und dem Leben dienten, wurde durch den radikalen Konstruktivismus weiter entwickelt. Nur Vaihingers späterer Versuch, doch wieder auf eine ontologische Evolutionstheorie zu rekurrieren, wurde nicht akzeptiert. Für den radikalen Konstruktivismus gibt es keine Erkenntnis der Wahrheit. Objektivität im Sinne eines direkten unverfälschten Zugangs zu den Erkenntnisobjekten erscheint ihm unmöglich. Nur durch parallel laufende Ko-Konstruktionen lassen sich Verständigungen zwischen erkennenden Subjekten herstellen, über das, was sie zu erkennen meinen. Wahrnehmungen und Erkenntnisse sind Instrumente im Prozeß der menschlichen Autopoiese. Der radikale Konstruktivismus beansprucht auch für sich selbst keine höhere Dignität als für andere Erkenntnislehren. Er versteht sich als Instrument, als Konstruktionsangebot (Rusch 1987: 302).

Glasersfeld sieht im Konstruktivismus eine Form des Funktionalismus. Der Vorwurf des Relativismus ließ ihn kalt, weil dieser auf die Vorstellung gegründet wird, daß Letztbegründungen wenigstens denkbar seien (v. Glasersfeld 1987: 409). Eine Ontologie wird für überflüssig gehalten – mit dieser Annahme werden Ansichten des amerikanischen Pragmatismus weitergeführt. Der Schluß, daß etwas Machbares im Einklang mit dem wahren Sein der Welt sein müsse, ist für Glasersfeld (1987: 410) nicht zwingend: »Wir können alles machen, was nicht gegen die Welt geht.« Die Ansicht wird mit einer Sieb-Metapher demonstriert: der Stein, der das Sieb passierte, kann über das Sieb nichts aussagen. Er kann lediglich feststellen, er sei »durchgekommen« und sein Nebenstein »sei nicht mehr da«. Wir können nach konstruktivistischer Auffassung Begriffe aus dem eigenen Erleben bilden. Konstruktionen müssen sich dann allerdings bewähren nach dem Grundsatz von »Versuch und Irrtum« (trial and error), den auch der Kritische Rationalismus hochgehalten hatte.

Der radikale Konstruktivismus scheint prima vista bei der Untersuchung sozialer und politischer Prozesse einleuchtender zu sein als bei der Erforschung von Naturvorgängen, für die er zunächst entwickelt wurde. Viele Varianten einer verstehenden Wissenschaft sind davon ausgegangen, daß sich soziale Vorgänge nicht ohne weiteres dem naiven, nach Realitäten suchenden Blick wie »Dinge« eröffnen, die Durkheim im Sinn hatte. Im Bereich von Naturvorgängen unterliegt dieser Denkansatz den Aporien der bekannten Brechtschen Parabel (Stücke, Bd. 14: 36) über einen alten Philosophenstreit in China: Bei der Diskussion der Frage »ist der Gelbe Fluß wirklich, oder existiert er nur in den Köpfen« wurde der Kongreß der Weisen vom Hochwasser überrascht und kam um. »So ist der Beweis, daß die Dinge außer uns, für sich, auch ohne uns sind, nicht erbracht worden.«

Einige Autopoietiker haben den Kompromiß zwischen einem naiven Realismus und einem autistischen Solipsismus, den der Konstruktivismus anstrebte, noch ein Stück in die Richtung des Realismus verschoben. Ein »reflektierter Rekonstruktivismus« (Willke 1989: 65) fühlte sich im Erkennen ausschließlich an die eigenen Mittel der Beobachtung und des Verstehens gebunden und behauptet nicht, den Gegenstand der Erkenntnis »objektiv« oder »real« zu ergründen. Aber das erkennende System kann keine »erfundenen« Konstruktionen als Erkenntnis ausgeben. Eine »passende« Erklärung muß keine »wirkliche« Erklärung sein.

Ein konstruktivistisches Vorgehen in der Theoriebildung scheint selbst bei den Verfechtern der Autopoiese vorzuliegen, die sich nicht zum erkenntnistheoretischen Konstruktivismus bekennen. Die Autopoiese ist nicht in jenen dreiteiligen Theoriebegriff einzuordnen, der in der Einleitung entwickelt wurde. Der Autopoiese, die sich als Theorie ausgibt, ist der Theoriecharakter abgesprochen worden. Sie wurde ein Modell genannt, da sie im Gegensatz zur Theorie – als System von Sätzen über empirisch Vorgefundenes – ein konstruktivistisches Kognitionsmodell darstellt, das nicht empirische Erklärungen zu geben versucht (Druwe 1990: 51). Maturana (1985: 236) hatte die wissenschaftliche Methode in eigenwilliger Weise definiert. Die erste Operation klingt traditionell. Sie ist auf die Beobachtung eines Phänomens gerichtet, das als zu erklärendes Problem angesehen wird. Die zweite Operation ist die Entwicklung einer Hypothese »in Form eines deterministischen Systems, das ein Phänomen erzeugen kann, welches mit dem beobachteten Phänomen isomorph ist.«

Obwohl dieses Modellkonstrukt nicht mit jenen mathematischen Modellen identisch ist, die mehr auf Prognose als auf Erklärung von Fakten Wert legen (vgl. Einleitung), wird in einer dritten Operation nach Maturana auch die Vorhersage der Entwicklung von Phänomenen angestrebt. Die Aussagen eines solchen konstruktivistischen Kognitionsmodells sind abhängig von einem System von Axiomen. Es erscheint daher nicht als Voraussetzung wissenschaftlichen Arbeitens, sondern als Konsequenz, die selbst erst wissenschaftlich bestätigt werden muß. Kritiker der Theorie selbststeuernder Systeme nehmen das konstruktivistische Bekenntnis vielfach zum Anlaß, sich mit diesem Ansatz nicht weiter zu befassen. Kritische Verteidiger des Ansatzes hingegen sind überzeugt, daß sich das Modell in empirische Begriffe übersetzen läßt und damit zu einer empiriegesättigten Theorie entwickelt werden kann (Druwe 1990: 53).

Ein großer Teil der Theoretiker selbstorganisierter Systeme hat sich um die erkenntnistheoretischen Grundlagen des Konstruktivismus nicht gekümmert, teilt aber seine Annahme, daß diese Theorie in der Betonung der Autonomie von Systemen über jede ältere Systemtheorie hinausgeht. Gerade in den Sozialwissenschaften, die nach empirischer Überprüfung drängen, ist ein anscheinender Widerspruch schwer zu vermitteln: einerseits werden Selbständigkeit und Unbeeinflußbarkeit der internen Strukturen der Systeme betont. Die älteren Systemtheorien konzipierten den Austausch von Systemen noch nach einem schlichten Input-Output-Modell. Andererseits ist die Verflechtung von lebenden Systemen mit der Umwelt weit stärker ins Blickfeld gerückt als in den älteren Systemtheorien, die ihre Anschauung eher aus der Mechanik als aus der Biologie nahmen (Schmidt 1987: 22). Einflüsse aus der Umwelt werden als »Perturbationen« beschrieben. Wo sie auftreten, kann ein System in einen neuen Zustand übergehen. Dieser aber wird vom System selbst wiederum festgelegt und kann ihm nicht von außen aufgezwungen werden. Autopoietische Systeme sind strukturdeterminiert und durch die Umwelt »perturbierbar« zugleich (Roth 1987: 272).

Die neue Konzeption der Natur ging nicht von Einheit, sondern von Mannigfaltigkeit und Komplexität aus. In einer pluralistischen Welt war ein einheitlicher Bezugsrahmen nicht mehr angebracht. Die traditionelle Spaltung der zwei Kulturen – Natur- und Geisteswissenschaften – wurde überwunden. Alte philosophische Entwürfe, die man im 19. Jahrhundert zu Metaphysik und logischem Unsinn erklärt hatte, wurden wieder diskutiert. Leibniz' Monadenlehre wurde wieder entdeckt. Nur seine Annahme einer prästabilierten Harmonie erwies sich als unbrauchbar. Leibniz legte die Betonung auf das Sein – Prigogine (1981: 291) auf das Werden.

Die belebte und die unbelebte Natur wurden nicht mehr nach radikal unterschiedlichen Prinzipien organisiert gedacht: »Das Wachstum dieser neuen, von Maschinen und Techniken bevölkerten Natur, die Entwicklung von sozialen und kulturellen Praktiken und das Anwachsen der Städte sind ebenso wie das Wachstum der Pflanzen kontinuierliche, autonome Prozesse, in die wir sicherlich modifizierend und organisierend eingreifen können, deren eigenes Entwicklungstempo wir jedoch respektieren müssen« (Prigogine/Stengers 1981: 293). »Respekt vor der Natur« trat an die Stelle eines rein manipulativen Verhältnisses zur Natur und förderte eine ökologische Sicht der Welt. Prigogine (ebd.: 294) forderte daher, die dualistische Weltsicht, in der sich Kontrolleure und Kontrollierte gegenüberstehen, aufzugeben, gleichgültig, ob das Abhängigkeitsverhältnis nach dem Vorbild einer Uhr oder einer Dampfmaschine konstruiert war: »Wir müssen lernen, die vielfältigen, von den menschlichen Gesellschaften hervorgebrachten Erkenntnisse, Praktiken und Kulturen nicht mehr zu beurteilen, sondern vielmehr miteinander zu kreuzen und neue Verbindungen zwischen ihnen zu schaffen.« Bei Luhmann ist diese Botschaft auf fruchtbaren Boden gefallen.

In der Kulturanthropologie hatte es ähnliche Ansichten in Konfrontation mit der alten Logik schon lange gegeben. Sie mußte sich in die Denkgewohnheiten ganz anderer Kulturen einfühlen, die dem okzidentalen Rationalismus schwer zugänglich waren. In der klassischen Moderne hatten funktionalistische Ganzheitstheorien bei Malinowski oder Radcliffe-Brown für die Untersuchung außereuropäischer Kulturen dominiert. Die neue Form der weniger rigiden Systemtheorie, welche die mutuelle Kausalität entdeckte und zirkuläre Argumentationen einsetzte, wurde vor allem durch die Postmoderne in Frankreich gefördert. Die *circulus-vitiosus*-Thesen von Gunnar Myrdal wurden als Vorläufer angesehen. Dissoziation statt Integration schien in der Dritten Welt eine Weile die einzige Möglichkeit, den fehlerhaften Zirkel zu durchbrechen.

Mit der Entstehung neuer Therapieformen, welche gegen die Dogmatik der klassischen Psychoanalyse (vgl. Kap. 1.2) Front machten, wurden Parallelen des neuen Denkens in der Psychotherapie entwickelt. Gregory Bateson (1969) hatte in der Untersuchung pathologischer Familienstrukturen zirkuläre Doppelbindungen (*double bind*) festgestellt. In der Schizophrenieforschung wurde aufgegeben, nach den Regeln des linear-kausalen Denkens den »Schuldigen« zu finden (bei Freud häufig »der Vater«). In den sich selbst verewigenden Kommunikationsstrukturen wurden *Beziehungsfallen* (Zwickmühlen) entdeckt, die es unmöglich machten, anzugeben, wer wen in einer Beziehungsfalle gefangen hält. Eine neue Form der Kommunikationstherapie mußte versuchen, den Widerstand des Patienten zu umgehen, der dem Therapeuten paradoxe Mitteilungen sendet (Therapiere mich – wehe Du veränderst mich!). Der Therapeut befolgt gleichzeitig die einander widersprechenden Aufforderungen und gibt daher das Gesetz des Handelns an den Patienten zurück (*paradoxe Intervention*). Die Unfähigkeit von Patienten zur Selbst-Objekt-Differenzierung wird aufgebrochen. Therapie kann pathologische Teufelskreise durchbrechen (Simon/Stierlin 1984: 69).

Batesons Therapievorschläge waren Ausfluß einer weiterreichenden Philosophie, die eine Versöhnung von Geist und Natur anbahnte. Sie hatte einige Gemeinsamkeiten mit den Ansichten Prigogines. Batesons neuer Holismus setzte sich von der modernen rationalistischen Denktradition ab:

– Fakten und Werte wurden für untrennbar erklärt.
– Die Natur wurde in unserer Beziehung zu ihr analysiert.
– Ziele wurden nicht mehr als bewußte Dezisionen aufgefaßt, die in kontrollierter Form verwirklicht werden. Das Unbewußte wurde als primär angesehen. Ziele sind nicht mehr Naturbeherrschung, sondern Weisheit, Schönheit und Gnade.
– Leib und Seele werden wieder als Einheit angesehen.
– Der modernistische Atomismus wird durch einen neuen Holismus abgelöst (Berman 1975: 238; Holl 1985).

Der Mainstream der Wissenschaft, der in den Bahnen von Kausalitätsbeziehungen dachte und seine Einsichten für generalisierbar und universalisierbar hielt, geriet in Mißkredit. Die Relativitätstheorie hatte den Begriff *»Substanz«* in den Naturwissenschaften in Frage gestellt. Die Quantenmechanik zweifelte das Prinzip der *»Identität«* an. Beide Prinzipien wurden mit dem Begriff der *mu-*

tuellen kausalen Logik relativiert. Durch den Vergleich von Kulturen wurde zu zeigen versucht, wie aus Heterogenität Homogenität der Resultate werden kann (Maruyama 1976: 203). Formen dieser mutualistischen Logik wurden in den alten Kulturen Afrikas, Asiens und Amerikas entdeckt. Die Symbiotisierung von radikal verschiedenen Elementen wurde selbst in die japanische Gartenarchitektur hineingesehen. Die Einbahnstraßenlogik ist nach dieser Auffassung durch die Herausbildung eines Systems der Kernfamilie entstanden. Dieses führte nach der Ansicht einiger Kulturanthropologen zu einer Mono-Polarisierung der Entwicklung von Persönlichkeiten. Sie schlägt sich in dem psychischen Grundzug des Okzidents nieder, an eine universelle Wahrheit zu glauben.

Die neue Denkweise wurde zuerst von Randgruppen übernommen, wie der Hippie-Bewegung, den ethnischen Befreiungsbewegungen und den Ökogruppen. Der Lernprozeß polt nach dieser Ansicht die Denkweisen um, von:

– Einbahnigkeit	zu einer mutualistischen Denkweise,
– Uniformismus	zur heterogenen Sichtweise,
– Wettbewerbsdenken	zu symbiotischen Lebensformen,
– Hierarchie	zu Interaktion,
– Quantität	zu Qualität,
– Klassifikation	zu einer relationalen Sichtweise,
– Atomismus	zur kontextgebundenen Logik.

Das Erscheinungsbild der neuen Lehren war widersprüchlich. Einige standen in der skeptischen Tradition, andere entwickelten neue Ethiken. Der Traum von der großen interdisziplinären Superwissenschaft, der schon die Kybernetik beherrscht hatte, wurde von einigen weitergeträumt. Andere sahen auch ihn als unvereinbar mit dem neuen fragmentarischen Denken. Einige Traditionsstränge mündeten rasch in den Harmonismus von New Age-Bewegungen, die sich an einem erweiterten Familienethos orientierten. Andere, wie Maruyama (1976: 204), haben hingegen komplexe Typologien von Beziehungen entwickelt, in denen es jeweils unterschiedliche Gewinn- und Verlustrechnungen gab. Einige kannten keine Interaktion, andere erwiesen sich als Nullsummenspiele:

Beziehung	Gewinne	Verluste	Bemerkungen
Separatismus	keine	keine	kein Interaktion
Symbiose	alle	keine	kein Nullsummenspiel
Parasitismus	einige	andere	Nullsummenspiel
Antibiosis	keine	einige	Nichtnullsummenspiel
mutuelle Antibiosis	keine	alle	Nichtnullsummenspiel

Ein normatives Element war jedoch auch durch Typologien nicht vermieden. Die Symbiose wurde als die ideale Beziehung angesehen. Die Ko-Evolution wurde zum Ideal einer Schule auch in den neuen Therapieformen, die sich auf Partnerschaftsbeziehungen spezialisierten. Die Symbiose wurde jedoch nicht mehr organizistisch verstanden. Kausale, finale oder hierarchische Beziehungen zwischen den Teilen wurden nicht angenommen. Der altfunktionalistische Satz: das Ganze hat eine logische Oberhoheit über die Teile, galt nicht mehr. Mutualismus nannte sich dieser neue Ansatz auch. Es gibt kein Ganzes, sondern nur Interaktionssysteme. Steuerung ist möglich, aber nur durch gegenseitige Vereinbarungen. Es gibt keine Mehrheitsvoten und keine überstimmten Minderheiten mehr. Auch hier zeigen sich Berührungspunkte mit der politischen Theorie der Postmoderne (vgl. Kap. 11.1.c). Die neuen sozialen Bewegungen haben auch diese Botschaft gern aufgegriffen (Kap. 11.3.d).

Das neue Bild der Wissenschaft orientierte sich nicht mehr an den Maschinen, sondern an Modellen des Lebens. Während die Maschinen input und output kennen und einen Zweck haben, der in der Produktion von Gütern besteht, hat das autopoietische System keinen Zweck und liefert keine Produktion. Es produziert lediglich sich selbst. Maturana und Varela (1985: 182) entwickelten eine nicht-animistische Auffassung von Lebewesen. Lebende Systeme wurden durch ihre Organisation definiert. Wie die ältere Systemtheorie, erklärt die Autopoiese die Organisation durch Relationen, nicht durch Eigenschaften der Bestandteile des Systems. Ontologischer Starrheit der Begriffe wird durch ein dynamisches Konzept des Systems vorgebaut. »Vom Sein zum Werden« hatte Prigogine sein erfolgreichstes Buch genannt und damit nicht nur einen zündenden Buchtitel, sondern auch ein schlagwortartiges Programm gefunden.

Im Gegensatz zur funktionalistischen Systemtheorie älterer Prägung betonten Maturana und Varela (1985: 190), daß Zwecke, Ziele und Funktionen lebender Systeme nur in der Vorstellung des Beobachters bestehen. Funktionen haben keinerlei Erklärungswert im Bereich der Phänomene, da sie nicht als kausale Elemente an der Neuformulierung irgendeines Phänomens mitwirken. Folgerichtig wird auch die Prognose eines zukünftigen Zustands des Systems nur als »Vorwegnahme eines der Folgezustände der Maschine im Bewußtsein eines Beobachters« angesehen.

Autopoiese ist gekennzeichnet durch die *Komplementarität von Struktur und Funktion*, von Stabilität und Instabilität. Selbstproduktion und Selbsterneuerung autopoietischer Systeme vollzieht sich in einer Dynamik, die stabil erscheint und doch niemals zum Stillstand kommt. Wo in den älteren Naturwissenschaften ungeordnete Prozesse angenommen wurden, hat man seit den 60er Jahren ein neues Ordnungsprinzip entdeckt, die *Ordnung durch Fluktuation.*

Die Theorie der Entstehung des Lebens pendelte sich zwischen der Annahme einer zielgerichteten Evolution der Prämoderne und der Betonung des reinen Zufalls molekularer Kombinationen ein (Monod 1971). Hatte Monod noch Zufall und Notwendigkeit als kausale Abfolge angesehen, so wurden Zufall und Notwendigkeit in der Autopoiese komplementär gesehen. Zufällige Prozesse fangen sich gleichsam im Netz vorgegebener Regeln (Eigen/ Winkler 1975). Die Evolution wurde nicht mehr als blindwütiger Prozeß begriffen, der notfalls jede Absurdität produziert, und über dessen Lebensfähigkeit in einem darwinistischen Lebenskampf entschieden wird.

Die neuen naturwissenschaftlichen Ansätze hoben sich von den physikalischen Metaphern ab, die auch in der prämodernen sozialen Statik lange Einfluß hatten. Im Konzept eines »partizipatorischen Universums« wurde die Zeit die wichtigste Kategorie. Ohne zeitlich orientierte Aktivität scheint die Beschreibung der Umwelt nicht möglich, ob nun reversible oder unumkehrbare Prozesse beobachtet wurden. Als begriffliches Bezugsschema wurde von Prigogine (/Stengers 1981: 287) die »Welt der reversiblen Trajektorien« eingeführt, welche unter gleichgewichtsfernen Bedingungen *dissipative Strukturen* erforscht. Das zirkulare Modell einer selbstkonsistenten Beschreibung wurde nicht mehr apriorisch aus einer logischen Struktur abgeleitet (ebd.: 288).

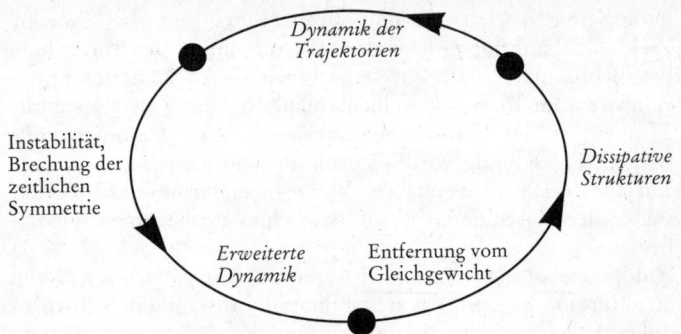

Dynamik der
Trajektorien

Instabilität,
Brechung der
zeitlichen
Symmetrie

Dissipative
Strukturen

Erweiterte
Dynamik

Entfernung vom
Gleichgewicht

Die posthegemoniale Sichtweise des Universums konnte nicht
einflußlos im Bereich der politischen Auffassungen bleiben. Die
naturwissenschaftliche Reflexionsweise entwickelte Ähnlichkeiten mit postmodernen Reflexionstheorien. Beide leugneten, daß
das Schema der Dynamik, das sie zeichneten, eine fundamentale
Beschreibungsweise voraussetzt. Jede der Beschreibungsebenen
impliziert die andere und wird von ihr impliziert. Keine der unterschiedlichen Ebenen, die miteinander verbunden sind, kann in
dieser Sicht einen Vorrang beanspruchen (Prigogine/Stengers
1981: 288).

Die neue Evolutionstheorie der Autopoiese brach endgültig mit
der neodarwinistischen Evolutionstheorie, welche die Selektion
durch Umweltfaktoren ins Zentrum des Wandels gestellt hatte.
Interne Ordnungsprinzipien spielen hingegen die Hauptrolle.
Umweltfaktoren setzen nur minimale Grenzen. Werturteile, wie
sie die darwinistische Konzeption vom Überleben der Tüchtig-
sten noch implizierte, werden in dieser Ansicht überflüssig.
Wichtig ist lediglich das Überleben des Systems. Es ist zweitrangig, wie dieses erreicht wird. In der Regel läßt sich ein optimaler
Anpassungsprozeß nicht ausmachen, sondern es gibt nur Alter-
nativstrategien des Überlebens.

Für die politische Theorie war die Botschaft dieser Lehren wichtig, die Freiheit verhieß. Die Umwelt ist gegenüber den Systemen
restriktiv und permissiv. Sie schreibt nicht ein bestimmtes Verhalten vor. Kein Zufall, daß es gereizt hat, diese Erkenntnisse auf
postmoderne Gesellschaften ohne Steuerungszentrum und ohne
verpflichtende Normen für das Verhalten der Individuen zu
übertragen.

b) Wandel, Chaos, Katastrophen

Die Prinzipien der Selbstorganisation, welche für präbiotische und chemische Prozesse entwickelt wurden, sind bald auch auf höhere Stufen der Evolution übertragen worden. Obwohl sie zunächst nur als »intuitive Versuche« unter Vorbehalt gestellt wurden (Jantsch 1988: 34), ergab die Übertragung eine relativ wirklichkeitsnahe Beschreibung der Dynamik von ökologischen, soziologischen und soziokulturellen Systemen. Hatte die ältere Evolutionstheorie den *vertikalen* Aspekt entdeckt, die *Kohärenz in der Zeit*, so wurde nun die *horizontale* Sicht bevorzugt, welche die *Kohärenz im Raum* erfaßte. Grundbegriffe wurden: *Kommunikation, Symbiose und Koevolution*. Natur- und Humanwissenschaften entwickelten sich parallel in die gleiche Richtung und versuchten, die naturwissenschaftlichen Begriffe vom Ruch des Inhumanen zu befreien. Erstmals schien die Gegenüberstellung der *zwei Kulturen*, die C. P. Snow (1990) in den fünfziger Jahren für eine unvermeidliche Urfeindschaft gehalten hatte, abgebaut zu werden.

Damit wurden auch die Reste der älteren evolutionistischen Betrachtungsweise (Kap. 1.2.b) beseitigt. Neue Formen der *Prädestinationslehre*, die einen kosmischen Bauplan unterstellten, ließen auch Teilhard de Chardin wieder als Diskussionsbeitrag gelten. Aber die wiederentdeckte Entelechie und Zielgerichtetheit der griechischen Philosophie konnte nur den allgemeinen Ablauf der Entwicklung betreffen, nicht die Details. Auch wenn einige Naturwissenschaftler noch einem anthropozentrischen Weltbild anhängen, erscheint auch der Mensch im Kosmos nicht »vorherbestimmt« (Davies 1990: 288). Die *Zielgerichtetheit* der Evolution war in dem neuen Paradigma nur als Zusammenspiel von *Notwendigkeit und Zufall* denkbar. Notwendigkeit wurde dabei nicht durch eine starr definierte Umwelt erklärt, wie in der darwinistischen Evolutionstheorie. Sie entsteht nach dieser Sicht aus den Bedingungen des Systems, die ihrerseits wieder Resultat der Evolution sind. Auch die darwinistische Vorstellung von der Adaption an die Umwelt und eines mörderischen Ausleseprozesses wurde revidiert. Die biologische *Evolution* schien gleichsam *humanisiert* worden zu sein. Ökologische Nischen der gemeinsamen Entwicklung vieler Spezies wurden entdeckt und ließen die Evolution nicht mehr als bloßen Verdrängungswettbewerb erscheinen. Das *ökologische Gleichgewicht*, das in den Tagesauseinandersetzungen so häufig beschworen wird, erweist sich in dieser Sicht auch ohne die Störungen durch den Menschen als äußerst labil. Nach den Katastrophen treten auch keineswegs immer neue Gleichgewichtszustände auf, wie in Analogie zum Modell der Marktwirtschaft gern unterstellt wurde (Haken 1988: 90). Drastische Änderungen auf dem Weg zu neuen Gleichgewichtszuständen haben mit der Katastrophentheorie einen neuen Ansatz für die Erforschung sozialen Wandels entstehen lassen.

Die Autopoiese neigte dazu, den Wandel rein endogen wahrzunehmen, ohne Triebkraft von außen. Die Tendenz, wieder in Evolutionsvorstellungen eines Wandels zu immer höherer Komplexität zu enden, wie sie einst Spencer vertreten hatte, ist nicht zu übersehen. Autopoiesis konnte aber nicht als Generalkonzept für den Wandel von Systemen eingesetzt werden. Sie beschreibt nur eine sehr formale Perspektive des Wandels. Die Selbstproduktion, die ständige Ersetzung einzelner Elemente des Systems aus sich selbst heraus, mußte jedoch im Gegensatz zu den archaischen Evolutionstheorien des 19. Jahrhunderts nicht zur Evolution führen. Sie konnte auch zur Katastrophe oder zum Chaos führen (Bühl 1990: 158). Fluktuationen, welche die normalen Abweichungsbreiten überschreiten, sind mit den üblichen Termini der Autopoiese nicht wiederzugeben und bedürfen der Ergänzung aus anderen Bereichen der Naturwissenschaften.

In der Physik wurde die Überwindung des linearen Denkens in einer nichtlinearen Thermodynamik noch vor der Biologie vorbereitet. Zwei theoretische Ansätze wurden entwickelt: die Katastrophentheorie und die Fluktuationstheorie. Die *Fluktuationstheorie* untersuchte Veränderungen *stochastisch*. Statistische Punktmengen wurden verfolgt, um die Wahrscheinlichkeits- und Zufallsverteilungen von Veränderungsprozessen aufzuspüren. In der Anwendung auf die Sozialwissenschaften wurde diesem Ansatz bisher eher ein spekulativer Wert beigemessen. Wo Bateson (1982: 11, 218 ff.) kühne Analogien zwischen Evolution und Lernen, zwischen biologischen Mutationen und menschlichen Lernprozessen zog, schien diese Skepsis mehr als angemessen.

Die *Katastrophentheorie* wurde aus der allgemeinen Systemtheorie von René Thom (1975) entwickelt. In diesem Ansatz wurden Systeme nicht als durch stabile Strukturen festgelegt gesehen. Die Störungen und Zusammenbrüche, die Thom entdeckte, wurden aber nicht als chaotische Abweichungen von der »normalen« Entwicklung aufgefaßt, sondern als Gesetzmäßigkeiten. Normalität erwies sich als Fiktion. Stufenmodelle wurden nach dem Kriterium des Zusammenbruchs der Steuerungselemente im System abgegrenzt, das seine Gleichgewichtslage verloren hatte, in der es die üblichen Schwankungen ausgleichen konnte. Die nichtlineare Kybernetik (III) wurde der klassischen Kybernetik (I) gegenübergestellt, in der Störungen geregelt werden oder auf Schwankungen in einem bimodalen System beschränkt bleiben. In einer mittleren Stufe der Systembildung (Kybernetik II) hingegen kommt es zur Bildung von Zyklen oder zur Adaption.

Systemformen und Systemdynamiken (Bühl 1984a: 645):

Kybernetik I		Kybernetik II		Kybernetik III	
Mono-stabiles System	Bimodales System	Multi-modales System	Poly-morphes System	Dynami-sches Gradienten-System	Fluktu-ierendes System
Störungs-ausregelung	Oszillation	Zyklen-bildung	Adapta-tion	Kata-strophen-sprung	Fluktua-tion

Die Vielfalt der Systemdynamiken zeigt bereits die Gefahren der Anwendung der Modelle in den Sozialwissenschaften an. Hier fehlt die Plausibilität des Einsatzes des einen oder anderen Modells. Der Forscher neigt zur Überschätzung von Fluktuationen und Schwankungen. Nicht alles, was umgangssprachlich als »katastrophal« bezeichnet wird, erweist sich im kühlen Rückblick auch als »Katastrophe« im Sinne der nichtlinearen Systemtheorie.

Ordnung wurde in der prämodernen und modernen Theoriebildung als der Normalzustand eingeschätzt, wie prekär auch immer der jeweilige Gleichgewichtszustand eines Systems eingeschätzt wurde. In der Theorie der dissipativen Strukturen wurde Ordnung eher als die Ausnahme entdeckt. Dynamische Systeme entwickeln sich ständig in unvorhergesehener Weise. Dem ordnungsorientierten Betrachter erscheint diese Dynamik chaotisch. Aber auch sie unterliegt Regeln, die teils determiniert, teils zufällig sind. Auch anscheinend chaotische Abläufe enthalten Reste von alten Ordnungen und Ansätze zu neuer Ordnung. Das Verhalten von Systemen ist langfristig nicht vorhersehbar, lautet die tröstliche Botschaft für die Sozialwissenschaften, die an einem Minderwertigkeitskomplex leiden, weil sie große Systemeinbrüche (von der Studentenbewegung bis zur Erosion des realen Sozialismus) nicht prognostizieren konnten. Auch Naturwissenschaftler gehen nicht mehr davon aus, daß das Verhalten von Systemen langfristig voraussagbar ist (Prigogine/Stengers 1986: 176 ff.). Strenge Kausalität kann die Prozesse nicht erklären. Gleiche Ursachen haben nicht notwendigerweise gleiche Folgen. Chaos bleibt sowenig ein Endzustand wie die untergegangene Ordnung. Durch die Erforschung selbstorganisierter Systeme werden die Prozesse sichtbar, in denen aus dem Chaos ein neuer labiler Zustand entsteht, der vom Betrachter als »Ordnung« wahrgenommen wird.

Die Wortwahl »Chaos« ist unglücklich. Sie überbetont den zerstörerischen Aspekt und droht den schöpferischen Aspekt, der ständig neues Leben und neue Möglichkeiten schafft, zu verdunkeln. Aber vielleicht war die terminologische Übertreibung unerläßlich, um das lineare Denken zu schockieren, das gegen den Rat der Naturwissenschaftler auch in den Sozialwissenschaften versucht, es den Physikern gleichzutun, und ihren Gegenstand mit einfachen mathematischen Gleichungen beschreiben möchte (Davies 1990: 39). Selbst in der Astronomie lassen sich die Orte und Geschwindigkeiten der Planeten nur mit begrenzter Genauigkeit feststellen. Vorhersagen werden unexakter, können aber durch neue Daten gleichsam den Ereignissen vorauseilen und auf ein neues Genauigkeitsniveau gebracht werden. Die Fehler wachsen in dynamischen Systemen nur linear, in chaotischen Systemen hingegen exponentiell mit der Zeit. Simulationen werden damit sinnlos (Davies 1990: 80 f.). Selbst für Sozialwissenschaftler birgt die Botschaft der Naturwissenschaften Tröstliches. Auch die Politik ist kein mechanisches Newtonsches System, in dem die Zukunft durch die Gegenwart voll determiniert ist. Die Totalitarismustheorie hat vermutlich am stärksten in diesen Newtonschen Kategorien gedacht und ist falsifiziert worden. Chaos kann durchaus Wandel zum Besseren beinhalten.

Katastrophen- und Chaostheorie entwickelten sich aus unterschiedlichen naturwissenschaftlichen Fragestellungen. Sie wurden jedoch zunehmend miteinander verknüpft. Katastrophentheoretische Erklärungen können Vorstufen für Störungen der Systemdynamik erfassen. Wo ganze Systeme zusammenbrechen, müssen sie in chaostheoretische Erklärungen überführt werden. Böhret (1990: 150) hat die Charakteristika beider Erklärungsansätze für sozialwissenschaftliche Zwecke einleuchtend schematisiert:

Katastrophe	Chaos
plötzlich, abrupt	turbulente Phase (Vorlauf)
an einem Punkt	Periodenverdoppelung
A oder B	Umkippen auf der »ganzen Linie«
Umfeld (System insgesamt) bleibt stabil	Umwelt ändert sich völlig (Chaos) zu einem neuen Zustand
Reichweite/Veränderung: begrenzt	Reichweite/Veränderung: total

Scheinen die neuen Ansätze eine Vorliebe für die Instabilität zu entwickeln, so suggerieren jedoch nicht alle Zustände von großer Instabilität. Bei enger aber flexibler Koppelung der Subsysteme bleibt die alte Struktur weit über den Punkt hinaus stabil, an dem sie, makroskopisch betrachtet, eigentlich instabil werden müßte. Dieses Phänomen ist von Jantsch (1988: 347) als *Metastabilität* bezeichnet worden. Ungleichgewichtige autopoietische Systeme können selbst instabil sein und dennoch weiterexistieren, indem sie evolvieren. Prozesse zwischen den Subsystemen müssen nur rasch genug ablaufen, um kleinere und mittlere Fluktuationen aufzufangen und das System in einem Zustand der Metastabilität zu erhalten.

Diese Ansätze sind mit den Vorstellungen vom »Ende der Geschichte«, wie sie in einigen Theorien der Postmoderne vertreten worden sind (vgl. Kap. ii.1.a), nicht vereinbar. Es herrscht überwiegend strukturelle Stabilität. Ein Ziel der Geschichte und ein Ende der Entwicklung ist nicht in Sicht. Daher gibt es auch kein *Ende der Geschichte*, sondern nach Prigogine (1975) nur ein *»Ende der Geschichten«*. Nimmt man den horizontalen Aspekt der neuen Theorien ernst, ließe sich der Satz auch umdrehen. Es gibt nur Geschichten. Geschichte bleibt Artefakt des analysierenden Betrachters aus der Perspektive des Rückblicks. Damit ist eine Annäherung der beiden Standpunkte in Sicht.

Eine postmoderne Vollendung der Moderne liegt darin, daß die

Entwicklung in diesen neuen nichtlinearen Denkansätzen sich nicht mehr in strikt unterscheidbaren Stadien und Gesellschaftsformationen vollzieht. Nicht mehr ganze Kulturen und Gesellschaften müssen eine neue Struktur entwickeln. Die Vielzahl der Prozesse, die gleichzeitig ablaufen, haben nicht notwendigerweise die Wirkung einer völligen Veränderung des Systems. Hierarchische Vorstellungen über die Subsysteme müssen aufgegeben werden, wo die Dynamik nicht mehr aus der Konstruktion der Systeme, sondern aus ihrer *Reaktionsgeschwindigkeit* erklärt wird.

In der Zeit der klassischen Moderne waren gegen die Vorherrschaft der Systemtheorien »*Konfliktmodelle*« gestellt worden. Sie neigten jedoch dazu, den Konflikt nicht weniger zu ontologisieren als die Systemtheorien die Mechanismen der Integration von Systemen. Konflikttheorien neuerer Prägung schienen in Chaos- und Katastrophenansätzen eine nichtontologische Form der Erklärung von sozialen und politischen Prozessen in die Hand zu bekommen, was ein Teil der Faszinationskraft der neuen Theorien für die Sozialwissenschaften erklärt. Es ist kein Zufall, daß die in den Naturwissenschaften entwickelten Möglichkeiten zuerst in der Erforschung der Kriegsursachen und der Gründe und Abläufe von Revolutionen ausprobiert worden sind. Die postmodernen Theorien, welche das Zufällige und Kontingente in den Mittelpunkt der Erklärung stellten, waren für diese politischen Prozesse einer gewaltsamen Diskontinuität brauchbarer als die älteren Systemtheorien, obwohl es nicht an Versuchen gefehlt hat, Revolutionen systemtheoretisch und kybernetisch zu erklären (vgl. v. Beyme 1973: 135 ff.). Vielfach sind mit den neuen Ansätzen jedoch nur Phasenmodelle herausgekommen, die sich von alten Erklärungen wie Crane Brintons »Anatomy of Revolution« (1938) nur durch das neue naturwissenschaftliche Vokabular unterscheiden.

Vor der Ausweitung der Anwendung der neuen Denkmodelle auf jede Art von Konflikt ist nachhaltig gewarnt worden. Eine allgemeine Konflikttheorie im Gewande der neuen Terminologie ist nicht in Sicht (Bühl 1984a: 660). Trotz der Skepsis, welche die meisten Sozialwissenschaftler in der Frage der Übertragbarkeit der Katastrophentheorie an den Tag legten (Böhret 1990: 151 ff.), wurden dann doch vielfach vom »Artensterben« bis zur »Parteienfluktuation« so ziemlich alle auffälligen Veränderungsprozesse als Anwendungsfälle in Aussicht genommen. *Krisentheorien* waren ein weiterer integrierender Anwendungsbereich, nachdem sie sich überwiegend durch globale Evolutionsschemen kompromittiert hatten, vor allem die neomarxistischen Ansätze (vgl. Kap. 1.3.c). Wo vor allem bei der Katastrophentheorie gewarnt wurde, die »semantische Innovation« schon für eine »Zunahme des Erkenntnisgewinns« zu halten (Mayntz 1988: 16), wurde doch immerhin erreicht, daß der inflationäre Gebrauch des Wortes »Krise« eingedämmt wurde. Von Krise sollte dort nicht gesprochen werden, wo kein entwicklungs- und adaptionsfähiges System gegeben ist, wo kein Kontrollsystem, sondern nur interagierende Handlungseinheiten nebeneinander stehen. Der Krisenbegriff wurde auf eine »mittlere ökologische Systemdichte« beschränkt (Bühl 1984b: 58). Auch ohne Rezeption der neuen Ansätze haben freilich andere Krisentheoretiker ähnliche Wendungen zu einem offenen Prozeß hin vollzogen, in dem Krisenphänomene nicht mehr überdramatisiert und als Teil der angeblichen Normalität entdeckt wurden (Prisching 1986: 643). Die Anwendungen der Katastrophentheorie wurden nicht dadurch einleuchtender, daß einzelne Naturwissenschaftler selbst Ausflüge in die Sozialwissenschaften unternahmen, und etwa bei der Erklärung von Kriegen neue Anwendungsfelder erschließen wollten, um die Anwendungen dann als »grobe Übersimplifizierungen« zur Hälfte wieder zurückzunehmen (Zeeman 1977: 17). Da jedoch im Stadium der Bildung neuer Hypothesen schon einige heuristische Anfangsgewinne erkennbar sind, sollte man nicht jede Arbeit an den neuen Analogien als Mode abtun, solange sie nicht im Gewande einer Umdefinition herkömmlicher empirischer Einsichten geistig erstarrt sind.

In der Erforschung der Folgen ganz unterschiedlicher politischer Maßnahmen (policies) wird die Vergleichbarkeit der Phasensprünge von vornherein unterminiert. Bei der Beschränkung auf große Systemeinbrüche, wie die großen Revolutionen oder die beiden Weltkriege, ist die Zahl der Fälle so gering, daß der Nutzen der katastrophentheoretischen Behandlung ebenfalls begrenzt bleiben dürfte. Am erfolgversprechendsten scheint die Anwendung der Katastrophentheorie in jenen Bereichen, wo eine große Anzahl von routinemäßigen Systemzusammenbrüchen untersucht werden, wie bei den Firmenzusammenbrüchen in der Betriebswirtschaft. Die große Zahl hat jedoch auch ihre Gefahren der Freisetzung einer Eigendynamik. Die unreflektierte Anwendungseuphorie neigt zum Einsatz mathematischer Modelle. Sie bleibt dabei der ursprünglichen naturwissenschaftlichen Verwendung am nächsten, verliert aber leicht den Kontakt zur Empirie. Ein Ökonom, der dieser Anwendungsform mit geringeren Vorbehalten gegenüberstand als die meisten Politikwissenschaftler, warnte freilich auch hier vor der mathematisierten Form der Katastrophenforschung: »Kein mathematischer Formalismus, sei er auch noch so elegant, kann über die Realität informieren. Er kann die empirische Forschung nicht ersetzen« (Zahn 1979: 139). Eine kritische Rezeption der Anwendung von Katastrophentheorien in der Ökonomie hat weder eine neuartige mathematische Sprache für die bisher unexakten Wissenschaften (Zeeman 1977) erwartet, noch in den neuen Ansätzen nur ein »abstruses Gedankengebäude« (Sussman/Zahler 1978) gewittert, sondern sie mit Vorsicht zur Erweiterung der orthodoxen komparativ-statistischen Analyse der Wirtschaftswissenschaften eingesetzt. Dieser nichtlineare Modellierungsansatz wird dabei als vereinbar mit den traditionellen Ansätzen der mathematischen Wirtschaftstheorie angesehen (Ursprung 1982: 303).

c) Übertragbarkeit autopoietischer Begriffe auf soziale Systeme?

Nicht nur bei dem Spezialfall von Katastrophen- und Chaostheorien sind Zweifel an der Übertragbarkeit naturwissenschaftlicher Begriffe auf die Sozialwissenschaften aufgetaucht. Prima vista wurde die Hemmschwelle für solche Adaptionen gesenkt, weil Pioniere des neuen Denkens selbst die Grenzen zwischen Geistes- und Naturwissenschaften, die eigentlich erst im 19. Jahrhundert voll dogmatisiert wurden (vgl. Kap. 11.2a), wieder abzubauen versuchten. Das galt vor allem für Hakens Synergetik, der die Grenzen zwischen Individuum und Gesellschaft und toter und lebendiger Materie einebnete. Es gilt auch für Maturana und Varela. Der Übergang zu lebenden Systemen lag für sie nicht in der stofflichen Zusammensetzung der Systemteile, sondern in ihrer Struktur. Die *Vernetzung der Subsysteme* ist von entscheidender Bedeutung. Auch im Anwendungsbereich verwischten sich die Grenzen zwischen lebenden und nichtlebenden Systemen durch den Versuch, leistungsfähigere Computer mit Hilfe von Biochips zu konstruieren. Die Verwendung naturwissenschaftlicher Begriffe wird daher heute ganz anders betrachtet als die Übertragung biologischer Metaphern bei den Evolutionstheorien der Prämoderne (vgl. Kap. 1.2.b). Dennoch sind nicht alle Zweifel ausgeräumt, daß die Zellen physisch klar begrenzt sind, während das bei sozialen Einheiten eher die Ausnahme als die Regel darstellt. Zellen können hinter einer physischen Begrenzung weit ungestörter durch die Umwelt ihre Selbstproduktion und Selbsterneuerung organisieren als gesellschaftliche Systeme. Einerseits sind jedoch auch die *Grenzen* lebender Systeme erweitert worden: »So ist die Grenzlinie zwischen Mensch und Umwelt eben nicht die Oberfläche unserer Haut, denn das globale System der Menschheit wirkt kontrollierend tief hinein bis in die Hochstratosphäre und verbindet sich dadurch zum Übersystem einer Anthropobiosphäre« (Markl 1988: 167). Während die Rezeption unkritischer Sozialwissenschaftler solche Hinweise gern aufgreift und als Rechtfertigung zur Konstruktion immer luftigerer Weltsysteme benutzt, muß sie sich von einem Naturwissenschaftler an ganz andere Grenzen, die von den physischen Grenzen der Eingriffsreichweite abweichen, erinnern lassen: die normativen Grenzen, die der Mensch sich selbst setzt. Archaische Benennungen leben wieder auf: »das Sittengesetz unseres Handelns« (ebd.: 167).

Prozesse der Selbstorganisation standen unter anderen Bezeichnungen seit jeher im Zentrum sozialwissenschaftlichen Interesses. Die Naturwissenschaften haben sie erst später wiederentdeckt, und mancher Sozialwissenschaftler sah keinen Anlaß, den späteren Rückimport durch Änderung seiner Begriffsbildung zu honorieren. Die Gefahren dieses Rückimports wurden vor allem darin gesehen, daß naturwissenschaftliche Theorien und mathematische Modelle identifiziert wurden (Druwe 1988: 774), eine Einseitigkeit, die schon bei den Katastrophentheorien nahelag. Sie ist aber nicht grundsätzlich unvermeidbar. Die andere Gefahr ist die bloße Übernahme von Worthülsen, wie sie Luhmann vielfach vorgeworfen worden ist. Sie droht vor allem dann, wenn Maturanas Bedingung für die Übertragung des Modells der Autopoiesis in die Sozialwissenschaften vernachlässigt wird, daß die Einzelpersonen als Bestandteile von selbstorganisierenden Systemen aufgefaßt werden müßten, eine Bedingung, die vor allem Luhmann nicht beherzigenswert fand.

Die zweite Generation der Theoretiker der selbstorganisierenden Systeme ist wieder skeptischer gegenüber der Anwendung ihrer Begriffe auf Politik und Gesellschaft geworden, als es die Gründungsväter in ihrer Entdeckerfreude gewesen waren. Einigkeit herrscht weitgehend, daß *nur lebende Systeme* autopoietische Systeme genannt werden können. Teile lebender Systeme sind gelegentlich auch in autopoietischen Termini behandelt worden. Das Hirn des Menschen ist zwar selbstreferentiell, da es seine Zustände zirkulär organisiert, aber es ist kein autopoietisches System, da es seine Komponenten, etwa die Nervenzellen, nicht selbst produziert (Roth 1986: 177). Die älteren Analogien von Hirn und Nervensystem im kybernetischen Modell maßen diesen Systembestandteilen noch eine einseitig übertriebene Bedeutung bei.

Umstritten ist der erkenntnistheoretische Status der Systeme. Luhmann ging davon aus, daß seine Systeme nicht nur Konstrukte des Betrachters sind. Auch Maturana neigte zu diesem *Essentialismus.* Varela (1979: 53 ff.) fühlte sich hingegen als ein *Perspektivist.* Die Merkmale des autopoietischen Systems wurden als Charakteristika der Beobachtung von Systemen angesehen. Als Ausweg wurde vorgeschlagen, die Analogie nur bis zum Prinzip der *Selbstreferentialität* reichen zu lassen. Eine codebezogene Zirkularität zeichnet viele Subsysteme des sozialen Systems aus, vor allem die des Rechts, der Wissenschaft und der Religion. Hingegen könnte man auf alle Theorieteile der biologischen Autopoiese in den Sozialwissenschaften verzichten, welche die *Selbstherstellung* unterstellen (Roth 1987: 283). Katastrophentheoretische Ansätze, auf Revolutionsforschung angewandt, betonen aber gerade auch die Selbstherstellung politischer Systeme. Ganz unhaltbar schließlich erscheint die Übertragung des Merkmals der *Selbstreproduktion* auf soziale Systeme. Von ihr kann allenfalls in einem metaphorischen Sinn gesprochen werden. Gewichtige Einwände sind gegen die Übertragung der Terminologie der Autopoiese aus der Biologie in die Sozialwissenschaften vorgebracht worden:

– *Soziale Systeme erzeugen nicht die lebenden Systeme*, welche die sozialen Systeme konstituieren. Das populäre Beispiel: Eine Fußballmannschaft erzeugt nicht ihre Spieler.
– *Selbsterhaltende Systeme können Systeme ohne Hirn sein.* Soziale Systeme sind zwar nicht von einer Art Superhirn gesteu-

ert, wie die Utopie der Kybernetik einst hoffte (vgl. Kap.
1.3.d). Aber es findet eine Art von Koordinationsleistung statt,
die nicht in allen lebenden Systemen ihr Pendant hat. Die Kooperation der vielen Hirne in der Gesellschaft ist jedoch noch
kaum in einer plausiblen Theorie verarbeitet worden, wenn
man nicht die Verdünnung dieser Kooperation zu »Kommunikation« für ausreichend hält.

- *Menschliche Systeme konstituieren mehrere soziale Systeme zu
  gleicher Zeit.* Ihre Kooperation ist theoretisch noch kaum bewältigt, wie die Debatte um das Weltsystem im Verhältnis zu
  den nationalen Gesellschaften zeigte (Kap. 11.3.d).
- Alle Komponenten sozialer Systeme haben *direkten Zugang
  zur Umwelt* des jeweiligen Systems, ganz im Unterschied zu
  den Bestandteilen biologischer Systeme.

Zur Vermeidung eines biologischen Reduktionismus in den Sozialwissenschaften ist daher ein anderes Wort für die sozialen
Systeme vorgeschlagen worden: *synreferentiell* (Hejl 1987: 327).
Gesellschaft wurde als Netzwerk synreferentieller Systeme dargestellt. Eigene Systemqualitäten ergeben sich aus der Vielzahl
der Systemmitgliedschaften der Individuen. Menschen können
aus sozialen Systemen austreten.

Durch Anwendung des radikalen Konstruktivismus auf sich
selbst kann der Autopoietiker sich auf die Position zurückziehen,
nach der es eine Frage bloßer Zweckmäßigkeit ist, ob man soziale
Systeme als autopoietische behandelt. Auch historische Gesichtspunkte könnten die Auswahl von Nützlichkeitskriterien erleich-
tern: bei primitiven Gesellschaften, durch Verwandtschaftssysteme reguliert, könnte die Theorie der selbststeuernden Systeme
vielleicht mehr Erkenntnisgewinn bringen als bei komplexen, international stark verflochtenen Einheiten (ebd.: 332). Die Systemgrenzen sind nach Untersuchungsbereich unterschiedlich zu
ziehen: der Staatsrechtler mag mit seinen archaischen Begriffen:
Staatsvolk, Staatsgebiet, Staatsgewalt die Grenze seines Systems
noch immer überzeugend ziehen. Dem Literaturwissenschaftler
hingegen könnte allenfalls ein Sprachraum als sinnvolle Einheit
erscheinen. Der Ökonom, der aufgehört hat, sich »Nationalöko-
nom« zu nennen, wird die Grenze nicht einmal mit der Europäischen Gemeinschaft ziehen wollen.

d) Politische Implikationen der Autopoiesis-Theorien

Die politischen Implikationen der Theorien selbststeuernder Systeme sind so verschieden wie ihre theoretischen Ausgangspunkte. Wo die Ansätze zu einer politischen Theorie so weit auseinanderklaffen wie bei der Autopoiese, liegt der Verdacht nahe, daß kein sehr stringentes operationalisierbares Denkmodell vorliegt. Das *Rechts-Links-Schema* versagt angesichts der Vielfalt der Denkbezüge nicht weniger als bei der Postmoderne im engeren Sinn (vgl. Kap. II.1.b). Die Denker der Nachmoderne werden es nicht für verwunderlich halten, daß die politischen Standortbestimmungen, die aus der Hosenbodengeographie parlamentarischer Sitzordnungen des 19. Jahrhunderts stammen, auf nachmoderne Positionen nicht anwendbar sind. Vom Ultrakonservatismus bis zum progressiven Anarcholiberalismus werden viele Positionen vertreten. Haken hat versucht, eine progressive politische Ethik aus seinen naturwissenschaftlichen Ist-Analysen folgen zu lassen. Aber seine revolutionäre Eigenwilligkeit wurde nicht zur herrschenden Lehre. Der politisch orientierte Konservatismus hat die Botschaft aufgegriffen, daß selbstorganisierende Systeme genuin »konservativ« seien. Armin Mohler (1989), unermüdlicher Sammler und Trommler für die Versprengten des konservativen Lagers, hat in der Werner von Siemens-Stiftung zur Popularisierung des neuen Denkens beigetragen. Dabei wurde die politische Botschaft der Autopoiese allzu unvermittelt in die Politik übertragen.

Der Konservatismus der selbstorganisierenden Systeme bedeutet zunächst nur, daß sich Systeme *selbstreferentiell* an vergangenen Operationen orientieren (Maturana 1985: 52). Wie vergangenheitsorientiert die Selbstreferenz sein kann, ist jedoch unter Autopoietikern umstritten. Reine Selbstreferenz würde sich in der Wiederholung des immer Gleichen erschöpfen. In einer Welt fensterloser Monaden gäbe es keine Lernprozesse mehr (Willke 1989: 45). Die innovative Deutung der Selbstreferenz kann jedoch die Strukturveränderungen nicht im voraus angeben, die nötig werden, wenn Umweltereignisse zur selektiven Variation von Strukturen führen. Als »strukturkonservativ« versteht sich jedoch diese Variante der Autopoiese nicht. Einige Theoretiker sprechen von einem »aktiven Konservatismus« (Hejl 1987: 332). Der aktive Konservatismus führte nicht zu der von den politischen Konservativen gewünschten Erhaltung von Zuständen des Systems, sondern zu radikalen Veränderungen in die Richtung der Evolution des Systems. Der dynamische Konservatismus berief sich eher auf Edmund Burke als auf den Restaurationskonservatismus der Verteidiger des *ancien régime*.

Als politisch konservativ deutbar schien die Ablehnung von handlungstheoretischen Ansätzen, die sich archaisch in »Mythologemen« erschöpfen (Bühl 1984a: 661). Die Botschaft der Autopoiesis schien naturwissenschaftlich exakt zu belegen, daß aktivistisches planendes Handeln in Systemen sinnlos ist. Luhmann äußerte schon früh die Ansicht, daß jeder, der Veränderungen wünscht, die theoretische Beweislast für ihre Notwendigkeit auf sich nehmen müsse (vgl. Kap. 11.3.e). Diese Beweislast ist nach Luhmanns zweitem Paradigmawandel noch schwerer zu tragen als sie bei dem frühen, eher technokratisch gestimmten Luhmann gewesen ist.

Neben konservativen Ansätzen hat es jedoch auch *anarchistische* Theorien einer gewaltfreien Variante von Proudhon bis Kropotkin auf dem Boden der Autopoiese gegeben. Der *Mutualismus* Kropotkins war nicht weniger mit biologischen Analogien gespickt als die autopoietische Neuauflage bei Maturana. Maturanas (1987: 300) »soziales Verhalten basiert auf Kooperation, nicht auf Kampf« könnte von Kropotkin wörtlich abgeschrieben sein. Wie bei den volkstümelnden Ansätzen der Narodniki und Anarchisten des 19. Jahrhunderts in Rußland war sogar ein antikapitalistisches Bias mit der Position verbunden (vgl. v. Beyme 1965: 65 ff.), die zu der Behauptung gesteigert wurde: »Wettbewerb ist wesentlich asozial«, weil er die »Negation des anderen« bedeute. Solche gewagten Ausflüge in die Sozialphilosophie haben den Kredit des neuen Paradigmas im eigenen Fach der Biologie nicht eben gestärkt. Paradoxerweise ist der Ansatz dort im eigenen System weit weniger erfolgreich als in anderen Wissenssystemen aufgenommen worden. Autopoietiker sollten entscheiden, ob diese Phänomene mit ihren eigenen Systemannahmen kompatibel sind.

Die *New Age-Bewegung* und eine neue Naturmystik der »sanften Verschwörung« (Marily Ferguson 1982) bemächtigte sich der neuen Denkansätze und vermischte voluntaristische Umkehrappelle angesichts der ökologischen Katastrophe mit einem auf höherer Ebene angesetzten neoevolutionistischen Fortschrittsoptimismus. Die Ablösung des Newtonschen Maschinenmodells durch die sich selbst erzeugende und selbst regulierende biokybernetische Weltmaschine (Bammé 1986: 118) erweckte ganz irrationale antitechnokratische Hoffnungen. Nicht der Rückzug in die neuen Innerlichkeitssekten, welche die Postmoderne reichlich hervorbrachte, wurde angestrebt, sondern die Annahme der Herausforderung des Menschen als Gestalter der Natur, der sich mit neuen technischen Möglichkeiten ihr einfühlsam nähert.

Eine Gefahr blieb die Vereinnahmung der bloß metaphorischen Verwendung eines neuen Vokabulars und die Aufgabe der analytischen Wissenschaft zugunsten eines neuen Holismus. In der New Age-Bewegung gingen naturwissenschaftliche Erkenntnisse eine krude Verbindung mit dem neuen Mystizismus ein. Ernstzunehmende Gelehrte begannen im Stil der alten prämodernen Kultursoziologie über Typen des Denkens zu spekulieren, nicht nur im *Neo-Obskurantismus*, zu dem Capra sich vielfach hinreißen ließ. Frederic Vesters (1984) kybernetische Weltmaschinen gingen von der Unterscheidung einer okzidentalen und einer orientalen Denkweise aus. Erstere neigt zu geschlossenem mechanischem Denken. Das kreisförmige asiatische Denken hingegen steht nach dieser Ansicht offenen organischen Systemen nah. Im Gegensatz zu den Sekten, die die »Weisheit des Ostens« wiederentdeckten, wurde aber nicht eine schlichte Übernahme des asiatischen Denkens empfohlen, sondern eine dynamische Synthese. Kreis und Linie verbanden sich metaphorisch auf der Ebene der Symbole zur Spirale (Bammé 1986: 136). In einer hochkomplexen Gesellschaft lautete die tröstliche Botschaft, daß der mörderische Überlebenskampf des Darwinismus selbst dem Untergang geweiht sei und humanen Verhältnissen weichen werde.

Macher und *Mystiker* ließen sich manchmal schwer unterscheiden. Die autopoietischen Ansätze neigten dem zweiten Pol zu, wo sie alle Übergänge für fließend erklärten und die neuen Zustände niemals exakt benannten. Die Macher hingegen haben die Prozesse wenigstens exakt zu berechnen versucht und mit der *Fluktuationstheorie* Einsichten eröffnet, die sich der naturwissenschaftlichen Anwendung bisher entzogen (vgl. Kap. II.3.c). Selbst in der Bielefelder Schule entdeckten Skeptiker (Kennealy 1988: 349) mystifizierende Züge, die man nur im »Stande der Gnade« nachvollziehen konnte, etwa einen Satz wie »ich meine offen in einer Art geschlossenen Weise«. Rückgriffe auf Theorien der

Frühmoderne komplizierten vielfach das Netzwerk der Metaphern. Der archaische Dreikampf der Prinzipien im Freudianismus (Kap. 1.1) tauchte erneut auf: Das *Ich* kann sich nicht ändern, weil es ein geschlossenes autopoietisches *Es* darstellt, das Teil eines anderen autopoietischen Systems, der Familie, ist. Diese Überlegung läßt sich nach Beer (in: Maturana 1985: 178) auf jede beliebige Ebene im Rekurs verwenden, und macht auch nicht vor dem Weltsystem halt. Kein Land konnte nach dieser Ansicht beschließen, sozialistisch zu werden, weil es ein internationales autopoietisches System des Kapitalismus gibt. Die »Architekten des Wandels« sind nach dieser Ansicht durch einen Irrtum mit Blindheit geschlagen: sie halten ihr System für autopoietisch, bestehen jedoch darauf, die Systeme, die in ihnen enthalten sind, gleichwohl allopoietisch zu behandeln und sich direktiv mit zahlreichen Interventionen ihnen zu nähern. Solche Versuche müssen immer dann scheitern, wenn Subsysteme sich selbst als autopoietisch wahrnehmen (ebd.: 179). Wann aber tun sie das? Ab wann wird die allopoietische Gängelung der Nationalitäten durch den sowjetischen Staat nicht mehr hingenommen, weil diese sich als autopoietische Systeme entdecken? In der Anwendung kehren die Beschreibungen vielfach zum vorautopoietischen Vokabular zurück.

Ein Problem der Autopoiese stellt das *Verhältnis der einzelnen Systeme zueinander* dar. Der Mensch bildet eine Vielzahl von Systemen zugleich heraus. Es ist schwer, sich diese alle als geschlossene autopoietische Systeme vorzustellen, da der Mensch beschließen kann, aus einzelnen auszutreten. Welches System kann ein anderes seinem Code unterwerfen oder »versklaven«? Das Prinzip Hierarchie war verabschiedet worden. In der Zuordnung der Systeme zueinander schleichen sich hierarchische Vorstellungen wieder ein, etwa wenn kein Staat sozialistisch im kapitalistischen Weltsystem sein kann. Im Gegensatz zur Systemtheorie hat die *Hierarchietheorie* (Pattee 1973: 149) sich zugetraut, wenigstens zwei Ebenen zur gleichen Zeit zu beschreiben. Die Interaktionen verschiedener Organisationsebenen wurden in der Hierarchietheorie in einer dualistischen Theorie paralleler Typen angegangen, die der Dualität von Wellenpartikeln in der Quantenphysik nachempfunden worden sind (ebd.: 150). Angesichts größerer Abstraktion der nun entwickelten Autopoiese scheint es nicht mehr nötig, einen solchen Gegensatz zur Systemtheorie zu

konstruieren. Die Systemtheorie (Luhmann 1984: 14) ist poly-
zentrisch geworden. Sie versucht nicht einmal mehr, die Form der
Theorie und der Darstellung in Einklang zu bringen. Die gleich-
zeitige Beschreibung von Interaktionsebenen, die der Hierarchietheorie noch ein Problem war, scheint somit auf ein reines Dar-
stellungsproblem reduziert worden zu sein.

Die Ansicht der Autopoietiker, daß in einem dominant kapitalistischen Weltsystem der reale Sozialismus kaum überleben
könne, ist Anfang der 80er Jahre eher als Kuriosität empfunden
worden. Dennoch war sie im Gegensatz zu Totalitarismus- und
Konvergenztheorien in der Prognose korrekt. Ähnliche Positionen hatten allerdings auch andere Wissenschaftler, wie Cornelius
Castoriadis, vertreten. Scheint durch den Zusammenbruch des
Sozialismus einerseits mehr Uniformität in die Welt einzuziehen,
lautet andererseits die durchaus postmoderne Botschaft, daß ein
neues Weltsystem sich abzeichnet, mit *multiplen Strukturen* und
mit hoher lokaler Fluktuation. In ihm kommt es zu *symbiotischen
Verbindungen von kulturellen Leitbildern und Lebensstilen* (Maruyama: in Jantsch/Waddington 1976). Ein »lebendiger brodeln-
der kultureller Pluralismus« wird gefordert. In ihm wächst die
Toleranz gegenüber abweichendem Verhalten. Die Verfolgung
opferloser Verbrechen wird aufgegeben, die Sexual- und Drogen-
sphäre wird entkriminalisiert. Das patchwork der Minderheiten,
das die Poststrukturalisten beschworen (Kap. 11.1.c), wurde in
den radikalen Schlüssen, welche aus der Autopoiese gezogen
worden sind, noch zugespitzt. Die Kopfzahldemokratie mit dem
Mehrheitsprinzip scheint den »Gesetzen der natürlichen Evolution« nicht mehr gemäß zu sein, weil sie starr am Gesetz der
großen Zahl festhalte und die Rolle der Fluktuationen übersehe
(Jantsch 1988: 354). Der neue demokratisch-pluralistische Überschwang schlägt unversehens doch wieder in Visionen der Technokratie um: die gegenwärtigen Formen der Demokratie werden
abgelehnt, weil sie langfristigen Entwicklungen gegenüber blind
seien. Zukünftige Strukturen können durch Aushandeln in kleinen Schritten nach dieser Ansicht nicht gefördert werden, zumal
die jeweils unterlegene Partei bei nächster Gelegenheit selbst
schon beschlossene Maßnahmen wieder rückgängig zu machen
pflege. So werden durch die Demokratie Strukturen zementiert.
Erste Bürgerpflicht scheint es jedoch zu sein, den evolutionären
Wandel katalytisch zu fördern. Grundprinzip des neuen Denkens

ist die Aufklärung über die Vielfalt der Welt. Immer wieder schleichen sich jedoch Einheitsvorstellungen in die Analyse, die vor allem den aufgeklärten Intellektuellen, die Einsicht in den Prozeß der Evolution besitzen, eine herausragende Stellung zuweisen. Darin sind vor allem die politisierten Varianten der Autopoiese den prämodernen Evolutionstheoretikern des 19. Jahrhunderts nicht so unähnlich. Die Argumentation schwankt zwischen strenger Determination und dem Lob der Freiheit hin und her. In der Synergetik werden die ungeordneten Teilsysteme in den dominanten Ordnungszustand hineingezogen und »versklavt«. Die voluntaristischen Appelle zur Förderung der evolutionären Tendenzen bleiben aufgesetzt, wenn man nicht unterstellt, daß die Entwicklung die »Versklavung zum Guten« bewirkt.

Der neoevolutionistische Optimismus ist jedoch nicht der einzige Schluß, der aus dem neuen Denken gezogen werden kann. Einmal erscheint es problematisch, Begriffe auf punktuelle historische Ereignisse wie Kreuzzüge oder bürokratische Diktaturen anzuwenden, die in der Erforschung von Millionen Jahren der Evolution der Natur gewonnen wurden (Mayntz 1988: 35). Zum anderen werden Menschen ungern tatenlos jenen Konsequenzen zusehen wollen, die auf Untergang von Systemen deuten: »Alle Zustandsänderungen des lebenden Systems und seines Nervensystems sind der Verwirklichung der Autopoiese des lebenden Systems untergeordnet. Wenn dies nicht der Fall ist, bricht die Autopoiese ab und das lebende System geht zugrunde« (Maturana 1985: 155). Der Zusammenbruch nationaler Systeme – wie beim realen Sozialismus – wird als evolutionsgemäß meist für unausweichlich erklärt. Der Zusammenbruch des Weltsystems hingegen könnte das Ende der Menschheit sein. Ihn zu verhindern, wird die neue Ethik reichlich voluntaristisch auf die wissenschaftliche Evolutionsanalyse aufgesetzt.

Trotz dieser Bedenken ist die Beschäftigung der Theoretiker der Politik mit der Autopoiesis nicht nutzlos. Sie stärkt den Blick für die Grenzen allopoietischer Behandlung von Teilbereichen der Gesellschaft durch die Politik. Sie schützt auch vor übertriebenen Erwartungen an die Steuerungsfähigkeit der Politik, die Generationen von politischen Theoretikern in immer größere Frustrationskrisen stürzte, an deren Ende dann jeweils eine neue Stufe der Bescheidenheit im Hinblick auf Steuerungsansprüche stand (vgl. Kap. 1.3.c). Dennoch müssen die Grenzen der Autopoiese in den Sozialwissenschaften bewußt gemacht werden. Der neue Biologismus droht die Sozialwissenschaften auf Spencer zurückzudrehen. Die Komponenten autopoietischer Systeme können sich im Bereich der Gesellschaft nicht wie autopoietische Systeme verhalten. Täten sie dies, drohten sie das übergeordnete System zu zerstören, wie Krebszellen einen Organismus (Hejl 1986: 360).

Die Verknüpfung der autopoietischen Systeme im Bereich der Gesellschaft ist theoretisch noch nicht hinreichend plausibel. Autopoietische Systeme können aufgrund ihrer homöostatischen Organisation aneinander gekoppelt werden und eine neue Einheit bilden. Auch autopoietische und nicht autopoietische Einheiten lassen sich verbinden (Maturana 1985: 211). Sind nationale politische Systeme die nicht autopoietischen Einheiten des autopoietischen Weltsystems – wie die Erklärung der Unmöglichkeit des Sozialismus suggeriert? Oder ist die Weltgesellschaft ein zusammengesetztes System von lauter autopoietischen Untereinheiten? Es wurden bisher mehr Fragen aufgeworfen als beantwortet. Die empirische Deskription von Abhängigkeitsverhältnissen zwischen dem Weltsystem und nationalen Akteuren scheint bisher nicht viel zu gewinnen, wenn man die Einheiten jeweils allopoietisch oder autopoietisch nennt.

Fruchtbar ist die Analogie von Eigendynamik im Bereich der Sozialwissenschaften. Prigogines dissipative Strukturen wurden mit den Regelmäßigkeiten spontaner Ordnungsbildung verknüpft (Mayntz/Nedelmann 1987: 667), weil sie auf kurzzeitig ablaufende Prozesse anwendbar erscheinen. Eigendynamiken der Subsystembildung – z. B. Terroristengruppen, die auch in der Wahrnehmung den Kontakt mit dem nationalen System verlieren – zeigen jedoch, daß das dominante System auf solche Herausforderung brutal allopoietisch zu reagieren pflegt. Macht, Gewalt, Hierarchie, alle schon verabschiedeten Begriffe werden wieder gebraucht. Aber auch solche Reaktionsweisen können in der Theorie selbststeuernder Systeme gerechtfertigt werden, als Antwort auf die Bedrohung des Überlebens eines politischen Systems.

Autopoietische Theorien können andererseits den Blick dafür stärken, wo ein angebliches »Staatsversagen« autopoietisch sinnvolles laisser faire darstellt. Wo ein System im Überleben nicht bedroht ist – sondern nur viele seiner Bürger – und wo seine Steuerungsmöglichkeiten begrenzt erscheinen, kann das System den Verzicht auf allopoietische Steuerungsversuche für den evolutionsgemäßen Ausweg ansehen. Daher wurde die Radikalisierung der Toleranz abweichenden Verhaltens durch einige Autopoiesis-Ansätze vorangetrieben. In der Drogen-, in der Abtreibungs-, in der Homosexuellenfrage hat auch der nachmoderne Staat immer wieder Fronten errichtet, an denen er den »Krieg« nicht gewinnen kann.

Ein radikaler Konstruktivismus entscheidet über die Brauchbarkeit der autopoietischen Analogien aus der Biologie rein pragmatisch nach ihrer Nützlichkeit. Prüfstein wird damit die *Operationalisierung* der Konzepte, und um diese steht es nicht zum Besten. Erster Schritt zur Behebung des Dilemmas ist eine striktere Definition der Grundbegriffe. *Selbstreferentialität* soll nur noch dort festgestellt werden (Roth 1986), wo gewisse Zustände eines Systems zyklisch miteinander interagieren, ohne daß *Selbstproduktion* im strikten Sinn vorliegt. Im Unterschied zu der Biologie und der Chemie, müssen Selbstreferentialität und Autopoiesis nicht identifiziert werden. Ein System kann selbstreferentiell sein, ohne daß es selbstorganisierend, selbststeuernd oder gar autopoietisch ist. Beim Recht als Beispiel wird ein wechselseitiger Verweisungszusammenhang der Normen konstatiert, der selbstreferentiell genannt wird. Aber es liegt keine Selbstproduktion vor, da Normen nicht die Normen erzeugen (Teubner 1989: 27).

Auch der Autonomiebegriff der Autopoietiker wurde in der Sozialwissenschaft relativiert. Während bei Luhmann ein System nicht ein bißchen autopoietisch sein kann, wurden bei anwendungsorientierten Forschern Autonomie und Autopoiese als graduelle Begriffe aufgefaßt (Teubner 1989: 38). Einem gesellschaftlichen System wird nicht im voraus der Status eines autopoietischen Systems verliehen. In einer dreistufigen Entwicklung schreiten die autonomen Subsysteme von der Selbstbeobachtung zur Selbstkonstitution und zur Selbstproduktion fort. Selbstreferentialität der ersten Stufe wird der Selbstbeobachtung des Systems zugeordnet. Selbstkonstitution tritt ein, wenn Selbstbeobachtungen im System operativ verwendet werden. Erst wenn in einem »*Hyperzyklus*« die selbstkonstituierten Systemkomponenten miteinander verkettet werden und sich wechselseitig produzieren, liegt nach dieser Ansicht *Autopoiesis* vor (Teubner 1989: 44). Mit solchen Stufenmodellen wird die starre Gegenüberstel-

A   - ref

B   - op

C   - Autop,

lung von Binnensteuerung und Außensteuerung, Autonomie und Beeinflußbarkeit von Systemen aufgelockert.

Die autopoietische Modellableitung droht nicht weniger scholastisch zu werden als in der klassischen Moderne die Variation von Parsons Vierfeldermatrix oder die Staatsableitung der Marxisten. Die Absage an akteursbezogene Ansätze schwächt die empirische Bodenhaftung der neuen Ansätze. Sie entlassen den Empiriker mit dem Paradoxon, daß auf der Ebene der neuen Systemtheorien Steuerung von außen durch Politik fast unmöglich erscheint, auf der empirischen Ebene die Erfolge von staatlicher Steuerung durchaus beachtlich erscheinen. Mit der Verteufelung akteursorientierter Betrachtungsweisen verstießen einige Autopoietiker gegen ihre eigenen konstruktivistischen Prämissen. Jeder Ansatz wird letztlich danach beurteilt, ob er sich bewährt und wie er die Handlungsfähigkeit der Politik – die als gering angesehen wird – verbessert. Ein sehr abstrakter Systemansatz kann jede Handlungsrelevanz zurückweisen. Fast alle anderen Ansätze suchen jedoch Erkenntnisse, die auch politisches Handeln verbessern können. Beim handlungstheoretischen Ansatz ist die Gefahr, daß er sich auf die Beschreibung einer bloßen *Situationslogik* beschränkt, nicht zu übersehen. Diese Gefahr teilt er jedoch mit stark mathematisierbaren Modellkonstruktionen, wie der Spieltheorie oder dem *Rational-Choice*-Ansatz. Einige Theoretiker der selbststeuernden Systeme nehmen die Selbstreferentialität auch für das eigene Tun so wörtlich, daß sie sich im Glasperlenspiel verlieren, in dem der »magister ludi« in keiner Spezialwissenschaft mehr zu Hause ist. Steuerung scheint in dem Modell der Autopoiese nicht möglich zu sein. Politische Steuerung aber bleibt der zentrale Gesichtspunkt jeder Politikwissenschaft (Druwe 1990: 59). Mit der Übernahme der Theorie der Selbststeuerung wurde jedoch nur von traditionellen hierarchischen Steuerungskonzepten abgerückt, wie sie selbst in der Kybernetik noch vorlagen (Kap. 1.3.d). Der Begriff »mediale Steuerung« soll die Möglichkeiten über das jeweilige Medium eines gesellschaftlichen Teilbereiches angeben. Steuerung wird damit in seiner strukturinternen Determiniertheit begriffen und vor übertriebenem Erwartungsdruck bewahrt.

e) Niklas Luhmanns zweiter Paradigmawandel

In der Habermas-Luhmann-Debatte (1971) schienen sich noch zwei Exponenten einer Theoriekonzeption der klassischen Moderne gegenüberzustehen. Auch wenn schon damals vielfach aneinander vorbei argumentiert wurde, blieb ein Minimum an Kommunikationsfähigkeit erhalten. Mit zunehmender Heftigkeit der Kritik an Luhmann (Habermas 1988: 426 ff.) wurde dieses Minimum noch weiter reduziert. Obwohl auch Habermas mit der Aufnahme des Konzepts der Lebenswelt, das dem System entgegengestellt wurde, Schritte in die Richtung nachmoderner Denkansätze unternommen hat (vgl. Kap. II.3.b), blieb er dem Projekt der Moderne verpflichtet, während Luhmann einen radikalen Paradigmawandel vollzog.

Bei beiden zeigte sich jedoch, daß der Übergang vom Paradigma der Moderne zu dem der Postmoderne kein linearer ist. Auch Luhmann (1984: 10) blieb im Anspruch auf die Erarbeitung einer *fachuniversalen Theorie*, wie er seit Parsons so entschieden nicht mehr erhoben worden ist, wider Willen dem Projekt der Moderne verbunden. Nur seine normativen Aspekte hat er aufgegeben. Luhmanns Darstellungsweise hingegen wirkt eher postmodern. Das Bekenntnis zur Theorie Collage erinnert an andere nachmoderne Ansätze. Gegen das Etikett »postmodern« kann er wenig einwenden. Nach Luhmanns Selbstverständnis (1984: 307 ff.) ist das Konzept der Autopoiesis »eine eindeutig poststrukturalistische Theorie«. Seine Indifferenz gegenüber Fremdbenennungen kennt weder Berührungsängste noch Abgrenzungsneurosen. Habermas' Drang, die besprochenen Theorien auf einer evolutionären Skala zu verorten, die progressive und neokonservative Theorieansätze klar ausweist, ist ihm fremd. Als generelle Firmenbezeichnung wird der Ausdruck »Systemtheorie« beibehalten. Sie wurde jedoch einem radikalen Wechsel des Paradigmas unterzogen und er knüpfte bewußt an eine fachfremde, interdisziplinär erfolgreiche Theorieentwicklung an, an die Theorie der selbstreferentiellen autopoietischen Systeme (ebd.: 9). Die neue Theorie schreibt sich in den Grenzen einiger vorgezeichneter Linien gleichsam selbst. Der Autor bedauerte, noch die lineare Buchform wählen zu müssen. In einer azentrischen Welt und Gesellschaft soll eine polyzentrische Theorie entwickelt werden. Sein erster Paradigmawandel als Absetzungsbewegung von der

Parsonsschen Systemtheorie hatte die Vorstellung aufgegeben, daß ein System als Differenz des Ganzen und seiner Teile zu definieren sei. Er setzte dagegen die Differenz von System und Umwelt. In der zweiten Wende gab Luhmann diese Konstruktion auf und wandte sich der Theorie selbststeuernder Systeme zu (Lipp 1987: 452).

Vielfach ist Luhmann als Traditionsfortsetzer des Rechtshegelianismus bezeichnet worden (Spaemann 1990: 64). An Hegel reizte ihn vermutlich vor allem der umfassende theoretische Anspruch. Weit stärker erscheint die Verbindung zu Husserls Phänomenologie. Darin ließen sich Parallelen zu Habermas entdecken, in dessen Theorieentwicklung ebenfalls die Verbindung der deutschen Tradition der Philosophie mit der amerikanischen Systemforschung ins Auge springt. Aber bei Luhmann bleibt *Lebenswelt* ein Aspekt. Er erhob keine normativen Ansprüche zur Verteidigung der Lebenswelt, die Husserl und Habermas bedroht sahen. Die Entwicklung der Systeme förderte in Luhmanns Analyse Widersprüche und Brüche zutage. Aber er kritisierte sie nicht mehr. Es ging ihm eher darum zu zeigen, daß die Entwicklung unvermeidbar ist, so viele alternative Möglichkeiten auch in jedem Moment der Entwicklung alternativ zur Verfügung zu stehen scheinen. Die Idee des *binären Codes* bei Luhmann ist auf die Dualität von These und Antithese bei Hegel zurückgeführt worden (Spaemann 1990: 64). Analogien zum dialektischen Prozeß Hegels sind jedoch oberflächlich. Eine Synthese kommt bei Luhmann (1987: 64) allenfalls als rhetorische Floskel vor. Luhmanns Verhältnis zur Dialektik war von einer ironischen Nähe gekennzeichnet. Die Dialektik wird meist nur in Anführungsstrichen bemüht (1984: 492), oder sie wird zu einer spielerisch verwendeten Aussagevariante degradiert in Sätzen wie: »wenn man es dialektisch will« (1987: 169). Seit der Spät- und Postmarxismus (Kap. 1.3.c) die Dialektik offen mit dem zirkulären Denken in Verbindung brachte, scheinen Kompromisse zwischen Dialektikern und Autopoietikern möglich. Von Hegel unterscheidet ihn der Unglaube an die Perfektibilität von Mensch und Gesellschaft. Seine Theorie geht nicht davon aus, daß die Welt in Ordnung ist oder historisch auf dem Weg zur Ordnung evoluiere. Luhmann (1984: 162) verfolgte weder Anerkennungs- noch Heilungsinteressen der traditionellen Legitimitätstheorien oder kritischer Gesellschaftstheorien. Er wird nicht einmal mehr von den Bestandserhaltungsinteressen in gleichem Maße bewegt, wie die ältere Parsonssche Systemtheorie. Seine paradoxe Flucht in die phänomenologische Reduktion postuliert als methodisches Rezept, nach Theorien zu suchen, die Normales für unwahrscheinlich erklären, und darin mag er Hegel gelegentlich vergleichbar sein (Spaemann 1990). Luhmann bediente sich der Instrumentarien von Husserl oder Parsons gegen deren eigentlichen Fragesinn. Husserl war noch vom Sinnverlust einer rationalistischen Welt beunruhigt. Diese Unruhe ist auf Habermas übergegangen und an Luhmann spurlos vorbeigegangen. Ein Wesen der Dinge, nach dem die Phänomenologie noch suchte, kann es für Luhmann nicht mehr geben. Aber die spöttische Überlegenheit Luhmanns setzte ein Äquivalent jenes Anspruchs, daß die Durchbrechung des Scheins einer noch archaisch und mit unzureichenden Mitteln wahrgenommenen Welt möglich sei, wenn man sich seiner Sichtweise anschließe.

Luhmann (1984: 27) verlagerte nach dem zweiten Paradigmawandel sein Interesse auf neue Zentralbegriffe: von Design und Kontrolle auf *Autonomie* und *Umweltsensibilität*, von Planung zu *Evolution*, von struktureller Stabilität zu *dynamischer Stabilität*. Der bisherigen Soziologie wurde ein miserables Zeugnis ausgestellt. In der Empirie hat sie sich mit selbstproduzierten Daten und in der Theorie mit selbstproduzierten Klassikern beschäftigt und sich im interdisziplinären Kontext als lernunfähig erwiesen. Seine Lernfähigkeit hingegen ging beträchtlich über die bloße Übertragung von Begriffen aus der Biologie hinaus. Er deutete sie in eigenwilliger Weise um und führte sie zu überraschenden neuen Verknüpfungen. Der Preis für soviel Originalität war freilich hoch: Übergeneralisierung, Vertauschung von Ebenen und neue Verdinglichungen waren die Folge. Seine autopoietischen Systeme setzten sich dem Verdacht aus, bewußt unbrauchbar und nicht mehr operationalisierbar definiert worden zu sein (Bühl 1987: 229).

Kommunikation war für Luhmann die elementare Einheit der Selbstkonstitution von Systemen. Sie nahm die Stellung von *Handlung* im alten Paradigma ein. Das Prinzip der *Selbstproduktion* läßt alles, was im System geschieht, als binnenerzeugt und binnengesteuert erscheinen, selbst wenn Elemente der Binnensteuerung außerhalb des Systems gewonnen werden. Durch die Umdefinition zu bloßen Kommunikationen müssen die Steuerungselemente sich der Binnenzirkularität anpassen.

Die Kommunikation in den Teilsystemen vollzieht sich über *binär* angelegte *Codes*. Die Ausdifferenzierung eines Sondercodes für die Politik setzte nach Luhmann (1981: 267 ff.) eine mehrstufige Systemdifferenzierung voraus. Nur scharf begrenzte Teilsysteme der Gesellschaft können sich hochabstrakte Codes leisten. Dennoch erscheint die symmetrische Ausrichtung von Codes auf »ja oder nein« auch Unbeteiligten verständlich. Der politische Code ist mit der staatlichen Zentrierung der Macht gegeben. Obwohl sich Luhmann (1981: 271) einmal explizit auf Carl Schmitts Schrift über den »Begriff des Politischen« berief, setzte er sich doch von dessen ahistorischer Sichtweise ab, die unterstellte, daß binäre Schemen für unterschiedliche historische Epochen gelten könnten. Wo Schmitt für eine Gegenwart, die vom Niedergang des Politischen gekennzeichnet war, eine heroische Rückwendung in die Geschichte vornahm (vgl. Kap. 1.3.b), setzte Luhmann den binären Code erst nach dem Untergang der ständischen Gesellschaft an. Erst als das politische System nicht mehr ständisch geschichtet war, ließ sich der soziale Schematismus durch einen zeitlichen ersetzen. Die Zeitgerichtetheit führte seit der Französischen Revolution zur Scheidung von Progressiven und Konservativen. Seither werden dem politischen Bürger jeweils zwei Sichten der gleichen Sache angeboten, zwischen denen er wählen kann. Die Code-Idee, bei Carl Schmitt inspiriert, wurde gleichsam im Lichte der elitären Demokratiekonzeption von Schumpeter bis Downs demokratisiert.

Die Existenz des Codes erklärt, warum weitreichende Reformen des politischen Systems scheitern. Croziers Beschreibung einer blockierten Gesellschaft könnte Pate gestanden haben. Es kommt im demokratischen System zur Blockierung der Kräfte von Ja und Nein. Da das Mehrheitsprinzip die Aggregierung von Konsens im ganzen schlecht leistet, führt das binäre Gegenüber von konservativen und progressiven Lösungsangeboten zu einem formalisierten Abschluß des Verfahrens.

Der politische Code muß laut Luhmann auf die Ebene institutionalisierter Politik beschränkt werden. Wird sie in Alltag hineingetragen, so bedrohen Entdifferenzierung des Systems und Moralisierung der Politik das prekäre Gleichgewicht von Regierung und Opposition. Die Idee Schmitts, welche die politische Arena in Freund und Feind aufteilte, wurde zweifach domestiziert. Es handelt sich nicht mehr um Freund und Feind, sondern zwei

Sichtweisen, die durch alternierende Regierung jederzeit an die Macht kommen können. Die Binarität Schmitts drängte nach Auflösung in einer monistischen Entscheidung. Gerade diese ist für Luhmann ausgeschlossen. Zum zweiten wurde von Luhmann die Anwendung des binären Gegeneinanders in demokratischen Institutionen gebändigt.

Trotz der Beschränkungen des Erklärungsfeldes binärer Codes wurden schwerwiegende Einwände gegen das manichäische Weltbild des binären Schematismus laut:

– Luhmann hat im Gegensatz zu einigen Postmodernen (vgl. Kap. ii.3.c) das *Mehrheitsprinzip* nicht grundsätzlich in Frage gestellt. Er kritisierte nur seine Unzulänglichkeiten. Ähnlich wie die postmodernen Denker neigt er jedoch mit der Stilisierung eines Widerstreits zum Ausschluß dritter Möglichkeiten, die Lyotard wenigstens für den Rechtsstreit zugelassen hatte. Luhmann übersah ähnlich wie die Poststrukturalisten, daß sich die Sprache der Politik der angenommenen Duplizierung der politischen Realität nur selten fügt (Bußhoff 1980: 71). Was bei Schmitt noch Ausnahmezustand schien, wurde bei Luhmann Normalzustand. Daß Politik überwiegend Verhandlung und Tausch ist, kam in dieser Sichtweise zu kurz.

– Das binäre Schema des politischen Codes eignet sich nicht für alle Bereiche der politischen Entscheidung. Es gibt in der modernen Politikwissenschaft *nicht mehr die Entscheidung schlechthin*, der diese oder jene Eigenschaft nachgesagt werden könnte. Entscheidungen spielen sich in verschiedenen Politikfeldern ab. Verteilungsentscheidungen lassen sich in der Regel nicht binär schematisieren, wie auch Luhmann (1981: 282) selbst einmal zugegeben hat.

Diese Einsicht hat Luhmann (1986b) dazu geführt, in der außerstaatlichen Verteilungsarena ebenfalls den binären Code für unbrauchbar zu erklären. Diese Wendung ist wenig plausibel. Warum könnten Arbeit und Kapital nicht als Anwendungsfall des binären Schematismus im Bereich der Arbeitsbeziehungen dienen? Die Riten der Ausgewogenheit und Kampfparität schließen ein Drittes weit stärker aus als die meisten anderen Konfliktarenen der Gesellschaft. Die binäre Sichtweise der Arbeitsbeziehungen wurde von Luhmann als »semantische Fehlsteuerung« interpretiert, ein seltsamer Vorwurf eines Theoretikers, der Steuerung nur in engen Grenzen für möglich hält – und nun soll in einem

Spezialbereich von Außenseitern des politischen Systems semantische Übersteuerung geleistet werden?

Einleuchtender wäre, gerade die Arbeitsbeziehungen als Anwendungsfall des binären Codes zu deuten, der überall dort Plausibilität gewinnt, wo alte fundamentale Freund-Feind-Verhältnisse in ritualisierte und institutionalisierte Auseinandersetzungen umgepolt wurden, wie etwa der »eingefrorene Klassenkampf«. Solche Einwände würde Luhmann aber vermutlich als »empirisch« richtig, aber für seine theoretische Ansatzhöhe nicht relevant abtun.

In anderen politischen Bereichen hingegen läßt sich der binäre Code nicht anwenden, etwa bei Statusgruppen, die keinen Gegner haben, wie die Landwirte. Es hat für Luhmann keinen Sinn, alle Nichtlandwirte zu Gegnern zu erklären. Im Gegenteil, eine gute Strategie dieser Lobby ist es, wenn alle nicht festgelegten Interessen auf eine geheime Interessenkoinzidenz mit den Landwirten eingeschworen werden. Anhand zahlreicher solcher Beispiele, die Luhmann selbst einstreut, wird deutlich, daß er selbst ein viel komplexeres Bild von Politik hat, als er bei abstrakten Deduktionen über den Code zugibt.

Er selbst hat auch auf mittelabstrakter Ebene das politische System in mehrere Etagen aufgeteilt. Wie kann der binäre Code für die Politik als Ganzes reklamiert werden, wo er offensichtlich für einige Etagen des Systems nicht brauchbar ist? Die oberste Etage, *Verwaltung* genannt, obwohl sie auch Justiz und Parlament umfaßt, kann allenfalls in der Legislative mit dem Code arbeiten. Für Justiz und Verwaltung im engeren Sinn ist er ein Fremdkörper. Auf der zweiten Etage der *Parteien und Interessengruppen* scheint der Code wenigstens im Bereich der Parteiendemokratie zu dominieren. In der Sphäre der Interessengruppen gilt er nur zum Teil, wie schon erläutert. Auf der Ebene der Wähler, von Luhmann wegwerfend *»Publikum«* genannt, um die elitäre Demokratiekonzeption zu demonstrieren, darf die Code-Idee nicht Fuß fassen, weil sonst Polarisierungsstrategien das System bedrohen durch »bezugslose Radikalisierungen« (Luhmann 1981: 281). Offenbar ist das politische System in sich so komplex, daß die Unterstellung eines einheitlichen Codes nicht sinnvoll ist.

Die Idee des Codes ist auch nicht recht harmonisiert mit dem Steuerungsmedium Macht, das Luhmann aus der Parsonschen Systemtheorie übernommen hat. Die Steuerung durch Macht scheint prima vista binär angelegt zu sein: Macht/Nichtmacht, Regierung und Opposition. Aber auch dieser Machtbegriff ist im Vergleich zu dem relationalen Machtbegriff der Poststrukturalisten noch ziemlich grob (vgl. Kap. II.1.c). In föderalistischen Staaten ist auch die Opposition, die in einigen Gliedstaaten herrscht, nicht schlicht »Nicht-Macht«. Oppositionen sind allenfalls in angelsächsischen winner-takes-all-Situationen Nichtmacht. In den meisten Systemen sind konsoziale und korporative Elemente eingebaut, die eine logische Konstruktion des binären Codes zum empirischen Unsinn werden lassen.

Die Fruchtbarkeit der Code-Idee kann durch einen Blick über die Grenzen des politischen Systems getestet werden. Im Rechtssystem lautet der binäre Gegensatz Recht/Unrecht. Nicht einmal im Strafrecht gilt diese Gegenüberstellung voll, da »plea bargaining« der Verteidigung, Aushandeln von Strafmaßen zum Zwecke der Prozeßökonomie immer weiter um sich greift. Gehört das Prozeßrecht nicht zum Code-Gebiet? Ein Jurist, der die Theorie des Rechts als autopoietisches System analysierte, machte daher kaum noch Gebrauch von der Idee des Codes (Teubner 1989). In der Religion (1987: 238) scheint es den Dualismus von Immanenz und Transzendenz zu geben. Wie in der Politik folgen Zweitcodierungen wie Heil und Verdammnis, Himmel und Hölle. Das Tarifsystem der Arbeitsbeziehungen sollte nicht binär gedeutet werden. Bei der Religion ist plötzlich vom »Tarifsystem von Himmel und Hölle« die Rede. Der Code des wissenschaftlichen Systems wahr/unwahr ist vergleichsweise am einleuchtendsten, weil er am überzeitlichsten ist. Die Unterscheidung wahr/unwahr wurde schon als Orientierung akzeptiert, als das Wissenssystem noch völlig von der Theologie beherrscht war.

Die einzelnen Lebensbereiche entwickeln nicht zur gleichen Zeit ihre jeweils binären Codes. Dennoch wird nicht nur in zahlreichen Hinweisen auf Koselleck deutlich, daß auch Luhmann eine Art »Sattelzeit« im 17. und 18. Jahrhundert annimmt, in der die Begriffe umgepolt werden. Daß es Ausnahmen von dieser Regel gibt, wird von Luhmann bei Behandlung einzelner Teilbereiche immer wieder selbst angeführt. Im alten Ägypten etwa haben die Götterbilder immer zugleich immanente und transzendente Sachverhalte umschlossen (1987: 252). Das gilt nun aber keineswegs nur für das alte Ägypten. Bei der andersartigen Beziehung vieler außereuropäischer Religionen zur Transzendenz könnte die Dog-

matisierung des Codes Immanenz/Transzendenz sogar als euro-
zentrisches Vorurteil gedeutet werden.

Die Theorie der selbstorganisierten Systeme hat relativ wenig zur
politischen Theorie beigetragen. Es war Luhmanns Verdienst, die
allgemeine Theorie auch auf die Politik angewandt zu haben. Eine
privilegierte Stellung kam ihr freilich nicht zu, da sich mehr der
Aufmerksamkeit auf Wirtschaft, Wissenschaft, Recht oder Religion konzentrierte. Ausgangspunkt von Luhmanns politischer
Analyse ist die Einsicht, daß das politische System nur »im Rahmen der Eigenfrequenzen« resonanzfähig ist. Das heißt vor allem,
es kann nur »machbare Politik« gemacht werden. Die Bedingungen der Machbarkeit werden nicht aus anderen Systemen bezogen, schon gar nicht aus dem kulturellen System der Ideologieproduktion, das am meisten zu solchen vergeblichen Interven-
tionsversuchen neigt. Die Bedingungen der Machbarkeit müssen
im politischen System selbst festgelegt werden. Dennoch neigt
Politik in den Augen Luhmanns dazu, von sich selbst und von
anderen planmäßig überfordert zu werden.

Politik verfügt über keinen kybernetischen Mechanismus (wie die
Heizung oder die Kühlung), der wirtschaftliche oder soziale Daten beeinflussen kann. Sie sind das Resultat eines komplexen Zusammenwirkens von Selbststeuerungseinrichtungen der Wirtschaft. Die Politik kann daher für Luhmann (1988: 346) nur die
Bedingungen schaffen, die sich auf die Programme und damit auf
die Selbststeuerung der Wirtschaft auswirken. Wo Luhmann
konkreter wurde, handelte es sich um schlichte Deskriptionen
dessen, was die Politikfeldanalyse ohnehin ständig beschreibt: die
Politik kann mit Verboten, Subventionen und Bedingungen für
Nutzungen Erfolge erzielen. Wie auch an anderen Stellen sind bei
Luhmann, der jedem Akteursansatz abhold ist, die Kommunika-
tionsmöglichkeiten der Eliten einzelner Subsysteme systematisch
ausgeblendet. Korporatismus, logrolling, Mischtypen staatlicher
Maßnahmen zwischen Zwang und Konsens wurden bei Luhmann nur am Rand erwähnt und blieben folgenlos für die Konstruktion der Theorie.

Die *Überforderung der Politik* wird am Beispiel der Ökologie
drastisch sichtbar gemacht. Das System begünstigt »loose talk«
(Luhmann 1986: 225). Politik neigt dazu, als gesellschaftlicher
Durchlauferhitzer zu fungieren. Selbst wenn die Profilneurose
von Politikern im Wettbewerb nicht zur Überforderung des Sy-

stems führte, würde Politik von gesellschaftlichen Forderungen als »Letztadressat für alle ungelöst bleibenden Probleme« benutzt, als ob die Politik noch die hierarchische Spitze der Gesellschaft darstelle, als die sie einst im Zeitalter des Absolutismus fungierte.

Als Systemtheoretiker hatte Luhmann (1970: 154) von Anfang an Vorbehalte, den *Staatsbegriff* als zentrales Konzept einzuführen. Er schien ihm eine »unbestimmte, analytisch wenig brauchbare Kategorie« zu sein. 1984 wurde der Begriff von Luhmann (1987: 79) wieder aus der Mottenkiste der archaischen unbrauchbaren Begriffe hervorgeholt: er diente nun als Chiffre für die »Selbstbeschreibung des politischen Systems«. Politik wird nach seiner Ansicht nicht durch den Staat, sondern in Beziehung auf den Staat bestimmt. Es erscheint konsequent, daß Luhmann den Staatsbegriff wieder entdeckte, nachdem er die Idee des binären Codes durchgespielt hatte. Er entdeckte dabei, daß die binäre Codierung nicht alle politischen Prozesse erfaßt. Der Staatsbegriff wird daher als Bezugspunkt für selbstreferentielle Prozesse benötigt, welche auf ein operational geschlossenes System als Vorstellung angewiesen sind. Das Funktionssystem Politik weist funktionale Äquivalente zum System der Wirtschaft auf, aber keine genaue Isomorphie. Das Kommunikationsmedium Macht hat nicht die gleiche technische Präzision und die hohe Integrationskraft, die das Geld im System der Wirtschaft besitzt. Daher muß in diesem Funktionssystem Politik die Einheit des Systems zusätzlich durch eine Selbstbeschreibung in das System eingeführt werden. Diese Funktion erfüllt für Luhmann (1984: 626) der Staat.

Der Staat wird mit der Herstellung bindender Entscheidungen in Verbindung gebracht. Er scheint gleichsam konstruktivistisch aufgefaßt zu werden, während der Wirtschaftskreislauf zwar labyrinthisch ist, aber weit präziser real angebbar funktioniert. Der Staatsbegriff ist damit einerseits weiter als der der Politik. Andererseits aber ist er zugleich enger, weil er nicht alle Kommunikationsarten umfaßt, die in der Politik enthalten sind. Ein Politiker kann sich durch Nichthandeln seiner Funktion nicht entziehen, ein Staat hingegen kann es. Im Kontext seiner Kritik am Wohlfahrtsstaat und am ökologischen Staat könnte man sogar unterstellen: der Staat solle sich in allen Bereichen, die über regulative Politik hinausgehen, mit Entscheidungen zurückhalten, weil jede

Entscheidung nur neue Ansprüche weckt und neue unvorhergesehene Folgen auftauchen läßt. Entscheidungen fallen vor allem in dem System, das Luhmann unter dem Oberbegriff »Verwaltung« zusammenfaßte (1987: 148). Auch der vorautopoietische Luhmann (1969: 188) hatte seiner verwaltungswissenschaftlich orientierten Skepsis gegen eine Ausweitung parlamentarischer Entscheidungsfreude schon früh Ausdruck verliehen. Die Verwaltung schien befugt, das Risiko des Gesetzgebungsverfahrens möglichst klein zu halten, da man ja nie weiß, »was das Parlament aus einer ganz harmlosen, kleinen, präzise begrenzten Novelle macht, wenn bei dieser Gelegenheit alte und neue Wünsche laut werden.«

Auch das Rechtssystem hat wichtige Entlastungsfunktionen für das politische System. Paradoxerweise (1987: 149) führt wachsende Unabhängigkeit der Teilbereiche der Gesellschaft für Luhmann zu höherer Abhängigkeit der Systeme voneinander. Die *Arbeitsteilung der Subsysteme* überträgt der Gesetzgebung den Wandel und dem Rechtssystem die Schaffung dauerhafter Entscheidungen. Justiz entzieht die Prämissen der Entscheidung der Dauerproblematisierung. Demokratie funktioniert nach dieser Auffassung mit ihrer Berufung auf den Volkswillen nur, wenn »nicht jederzeit alles in Frage gestellt werden kann, obwohl prinzipiell alles für Neuentscheidung offen gehalten wird.«

Trotz solcher Entlastungen der Politik kommt es zur systematischen Selbstüberforderung der Politik durch Parteien, Interessengruppen und die Wähler, als »Publikum« schon auf ihre Zaungastrolle vorbereitet. Ökologische Kommunikation zeigt die Überforderung der Politik durch Angstpsychosen. Haupteinfallstor der Staatsüberforderung aber ist der Wohlfahrtsstaat. Odo Marquards (1987: 23) Bonmot von der *»Inkompetenzkompensationskompetenz«* wurde von der Philosophie auf die Politik übertragen. Das kompensatorische Prinzip hat eine Eigendynamik der Ansprüche in Gang gesetzt, die keinen Bereich mehr ausnimmt und schließlich sich selbst verzehrt. Damit ist die Entwicklung vom Sozialstaat zum Wohlfahrtsstaat vollendet (Luhmann 1981a: 9). Die expansive Selbstüberforderungspolitik macht es sinnlos, progressive und konservative Positionen zu unterscheiden. Den Sekundärcodierungen der politischen Ideologien wird eine Art Tertiärcodierung an die Seite gestellt. Ein expansives und ein restriktives Staatsverständnis ringen im Wohlfahrtsstaat miteinander. Das expansive leidet für Luhmann noch an einem alteuropäischen Verständnis von Politik als Spitze der Gesellschaft, selbst wenn die Staatsintervention den Rahmen des Subsidiaritätsprinzips nicht verläßt. Das restriktive Politikverständnis sieht die Politik hingegen nur als eine Funktion unter vielen anderen an. Ihre Haupttugend besteht im Erkennen der Grenzen des eigenen Systems. Das expansive Staatsverständnis erscheint ideologischer. Bekenntnisse zu Werten programmieren die Selbstüberforderung der Politik vor. Politisch erscheint es vernünftig, keine Theorie zu vertreten, die einen bestimmten Kurs vorschreibt. Luhmanns (1981a: 157) Möglichkeitssoziologie endet in dem Gemeinplatz, daß gute Politik sich selbst und dem Gegner Wahlmöglichkeiten offenhalten muß. Politik als Vollzug von wissenschaftlicher Theorie – die technokratische Variante der Überforderung von Politik – ist ebenso illusorisch. Einheit von Theorie und Praxis kann es nicht geben. Theorien können auf den Forschungsprozeß im Wissenschaftssystem bezogen sein. Politische Theorie erfüllt hingegen in der Praxis der Politik selbst politische Funktionen, soweit sie dem Code des politischen Systems angepaßt ist.

Die Staatstheorie als Selbstbeschreibung des politischen Systems hat die Notwendigkeit des Wohlfahrtsstaats angeblich nicht vorausgesehen, sondern nur »herbeigeführt« – eine reichlich unklare Argumentation, die sich nicht einmal historisch halten läßt. Gerade in der deutschen Staatstheorie umfaßte der sozialstaatliche Konsens schon früh Konservativ-Liberale wie Mohl und Konservative wie Victor Aimée Huber oder Lorenz von Stein. Luhmanns Ausspielung des Sozialstaats gegen den Rechtsstaat hat Tradition in der Polemik Triepels gegen Hermann Heller mit Fortwirkungen in der Carl Schmitt-Schule, etwa bei Forsthoff. Den Verfassungs- und Rechtsstaat sah er nicht bloß als historisches Faktum, wie den Sozialstaat, sondern als Werk theoretischer Reflexion an.

Ökologische Gefährdungen führten zu einer weiteren Form systematischer Selbstüberforderung der Politik. Die Angsthysterie der Stimmungsdemokratie droht die Angst als Nachfolgerin des alten Apriori in der Vernunft in unanfechtbare Selbstsicherheit einzumünden. Wer Angst hat, scheint moralisch im Recht zu sein. Im Rückblick zeigt sich hingegen vielfach, daß unwahrscheinliche Gefährdungen aufgebauscht und wahrscheinliche bagatellisiert worden sind. Die gewaltigen Dimensionen moderner Gefährdungen haben die Zuversicht ins Wanken gebracht, daß die wissenschaftliche Einschätzung der Risiken verbessert werden kann, wenn das politische System die Nerven behält und lernfähig bleibt: »Nur Mut und kybernetische Beratung!« hatte die Devise der älteren Systemtheorie gelautet. Einen solchen Optimismus hatte Luhmann auch vor der autopoietischen Wende nicht geteilt. Aber die Lernunfähigkeit des politischen Systems verschlimmerte sich drastisch im Licht der autopoietischen Theorie. Luhmann (1986: 29) betonte, daß die klassischen Instrumente der Wissensvermittlung wie logische Deduktion und empirischer Nachweis von Kausalität nur Formen der simplizifizierenden Beobachtung von Beobachtungen sind. Systeme, die sich selbst beobachten, pflegen gleichwohl auf die Feststellung von Ursache und Wirkung nicht zu verzichten, und suchen nach einem Schuldigen. Die ökologische Selbstgefährdung kann damit nicht aufgehoben werden. Sie liegt für Luhmann durchaus im Rahmen der Evolution, weil autopoietische Systeme die Autopoiesis immer ohne Rücksicht auf ihre Umwelt fortsetzen. Hier zeigt sich das Gegenteil jener neuen Öko-Ethik, das einige naturwissenschaftliche Theoretiker der Autopoiesis beflügelte (vgl. Kap. 11.2.d). Bei Luhmann (1986a: 21) gibt es keine Möglichkeit, durch moralische Appelle eine Umkehr der Menschheit zu bewirken. Im Gegenteil, der moralisierende Appell an die Einsicht schafft weitere Gefährdungen. Zu den unvermeidbaren ökologischen Gefährdungen treten noch vermeidbare Angstfolgeschäden hinzu. Die Botschaft lautet im Horizont möglicher Katastrophen, »ganz normal und unaufgeregt zu leben« – eine Variante der preußischen Devise: »Ruhe ist die erste Bürgerpflicht«. Die Gefährdung wird nicht verkleinert, aber es wird davon ausgegangen, daß die Menschheit auf das Risiko noch nicht eingestellt ist, da sie in alten Denktraditionen befangen ist, von der Logik bis zur Ontologie, von der Erkenntnistheorie, die mit feststehenden Gegenständen rechnet, bis zur Prinzipienethik, die nach dem Zerfall traditionaler kosmologischer Weltbilder übrig blieb. Kriterien der Wahrnehmung und Einschätzung von Risiken und die Kriterien der Intersubjektivität versagen in den Augen Luhmanns (1986a: 19). Die Bereitschaft zur Akzeptanz wird in einer sich ausdifferenzierenden Welt immer unterschiedlicher. Die tröstenden Heilmittel der klassischen Moderne wie Technologie und Wissenschaft sind in die Krise geraten. Hier deckt sich seine Analyse mit vielen nachmodernen Ansätzen. Dezisionismus wird in einer solchen Lage für die politischen Akteure bestandsnotwendig. Die Entscheidungen richten sich nicht mehr nach Kriterien, sondern die Kriterien nach den Entscheidungen. Es gibt in der ökologischen Frage für Luhmann keine feststellbaren Kriterien der Rationalität, sondern nur Meinungen.

Dies klingt wie die Umkehr älterer normativer Ansätze. Einst wurden bloße Meinungen, *doxai*, der durchgearbeiteten Ontologie, die auf einen höchsten Zweck bezogen ist, gegenübergestellt (Voegelin 1965: 14). Luhmanns Antiontologie führte zu ähnlichen Konsequenzen. Alles, was sich noch als Wissenschaft, *episteme*, ausgibt, wurde als bloßes Meinen, doxa, entlarvt. Logik und Erkenntnistheorie wurden in Frage gestellt. Zweifel an den eigenen Deduktionen aber konnten nur »schlichte Gemüter« äußern. Ethische Ansätze sind nicht mehr »gnostisch« wie für Voegelin, aber der von Luhmann geäußerte Ideologieverdacht ist nicht weniger allgegenwärtig. Moralisierende Ansätze in der Politik werden weit kritischer noch beurteilt als jene Interessengegensätze, die auf der zweiten Etage des politischen Systems, in der Welt der Parteien und Interessengruppen ausgetragen werden. Das Publikum im Souterrain des politischen Hauses ist unstrukturiert und damit noch ideologieanfälliger als die Eliten in der Beletage. Emphatische Risikoeinschätzung war für Luhmann (1986a: 19) unglaubhaft, weil sie mit einer doppelten Moral verbunden ist: »Wir sterben lieber an falscher Ernährung als an den Auswirkungen der Lebensmittelchemie«. Die klassische Ethik ist auch außerhalb des persönlichen Verhaltens aus den Angeln gehoben: die Menschen sind nicht mehr bereit, Gefahren hinzunehmen, die auf rational kalkulierte Risiken zurückgehen. Sie sind hingegen individuell äußerst risikofreudig, da sie rauchen, Skilaufen oder schnelle Autos lieben. Das alte Modell des Interessenpluralismus greift für diese Lage nicht mehr. Die Durchsetzungsfähigkeit von Interessen steht in keinem Verhältnis zur Rationalität der Argumente oder der Größe der Gruppe. Die Moralisierung mündet in Rhetorik und diese produziert für Luhmann (1986a: 20) eine »Welt als Wille ohne Vorstellung«. Angst bleibt »handlungsnah und realitätsfern« (1986: 248). Die Theologie wird davor gewarnt zu versuchen, in der gesellschaftlichen Resonanz auf Umweltgefährdungen als Verstärker zu dienen. In diesen weltlichen Bereichen hat die Theologie keine Religion zu bieten, es sei denn »unter Niveau«: fundamentalistisch, konkretistisch, mirakulös, eschatologisch und mythisch (1986: 191). Religion bleibt in diesem Bereich »Parasit gesellschaftlicher Problemlagen«. Der Kampf um die »Bewahrung der Schöpfung« erscheint ihm als Rückfall in die Sakralisierung der Natur. Ökologische Kommunikation müßte auf verarbeitbare Formen des Interessenpluralismus einschwenken. Genau dies geschieht jedoch ständig. Eine Gruppe mag anfangs *tutto e subito* verlangen. Am Ende wirkt sie am Aushandeln von 5-10% Schadstoffsenkungen in einem Jahr mit.

Die neue Bescheidenheit in bezug auf die Möglichkeiten staatlicher Steuerung hat bei Luhmann von Werk zu Werk zugenommen. Dennoch fiel es ihm schwer, »den Begriff ganz aufzugeben und die Zukunft einfach kommen zu lassen, wie sie kommt«. Gegen die Planungseuphorie der Linken hatte es schon immer Skeptiker gegeben. Die Illusion, durch Steuerung menschliches Glück zu vermehren, wurde seit der amerikanischen Revolution und ihrer Kodifizierung des »pursuit of happiness« kritisiert. Die Summe des individuellen Glücks, die subjektive Gratifikationsbilanz ist seit der Steinzeit gleich geblieben, so sehr auch der Staat versucht hat, das Glück seiner Bürger zu mehren (Tenbruck 1972: 117). Luhmann greift eher auf existentialistische Grundgefühle der Nachkriegszeit, die ihn prägte, zurück. Camus hat einmal den »Mythos von Sisiphos« gegen allzu pessimistische Mißdeutungen mit der Äußerung abgesichert, daß man sich Sisiphos als einen vergleichsweise glücklichen Menschen vorzustellen habe. Recht ähnlich wirkt der ideale Bürger Luhmanns, wenn er von Menschheitsbeglückern verschont wird.

Luhmanns Steuerungsskepsis bleibt aber nicht auf der anthropologischen Ebene vieler Normativisten. Seine Absage an jede Handlungstheorie (1984: 191, 634, 1988: 335) hat den Steuerungspessimismus vertieft. Handlungstheorien stellen für ihn die falschen Fragen. Politik kann nur sich selbst steuern. Für die Systemtheorie gibt es keine grenzüberschreitenden Inputs und Outputs. Es gibt allenfalls einen Beobachter, der mit Hilfe solcher Unterscheidungen andere Systeme beobachtet. Der binäre Code des politischen Systems führt dazu, daß selbst über den Erfolg vermeintlicher politischer Steuerung nichts verläßliches ausgemacht werden kann. Da die Programme, die der Steuerung zugrunde liegen, hinreichend vage gehalten sind, hat das politische System den Vorteil, immer zwei Deutungen des Steuerungsprozesses zur Verfügung zu haben: die Verantwortlichen behaupten, die Steuerung sei gelungen, die Opposition erklärt das Gegenteil (Luhmann 1989: 4). Demokratie und Steuerung scheinen letztlich unvereinbar. Demokratie schafft immer zwei Versionen einer politischen Realität, die von Regierung und Opposition.

Luhmanns Flucht ins Paradoxon, die schon bei der Kommunikation ausdifferenzierter Teilsysteme der Gesellschaft festgestellt wurde (Kap. 1.2.d), führte zu der Ansicht, daß, empirisch gesehen, Steuerung zugenommen hat. Steuerung aber kann sich nicht auf andere Systeme richten, sondern nur auf Differenzen zwischen Systemen. In komplexen Systemen können die Steuerungsmöglichkeiten zunehmen. Aber nur wenige Differenzen eignen sich, daher nehmen diese Differenzen im ganzen zu. Welche Differenzen den einen oder den anderen Fall konstituieren, wurde nicht einmal mehr – wie in Luhmanns Frühwerk – mit Beispielen erläutert. Diese Arbeit wurde den Sozialwissenschaftlern überlassen, ähnlich wie der Aufweis einzelner historischer Entwicklungen den Historikern überstellt worden ist (Kap. 1.1.b). Das Ausmaß des Aneinander Vorbeiredens in der Debatte zwischen Luhmann und Scharpf hat Dissens vermuten lassen, der gar nicht bestand. Scharpf (1989: 19) konstatierte mit Recht, daß »unser Geschäft« – das der Politologen – durch die Luhmannsche Steuerungsperspektive, welche die Borniertheit funktionsspezifischer Kommunikationssysteme aufzeigt, nur schwieriger, aber nicht unnütz geworden sei.

Hätte es eine schriftliche Replik gegeben, hätte Luhmann diesen Satz wohl übernehmen können. Die Flucht in das Paradox hat die Vermittlung von intersubjektiv vermittelbarem Wissen unmöglich gemacht. Der Geistesblitz als *paradoxer Aphorismus* erinnert an das 17. und 18. Jahrhundert, dessen Kenntnis Luhmann planmäßig zu einer Art Hobby-Literaturschatz ausgebaut hat. Der theoretische Aphorismus des autopoietischen Luhmann hat die Funktion der konkreten empirisch-anekdotischen Beispiele aus dem Verwaltungsleben im Frühwerk Luhmanns übernommen. Ein Skeptiker wie Montaigne wird in Luhmanns Reflexion auf Verständnis für Alternativen geeicht. *Politische Reflexion* muß sie für Luhmann systematisch erzeugen können. Alternativen sind immer möglich. Der Rückgriff auf alteuropäische Strukturen der Hierarchie (1981a: 157) ist nicht mehr möglich. Wo er versucht wird, muß ein System sich entdifferenzieren und zur politischen Stratifikation zurückkehren. Statt Codierung läuft die Politik dann über Organisation, ohne die anstehenden Probleme besser lösen zu können (1986: 173). Das kommende Scheitern des realen Sozialismus war in solchen Äußerungen weniger explizit als bei der Gruppe um Maturana (vgl. Kap. 11.2.d), aber dennoch unübersehbar prognostiziert.

Die autopoietische Wende hat Luhmann immer weiter von konkreten Analysen entfernt. Durch die Konzeption des *Sinns* konnte jedes Ereignis als autopoietisches Moment verstanden werden. Es schien daher einfacher, sich den zirkulären Binnenstrukturen des Systems zuzuwenden, als empirisch faßbare Systemstrukturen und Interaktionen zwischen Systemen noch empirisch zu untersuchen (Bühl 1987: 233). Jedes noch so ephemere Ereignis konnte Sinn gewinnen und damit Systemelement werden, um die Geschlossenheit des Verweisungszusammenhangs herzustellen. Luhmann (1984: 101) versuchte jedoch die Unterstellung abzuwehren, ein Idealist zu sein, der »so etwas wie rein geistige Existenz« postuliere. Habermas (1988: 426 f.) sah gleichwohl gerade Luhmann in der Nachfolge der verabschiedeten Subjektphilosophie, weil die Selbstreferentialität des Systems der des Subjekts im deutschen Idealismus nachgebildet sei.

Anderen Ansätzen des nachmodernen Denkens verwandt ist Luhmanns *Verabschiedung der Legitimitätsproblematik* (vgl. Kap. 11.1.c). Der vorpoietische Luhmann (1970: 180) lehnte sich stark an den Schmittschen Dezisionismus an. Dieser war jedoch demokratisiert und auf ein kluges Situationsverständnis abgestimmt, das keine radikalen Ausdeutungen zuließ. Dieser Dezisionismus sang das Lob des Opportunismus, weil so die »Verschiedenheit und Interdependenz der zu berücksichtigenden Werte zunimmt« (1971: 166). Der autopoietische Luhmann hat die Strategie der »Verbeliebigung« (Lipp 1987: 466) weiter ausgebaut. Der Systembegriff zerfloß wie der Weltbegriff in der alteuropäischen Philosophie. Welt als Ganzes, der Universalhorizont allen menschlichen Erlebens hat keine Grenzen und ist kein System. Sie ist ohne Umwelt, daher nicht bedrohbar. Was gegen Husserl gerichtet schien, trifft zunehmend auf die eigene Weltsicht zu (Luhmann 1989a: 3). Luhmanns Möglichkeitssoziologie kann keine Handlungsorientierung geben. Die Zahl der Möglichkeiten wird nur im nachhinein bestimmbar. Daher sind die Grenzen zwischen Möglichkeit und Wirklichkeit vielfach unscharf (Bühl 1973: 57). Der akteursfremdeste Ansatz aller nachmodernen Denkmöglichkeiten bleibt für die Politikwissenschaft eine der stärksten Herausforderungen (vgl. Resümee).

3. Zwischen Moderne und Postmoderne: Lebensweltliche Ansätze im Kampf gegen die rationalistisch halbierte Moderne

Eine Reihe von Ansätzen in der politischen Theorie wird man schwerlich als postmodern einordnen können, obwohl sie zum Paradigmawechsel der Nachmoderne beigetragen haben. Gemeinsam ist ihnen der Impetus, die Vorteile der klassischen Moderne und ihrer nachmodernen Kritik zu verbinden. Die Rationalismuskritik bezieht sich nur auf die *rationalistisch halbierte Moderne*. Lebensweltliche Ansätze, die bisher eine marginale Sektenexistenz fristeten, wurden wieder ernstgenommen. Auch bei diesen Ansätzen ist nicht die Selbsteinordnung der behandelten Autoren maßgeblich. Beck würde für die Etikettierung als postmodern nachsichtigen Spott übrig haben – für Habermas wäre sie eine beleidigende Herabsetzung des Kampfes um die Rettung des Projekts der Moderne. Die Verteidigung der Lebenswelt verbindet ihn mit einigen postmodernen Ansätzen. Im normativen Leitbild ist er von ihnen durch geistige Abgründe – nicht nur durch seine eigenen definitorischen Absetzungs-Definitionen – getrennt. Die Postmaterialismustheorie wurde von Modernisten entwickelt, die mit den rationalistischen Methoden der klassischen Moderne weiterarbeiten. Gleichwohl verband sie ein »eschatologischer Zug« mit lebensweltlichen Ansätzen der Nachmoderne. Die Bemühungen um eine feministische Theorie der Politik sind schließlich so heterogen wie die Theorien über neue soziale Bewegungen. Sie sind zwischen Moderne und Postmoderne hin- und hergerissen, und sind am wenigsten gefeit gegen Rückfälle in prämodernes ontologisches Denken.

a) Die Wiederentdeckung der Lebenswelt

Die wachsende Kritik an der Moderne führte zur Aufwertung einiger Ansätze, die in der Epoche der Dominanz rationalistischer Systemtheorien ein Schattendasein geführt hatten. Die verstehende Soziologie, wie sie Schütz (1974) und Berger/Luckmann

(1969) vertraten, bot ein Kontrastprogramm zur rein kausal oder funktional erklärenden Wissenschaft. Die soziale Welt war für sie nicht ein strukturell vernetztes Universum, in der individuelles Handeln durch soziale Systeme und Organisationen determiniert erschien. Die Kritik an der Moderne richtete sich gegen die Verarmung an Ausdrucksmöglichkeiten und Kommunikation. Der Mensch schien die Möglichkeit, mit Konflikten umzugehen, verlernt zu haben. Rationalistische Theorien boten keine Anleitung, sich selbst zu finden und Konsens mit anderen zu fördern. In den dominanten Systemtheorien war für Akteure und Personen mit ihren lebensweltlichen Erfahrungen kein Raum.

Die *phänomenologische Methode* wurde als empirisches Angebot verstanden. In ihrer behutsamen Reflexion hob sie sich vom hemmungslosen Subjektivismus einiger postmoderner Denkansätze wohltuend ab (vgl. Kap. 11.1.b). *Empirisch* bedeutete für lebensweltliche Denker nicht *szientistisch*, wie beim positivistischen Mainstream. Die Phänomenologie wandte sich gegen die Verabsolutierung von Konstruktionen ebenso wie gegen eine »Verobjektivierung der Subjektivität« (Waldenfels 1979: 127). Der phänomenologische Ansatz entwickelte Einsichten Edmund Husserls (1982: 13) weiter, der im Angesicht der nationalsozialistischen Barbarei die schärfste Kritik der okzidentalen Vernunft vorgebracht hatte. Der Kampf der Philosophie im naiven Glauben an die absolute Vernunft richtete sich gegen die vernunftzerstörende und negierende empiristische Skepsis der neuzeitlichen Wissenschaft als dominante Geisteshaltung. Ein Rückgriff auf die Metaphysik erschien der Phänomenologie nicht mehr möglich. Husserl hatte an der Konzeption der Philosophie als »Führerin der Menschheit« festgehalten. Sie schien berufen, gegen die »skeptische Sintflut« der positiven Wissenschaft zu kämpfen, wie einst die griechische Auffassung von *episteme* (Wissenschaft) gegen bloße *doxa*, alltägliche anschauliche Erfahrung, gestellt worden war. Der wissenschaftlich gleichsam »idealisierten« Natur der Naturwissenschaften setzte Husserl (1982: 12,54) die vorwissenschaftlich anschauliche Natur, die Lebenswelt entgegen: »diese wirklich anschauliche, wirklich erfahrene und erfahrbare Welt, in der sich unser ganzes Leben praktisch abspielt«. Diese Lebenswelt bleibt in ihrem »eigenen konkreten Kausalstil« durch die rational halbierte Vernunft unverändert. Lebenswelt als »verborgene Vernunft«, der »rechte Rückgang zur Naivität des

Lebens«, wurde der objektivistischen Naivität der traditionellen Philosophie entgegengesetzt, die keine »über sich erhebende Reflexion« über das Leben anstellt.

In einer Zeit pervertierter technischer Vernunft der 30er und 40er Jahre ist diese 1936 vorgelegte Abhandlung – die aus Vorträgen in Wien und Prag hervorging – von den unterschiedlichsten sozialphilosophischen Ansätzen als Offenbarung empfunden worden. Erst nach dem Krieg konnte diese Schrift in Deutschland Wirkung entfalten. Für die sozialwissenschaftliche Theoriebildung war sie nicht ohne weitere begriffliche Spezifizierung nutzbar. Dadurch geriet sie immer mehr von der erkenntnistheoretischen Ebene auf die Ebene einer intuitiv erfaßten sozialen Wirklichkeit. Dies war zweifellos die schwerste Belastung für die Anerkennung der Phänomenologie als »intersubjektiv transmissibles Wissen«, das nicht nur durch emphatische Einfühlung nachvollziehbar wurde.

Die notwendige Vermittlung zur sozialwissenschaftlichen Theorie wurde von Alfred Schütz in der Zeit seines Exils in Amerika geleistet. Husserl hat das einzige Buch, das Schütz zu seinen Lebenszeiten veröffentlichte, zunächst zustimmend kommentiert. Erst später trat ein Verhältnis kritischer Distanz zwischen den beiden Männern ein. Beide waren vereint in der Ablehnung des logischen Positivismus. Der Buchtitel bei Schütz: »Der sinnhafte Aufbau der sozialen Welt« (1932) ist als bewußtes Kontrastprogramm zu Rudolf Carnaps: »Der logische Aufbau der Welt« (1928) gedeutet worden. Auch Wilhelm Diltheys »Der Aufbau der geschichtlichen Welt in den Sozialwissenschaften« (1910) dürfte Pate gestanden haben (Dietz 1990: 20).

Der alltagsweltliche Ansatz interessiert sich nicht – wie die Mehrzahl der Gesellschaftstheorien – für theoretische Perspektiven, die von Intellektuellen für Intellektuelle geschrieben werden. Er setzte bei der Erklärung der Wirklichkeit an, die dem »Verstand des *gesellschaftlichen Normalverbrauchers*« zugänglich ist (Berger/Luckmann 1980: 21). Die »schlichte Erfassung und Deskription vorgegebener Tatsachen«, die Schütz (1974: 12) anstrebte, war nicht möglich ohne »rechtschaffene logische Begriffsarbeit«. Schütz griff dabei auf Max Webers *Handlungslehre* zurück. Er begann dort, wo seiner Meinung nach Weber unzulässigerweise aufgehört hatte. Die Entdeckung des *subjektiv gemeinten Sinns* durch Weber war für Schütz (1974: 15) ein fundamentaler Erkenntnisschritt. Aber er warf ihm vor, nicht nach der Konstitutionsweise des Sinns für den Handelnden zu fragen. Die Zusammenhänge auf der psychischen Ebene von *ego* und *alter ego* interessierten Weber nicht. Wie Durkheim hatte er die Soziologie nicht in der Psychologie aufgehen lassen wollen (vgl. Kap. 1.2). Der subjektiv gemeinte Sinn konnte nicht in allen Wissenschaften die gleiche Rolle spielen, wie Schütz einräumte. Er leugnete nicht, daß es eine Reihe von Sozialwissenschaften im weiteren Sinn gab, welche nur nach den *objektiven Sinnzusammenhängen* fragen. Institutionenkundliche Wissenschaften wie Rechtsgeschichte und Staatslehre – man würde heute die Politikwissenschaft hinzufügen – setzen die »konstitutiven Unterstufen der Sinnsetzung« als fraglos gegeben voraus. Nicht der Erzeugungsvorgang des Sinnsetzens, sondern die in ihm erzeugten »Erzeugnisse«, welche ohne Rückfrage als sinnhaft angesehen werden, sind Thema dieser Wissenschaften. Wo nach dem subjektiv gemeinten Sinn gefragt wird, wie bei Parsons (1949: 72 ff.) in der Nachfolge von Weber, werden die subjektiven Kategorien des Handelns nach Schütz nicht wirklich analysiert, sondern es werden objektive Kriterien für die Beschreibung der subjektiven Perspektive des Handelnden gesucht (Schütz/Parsons 1977: 59).

Jene Tradition der Sozialwissenschaften, welche soziale Gegebenheiten als Sachen (*choses*) in der Nachfolge Durkheims ansah, wurde in dieser antiszientistischen Lehre nicht einfach ideologiekritisch denunziert. Gesellschaftliche Phänomene als »Sachen« verweisen auf die Seite der *objektiven Faktizität* hin. Diese Seite mußte aber ergänzt werden durch die Ermittlung der *subjektiven Seite*. Die Fragestellung vereint die Sichtweisen von Durkheim und Weber in der Frage: »Wie ist es möglich, daß menschliches Handeln im Sinne Webers eine Welt von ›Sachen‹ im Sinne Durkheims hervorbringt?« (Berger/Luckmann 1969: 20).

So kam es in der alten Kontroverse Erklären versus Verstehen, naturwissenschaftliche Methode gegen geisteswissenschaftliche Methode, zu einem Neuansatz. Die Wiederbelebung der Kultursoziologie speiste sich aus traditionalen Quellen, hat aber durch die postmodernen Denkansätze gewaltigen Auftrieb erhalten. Die Relativierung des Rationalitätsanspruchs der Wissenschaft in der Kritik des Kritischen Rationalismus hat ebenfalls dazu beigetragen, daß man sich auf Husserl (1982: 11 ff.) besann. Husserl hatte sich bereits dagegen gewehrt, daß die beschränkte szientistische

Weltsicht der Naturwissenschaft als wissenschaftlich schlechthin ausgegeben wurde, und die lebensweltliche Erfahrung als unwahr beiseite schob. Außerwissenschaftliche Anstöße haben die neue Perspektive gefördert. Der Primat wissenschaftlicher Rationalität schien der klassischen Moderne und dem Hochkapitalismus angemessen, einer Epoche, in der die *Arbeitswelt* die dominante Erfahrung des Menschen ausmachte. In der Epoche der kritischen Nachmoderne, wird die Alltagssphäre nicht mehr als Arbeit und weit jenseits »institutionalisierter Daseinsformen« begriffen (Bergmann 1981: 53).

Edmund Husserl hatte versucht, die »Naivität des spekulativen Lebensbegriffs« im deutschen Idealismus zu überwinden. Subjektivität und Objektivität sollten nicht mehr auseinanderdividiert werden, wie in den alten Kontroversen zwischen Idealismus und Realismus. Subjektivität würde in einer solchen Antithese für Husserl (1982: 75) selbst objektivistisch verzerrt. Husserls transzendentale Phänomenologie verstand sich, modernisierend gesprochen, als »Korrelationsforschung« (Gadamer 1965: 235). Das *Verhältnis* ist das Primäre. Die entsubstantialisierte Systemtheorie nach der autopoietischen Wende hat einiges von Husserl gelernt, wie schon an Luhmann deutlich wurde (vgl. Kap. ii.2.e).

Husserl stellte in seinem Lebensbegriff das anschauliche dem begrifflichen Denken gegenüber. Trotz eines emphatischen Lebensbegriffs hat sich die Phänomenologie nicht – wie bei Scheler – in Nachfolge der Lebensphilosophie von Nietzsche, Dilthey oder Bergson gestellt. Immer blieb *Leben* auf den Gegenbegriff *Welt* bezogen. Die Weiterentwicklung der Bezogenheit von *Lebenswelt* und *System*, die nach dem Paradigmenwandel der 6oer Jahre erfolgte, war damit vorgezeichnet.

Ein Problem dieser Gegenüberstellung blieb die Vieldeutigkeit der Begriffe wie Lebenswelt oder Alltag. Immer wieder ist alles Gute, Schöne und Wahre in die Begriffe hineingelegt worden und einem unklaren oder überinterpretierten Welt- oder Systembegriff entgegengesetzt worden. Die Erforschung von Relationen und Möglichkeiten gerann immer wieder zu verdinglichten Antithesen. Elias (1978: 26, Bergmann 1981: 54 f.) hat einmal eine Reihe von Antithesen zusammengestellt. Die Gegenbegriffe waren ohne die Zuhilfenahme struktureller Systembegriffe gar nicht nachvollziehbar:

– Alltag als Routine	– nichtroutinisierte soziale Bereiche
– Leben der Massen	– Leben der Oberschichten
– Ereignisse des täglichen Lebens	– »Haupt- und Staatsaktionen«
– Privatleben	– berufliches und öffentliches Leben
– Sphäre des spontanen Erlebens	– Sphäre des reflektierten, künstlerischen und wissenschaftlichen Erlebens und Denkens
– ideologisches Denken	– wahres Bewußtsein
– Grundsphäre	– abgeleitete Zweck- und Sonderwelten mit besonderen Handlungslogiken
– Welt des Jedermann	– Welt besonderer Handlungskompetenz
– Sphäre, die subjektiv oder gruppenspezifisch geprägt ist	– Welt der Institutionen und Organisationen

Die Gefahr der Politisierung solcher handlicher Dichotomien war immer gegeben. Ein emphatischer Lebensbegriff sollte die neuen sozialen Bewegungen gegen das rationalistische Unverständnis der Zugriffe des Systems schützen. Häufig wurden traditionale Zustände verteidigt, wo Systemansätze vermuteten, daß diese erst durch rationale Wissenschaft »vernünftig« durchstrukturiert werden konnten (Boehm 1979: 27 f.).

Der Alltagsbegriff ist in den Sozialwissenschaften aus dem Katalog dieser Antithesen am häufigsten übernommen worden. Für Phänomenologen heißt Alltag das stets vorgegebene Konstrukt einer bereits vielfältig vorkonstituierten Welt in ihrer jeweils konkreten Geschichte (Grathoff 1978: 68 f.). Diese philosophische Bestimmung mußte in den Sozialwissenschaften operationalisiert werden. Dabei kam es vielfach zu verengten Auslegungen. Einmal wurde der Alltag als *Routine*, einmal als *Sonderberufswelt*, oder als *Mehrheit der durchschnittlichen Lebensläufe* gedeutet. Nur die »Welt der schlichten intersubjektiven Erfahrungen« kann jedoch ein allgemeines Fundament für die Sinngebung bieten, nicht konkrete Sonderwelten und erst recht nicht die relative Sonderwelt (Waldenfels 1979: 126). Wird Lebenswelt als *Erstgegebe-*

nes im Sinne einfacher Daten verstanden, verfällt sie dem *Empirismus*, den Husserl ablehnte. Wäre sie *Letztgegebenes*, das nicht erfahrungsgesättigt bliebe, so führte sie den Phänomenologen in den ebenfalls abgelehnten *Rationalismus* zurück. Die erste Gefahr ist in der sozialwissenschaftlichen Rezeption des Lebensweltbegriffs die gefährlichere gewesen. Die zweite Gefahr droht vor allem, wo eine sozialphilosophische Analyse auf hoher Abstraktionsebene Lebenswelt und System konfrontiert, wie bei Habermas. Die empiristische Verengung trat bei alltagsweltlichen Forschungen vielfach ein. Die rationalistische Verengung war eher eine Gefahr in der Philosophie, wo gelegentlich die Esoterik einer »Bilderbuchphänomenologie« ins Sektierertum führte (Grathoff 1978: 70).

Beide Gefahren waren schwer zu vermeiden, weil Husserls Werk für die sozialwissenschaftliche Nutzung nicht eben offen war. Husserl hatte weder große Kenntnisse noch ein besonderes Interesse an den Sozialwissenschaften entwickelt. Er wandte sich eher der Psychologie zu, aber diese entwickelte sich auch vielfach in eine aprioristische Richtung, die umstritten blieb. Ein neuer psychologistischer Reduktionismus lauerte als Gefahr, da die phänomenologische Analyse schon rein sprachlich auf das Vokabular der Psychologie angewiesen war, weil dieses den eigenen Ansatzhöhen am nächsten stand (Landgrebe 1975: 37). Die Flucht in eine *esoterische Metasprache* schien oft der einzige Ausweg zu sein.

Der Versuch von Alfred Schütz, in seiner Zeit an der »New School for Social Research« in New York eine phänomenologisch orientierte Sozialtheorie zu schaffen, war ein weiterer Versuch, die beiden Sackgassen einer praxisnahen Phänomenologie zu vermeiden. Sein Versuch hat sich jedoch unter gleichgestimmten Forschern nicht als konsensfähig erwiesen. Gegen die phänomenologische Soziologie, die von dem Schütz-Schüler Harold Garfinkel entwickelt wurde, hat Thomas Luckmann darauf bestanden, daß Schütz keine Soziologie, sondern nur eine Proto-Soziologie entwickelt habe. Angesichts der Orientierungslosigkeit im Lager der Phänomenologen haben die Empiriker, die meist in den Bereichen der Erziehung, des abweichenden Verhaltens oder der regionalen und lokalen Politik mit diesen Ansätzen arbeiteten, das Vokabular der Phänomenologie vielfach nur wie Girlanden vor das Gebäude der Argumentation gehängt. In der eigentlichen

Darstellung gingen sie mit den *Methoden der teilnehmenden Beobachtung* vor, wie sie auch positivistische Empiriker verwendeten, und hielten sich von phänomenologischer Wesensschau fern. Allenfalls war die Darstellung durch einen größeren Grad der Empathie gekennzeichnet als bei der durchschnittlichen sozialwissenschaftlichen Mikroforschung mit quantitativen Methoden.

Für die Politikwissenschaft sind phänomenologische Ansätze vor allem bei der Erforschung von Wählerverhalten und den Aktivitäten in neuen sozialen Bewegungen eingesetzt worden (vgl. Kap. 11.3.d). Die dominanten Ansätze erklärten politisches Verhalten entweder aus Kriterien der *Sozialstruktur* oder mit sozialpsychologischen Ansätzen aus der *Sozialisation*. Im Patt der Erklärungsansätze versuchte man näher an das Individuum und seine Motivationen heranzurücken. Das Instrument des *Bekannten-Interviews* bot sich an, um die Stereotypen der kommerziellen Befragungen abzubauen (Brand/Honolka 1981). Bei dem Interview der Wähler durch Bekannte wurde davon ausgegangen, daß diese der »korrekten hermeneutischen Entschlüsselung kraft lebensweltlicher Teilhabe« eher fähig seien als routinierte Interviewtrupps. Methoden offener, eher qualitativ orientierter Feldforschung waren in der Kulturanthropologie seit langem geläufig. Bei Interviews mit Elitenpositionsträgern konnte der Sozialforscher in der Regel sowenig mit einem starren Fragebogen anrücken, wie der Ethnologe beim Häuptling eines zu untersuchenden Stammes. Gelegentlich haben diese Methoden für Einzelfragen zur Erhellung der Motivationen im direkten Engagement wichtige Ergebnisse erbracht. Für die Wahlforschung als Ganzes wird diese Methode jedoch eher skeptisch beurteilt (Küchler 1981). Die kausalistisch deformierte Frage nach Wahl- oder Kaufabsichten führt zu so brauchbaren prognostischen Ergebnissen, daß die Auftraggeber nur ausnahmsweise an qualitativen Methoden interessiert sind.

Günstiger scheint das Urteil über die lebensweltlichen Ansätze in der Geschichtswissenschaft. *Geschichte von innen* und *Geschichte von unten*, weg von den Haupt- und Staatsaktionen, hin zu der Sicht der »kleinen Leute«, hat manche Korrekturen bisheriger Ergebnisse erbracht. Die Sozialgeschichte als große Errungenschaft der klassischen Moderne in der Historiographie neigte zur Strukturlastigkeit. Die Arbeitswelt wurde in diesem Ansatz eines

Verstehens der Arbeiterbewegung überbetont. Die Lebenswelt und die Kultur der Menschen schienen in dieser Sichtweise zu kurz zu kommen. Aber die Einführung des *ethnologischen Paradigmas* in die Geschichtswissenschaft hat so viele neue Probleme aufgeworfen, wie sie alte zu lösen schien. Der Kulturbegriff blieb vage und ging zu Lasten analytischer Schärfe. Die Illusion, man könne Wissenschaft und Leben einander annähern, so daß die Begriffe dem Leben selbst entnommen werden, erwies sich als Wiederaufleben historistischer Vorstellungen im neuen Gewande. Die Bannerträger der Sozialgeschichte reagierten daher auf die alltagsweltlichen Ansätze und die *oral history* so ungnädig wie Habermas auf den Postmodernismus (Wehler 1983, Kocka 1984).

Die Fronten der politischen Bewertung wissenschaftlicher Ansätze begannen sich zu verkehren. Die Sozialgeschichte hatte einst als »links« gegolten. Nun machte ihr die Alltagsgeschichte den Titel des Progressiven streitig. Ob dies zu Recht geschah, ist keineswegs dauerhaft erwiesen. Wegen der mangelnden Distanz von Wissenschaft und Leben, Theorie und Praxis, ist der lebensweltliche Ansatz ständig in Gefahr, in vormoderne Haltungen zurückzufallen. Unter der Flagge von Gemeinschafts- und Solidaritätsappellen werden sie gelegentlich vereinnahmt und drohen in die Richtung einer »von oben verordneten Zwangsvergemeinschaftung« (Claus Offe) zu wirken, obwohl sie gerade für das Gegenteil angetreten waren.

b) Lebenswelt und System bei Jürgen Habermas

Durch Integration der lebensweltlichen und der systemtheoretischen Aspekte trat die Debatte um lebensweltliche Ansätze aus den Zirkeln kleiner Sekten heraus. Als fruchtbar erwies sich die Einsicht, daß die Systemtheorie nicht ausschließlich der Makroforschung und die lebensweltlichen Ansätze nicht exklusiv der Mikrotheorie zugeordnet werden können (Habermas 1986: 394). Habermas versuchte die Verknüpfung der objektiven und subjektiven Seiten der Kommunikation ernst zu nehmen. Wie bei Husserl stellte er jedoch noch immer eine Bedrohung der subjektiv-lebensweltlichen Bereiche der Gesellschaft fest. Diese Bedrohung wurde in der griffigen Formel *»Kolonialisierung der Lebenswelt«* bewußt gemacht. Unter anderen Bezeichnungen war diese Kolonialisierungsthese ein Thema vieler kritisch-dialektischer Theorien gewesen. In der Soziologie von Karl Marx war ein zentraler Gedanke, daß sich der kapitalistische Produktionsprozeß, der sich von der konkreten Arbeit und einer Orientierung der Menschen am Gebrauchswert der Produkte abwendet, mehr und mehr in die Handlungslogik des wirtschaftlich-rechnerischen Denkens verstrickt wird. Die Lebenswelt der Arbeit ist durch diesen Prozeß bedroht.

Bei Habermas ist die Gesellschaftsanalyse so stark »parsonisiert«, daß ein *Basis-Überbau-Schema* nicht mehr zum Ansatzpunkt werden konnte. Lebenswelt nimmt die Position der Basis ein, die bei Marx die wirtschaftlichen Verhältnisse hatten. Aber die Austauschverhältnisse der beiden Sektoren sind wesentlich komplexer als in den marxistischen Ansätzen (vgl. Kap. 1.3.c). Habermas mußte sich gleichwohl gegen den Vorwurf verteidigen, er habe die Bereiche völlig entkoppelt und damit verdinglicht. Im Gesellschaftsmodell von Habermas wird jedoch die Lebenswelt nur von den mediengesteuerten Subsystemen wie Politik und Wirtschaft entkoppelt gedacht, nicht aber von allen Mechanismen der Integration im Gesamtsystem. Habermas hatte die Parsonssche Theorie der Mediensteuerung gesellschaftlicher Teilbereiche übernommen: Macht steuert das politische System, Geld das ökonomische System. Die Entwicklung des Tauschwerts in der marxistischen Analyse hatte sich auf Parsonsche Weise zur Analyse der Ausbreitung des Steuerungsmediums »Geld« modernisiert. Die Analogie der Steuerungsmedien Geld und Macht schien seit Parsons für das amerikanische politische System zutreffender als für die europäischen Systeme, weil der politische Prozeß in seinen Komponenten komplizierter Tauschgeschäfte dem wirtschaftlichen Austauschprozeß dort ähnlicher erscheint als im hierarchisch orientierten Kontinentaleuropa. Auch für lebensweltliche Bereiche sind Steuerungsmedien ausgemacht worden wie »Liebe« oder »Vertrauen«. Eine vergleichbare eindeutige Steuerungsleistung wie beim Geld wird sich jedoch nicht nachweisen lassen. Habermas (1981, Bd. 2: 387 ff.) wollte im Bereich der Lebenswelt keine Steuerungsmedien erkennen. Seine Definition der Lebenswelt wurde in Absetzung von der mediengesteuerten Systemwelt definiert als »die Gesamtheit der Handlungsbereiche ..., die sich einer Beschreibung mediengesteuerter Subsysteme nicht fügen«. Mit dieser eher negativen Definition waren die essentialistischgefühlvollen Definitionen der Lebenswelt umschifft, die bei den älteren Phänomenologen überwogen.

Luhmann (1986b: 75) hingegen sah keinen Anlaß, System und Lebenswelt so grundsätzlich gedanklich zu trennen. Er bot eine andere Typologie an, die er in gleichsam ultimativer Form vorbrachte, um seine seit der Habermas-Luhmann-Debatte (1971) gestiegene eigenständige Definitionsmacht auf dem Theorienmarkt zu unterstreichen: »An Jürgen Habermas ergeht das Angebot, die wirklich unglückliche Unterscheidung von Lebenswelt und System durch die Unterscheidung von symbolischen und diabolisch generalisierten Kommunikationsmedien zu ersetzen«. Für Luhmann typisch, bestand das Angebot in erster Linie aus Neologismen. Aber es war gleichwohl mit einer substantiellen Differenz verbunden: Lebenswelt und System waren für ihn nur komplementäre Sichtweisen. Die Typisierung der Differenzen unterschiedlich wirksamer Steuerungsmedien scheint mir logisch konsequenter als die rigorose begriffliche Trennung zweier verdinglichter Sphären, die man dann wieder durch zahlreiche Verklammerungen empirisch einander annähert, wie Habermas das tut. »Liebe« mag in stark institutionalisierten Bereichen keine Rolle spielen, ja darf sie eigentlich nicht spielen. Vertrauen aber beinhaltet lebensweltliche Aspekte, ohne die informelles Handeln in formalen Organisationen nicht denkbar wäre, auch wenn sich die Wirkung eines solchen Steuerungsmediums nicht so generalisieren läßt, wie die Wirkungen von Geld oder Macht.

Habermas stand in der Tradition des Kampfes gegen den vereinseitigten Vernunftbegriff, aber er hielt sich von einer existentiellen Mystifizierung der Lebenswelt einiger Phänomenologen fern. Lebenswelt bekam in der Theorie der kommunikativen Rationalität einen neuen rationalen Stellenwert. Lebenswelt wurde nicht emphatisch der »Welt« oder dem »System« gegenübergestellt. Beide Bereiche sind gleichberechtigte Sphären. Die Systemwelt wieder zurückzudrängen, könnte nur ein Rückfall in prämodernes Denken sich zur Aufgabe machen. Dennoch ist eine geheime Bevorzugung der Lebenswelt bei Habermas nicht zu übersehen. Sie hat Tradition in der deutschen Soziologie seit Tönnies' Vorliebe für die »Gemeinschaft«, die mehr Gefühlswerte mobilisierte als die »Gesellschaft«: »Man geht in die Gesellschaft wie in die Fremde« (Tönnies 1963: 3). Ein ähnliches Gefühl beschleicht den Leser bei Habermas' Behandlung des »Systems«.

Eine Gesellschaftstheorie, die nicht nur eine »halbierte Moderne« erfassen will, muß für Habermas in zwei Stufen vorgehen:
– Die Teilnehmerperspektive steht neben der Beobachterperspektive.
– Die Handlungstheorie steht neben der Systemtheorie.
Viele Schüler von Habermas haben sich mit der gleichberechtigten Komplementarität der Sphären nicht abfinden können. Habermas ging ihnen in der Übernahme der Parsonschen Systemperspektive entschieden zu weit (McCarthy in: Honneth/Joas 1986: 178, Honneth 1989: 329 ff.). Habermas (1986: 390) reagierte gelassen auf solche Einwände. Die Lebensweltanalyse behielt aus rationalitätstheoretischen und methodischen Aspekten einen Primat. Gleichberechtigung der Sphären bestand nur im Hinblick auf Integrationsmechanismen und Reproduktionsfunktionen in der Gesellschaft. Habermas sieht keine Gefahr, daß die Sphären sich in einer zweistufigen Lehre verselbständigen, wie sich das System von der Lebenswelt entkoppelte, das in einem Funktionalismus der Analyse zugrunde gelegt wird, der mehr und mehr ideologisch wurde und zur Produktion von Weltbildern degenerierte.
Die Kolonialisierung der Lebenswelt stellte für Habermas die wichtigste Pathologie der Moderne dar. Neben der Tradition der marxistischen Entfremdungstheorie stand wiederum die Phänomenologie Husserls Pate. Die Kolonialisierungsthese war schon in Husserls Diagnose der Technisierung der Lebenswelt vorweggenommen worden. Husserls Technisierungsthese unterschied jedoch noch nicht zwischen Wissenschaft und Expertenkulturen und den operationalisierten Systemen der Ökonomie und Verwaltung. Neben der Kolonialisierung der Lebenswelt stand die Fragmentierung durch die Abspaltung elitärer Expertenkulturen. Gegen Kolonialisierungstendenzen kann die Lebenswelt verteidigt werden, etwa durch eine Verlangsamung der »Verrechtlichung«. Die autonome Entwicklung von Expertenkulturen folgt gleichsam einem autopoietischen Selbstlauf und kann nur schwer aufgehalten werden. Diese Verselbständigung der Wissenschaft gegenüber der Praxis des Alltags war eine gefährliche Pathologie der Moderne. Die Gegenüberstellung von ökonomisch-technischer Rationalität und gesellschaftlicher Vernunft war nicht neu. Sie ist in der Philosophie in anderen Dichotomien immer wieder variiert worden als Technik und Praxis, als *Poiesis* (Herstellen)

und *Praxis* (Handeln) bei Hannah Arendt, als *Techne* (Kunstfertigkeit) und *Phronesis* (Klugheit) bei Gadamer (Dietz 1990: 70). Habermas (1967, 1982: 207 ff.) hatte sich in seiner »Logik der Sozialwissenschaften« erstmals explizit mit der Phänomenologie auseinandergesetzt. Der Ansatzpunkt der Phänomenologie bei der eigenen Erfahrung blieb für Habermas subjektivistisch, weil er dazu führen mußte, daß die eigenen Erfahrungen jeweils generalisiert wurden. Habermas (1982: 233) empfand es als unzumutbar, daß empirische Wissenschaftler sich auf Meditationen über den transzendentalen Aufbau der sozialen Welt einlassen sollten. Die Bewußtseinsanalyse der Phänomenologie wurde daher durch Sprachanalyse ersetzt. Sprachanalysen machen die Erfahrungs- und Kommunikationsstrukturen der sozialen Wirklichkeit rekonstruierbar. Er setzte sich von der Phänomenologie in aller Schärfe ab: »Die Monaden spinnen die sprachliche Intersubjektivität erst aus sich heraus. Noch ist Sprache nicht als das Gespinst durchschaut, an dessen Fäden die Subjekte hängen und an ihnen zu Subjekten sich erst bilden« (1982: 240). Habermas übernahm den Grundbegriff »Lebenswelt« von der Phänomenologie. Bei ihm sollte er jedoch nicht die Strukturen des subjektiven Bewußtseins erforschen helfen, sondern er bezog sich auf die formalen Bedingungen der »Intersubjektivität sprachlicher Verständigung«.

Rationalität war für Habermas (1981, Bd. 1: 25) an die Fähigkeit zu sprachlicher Kommunikation gebunden. Sie ist im Gegensatz zum okzidentalen Rationalismus nicht zweckrational auf äußere Objekte und auf Naturbeherrschung gerichtet, noch ist sie bloß reflexiv auf sich selbst bezogen, wie in der Autopoiesis, die als possibilistische Scholastik subjektloser Prozesse verdächtig bleibt. Intersubjektivität setzt die Existenz der *Welt* voraus, die *ego* und *alter ego* gemeinsam ist, und die sich diskursiv und nicht abgeschlossen wie Monaden zueinander verhalten.

Lebenswelt ist wie das konservative Gegengewicht gegen das Risiko des Dissenses, das mit jedem Verständigungsvorgang entstehen kann. Lebenswelt speichert die Interpretationsarbeit vergangener Generationen. Lebenswelt baut sich aus diffusen, unproblematischen Hintergrundüberzeugungen auf. Bei ihren Interpretationsleistungen grenzen die Angehörigen einer Kommunikationsgemeinschaft eine objektive und ihre intersubjektiv geteilte Welt gegen die subjektive Welt von einzelnen und von

anderen Kollektiven ab (Habermas 1981, Bd. 1: 107). Erläutert wird das an dem Beispiel der Aufforderung an einen neuen Arbeitskollegen, er solle Bier zum Frühstück holen. Verständigung muß erreicht werden über eine Reihe von Situationsdefinitionen. Nicht jeder kennt das »zweite Frühstück«, nicht in allen Regionen ist dabei Bier üblich (Bd. 2.: 186). Eine Verständigung setzt die Erhebung dreier Geltungsansprüche voraus:
– die *Wahrheit* der behaupteten Sachverhalte,
– die *Richtigkeit* der geforderten oder hergestellten sozialen Beziehung,
– die *Wahrhaftigkeit* der geäußerten Erlebnisse und Motive.
Während in der Prämoderne das Einverständnis der Akteure sich noch auf Normen stützte, die als gültig und verbindlich empfunden wurden, ist die Handlungskoordinierung in der Moderne tendenziell rational.
Die Übereinkunft wird von allen als begründet akzeptiert.
Lebenswelt in der *Teilnehmerperspektive* ist nur als horizontbildender Kontext einer Handlungssituation gegeben. Das in der *Erzählerperspektive* vorausgesetzte Alltagskonzept der Lebenswelt wird immer schon zu kognitiven Zwecken verwendet (Habermas 1981, Bd. 2: 208). Damit ist ein Schritt getan in Richtung von Luhmanns Angebot, Lebenswelt und System nur als Perspektiven der gleichen Sache anzusehen, falls man die Erzählerperspektive als überwiegend systemisch vorgeformt interpretieren darf. Luhmann hat mit seiner Sicht zweier komplementärer Perspektiven keine Vermittlungsprobleme, weil handelnde Individuen im System letztlich ausgeklammert werden. Habermas muß jedoch die Verklammerung der beiden Perspektiven leisten. Wann die theoretische Analyse das *intuitive Wissen* von Angehörigen einer Lebenswelt geklärt und präzisiert hat, und wann – wie bei der Systemtheorie – *kontra-intuitives* Wissen ersetzt wird, scheint mir im Grenzfall kaum plausibel auszumachen zu sein.
Die Veranschaulichung der Lebenswelt fügte sich bei Habermas (1981, Bd. 2: 473) in die sattsam bekannte Vierfeldermatrix der Parsons-Nachfolger (vgl. Kap. 1.2.d) ein: Privatsphäre und öffentliche Sphäre konstituieren die Lebenswelt und werden mit den Systembereichen Politik und Wirtschaft in Beziehung gesetzt. Eine Analyse der tatsächlichen Austauschverhältnisse würde jedoch ergeben, daß die Gleichberechtigung, welche die Vierfeldermatrix suggeriert, in der sozialen Realität nicht gegeben

ist. In seiner Variation des Schemas vermied Habermas jeden Hinweis auf eine Basis »Lebenswelt« und einen Überbau »System« (1981, Bd. 2: 473) und stellte Lebenswelt und System horizontal gegeneinander. Die dominante Einwirkung verkehrte sich gegenüber dem marxistischen Basis-Überbau-Schema. In ihm hatte die Basis rascher Wandlungen der Produktivkräfte, die mit veralteten Produktionsverhältnissen in Konflikt geraten, den Überbau zunehmend gesprengt. Bei Habermas wird eher die Basis durch die Einwirkungen des systemaren Überbaus zersetzt durch drei Prozesse, die von den mediengesteuerten Bereichen auf die Lebenswelt einwirken:

– Monetarisierung,
– Bürokratisierung,
– Verrechtlichung.

War Marx der Theoretiker der verheerenden Wirkung von Monetarisierung und Kommerzialisierung der menschlichen Beziehungen gewesen, und Weber der Theoretiker eines ubiquitären Bürokratisierungsprozesses, so hat Habermas vor allem den Verrechtlichungsprozeß verfolgt. Nicht alle Einflüsse der mediengesteuerten Systemwelt auf die Lebenswelt werden negativ beurteilt, wie bei den prämodernen Kulturkritikern. Komplexitätssteigernde Entkopplung von System und Lebenswelt steht neben einer krisenerzeugenden Kolonialisierung. Kommunikativ konstituierte Interaktionen wie Familie und politische Öffentlichkeit reagieren empfindlicher auf Kolonialisierungstendenzen als rechtlich konstituierte Verhältnisse, wie die Arbeitswelt.

Weniger offensichtlich als bei den Phänomenologen sind analytische Schwächen der Definitionen. Aber Widersprüche sind auch bei Habermas nicht übersehbar. Einmal erscheint Lebenswelt mit Kultur identisch, einmal wird Lebenswelt für das Ganze gesetzt, während Kultur nur ein Subsystem darstellt. Habermas (1981, Bd. 2: 210) wehrte sich gegen einen kulturalistisch verkürzten Begriff der Lebenswelt, in dem die Lebenswelt überwiegend der Herausbildung und Fortsetzung von Traditionen dient. Gesellschaftstheorie durfte für ihn nicht – wie er bei der Schütz-Schule unterstellte – auf Wissenssoziologie reduziert werden. Der symbolische Interaktionismus, der die Lebenswelt als soziokulturelles Milieu für kommunikatives Handeln auffaßte hingegen, machte sich in den Augen von Habermas schuldig, die Gesellschaftstheorie in Sozialpsychologie aufgehen zu lassen.

Institutionelle Ordnungen der Lebenswelt	Austausch- beziehungen	mediengesteuerte Subsysteme
Privatsphäre	1) $\qquad$ M' $\longrightarrow$ Arbeitskraft	Wirtschaftssystem
	G $\longleftarrow$ Arbeitseinkommen	
	2) G Güter und Dienste	
	G' $\longrightarrow$ Nachfrage	
Öffentlichkeit	1a) G' $\longrightarrow$ Steuern	Verwaltungssystem
	M $\longleftarrow$ Organisations- leistungen	
	2a) M $\longleftarrow$ Politische Entscheidungen	
	M' $\longrightarrow$ Massenloyalität	

G = Geldmedium $\qquad$ M = Machtmedium
Quelle: Habermas 1981, Bd. 2: 473

Gegenüber dem weiten Lebensweltbegriff blieb Habermas' Systembegriff blaß und konventionell am Parsonschen AGIL-Schema ausgerichtet. System – nur als mediengesteuerter Mechanismus der Koordination von Handlungen aufgefaßt – ist gar nicht eigenständig genug gegenüber der Lebenswelt, um sich entkoppeln zu können. Die Umstellung der Handlungskoordination von Sprache auf Steuerungsmedien bedeutete nach Habermas (1981, Bd. 2: 273) eine Abkopplung der Interaktion von lebensweltlichen Kontexten. Medien wie Geld und Macht setzen an den empirisch motivierten Bindungen an. Sie codieren einen zweckrationalen Umgang mit kalkulierbaren Wertmengen und ermöglichen so eine generalisierte strategische Einflußnahme auf die Entscheidungen anderer Interaktionsteilnehmer, unter Umgehung sprachlicher Konsensbildungsprozesse. Lebenswelt erscheint so degradiert zur Umwelt der Systeme.

Bindeglied zwischen System und Lebenswelt ist die Art der Verrechtlichung. Wo in formal organisierten Handlungsbereichen wie Wirtschaft und Politik die sprachliche Verständigung als wesentlicher Mechanismus partiell außer Kraft gesetzt wird, muß gleichwohl das Steuerungsmedium mittels Recht in der Lebenswelt verankert werden. Die Art der Verrechtlichung zeigt die Grenze zwischen Lebenswelt und System an (Bd. 2: 458). Es ist Habermas vorgeworfen worden, daß er in teilweise wörtlicher Übereinstimmung mit Luhmann die Unverantwortlichkeit der mediengesteuerten Subsysteme betrachtete, und damit von seinen wesentlich kritischeren Jugendschriften abrückte (Dietz 1990: 142). Ein Verlust an kritischer Potenz der kritischen Theorie wurde vor allem von denen beklagt, welche Habermas gern für eine aktionistische Änderungsphilosophie vereinnahmen wollten.

Schwerer wiegen die Einwände, die eine Fehldeutung des angeblich pathologischen Prozesses der Modernisierung unterstellen. Sind die Systembereiche von Politik und Wirtschaft wirklich so fern von der Lebenswelt? Warum hat man versucht, Wahlentscheidungen mit einem lebensweltlichen Ansatz anzugehen, wenn sie als Teil des politischen Systems rein mediengesteuert sein sollen? (vgl. Kap. II.3.a). Daß auch im institutionalisierten Systembereich lebensweltliche Elemente wirksam sind, wurde von Habermas (1981, Bd. 2: 460) keineswegs übersehen. Er ging davon aus, daß in Organisationen kommunikativ nur unter Vorbehalt gehandelt wird. Weil man in Ausnahme- und Routinefällen auf formelle Regeln rekurrieren kann, sind die Organisationsmitglieder nicht genötigt, mit kommunikativen Mitteln Konsens zu erzielen. Das mag für hierarchische Bereiche gelten. Im Zusammenwirken mehrerer Hierarchien – und nur dieses kann zu politischen Entscheidungen von einiger Bedeutung führen – trifft das Argument schon nicht mehr zu. Die moderne Regierungslehre zeigt eher, daß Regierungen wegen des innerbürokratischen Konsensbedarfs mehrerer Ressorts oder Ebenen (in der Politikverflechtung zwischen Bund und Ländern, im Zusammenwirken von EG und Nationalstaaten) geradezu handlungsunfähig zu werden drohen. Selbst in einer hierarchisch geordneten Organisation muß die informelle Organisation die formelle abstützen. Die Externalisierung der Lebenswelt ist daher keine vollkommene. Die Organisationssoziologie seit Simon (1945) hat dies vielfach nachgewiesen. Die betriebswirtschaftliche Führungstheorie bezieht gerade die informellen Prozesse in die Betrachtung ein. Habermas könnte argwöhnen, auch der lebensweltliche Rest in formalen Organisationen soll dem Steuerungsmedium der Systemregeln noch unterworfen werden. Wie bei Max Weber einst die Verantwortungsethik der Führenden einen Ausweg aus den Verwirrungen widersprüchlicher Handlungslogiken der Teilsysteme weisen sollte, so sind moderne Führungstheorien entwickelt worden, um eine ähnliche Vermittlungsfunktion wahrzunehmen, und sie stützen sich auch auf die Vermittlung von Systemen und Lebenswelt-Elementen – wenn auch unter anderen Termini.

Von Parsons abweichend hat Habermas die Systemaspekte nicht als Steigerung des Freiheitsspielraums des Individuums gedeutet. Aber er bot keine einseitige Depravationstheorie: die Lebenswelt wird nicht nur der Kolonialisierung unterworfen, sondern erfährt auch eine positiv bewertete Rationalisierung. Im Gegensatz zu seiner ersten Schrift über den »Strukturwandel der Öffentlichkeit« (1962), die politisch eine starke Wirkung entfaltete, wurde in der »Theorie des kommunikativen Handelns« nicht mehr vordergründig historisch argumentiert. Wurden einst dem frühbürgerlichen Parlamentarismus und seiner Öffentlichkeit aufklärerische Funktionen nachgesagt, die sie nie hatten und die dann beckmesserisch »historisch« widerlegt wurden, so wurde der Abbau der Lebenswelt nicht mehr als historischer Niedergangsprozeß beschrieben. Dennoch wurde die Strukturanalyse im letzten Teil zur Einladung eines logischen Schemas für empirische Einwände, weil sich doch wieder historisch-politische Darstellungen einschlichen.

Der Sektor »Öffentlichkeit« als Teil der Lebenswelt ist schwerlich je so kommunikativ gewesen, wie im Modell vorgesehen. Heutige Einwände setzen eher bei der Privatsphäre an, eher beim *bourgeois* als beim *citoyen*. Die Privatsphäre war immer stark vermachtet, auch wenn man nicht allen Übertreibungen der Institutionenkritik von Foucault (vgl. Kap. II.1.c) oder der Feministinnen (Kap. II.3.e) folgen will. Da ein historischer Prozeß rekonstruiert wird – auch wenn keine halbe historische Analyse

dem logischen Argument hinzugefügt wurde –, müßte die alltags-
geschichtliche Forschung angesetzt werden, um festzustellen, ob
es je eine leidlich intakte Lebenswelt gegeben hat. Je näher die
Untersuchung an die Gegenwart heranreicht, um so einfacher
ließe sich die Verzerrung der Kommunikationsstrukturen als
Produkt einer pathologischen Entwicklung der Moderne abtun.
Aber die innerfamiliäre Mythenbildung, die auch der Steuerung
durch sublimierte Macht dient, ist in der familientherapeutischen
Literatur vielfach thematisiert worden. Es ist wohl zu einfach,
nur eine Ersetzung der klassischen Hysterien und Neurosen
durch narzißtische Formen der Störung in der Gegenwart ersetzt
zu sehen (Habermas 1981, Bd. 2: 569). Eine solche Entwicklung
legt auch den Gedanken nahe, daß jede historische Epoche ihr
Äquivalent an familiärer Pathologie hatte. Es gibt wenig Grund,
die Pathologien der Moderne sehr stark gewachsen zu sehen.
Selbst die Proportion abweichenden Verhaltens hat nicht so stark
zugenommen, wie häufig unterstellt. Die Lancierung eines abstrakten Lebensweltbegriffs, etwa auf der Abstraktionsstufe von
Schütz, kann sich allen historischen und ethnologischen Einwän-
den entziehen. Wird der Lebensweltbegriff gar auf der erkenntnistheoretischen Ebene wie bei Husserl angesiedelt, kann man
sich jeder Zudringlichkeit der Empiriker erwehren. Ein Problem
von Habermas ist, daß er immer zugleich als Philosoph und Soziologe argumentiert und durch zahlreiche Hinweise auf die empirische Ebene die empirische Herausforderung eines überwiegend logisch-deduktiven Gedankenganges immer wieder selbst
provoziert.

Der empirisch-soziologische Zug am Denken von Jürgen Habermas bewahrt den Autor davor, System und Lebenswelt in verdinglichten Formen einander zu kontrastieren. Auch wenn er das
Bild der Verschränkungen einzelner Lebenssphären bei der Parsons-Orthodoxie als zu harmonistisch mit Recht ablehnt, hat er
durchaus nicht die zahlreichen Verklammerungen von System
und Lebenswelt übersehen. Habermas (1981, Bd. 2: 469) zeigte,
wie die Verrechtlichung der sozialen Beziehungen bereits an Voraussetzungen der Rationalisierung gebunden ist. Sie erfordert ein
hohes Maß an Generalisierung der Werte. Die konkrete Sittlichkeit muß in Moralität und Sittlichkeit ausdifferenziert sein. Soziales Handeln muß weitgehend von normativen Kontexten entbun-
den werden. Habermas löst sich aber von den Einsichten, die aus

Webers Analyse des okzidentalen Rationalismus gewonnen wurden. Der Freiheitsverlust des Individuums wird nicht mehr – wie bei Weber – der Bürokratisierung zugeschrieben, sondern der Entkopplung von System und Lebenswelt. Es geht nicht um den Wandel einer entwurzelten Zweckrationalität in der Handlungsorientierung, sondern um zwei verschiedene Prinzipien der Vergesellschaftung. Die Rationalisierung der Lebenswelt wird dafür verantwortlich gemacht, daß die systemische Integration sich von der sprachlichen Kommunikation löst und in verselbständigten mediengesteuerten Subsystemen ausdifferenziert. Die Fülle der Elemente, die nicht mediengesteuert gedacht sind, wurden dem dualen Schematismus geopfert. Der binäre Code bei Luhmann, nachdem zwei Perspektiven auf das Medium der Subsystemsteuerung gerichtet erscheinen, hat bei Habermas gleichsam ein kritisches Pendant in Form eines binären Supercodes erhalten.

Konservative Reaktionen auf die Euphorie der Planungs- und Interventionsstrategien der frühen 70er Jahre hatten seit langem die wachsende *Verrechtlichung* kritisiert. Habermas ging auch in diesem Punkt äußerst differenziert vor. Einige Lebensbereiche sind rechtlich konstituiert, wie die Arbeitsverhältnisse. Hier wird die Verrechtlichung positiv bewertet. Wer könnte auch der lebensweltlichen Unmittelbarkeit einer Beziehung von Patron und Arbeiter im Frühkapitalismus nachtrauern, in der Betriebe noch nach der Devise »alle mal herhören« dirigiert wurden? Mitbestimmungsregeln und Arbeitsschutzgesetze schaffen klare Anspruchsgrundlagen. Die politische Sphäre hingegen ist als idealiter kommunikativ konstituiert gedacht. Aber auch hier sind nicht alle Verrechtlichungen negativ zu bewerten. Im Bereich des Verfassungsrechts wären ohne die Verrechtlichungstendenzen viele Bereiche der Lebenswelt niemals als schutzwürdig anerkannt worden (1981, Bd. 2: 528). Wo Habermas später den *Verfassungspatriotismus* gegen den altmodischen nationalistischen Patriotismus einsetzte, wurde die Verrechtlichung der Identifikationsgefühle mit der politischen Ordnung sogar gegen eine sich lebensweltlich gerierende nationalistische Ideologie ausgespielt. Im Bereich der kommunikativen Beziehungen zwischen Lehrenden und Lernenden – ein halb-öffentlicher, halb-privater Bereich von Lebenswelt –, wird die Verrechtlichung wesentlich kritischer betrachtet, ohne daß irgend jemand Habermas unterstellen würde, daß er die Herrschaft des Rohrstocks in der Schule durch Abbau von rechtlichen Schranken zwischen Lehrern und Schülern wieder fördern möchte.

Die Kritik der *Monetarisierung* lebensweltlicher Verhältnisse hat mit Habermas die Larmoyanz der frühen Frankfurter Schule überwunden. Aber auch in diesem Bereich sind Differenzierungen nötig. Haushaltsgeld war ein erster Schritt zur Monetarisierung der Lebensverhältnisse in Familien. Eine Frau konnte neben neuen Abhängigkeiten dadurch auch Freiheitsmargen gewinnen. Erst der Hausfrauenlohn – als Vollendung der Monetarisierung – würde diesen Freiheitsspielraum erweitern, und das zweifelhafte Privileg der nicht berufstätigen Hausfrau obsolet werden lassen, vom Haushaltsgeld, das der Mann verdient, etwas abzuzweigen, damit die Frau ihrem Ehemann ein Geburtstagsgeschenk machen kann. Schon Taschen- und Haushaltsgeld gaben Kindern und Frauen Verfügungsmöglichkeiten, die in der »heilen Welt« der traditionellen lebensweltlichen Familie fehlten. Der Nichtseßhafte wird die Monetarisierung seiner Beziehung zum Sozialamt als Fortschritt empfinden, wenn er statt Gutscheinen Bargeld erhält und nicht mehr mit Naturalien buchstäblich »abgespeist« wird. Luhmanns Vorschlag, die lebensweltlichen und systemischen Aspekte der Lebensverhältnisse komplementär zu sehen, könnte bei der Anwendung der Unterscheidung von Habermas in der Empirie zu befriedigenderen Ergebnissen als bisher führen.

Theoretiker wie Münch, die die Ambivalenz der Verschränkungen – unschön »Interpenetrationen« genannt (vgl. Schema, Kap. 1.2.d) – herausgearbeitet haben, werden brüsk zurechtgewiesen: »bar aller Dialektik, ist er vom Wert dialektischer Vermittlungen überzeugt« (Habermas 1981, Bd. 2: 442). Ein solcher Einwand ist unter dem sonstigen Argumentationsniveau und fällt in die Attitüde »kritischer Kritiker« zurück, die in abstracto entscheiden können, wer die Dialektik recht begriffen habe (der Positivist meidet daher dieses Wort zu Recht), anstatt im einzelnen aufzuzeigen, wo die Parsons-Schule sich unzulässiger Harmonisierung des Zusammenwirkens der gesellschaftlichen Bereiche schuldig macht. Die dialektische Tradition einer *»entzweiten Totalität«* wirkt in der Habermas-Antithese fort. Aber die revolutionären Folgen dieser Sicht sind gebannt.

Trotz fortschreitender Kolonialisierung der Lebenswelt kommt es nicht mehr zu *Krisen*, welche den Bestand von Systemen gefährden. Einer der wichtigsten Gründe ist der Wandel der Austauschbeziehungen zwischen System (Wirtschaft und Staat) und Lebenswelt (Privatsphäre und Öffentlichkeit), der durch den Sozialstaat erreicht wurde. Marx und Engels waren noch auf den Austausch von Arbeitskraft gegen Arbeitslohn fixiert. Das Konzept der *Entfremdung* unterschied noch nicht zwischen der Auflösung traditionaler und moderner Lebenswelten, zwischen einer *Verelendung*, die die materielle Reproduktion der Lebenswelt betraf und Störungen der symbolischen Reproduktion. Das neue Gleichgewicht zwischen einer normalisierten Rolle als Arbeitskraft und der Aufwertung der Konsumentenrolle des Menschen, entschärfte mögliche Konflikte. Totalisierende Ordnungsvorstellungen, die aus einer abstrakten Perspektive von Lebenswelt entworfen werden, sind für Habermas nicht mehr möglich. Ideologien, die in der Frühmoderne des 19. Jahrhunderts diesen Versuch noch unternahmen, haben keine Glaubwürdigkeit mehr. Anstelle einer positiven Hinwendung zur Deckung des Interpretationsbedarfs gegenüber der Welt, tritt die negative Forderung, Interpretationsleistungen auf dem Niveau von Ideologien nicht mehr aufkommen zu lassen (Habermas 1981, Bd. 2: 521). Das Alltagsbewußtsein wird seiner synthetisierenden Kraft beraubt und wird fragmentiert. Eine Rest-Ideologisierung von Lebenswelt verdeckt, daß dieses Alltagsbewußtsein gerade in traditionalen Gesellschaften ständisch fragmentiert war, auch wenn es noch eine übergreifende Weltdeutung der einen Kirche für alle Stände zu geben schien. Ideologien konnten noch falsches Bewußtsein der Mehrheit unterstellen, die sich ihrer Deutung (noch) nicht angeschlossen hatten.

Mit dieser theoretischen Differenzierungsleistung hatte Habermas sichergestellt, daß keine kurzschlüssige ideologische Vereinnahmung seines Denkens für eine politische Praxis möglich wurde. Trotz seiner stillen Vorliebe für die Lebenswelt sind die Gegenkräfte, die diese gegen die Kolonialisierungstendenzen der Systemwelt entwickelt, schwach beleuchtet. Habermas steht dem Zynismus von Niklas Luhmann fern, der die Grenzverteidigung von lebensweltlichen Sphären günstigstenfalls als Bestreben »schlichter Gemüter« erklären würde. Aber Habermas teilte Luhmanns Sorge, daß die gutgemeinten progressiven Theorieangebote in rückwärtsgewandte prämoderne Utopien einmünden könnten.

Aktionsorientierte Leser, die bei Habermas Anleitungen zum

Handeln zugunsten der Lebenswelt vermissen, verkennen, daß die Widersprüche der Beziehungen einzelner Teilbereiche der Gesellschaft nicht nur als Konflikte und Verdrängungswettbewerb aufgefaßt wurden (Habermas 1988: 422). Auf der Ebene der sozialen Integration gibt es auch Solidarität, auch wenn sie seltsam blaß bleiben muß, um nicht wieder ideologisch zu werden.

Habermas hat sich nicht vor der Rezeption einiger Gedanken der Bielefelder Schule gescheut. Die »Entzauberung des Staates« (vgl. Kap. 1.3.d) schien die Möglichkeit zu eröffnen, daß Impulse der Lebenswelt in die Selbststeuerung der Subsysteme der Gesellschaft einfließen. Nach den Vorstellungen einiger Theoretiker der Selbstorganisation und nach Ulrich Becks Konzeption der Risikogesellschaft (vgl. Kap. II.2.d, II.3.f.), aber auch in den Ansätzen, in denen der Wertewandel zum Geburtshelfer des Lebensweiseparadigmas deklariert wurde (Kap. II.3.d), könnte es zu einer förmlichen *Entkolonialisierung der Lebenswelt* kommen. Selbst ein Roll-Back der Systemgrenzen wird in einigen Varianten nachmoderner Theorie anvisiert. Idealiter müßte es zu einer »*Rekolonialisierung« des Systems durch Lebenswelt* kommen. Viele der Hoffnungen sind übertrieben, und finden keine Ermutigung durch Habermas. Er warnt eher vor übertriebenen Hoffnungen des Geländegewinns gegenüber dem System. Nach Habermas (1988: 423) müssen lebensweltnahe Basis-Organisationen sich hüten, die Schwelle zur formalen Organisation und zum System zu überschreiten. Er fürchtete, daß die Bewegungen anderenfalls in Abhängigkeit von Imperativen der Erhaltung und Erweiterung der Mitglieder verlieren, was sie an Komplexität zu gewinnen scheinen. Unter Übernahme einiger Termini der Autopoiese wird eine kluge Kombination von Macht und intelligenter Selbstbeschränkung empfohlen. Die neuen autonomen Öffentlichkeiten können ihre Stärke allein aus der Lebenswelt ziehen, diese freilich ist selbst schon stärker rationalisiert, als auf jeder Stufe der Einzelanalyse bei Habermas sichtbar wird. Die Quadratur des Kreises wird schließlich empfohlen, wenn sie trotz des Partikularismus ihrer besonderen Lebensform den »normativen Gehalt der Moderne« verordnet bekommen. Dieser wurde in drei Prinzipien zusammengefaßt: Fallibilismus, Universalismus und Subjektivismus (ebd.: 424). Sind diese Prinzipien vereinbar, und kann gerade der Universalismus durch die lebensweltliche Fragmentierung der neuen sozialen Bewegungen gefördert werden? Vor allem am Beispiel der radikalsten Dissoziationstheorien des Feminismus muß das bezweifelt werden (vgl. Kap. ii.3.e). Habermas steht zwischen der großen neuen Hoffnung und postmoderner Selbstbescheidung auf den Widerstand im Kleinen. Die *»große Weigerung«*, welche die frühe Frankfurter Schule als Parole ausgegeben hat, ist einer *kleinen Weigerung* gewichen.

Habermas ist auch darin entschiedener Anhänger der klassischen Moderne, daß er einen kurzsichtigen Praxisbegriff ablehnt. Seine Kritik macht da auch vor der älteren Kritischen Theorie nicht halt (1981, Bd. 1: 575). Er sieht die Fehler des marxistischen Funktionalismus in ihr auf eigene Weise wiederholt. Widerstands- und Rückzugspotentiale werden nicht in einer relationistischen Machtkonstellation ins Diffuse gelockt, wie bei Foucault. Aber er widersteht jedem Versuch einer Pseudopolitisierung. Trotz pausenloser Stellungnahmen zu politischen Tagesfragen hat er sich niemals durch die Zudringlichkeit irgendeines Akteurs, der sich auf sein Werk berief, vereinnahmen lassen. Dennoch hat er nicht wie Luhmann die »Schwellen der Indifferenz höher gemauert« und »entweder alle oder keinen Aufruf unterschrieben«, sondern selektiv sinnvoll erscheinende Initiativen unterstützt. Er hielt sich an die eigene Maxime: »nur Kenntnisse über strukturell verankerte, aber gegenlaufige Entwicklungstendenzen öffnen den Blick für praktische Eingriffsmöglichkeiten« (Habermas 1986: 391).

Der problematischste Teil der Konzeption von Jürgen Habermas scheint mir die häufige Vermischung von Ebenen der Argumentation. Der Ehrgeiz, Sozialphilosoph und Soziologe zugleich zu sein, überfordert die Theorie und lädt zu empirischer Beckmesserei ein, die der überwiegenden Höhe der Argumentation nicht gerecht wird. Eine normative Begründung seiner Diskursidee hätte des Rückgriffs auf die Lebenswelt kaum bedurft. Sie wird einmal auf Husserls erkenntnistheoretischer Ebene, einmal auf Schütz' sozialphilosophischer und ein drittes Mal auf empirisch-soziologischer Ebene zum Gegenstand der Erörterung gemacht. Für die normative Begründung wäre allenfalls die oberste Ebene erforderlich (vgl. Apel 1989).

Der Drang, möglichst viel empirische Plausibilität zu integrieren, läßt das normative Konzept nicht deutlicher werden. Der Regreß auf immer weitere Stützungstheorien bis hinab in den Bereich von Sprach- oder Wahrnehmungs- oder kindlichen Entwicklungstheorien wäre überflüssig, wenn er sich damit abfinden könnte, daß er neben Rawls' Theorie der Gerechtigkeit die am breitesten konsensfähige normative Konzeption schuf, welche die Spätmoderne hervorgebracht hatte. Sein größter Fehler ist wohl die Leugnung, »aus dem Diskursprinzip so etwas wie eine normative politische Theorie zu entwickeln« (Habermas 1986: 396). Als empirische Theorie wird die Entwicklung vermutlich über seine Konzeption hinweggehen. Die nachmoderne Sprachphilosophie, die postmoderne Systemtheorie und viele andere theoretische Entwicklungen überholen zahlreiche seiner theoretischen Annahmen. Die Habermassche Theorie, mit dem hohen Ernst der Altmoderne vorgetragen, wirkt vor allem als normative Theorie weiter.

c) Postmaterialismus und Theorie des Wertewandels

Postmaterialismus und Postmodernismus wurden vielfach in einem Atemzug genannt. Postmaterialismus als Konstrukt empirischer Befunde ist jedoch nur ein kleiner Ausschnitt aus jener Realität, die von der Theorie der Postmoderne erforscht worden ist. Postmaterialismus entstand als theoretisches Konstrukt von Sozialwissenschaftlern, die in ihrer Weltauffassung und in ihren Forschungsmethoden ganz den Prinzipien der klassischen Moderne verbunden waren. Die Verbindung mit postmodernen Auffassungen wurde vielfach erst durch die Rezeption der Analysen von Ronald Inglehart hergestellt. Alternative und Anhänger neuer sozialer Bewegungen, die in der Regel Computerstudien und Survey-Daten als technokratisch verachteten, haben die Botschaft empirischer Befunde dankbar aufgenommen und in ihrem Sinne gedeutet. Dem Postmodernismus fernstehend blieb der allgemeine Erklärungsanspruch der Postmaterialismushypothese. Das fragmentierte Denken der Postmoderne lehnte die Generalisierung, wie sie der Postmaterialismusforschung zugrunde lag, aus methodischen Gründen ab, eignete sich aber gleichwohl die Resultate dieser Forschungen vielfach an.

Rasch verließ das Konzept des Postmaterialismus das schützende Gehege quantitativer Forschung und wurde zur weltbildträchtigen Chiffre für die Deutung der künftigen Entwicklung, die den Intentionen vieler postmodern orientierter Wissenschaftler als wünschenswert erschien. Wertewandel als *Widerstand gegen die*

Kolonialisierung der Lebenswelt berief sich nicht nur auf empirische Studien, sondern auch auf großflächige Typologien, in denen ein Lebensweiseparadigma als Paradigma der Zukunft vorausgesagt wurde (Raschke 1980), auch bei Habermas (1981, Bd. 2: 579). Wo Habermas den neuen Trend nicht nur – nach eigenen Worten – »kursorisch« belegte, zeigte sich freilich, daß die neuen sozialen Bewegungen nicht als Ganzes der Durchsetzung eines neuen Paradigmas dienten. Die Aufwertung des Partikularen und Provinziellen wurde durchaus als ambivalent empfunden. Unter dem Etikett »postmaterialistisch« oder »postmodern« ereignete sich mancher Rückfall ins Prämoderne, oder auch der Rückgriff auf frühmoderne Totalitätsansprüche.

Seit Almond und Verbas »Civic Culture« (1963) hat keine empirische Studie die theoretische Diskussion mehr angefacht als Ronald Ingleharts »The Silent Revolution« (1977). Die Debatte um die *Lebensqualität*, die die Sorge um das materielle Wohlergehen der Bürger im Wohlfahrtsstaat der 70er Jahre ergänzte, hatte die neue Sicht vorbereitet. Als Nachwehen der gescheiterten »Kulturrevolution« am Ende der 60er Jahre kam es zu einer Diskussion neuer Formen der *Partizipation der Massen* anstelle der *»Stellvertreterpolitik«* der Massenorganisationen. Auch dieser Strang einer neuen Fundamentaldemokratisierung war einflußreich auf die Wertewandeldiskussion. Im Zentrum der Konzeptbildung stand der Begriff des Wertewandels. Inglehart stützte sich auf eine Theorie der Bedürfnisse, die Abraham Maslow in dem Buch »Motivation and Personality« (1954) entwickelt hatte. Die menschlichen Bedürfnisse sah Maslow als hierarchisch angeordnet existieren. Grundlegend waren Hunger und Liebe. Sind die Grundbedürfnisse befriedigt, treten soziale, kulturelle und intellektuelle Bedürfnisse in den Vordergrund. Je knapper die Möglichkeiten zur Verwirklichung eines Wertes, um so höher ist die Wertschätzung eines Gutes. Diese *Mangelhypothese* wurde aus der Grenznutzenlehre der Wirtschaftswissenschaften übernommen und mit der *Sozialisationshypothese* aus der Sozialpsychologie verbunden. Die Struktur der Werte wird bei Individuen nach diesem Ansatz in der Jugendzeit festgelegt und bleibt später relativ stabil. Die spätere Sozialisation wurde auch durch die Rezeption der Hypothese in der Wertewandeldiskussion unterbewertet, obwohl die empirische Forschung gerade bei politischem Verhalten diese Annahmen häufig nicht bestätigte.

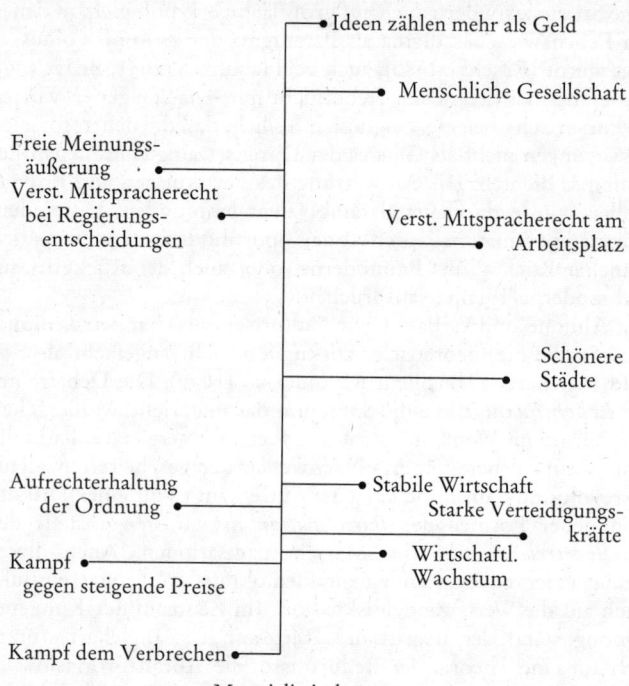

Postmaterialistisch

Ideen zählen mehr als Geld

Menschliche Gesellschaft

Freie Meinungs-
äußerung
Verst. Mitspracherecht
bei Regierungs-
entscheidungen

Verst. Mitspracherecht am
Arbeitsplatz

Schönere
Städte

Aufrechterhaltung
der Ordnung

Stabile Wirtschaft
Starke Verteidigungs-
kräfte

Kampf
gegen steigende Preise

Wirtschaftl.
Wachstum

Kampf dem Verbrechen

Materialistisch

Die Kombination dieser beiden Hypothesen, die Inglehart miteinander verband, ist heftig kritisiert worden. Maslows Bedürf-
nishierarchie ging von einer relativ raschen Anpassung der Bedürfnisse an die jeweilige wirtschaftliche und soziale Lage aus.
Die Sozialisationshypothese hingegen unterstellte eine langfristige Stabilität der Wertepräferenzen nach dem Abschluß der ersten Phase der Sozialisation. Die beiden Grundthesen waren offensichtlich nicht hinreichend vereinbar. Die Operationalisierung
dieser theoretischen Konstrukte ist ebenfalls kritisiert worden.
Diese Kritik muß in diesem Kontext von Theoriediskussionen
nicht aufgenommen werden. Ingleharts (1980: 149) Schema zeigte
die Auswahl seiner Fragen und ihre Plazierung auf einer Skala
zwischen den Polen materialistisch und postmaterialistisch.

Die schematische Sonderung von Materialisten und Postmaterialisten atmet den Geist der klassischen Moderne. Das stabile *konsistente Ich* ist in den kritischen Fragen der postmodernen Theorie auch in der Psychologie nicht unbestritten geblieben. Empirische Fragen zu unterschiedlichen Politikfeldern haben die Annahme einer konsistenten, logisch aufeinander abgestimmten Präferenzordnung noch zusätzlich erschüttert. In einer britischen Untersuchung haben Postmaterialisten in einigen Bereichen wie den Arbeitsbeziehungen vorwiegend noch materialistische Einstellungen geäußert. Ähnliches zeigte sich bei den Grünen im Parlament in ihren Stellungnahmen zur Wirtschafts- und Sozialpolitik. Diese Ambivalenz kann erklären, warum in Ingleharts (1977: 38) erster Fragerunde die Bundesrepublik und Dänemark relativ zu niedrige Zahlen an Postmaterialisten auswiesen, ein Befund, der sich mit einer qualitativen Analyse der Bedeutung neuer sozialer Bewegungen in diesen beiden Ländern nicht recht deckte. Inglehart hat – in recht amerikanischen Wertungen – die Gewerkschaften als Inkarnation materialistischer Wertepräferenz schon in seinen Fragen mit relativ negativ besetzten Fragen auftauchen lassen. Die Befragten in Nordeuropa mit relativ hohen Anteilen an gewerkschaftlich organisierten Arbeitnehmern, haben diese Fragen jedoch anders eingeschätzt, als sie gemeint waren. Eine progewerkschaftliche Haltung vertrug sich mit einer Zustimmung zu postmaterialistischen alternativen Politiken in Nordeuropa besser als in Nordamerika. Die Sozialisationshypothese hat sich im internationalen Vergleich ebensowenig bewährt. Die im Bildungssystem vermittelten Normen erwiesen sich vielfach als einflußreicher als die Normen, die junge Menschen im Elternhaus erwarben (Flanagan 1982).

Obwohl der Wertewandel von denen, die die Botschaft übernahmen, vielfach fast evolutionistisch verstanden wurde, und die Zunahme des Postmaterialismus gern linear in die Zukunft verlängert wurde, haben sich die festgestellten Werthaltungen nicht in entsprechendes aktives politisches Verhalten umgesetzt. Auch sonst wird vielfach das befragte verbale Verhalten schon häufig für bare Münze genommen und mit dem tatsächlichen Verhalten nahezu identifiziert. Hier aber stand die Glaubwürdigkeit von Prognosen auf dem Spiel. Dreiviertel der Jugend, welche nach der Sozialisationshypothese den neuen Werten besonders nahestehen mußten, blieben ihnen gegenüber in ihrem Wahlverhalten völlig

resistent. Inglehart prognostizierte zudem, daß die Postmaterialisten eher Linksparteien wählten. Die Zusammenhänge zwischen dem Postmaterialismus und der Selbstplazierung von Befragten auf einer *Rechts-Links-Skala* war jedoch kompliziert. Wo das linke Spektrum altmaterialistisch blieb, wie in Frankreich, konnten relativ bürgerliche und regionale Bewegungen bei den Grünen den Ton angeben. Wo eine linke Partei fehlte, und der Pluralismus stark begrenzt war, wie in Deutschland, hatte Ingleharts Hypothese mehr Plausibilität. Die Grünen dienten auch als Substitut für die versprengte Linke. Linke und Rechte zeigte auch nicht mehr die alte ideologische Homogenität. Eine »neue Linke« und eine »neue Rechte« wurde bei den Postmaterialisten entdeckt (Flanagan 1987: 1317). Die Skala mit den Polen Materialismus/ Postmaterialismus wurde durch eine zweite Skala ergänzt, welche Differenzen auf der Dimension autoritär/liberal ermittelte. Kontextmodelle, die mehrere Ebenen umfaßten, sollten den Ansatz von Inglehart verbessern (Herz 1979). Einstellungen und Wertorientierungen wurden schärfer unterschieden. Die starren Indikatorenbündel, die Inglehart ursprünglich einsetzte, erwiesen sich als Hemmschuh für die Erkenntnis. Vielleicht hätte der Einsatz von qualitativen Mitteln, wie sie die Forscher benutzten, die von lebensweltlichen Ansätzen her dachten (vgl. Kap. II.3.a), gelegentlich bessere Ergebnisse erbracht, auch wenn solche Daten sich weniger qualifizieren ließen. Einige Forscher bezweifelten, daß es starke Beziehungen zwischen den Frageblöcken gab. Einige bezogen sich auf das personale System, andere auf das politische oder kulturelle System. Die Antworten in den jeweiligen Dimensionen erwiesen sich gleichfalls nicht immer als konsistent. Inglehart (1980: 145) blieb jedoch in seinen Rückantworten an die Kritiker dabei, daß die individuellen und die sozialen Werthierarchien der Individuen sich zwar nicht völlig deckten, aber sich miteinander in gleichsinniger Weise wandelten.
Der behavioralistische Ansatz beim Individuum eignete sich kaum als Baustein zu großen makrotheoretischen Annahmen. Wie die lebensweltlichen Ansätze, neigt die Betrachtung von Individuen dazu, den Wandel für größer zu halten als er aus der Systemperspektive erscheint. Systemtheoretiker interessieren sich nicht für Intentionen und Werte, die geäußert werden. Unbeirrt von verbalem Radikalismus pflegen sie aus der Vogelperspektive den Wandel in langfristigen Zeiträumen wahrzunehmen. Die erd-

nahe Akteursperspektive individualistischer Ansätze ist hingegen in Gefahr, die sterile Aufgeregtheit von Tagesdebatten in den Meinungsäußerungen zu messen und zu theoretischen Trendaussagen zu verdichten, die sich im nachhinein als falsch erweisen.

Der Ansatz bei den Sozialisationsprozessen übersieht zudem vielfach, daß auch die Rahmenbedingungen des Systems und die Objekte des Protestes sich laufend ändern (Prisching 1986: 51). Die Gummiwand, an welche die geänderten Einstellungen im Sozialisationsmodell Inglehart stoßen, gibt nicht nur nach. Die Absorptionskraft des Systems erweist sich als groß. Die Veränderungen der Einstellungen setzten sich daher nicht im prognostizierten Maße in tatsächlichen Wandel des Systems um, wie er von Behavioralisten vermutet und von Lebenswelttheoretikern normativ erwünscht war.

Konservative Skepsis, die weder individualistische Akteursansätze noch globale Systemtheorien schätzte, hat solche Debatten zum Anlaß genommen, den Wertewandel und das Wachstum der postmateriellen Einstellungen überhaupt zu leugnen. Für Hermann Lübbe (1983) erschienen die angeblich postmateriellen Haltungen eher als neue Formen des alten Materialismus. Die Veränderungen im Berufsleben, die abnehmende Mobilität, gehen auf realistische Einschätzungen der eigenen Lebensaussichten zurück. Ein Friese, der in Ostfriesland bleibt und ein lockendes Angebot aus einer Großstadt ausschlägt, rechnet hart die Mietkosten in den Metropolen, die Entfernung der Schule seiner Kinder, die Aussichten für eine Anstellung seiner Frau oder die Grundstückspreise durch. Auch wenn er seine Entscheidung zu bleiben ideologisch verbrämt und sich gar in einer lokalen Bürgerinitiative oder im »panfriesischen Kulturkongreß« engagiert, sind nach dieser Ansicht die eigentlichen Entscheidungskriterien materieller und nicht postmaterieller Art. Dies ist die anekdotische Variante des empirischen Befundes, daß unterschiedliche Werte nebeneinander vertreten werden. Das Problem, das zusätzlich aufgeworfen wird, ist von der empirischen Wertewandelforschung noch kaum bewältigt: wie schaltet man Ideologisierungen bei den Antworten aus? Grüne Antworten sind mehr »in« als altmaterialistische, auch wenn sie noch kaum wirklich internalisiert worden sind.

Im Gegensatz zu den raschen Schlüssen der Rezeptoren der Wertewandeltheorien zeigte sich, daß der Wertewandel zwar keine ideologische Erfindung ist, wie ein konservativer Nothing-new-under-the-sun-approach weismachen will, aber daß er sich wesentlich langfristiger vollzieht als von Inglehart und anderen ursprünglich angenommen. Wo es nur noch Luxusgüter zu geben scheint, entsteht in einer postmodernen Konsumgesellschaft eine Art *Wohlstandsanomie*, die es sinnlos erscheinen läßt, ein ganzes Leben in die Arbeit zum Erwerb solcher Güter zu stecken.

Auch die Wünsche an die Partizipationsmöglichkeiten haben sich in der postmodernen Gesellschaft gewandelt. Neue Formen unkonventionellen Verhaltens wurden zunehmend eingesetzt, sie blieben aber nicht auf die Durchsetzung postmaterieller Interessen begrenzt. Unterscheidet man die drei Bewegungskulturen Ökonomie, Politik und Gemeinschaftskultur, so hat sich im Vergleich der radikalste Wandel bisher in der ökonomischen Kultur vollzogen. In der politischen Kultur halten Wandel und Kontinuität sich die Waage, und in der gemeinschaftlichen Kultur kann man eher Kontinuität feststellen (Prisching 1986: 61). Bei einem Verfahren, das Einstellungen mißt, würde man vermutlich eher zum gegenteiligen Schluß kommen. Ob die Aussage aus der Systemperspektive zutrifft oder nicht, ist zweitrangig. Entscheidend für die Theorieentwicklung ist die Einsicht, daß sich nicht globale Wertstrukturen, sondern *nur einzelne Wertpakete wandeln*. Die Forschung findet vielfach zurück zu den Typologien des Verhaltens, wie sie Merton (1957: 141 ff.) bereits thematisierte: Konformität, Innovation, Ritualismus, Eskapismus, Rebellion. Nur die Stärke der einzelnen Gruppe wandelte sich über die Zeit, aber keineswegs in einer zielgerichteten Form (vgl. Prisching 1986: 64, Schema s. 283).

Wandel erscheint in längerer Zeitperspektive eher *zyklisch* als linear angelegt. Die Trägergruppen des Wandels werden mit langfristigen Traditionen modernistischen und antimodernistischen Denkens in Verbindung gebracht. Nicht alles, was sich als neue soziale Bewegung bezeichnet, ist auch neu. Nicht jede Strömung, die den Wandel predigt, schafft dauerhaften Wandel.

Im Lichte solcher Einsichten wurde die prognostische Fähigkeit von Wertwandeltheorien Ingleharts in Frage gestellt. Sie suggerierte permanenten Wandel, unter der Bedingung, daß die wirtschaftliche Prosperität erhalten bleibt. Die Botschaft der »stillen Revolution« hat Illusionen genährt, die an die frühe Sozialdemokratie zwischen Engels und Kautsky erinnern: jedes Jahr zwei

	Aktivismus Engagement		Passivismus Rückzug	
Anomie	Anomische Militanz 60/70 Terrorismus 70/80 urbaner Vandalismus	A	Eskapismus 60/70 Hippies 70/80 Aussteiger	B
Unkonven- tionalität	Gesellschaftskritischer Reformismus 60/70 »studentische« Protestkultur 70/80 Ökotechnokraten/ »grüne« Politik	C	Subkulturelles Protestmilieu 60/70 Wohngemeinschaften/ Bohème-Lebensstile 70/80 alternative Subkultur	D
Anpassung	Systemkonforme Aktivität 60/70 Wiederaufbau- gesinnung 70/80 »Popperismus«/ Konsumismus	E	Systemkonforme Apathie 60/70 apolitischer Familialis- mus 70/80 konventioneller Privatismus	F

Prozent Wachstum. Der Zeitpunkt ist absehbar, wann das neue Paradigma die Mehrheit hinter sich hat! Ein eschatologischer Zug umgab diese Hypothese.

Trotz der Kritik hat Inglehart (1990: 103) auch in seinem zweiten großen Buch die Grundthesen nicht revidiert. Lediglich die Erwartungen hinsichtlich des Tempos beim Wandel zum Postmaterialismus wurden gedämpft. Aber noch immer wurden erstaunliche Aussagen gemacht: Um das Jahr 2000 werden sich die Postmaterialisten und die Materialisten die Waage halten. Die Postmaterialisten werden sich seit 1970 in einer Generation verdoppelt haben. Die Verlangsamung des Prozesses wird auf das Stagnieren von Geburts- und Todesraten zurückgeführt. Dennoch vertraute Inglehart auf die Wirkung seiner »Gesetze«, da etwa die Hälfte der Bevölkerung von 1970 zu Beginn des neuen Jahrtausends durch jüngere Menschen abgelöst sein wird.

Altmodernistisch schien die Theorie in ihrem Wachstumsglauben, auch wenn es sich nur um das Wachstum einer Antiwachstums-Ideologie handelte. Der Wachstumsprozeß des Postmaterialismus verlangsamte sich aber nicht nur, sondern in einzelnen Ländern – wie in Schweden – wurden schon Rückschritte gemessen. Mit einem solchen Fall ist die Theorie Ingleharts zweifellos noch nicht falsifiziert. Inglehart (1989: 254) versuchte, die abweichenden Fälle zu bagatellisieren. Die Neutralität Schwedens und die Spitzenposition in der Entwicklung des Wohlfahrtsstaats wurden als Erklärung dieses Rückschritts angeboten, wobei das erste Argument reichlich weit hergeholt schien. Inglehart übersah bei der Verteidigung an empirischen Nebenkriegsschauplätzen, daß einige Grundannahmen seines Theorieansatzes erneut in Frage gestellt worden sind. Die Theorie des Postmaterialismus sündigte wider den postmodernen Geist, von dem sie kündete, weil sie allzu universelle Erklärungsansprüche geltend machte. In einer pluralistischen Konsumgesellschaft, in der die traditionellen Familienstrukturen sich auflösen, haben sich die Wertorientierungen der Jugend *pluralistisch* entwickelt. Die Annahme eines Wandels der Einstellungen ganzer Generationen wird unrealistisch. Ein *neuer Erziehungsstil* hat die Vielfalt der Möglichkeiten geschaffen, die einer einsinnigen Tendenz von Wandel der Einstellungen und Wertehaltungen entgegenstehen. *Reflexivität* wurde – in Anlehnung an die Autopoiesis – zum Grundbegriff der Sozialisationstheorie, welche Ingleharts Kritiker aus der Pädagogik adaptierten (Reimer 1988: 351). Im Sozialisationszusammenhang bedeutete er, daß die jüngeren Generationen nicht zu wenig, sondern zuviel wissen. Über die Medien und die Sekundärerfahrungen erreichen die Jugend weit mehr Informationen als jede Generation zuvor. Diese Informationen aber sind im Widerstreit. Die Jugend kann daher nicht mehr einsinnig »vorprogrammiert« werden, wie es ältere Sozialisationstheorien unterstellten. »Wer die Jugend hat, hat die Zukunft«, haben die alten militanten sozialen Bewegungen als Parole ausgegeben, von den Kommunisten bis zu den Nationalsozialisten. Keine neue soziale Bewegung kann mehr die »Jugend haben«, sondern immer nur Teile von ihnen. Die Theorie des Postmaterialismus wird sich stärker in die Individualisierung der Lebensstile und Lebensprojekte hineindenken müssen. Die *»assemblage«* dominiert in der Kleidung und Erscheinung (Featherstone 1987). Aus solcher Sozialisation (Ziehe/Stubenrauch 1982) kann sich kaum ein Nullsummenspiel zwischen materiellen und postmateriellen Werten ergeben.

Die Postmaterialismushypothese und der eschatologische Zug, den Inglehart ihr zunehmend verlieh, war vom *linearen Denken* der klassischen Moderne gezeichnet. Dem linearen Modell folgten in der Entwicklung der Werte einige Grundwerte wie Freiheit und Gleichheit. Die Säkularisierung der Gesellschaft machte Fortschritte. Aber gerade diese führte zu einer beispiellosen *Ausdifferenzierung der Wertsysteme*. Es wurde versucht, diese in acht Gruppen zu bündeln (Faltin 1990: 81 ff.):

– das konservativ-gehobene Milieu,
– das kleinbürgerliche Milieu,
– das traditionale Arbeitermilieu,
– das traditionslose Arbeitermilieu,
– das aufstiegsorientierte Milieu,
– das technokratisch-liberale Milieu,
– das hedonistische Milieu,
– das alternativ-linke Milieu

sind unterschieden worden. Es ließen sich einige Regelmäßigkeiten in den politischen Optionen dieser acht Gruppen feststellen. Gegen diese Klassifikation bleiben vom theoretischen Standpunkt schwere Bedenken: politische, soziale, Werthaltungskriterien werden munter durcheinander klassifiziert. Neue Formen der Absonderung vom politischen Geschehen liegen quer zu den Einteilungen der Postmaterialismus-Hypothese. *Neoprivatismus* ist entstanden. Ein *Hedo-Materialismus* verband sich mit bedingter Apathie (Herbert 1988: 158). Aber auch solche Differenzierungen erscheinen noch zu statisch, weil *ideologische Mobilisierungen* das lineare Bild der Entwicklung von Typen stören.

Von Anfang an gegen das lineare Bild gerichtet waren die zyklischen Erklärungen des Wertewandels. *Zyklentheorien* teilten mit der linearen Wertewandel-Konzeption nur die Annahme, daß die Wertpräferenzen auf der Ebene der Individuen nach der Sozialisationsphase relativ stabil bleiben. Dennoch ist ständiger Wandel – vor allem durch die Abfolge von Generationen. Es geht aber nicht mehr um die Verkündung eines Wertewandels in eine Richtung: Neben dem *langfristigen evolutionären Trend* steht der *kurzfristige*, der *zyklische* Verlaufsformen haben kann. In dieser Sicht wandeln sich weniger die Werte grundsätzlich, sondern das Gewicht der Werte ändert sich in der gesellschaftlichen Auseinandersetzung (Bürklin 1988: 195). Hier taucht ein weiteres Beispiel für eine Theorie auf, deren Prognosen in der Regel besser sind als ihre Zustandsbeschreibungen. Allerdings sind die Zyklen bisher selten exakt prognostiziert worden. Die Wellen von 30 Jahren machen für die Generationentheorie Sinn. Die Wellen von 40–50 Jahren sind eher im Licht der Kondratieffschen Zyklen in

der Ökonomie plausibel. Die Wertaktualisierung ist von singulä-
ren Entwicklungen beeinflußt. Die Generationenzyklen, die in
einer amerikanischen Entwicklung ohne Systemzusammenbrüche
festgestellt wurden, ließen sich nicht ohne weiteres auf den europäischen Kontinent anwenden. Die Prognosen verbessern sich,
wenn keine exakten Daten angekündigt werden. Sie sind nicht
günstig für die Postmaterialismus-Hypothese: nach Jahren ver-
stärkter Betonung postmaterieller Werte kehrt die politische Auseinandersetzung wieder zunehmend auf die *primären Vertei-
lungskonflikte* zurück (Bürklin 1988: 213). Falls die Prognosen
kommender wirtschaftlicher, demographischer und ökologischer
Krisen richtig sind, ist die Prognose für die Dominanz der Werte
nicht schwer und dürfte auch ohne Generationen- und Zyklen-
theorie richtig sein.

d) Neue soziale Bewegungen als Hoffnungsträger des Lebensweiseparadigmas?

Nachmoderne Theorien des sozialen Wandels haben die Vorstellung einer linear angelegten Evolution aufgegeben. Die Geschichte ist ihres Ziels beraubt. Keine benennbare Aktion – schon
gar nicht eine Revolution – kann den erwünschten Wandel nen-
nenswert beschleunigen. Die postmoderne Theorie der Gesellschaft hat jedoch gezeigt (vgl. Kap. II.1.c), daß das Abrücken von
der heroischen Revolte der klassischen Moderne die Aufmüpfig-
keit der Fragmente der Gesellschaft nicht gedämpft hat. Im Gegenteil: Revolutionsversuche wurden meist niedergeworfen. Den
Widerstand tausender Fragmente in der Gesellschaft aber kann
kein System mehr eindämmen. Während neokonservative Projekte eine apolitisch gestimmte *civil society* wiederherstellen
möchten, sind die neuen sozialen Bewegungen auf Politisierung
ausgerichtet. Eine *Neue Politik* ebnete die alten Unterscheidungen der klassischen Moderne zwischen öffentlich und privat ein
(Offe 1985: 818). Vorstellungen der bürgerlichen Gesellschaften
in der Altmoderne sahen die Menschen um ein privates Leben
zentriert, das um Arbeit und Familie kreiste. Die Beweislast für
ein erhöhtes politisches Engagement wurde von gemäßigten Varianten der Demokratietheorie den radikalen Mobilisierungstheo-
retikern immer wieder vorgehalten (Scharpf 1970: 62 f.). Das politische Engagement schien viel weniger erklärungsbedürftig als

das politische Desinteresse der Mehrheit, auch wenn man nicht mit der frühen politischen Psychologie der Lasswell-Schule allzu hohes politisches Engagement schon als Ausdruck einer neurotischen Persönlichkeit wertete. Politik schien in konservativer Sicht auch in der klassischen Moderne als ein »exzentrisches Handlungsfeld« (Eckert 1970: 35). Im Zeitalter der Postmoderne schreckten solche Einsichten die Alternativen nicht mehr. Politik wird nicht als isoliertes Handlungsfeld gesehen. Kultur, Lebensweise und Politik wuchsen zu einem situativen Handlungsverbund zusammen. Formen einer permanenten politischen Mobilisierung, welche die Studentenrebellion als letzte alte und erste neue soziale Bewegung noch versuchte, wird nicht mehr akzeptiert. Mobilisierung von oben wird skeptisch aufgenommen. Weder permanent noch pan-politisch wird das eigene Partizipationsideal verstanden. Das Exzentrische der Politik wird als Teil des eigenen Handlungserfolges gewertet. Viele Erfolge neuer sozialer Bewegungen wären nicht erzielt worden, wenn die alten sozialen Kräfte verblüffungsfester geblieben wären.

Die neue Politik sträubt sich gegen die *traditionelle Codierung der Politik in öffentlich und privat, in politisch und unpolitisch.* Sie gibt die binäre Denkweise auf und löst Politik aus ihren institutionalisierten Zusammenhängen. Selbst die *Sekundärcodierungen des Rechts-Links-Schemas* wurden fragwürdig. Das Universum politischer Konflikte ist eher nach Kategorien wie Geschlecht, Alter und Ort codiert. Selbst Klassenunterschiede werden irrelevant (Offe 1985: 831). Klassen spielen nur noch darin eine Rolle, daß im voraus berechenbar erscheint, welche Klasse eine bestimmte Position in möglichen sozialen Konflikten einnehmen wird. Die Probleme aber, die erörtert werden, sind weitgehend klassenunspezifisch, weil die modernen Gefahren vor den Klassengrenzen nicht haltmachen, auch wenn Oberklassen die Folgen von Katastrophen leichter neutralisieren können als die Unterklassen. Dennoch entsteht daraus kein klassenspezifischer Konflikt, weil die Unterklassen die Gefährdungen stärker verdrängen, obwohl sie in ihrem Falle weit offensichtlicher zu sein scheint. Mittel- und Oberschichten sind leichter für ein politisches Engagement im Widerstand zu mobilisieren. Ein *Mittelklassenradikalismus* – im Gegensatz zum wachsenden *Unterklassenkonservatismus* – ist vor allem in England schon früh diagnostiziert worden (Parkin). Er scheint sich mit der Tendenz zur Zweidrittelgesellschaft zuzuspitzen, in der qualifizierte Arbeitnehmer korporativ eingebunden, zu den Privilegierten gehören, auch wenn ihre Gewerkschaften weiterhin die traditionelle Unterschichtenrhetorik pflegen.

Radikale Bewegungen der klassischen Moderne hatten den Gegensatz von »öffentlich« und »privat« in der Produktionssphäre auszutragen versucht. Daher wurde die Entprivatisierung und Vergesellschaftung der Produktionsmittel zum zentralen Kredo des Sozialismus. Neue soziale Bewegungen stellen nicht mehr die Eigentumsfrage in den Vordergrund. Die Dispositive der Macht werden im nachmodernen Denken weder in bestimmten Institutionen noch in bestimmten Eigentumsformen gesehen (vgl. Kap. II.1.c). Widerstand kann sich gegen private Einrichtungen genauso richten wie gegen staatliche Agenturen (Dyllick 1989). Wo »Amnesty International« als die große Einrichtung der Moderne erscheint, ist »Greenpeace« die Widerstandsorganisationsform des postmodernen Zeitalters: Widerstand kann sich auf einem Südsee-Atoll gegen französische Atombehörden richten und vor der Antarktis gegen private japanische Walfangunternehmen. Öffentlich und privat ist auch bei den Adressaten des Widerstandes zweitrangig geworden.

Die Kontroversen zwischen System- und Handlungstheorien (vgl. Einleitung, Resümee) haben die Partizipations- und Mobilisierungstheorien stark in Mitleidenschaft gezogen. Wo Systemtheoretiker die Motive und Fähigkeiten individueller Akteure für zweitrangig halten (Luhmann 1989: 8) kommt den neuen kollektiven Akteuren eigentlich nur die Rolle von Störfaktoren zu, welche die Akzeptanz staatlicher Entscheidungen stören. War in der Theorie der Moderne, auch bei vielen Konservativen, der Staat ein Moloch, gegen den die sozialen Bewegungen anrannten, so ist in der Nachmoderne der Staat als bedauernswerter Schwächling dargestellt, der eher zu wenig als zu viel Macht besitzt (Luhmann 1970: 166). Der Staat ist tot – wie Gott. Staatliche Steuerung erscheint so unmöglich wie göttliche Vorsehung. Den fragilen Staat also mit ständig neuen Forderungen undisziplinierter Bewegungen zu konfrontieren, scheint für die friedliche Entwicklung der Gesellschaft eher schädlich. Wo die neuen Formen hektischer Partizipation sich durchsetzten, entstand das Gegenteil von dem Gewünschten: statt der verhaßten Bürokratie die neue Demo-Bürokratie (Luhmann 1987: 156). Lebenswelt kann in ihr so wenig verwirklicht werden wie in der alten Bürokratie. Im Gegenteil, die Demobürokratie ist besonders innovationsfeindlich, weil sie so schwach bleibt, daß sie ihre Rolle vorwiegend als Vetogruppe versteht. Wer wollte leugnen, daß die Hochschulreform ein paar Anschauungsbeispiele für diese Entwicklung hervorgebracht hat?

Wo die partizipative Mobilisierung scheiterte, haben die neuen sozialen Bewegungen gleichwohl Erfolge erzielt: die *kognitive Mobilisierung* wirkte weiter, wo die *partizipative Mobilisierung* in den Restriktionen des Systems steckenblieb. Die kognitive Mobilisierung bestand in einer Ausweitung des Bildungssystems. Vorübergehend schien auch diese ganz den Imperativen des Systems zu gehorchen: Konfliktpotentiale wurden abgebaut, protestierende Eliten in dem expandierenden Bildungssektor gut dotiert neutralisiert. Langfristig aber wirkte die Entwicklung nicht für den *Status quo* des Systems. Der gezähmten Hydra wuchsen neue Köpfe. Die Überproduktion der Intelligencija programmierte die nächste Protestwelle vor, da die zweite Generation kritisch erzogener Hochschulabsolventen nicht mehr hinreichend mit Arbeit versorgt werden konnte. Die Radikalisierung der neuen sozialen Bewegungen wurde damit geschürt.

Die Qualität der neuen Protestpotentiale hatte sich gewandelt, und die schiere Quantität der alten sozialen Bewegungen in der Zeit der klassischen Moderne ersetzt. Was den neuen sozialen Bewegungen an schimmernder organisatorischer Wehr fehlte, ersetzten sie durch *selbstreferentielle Fähigkeiten*. Sie entwickelten weit größere Kapazitäten, die Bedürfnisse von Menschen und Gruppen präzise auszudrücken. Ideologische Gemeinplätze waren nicht mehr gefragt. Pauschalforderungen revolutionärer Transformationsstrategen – von den Spontis als Vorläufer der Nachmoderne mit Slogans wie »Weg mit den Alpen – freie Sicht bis zum Mittelmeer« veralbert – waren unglaubwürdig geworden. Die neuen Formen der Partizipation basierten auf einer besseren Erziehung und einer höheren Entwicklung der kognitiven Fähigkeiten. Partizipation entging damit der alten Gefahr in der klassischen Moderne, ständig in *manipulierte Pseudopartizipation* umzuschlagen (Naschold 1969: 69). Partizipation wurde nicht mehr zum Selbstzweck, sondern diente eng umrissenen Anliegen. Gleichzeitig hatten die neuen Partizipationsformen einen universalistischen Zug. Postmaterielle Werte waren auf die substantiellen Werte der Demokratie bezogen, nicht auf instrumentelle und prozedurale Elemente (Barnes/Kaase 1979: 525).

Bei den älteren sozialen Konflikten der Moderne ging es überwiegend um *Inklusion* von bisher Ausgeschlossenen, sei es zunächst beim Wahlrecht, sei es später bei den Systemen der sozialen Sicherung. Neue soziale Bewegungen optierten nicht selten wieder für *Exklusion*. Sie schlossen sich von der konventionellen Partizipation aus, ohne sich die Mitwirkungsmöglichkeiten grundsätzlich nach Art älterer Revolutionäre von vornherein zu verschließen (Offe 1983: 233).

Phänomene wie die neuen sozialen Bewegungen, die von Forschern mit Empathie grundsätzlich aus der Akteursperspektive angegangen wurden, haben sich kaum zur Bildung von Makrotheorien geeignet, die hier im Zentrum stehen. Dennoch sind auch die Theoriestücke für fragmentierte Bereiche von sehr generellen Aussagen über die Gesamtgesellschaft gekennzeichnet. Die Theorie der sozialen Bewegungen hat sich gewandelt. Sie ist selbstreferentiell geworden. Die Theorien wurden auf die eigenen Überzeugungen angewandt, auch wenn daraus kein strategischer Vorteil erwächst. Postmodern waren diese Bewegungen auch darin, daß sie die Reste der Dominanz des strategischen Denkens abbauten, der den Marxismus als Wissenschaft so stark beeinträchtigt hatte (vgl. Kap. 1.3.c). Die letzten Vorstellungen eines Telos der Geschichte wurden aufgegeben. Da war keine historische Triebkraft mehr in Sicht, die der Realisierung der eigenen Ziele in seltsamen dialektischen Vermittlungsprozessen zu Hilfe zu kommen schien. Theoretiker und Emphatiker der neuen sozialen Bewegungen hatten keinen Anlaß gesehen, sich mit der Theorie selbststeuernder Systeme zu befassen, aber sie wirkten gleichwohl wie ein Anwendungsfall dieser Theorien. Das Konzept »*order by fluctuation*«, das die Autopoiese entwickelte (vgl. Kap. II.2.b), versprach keine raschen und dauerhaften institutionellen Siege mehr. Soziale Bewegungen sind nicht linear auf bestimmte Ziele ausgerichtet, die dann fahrplanmäßig in immer neuen »Etappen« revolutionär abzuarbeiten sind, sondern erzeugen sich selbst und halten sich selbst in Gang. Die Bewegung bewegt sich selbst (Bergmann 1987: 362).

Die Binnenstruktur zeigte trotz der Ablehnung binärer Codes der herkömmlichen Institutionen eine eigene Schematisierung. Sie ist auf das Verhältnis in/out – ingroup/outgroup geeicht. So kommt es gleichwohl zu polarisierten Wahrnehmungen. Die Mitglieder der neuen sozialen Bewegungen stehen unter dem Impera-

tiv einer »*affektiven Selbstreferenz*« (Nedelmann 1984: 1036 f.).
Interne Differenzen werden jedoch im Gegensatz zu den überhöhten Anforderungen an Solidarität weit mehr als in traditionalen alten sozialen Bewegungen nach außen getragen. Der inner-
parteiliche Streit der Grünen zeigte, daß der Widerstreit in den
neuen Bewegungen von Anfang an mit institutionalisiert ist, und
mit dem Fraktionalismus, der auch ältere Bewegungen gelegentlich Zerreißproben aussetzte, nicht verglichen werden kann.
Die Abfolge der Paradigmen der Theoriebildung schlägt sich
auch in der Erfassung der Realität der sozialen Bewegungen nieder. Prämoderne, moderne und postmoderne Theorien sozialer
Bewegungen erklären die Phänomene sehr unterschiedlich. Die
Ziele der sozialen Bewegungen sind ebenfalls verschieden und
haben sich in den drei Stadien zweifellos enttotalisiert.

Theorien über soziale Bewegungen

Theorie-typen	Erklärungsmuster	Aktivitätstyp	Ziel der Bewegung
prämodern	objektivistischer Clea-vage-Ansatz (wo ein sozialer Konflikt ist, da entsteht auch eine Bewegung)	Mobilisierung von oben durch ideolo-gisch inspi-rierte Führer	Machtergreifung
modern	konditionaler Ansatz: Die Entstehung bedarf neben dem cleavage auch der Ressourcen an Eliten, Strategien, Situa-tionen.	Gleichgewicht von Partizipa-tion von unten und Mobilisie-rung von oben	Machtteilhabe
postmodern	Bewegung ist »zweck-los«. Sie entsteht aus sich selbst, auch ohne cleavage. Ausgangslage ist unspe-zifisch, der Protest ent-zündet sich am Einzel-fall.	Selbstverwirk-lichung	Autonomie

Die Entwicklung von der Moderne zur Postmoderne zeigte gerade in der politischen Theorie der sozialen Bewegungen starke

Wandlungen: Der Cleavage-Ansatz war *objektivistisch*. Der postmoderne Ansatz ist *subjektivistisch*: Bewegungen entstehen, weil Beteiligte betroffen sind. Sie entstehen, wenn Ressourcen bereitstehen und das Bedürfnis wächst, sich partizipatorisch zu engagieren. Insofern ist der Ressourcenansatz als das Paradigma der klassischen Moderne nicht völlig gegenstandslos geworden durch die Vorstellungen des postmodernen Denkens.

Im Aktivitätstyp geht die Entwicklung von der Mobilisierung von oben zu immer mehr selbstbestimmter Eigeninitiative von unten. Führung – die wichtigste Ressource, die der Ressourcenansatz namhaft machte – spielt nicht mehr die gleiche Rolle wie in den prämodernen Konflikten. Mit Zunahme der kognitiven Kompetenz aller nimmt der Bedarf an herausragender Führung ab, oder es ist ein größerer Prozentsatz von Menschen in der Lage, Führungsfunktionen zu übernehmen. Zur Führung gehören nicht nur Bereitschaft, sondern auch Möglichkeiten, solche Führungsfunktionen mit seinem Erwerbsleben in Einklang zu bringen. Zur professionalisierten Stellvertreterpolitik braucht man noch immer die Entscheidung eines Berufswechsels. Führungsfunktionen in einer sozialen Bewegung sind mit anderen Aktivitäten besser kompatibel. Größere Freizeit, Teilzeitarbeit oder intellektuelle Arbeitslosigkeit oder Unterbeschäftigung in großen Ausmaßen vergrößern ebenfalls die Ressource Führung.

Die Ziele der Bewegung enttotalisierten sich seit der Prämoderne. Die vormoderne Bewegung argumentierte wie der Abbé Sieyès bezüglich des dritten Standes. Die Bewegung war berufen, von »nichts« zu »allem« zu werden. Die Machtergreifung war noch als Verdrängungswettbewerb gedacht. Idealiter gab es im 19. Jahrhundert in der Selbstauffassung immer nur *eine* soziale Bewegung. Später wurde der Pluralismus akzeptiert und nur ein fairer Anteil an der Macht verlangt. Erst in den postmodernen Bewegungen geht es nicht mehr in erster Linie um Partizipation, sondern um Handlungsspielräume für autonome Betätigung und Selbstverwirklichung.

Auch in der Zeit der klassischen Moderne hatten viele ideologisierte Bewegungen noch Mühe, sich als Partei zu akzeptieren. Zwei davon übernahmen zwar den Parteibegriff und totalisierten ihn, aber ohne die eigentliche Bedeutung von Partei zu respektieren: pars, Teil zu sein: »Sobald es eine Partei gibt, so sind es auch deren zwei« (B. G. Niehbuhr 1815). Mindestens zwei, müßte es auch schon für das 19. Jahrhundert heißen. Neue soziale Bewegungen haben keinen Ausschließlichkeitsanspruch. Friedens- und Öko- oder Frauenbewegung arbeiten mit zahlreichen anderen Organisationen zusammen. Personell gesehen kommt dabei vielfach »Selbstkontrahierung« heraus, weil es sich immer wieder um die gleichen Leute handelt. Auch dadurch ist die Macht mancher Bewegung stark überschätzt worden. Die hohe Mobilität der modernen Gesellschaft erlaubte eine Ubiquität der Präsenz für kleine Gruppen, die im Protesttourismus ihren Niederschlag fand. Keine Gruppe konnte vorgeben, noch ein Ganzes zu repräsentieren, keine Gruppe war bereit, die Theoretisierung eines *cleavage* in der Gesellschaft zu akzeptieren, nicht einmal die des Klassenkonflikts, nur selten die des Geschlechterkampfes.

Potentielle Gruppen, um die in breiter Allianz geworben wurde, mußten nicht mehr mit moralischen Verdikten belegt werden, wie die Vokabel »falsches Bewußtsein«, mit der die prämodernen Ideologien so gern arbeiteten. Die neuen sozialen Bewegungen falsifizierten die Annahmen früherer Erklärungsmuster des gesellschaftlichen Pluralismus. Die Harmonie im Pluralismusmodell von Bentley und Truman, in dem durch *overlapping memberships* und *cross-cutting pressures* trotz eines darwinistischen Kampfes aller gegen alle doch immer wieder Gleichgewichte entstanden, war in Europa schon immer in Zweifel gezogen worden. Ältere Ansätze legten den Akzent auf die Teilnahme an institutionalisierten Gruppen. Der Aufbruch nicht institutionalisierter Bewegungen schien daher eher irrational in seinem spiralförmigen Fluktuationsmuster (Schwartz 1976: 3). Mancur Olson (1977) entwickelte seine Theorie des kollektiven Handelns, die ebenfalls für institutionalisierte Gruppen gedacht war. Der *rational choice*-Ansatz schloß irrationale Motive des Handelns nicht aus. Aber die Kalkulation individueller Vorteile, die in dieser Theorie mehr wogen als kollektive Errungenschaften, setzte den Schwerpunkt bei rationalen und institutionalisierbaren Interessen an. Der *Selbstorganisationsansatz*, aber auch der Ressourcenansatz entwickelten sich vielfach in Auseinandersetzung mit Olson. Ideelle Fördergruppen hatten sich nie bruchlos in die Erklärungsmodelle der klassischen Moderne einfügen lassen. Nur in Amerika wurden auch Kirchen und Wohlfahrtseinrichtungen schon immer »erbarmungslos« zu den Interessengruppen gezählt. Die Advokatengruppen, die nichts für sich selbst wollten, sondern ein Ziel für andere zu maximieren trachteten, wie sie Ralph Nader in Amerika entwickelte, verkörperten erstmals einen neuen Typ von Aktivität: die selbstgenügsame Tätigkeit an eigenen Zielen, von denen man sich weder durch Drohung noch durch Bestechungsversuch abbringen läßt. Für Olsons rationales Modell kollektiven Handelns war ein Hauptproblem zu erklären, wann ein Individuum sich direkt engagiert, anstatt bei der kostengünstigeren Möglichkeit zu verharren, *Trittbrettfahrer* zu sein, und auch ohne großes Engagement in den Genuß von kollektiv erkämpften Gratifikationen zu gelangen. Der Ressourcenansatz versuchte darauf differenzierte Antworten zu geben. Die Sozialgeschichte hatte gezeigt, daß Konflikte zu allen Zeiten der Geschichte objektiv vorhanden waren, dennoch die Individuen sich zur kollektiven Aktion nur selten zusammenfanden (Tilly 1978). Der Riesengipfel der Französischen Revolution verdeckte das Zentralmassiv vieler hundert kleiner Widerstandsberge in der Geschichte. Der Ressourcenansatz konnte zeigen, daß neben dem objektiven Konflikt die Kader und organisatorischen Möglichkeiten hinzutreten müssen (McCarthy/Zald 1977). Zwei Drittel der neuen *Public Interest-Bewegungen* in Amerika wurden von »Unternehmern« ins Leben gerufen, die kaum weiterer Stimuli bedurften (Berry 1977: 24). Das *Unternehmermodell* hat unerwarteterweise gerade für die depravierten Gruppen eine starke Erklärungskraft in Amerika entfalten können. Die Entstehung der Unternehmer freilich wurde auch in diesem Ansatz nur unzureichend erklärt. Organisationstheoretisch am plausibelsten schien die Annahme einer gewissen Kontinuität. Die Unternehmer, welche unterprivilegierte Interessenten sammeln, entstehen durch Zerfall von Führungsgruppen, die bereits existierten (Jenkins 1983: 531). Das Problem der Trittbrettfahrer war in diesem Neuansatz nicht gelöst. Auch unter den Bedingungen eines hohen persönlichen Risikos, wie beim Three Mile Island-Unglück haben nur 13% der unmittelbar Betroffenen gehandelt. Der Rest verharrte in Ignoranz und Apathie (Walsh 1981). Medienunterstützung für die Organisationsunternehmer erwies sich als Faktor der Mobilisierung. Aber das galt vor allem für die Phase der Initialzündung. Keine permanente Mobilisierung ist durch bloß parasitäre Publizität in den Medien ein Erfolgsrezept. Dafür gibt es mannigfaltige Belege unter extremen Gruppen. Schönhubers Diktum, antifaschistische Proteste, welche von den Medien hochgespielt würden, seien die beste Propaganda für seine Bewegung, erwies sich nicht als Lebensversicherung für seine Partei.

Der Erfolg von sozialen Bewegungen ließ sich bisher nicht in einer Globaltheorie erklären. Viele Faktoren spielen eine Rolle, wie die Streitkultur in der Gesellschaft. Bloße *Konsens-Mobilisierung* ist in der postmodernen Gesellschaft immer leichter. *Aktionsmobilisierung* hingegen gelingt um so seltener (Klandermans 1984). Das »*moralische Milieu*« der neuen sozialen Bewegungen (Nedelmann 1986) hatte breite Ausstrahlungswirkungen. Aber mobilisierende Kraft bewirkte es immer weniger. Nicht nur den postmodernen Denkern kam das schlechte Gewissen abhanden, sondern auch den Akteuren oder vielmehr nicht Nicht-Akteuren der Postmoderne, die keinen Zwang mehr fühlen, sich für Inaktivität zu rechtfertigen. Wo es auch Aktionsmobilisierung gibt, bleiben die Erfolge kurzlebig. Neue Bewegungen verdichten sich immer schwerer zu Systemen mit klaren Grenzen. Sie bleiben *fuzzy systems* (Melucci 1985: 802). Gerade weil sie allzu lebensweltlich imprägniert sind, behindern sie die Durchsetzung universaler humaner Ziele, wie an Habermas gezeigt werden kann (vgl. Kap. 11.3.b). Kulturelle Lebensstile determinieren weitgehend die Mobilisierungsbereitschaft, und sie sind nicht rein lebensweltlich zu erklären, sondern von rationalisierenden Rechtfertigungen umgeben. Sie sind eine Mischung aus System und Lebenswelt, die sich der Dichotomie bei Habermas entzieht. Die Hoffnung, daß ein moralisches oder gar soziales Milieu als dauerhafter Grund der neuen grünen Parteien entstehen könnte, erwies sich als trügerisch. Selbstorganisationstheorien (Japp 1986, Bergmann 1987) vermittelten Hoffnungen auf ein hier und heute der Möglichkeit, Widerstand zu organisieren. Parallel zu poststrukturalistischen Machttheorien wurde nicht mehr auf ein großes Ereignis gewartet und es wurden keine großen organisatorischen Voraussetzungen für das Losschlagen der Bewegung mehr theoretisiert. Neben der tröstlichen Botschaft aber steht die traurige: daß Bewegungen kurzlebig sein können. Autopoietische Systeme haben die Tendenz, sich am Leben zu halten, aber nur unter bestimmten Umständen. Tod wird damit in einer gewissen Gelassenheit als Möglichkeit einkalkuliert, wie Leben. Verbesserung der Lebenschancen sind begrenzte Ziele. Globale Transformationen von Gesellschaften, in denen es alle auf einmal einst besser haben werden, sind nicht mehr möglich. Mittel und Ziel sind nicht mehr auseinanderzudividieren, wie im kausalistischen Denken der Moderne. Lebenspraxis wird das Ziel. Theorie der Politik ist damit zur Theorie politischer Praxis geworden.

e) Ansätze feministischer Theorie der Politik zwischen Moderne und Postmoderne

Feminismus – eine soziale Bewegung wie andere?

Feministische Bewegungen lassen sich als Teil der sozialen Bewegungen auffassen. Idealiter müßten sie nicht Gegenstand einer gesonderten Bemühung um die Bildung einer politischen Theorie werden. Dennoch zeigt ein flüchtiger Blick in das wachsende Schrifttum, daß die meisten erfolgreichen Positionen in der feministischen Diskussion sich nicht damit abfinden, ein Zweig am Baum der großen Emanzipationsbewegungen zu sein. In der Erforschung sozialer Bewegungen sind fünf klassische Emanzipationsbewegungen klassifiziert worden. Konfrontiert man ihre theoretischen Grundprinzipien mit dem dominanten Konflikt, so läßt sich ein sternförmiges Schema entwickeln (Kloss 1969: 23). In dreierlei Hinsicht ist es jedoch nicht möglich, die Frauenbewegung in der schönen Harmonie des Sterns mit den anderen vier großen sozialen Bewegungen auf eine Stufe zu stellen:

(1) Die Frauen als Gruppe sind auch auf einem eng begrenzten Territorium *nicht mehrheitsfähig*. Dieses Ohnmachtsbewußtsein stärkte Apartheidstendenzen bei den Unterdrückten mehr als in anderen Bewegungen.

(2) Die Mitglieder der potentiellen Bewegung der Frauen können *nicht* wie ethnische, proletarische, religiöse oder rassische Gruppen *territorial geschlossen vereint* und subkulturell ohne Gegeneinflüsse organisiert werden. Auch diese organisatorische Schwäche wurde durch organisatorischen Eskapismus zu kompensieren versucht.

(3) Wegen der diffusen Gemengelage konfliktorischer Partner waren die emanzipatorischen Erfolge theoretisch groß, weil auch die Mehrheit der Männer die Gleichberechtigungspostulate übernahm. Praktisch aber waren die *Erfolge* des humanistischen Feminismus *gering*, so daß auch dieses Erlebnis die Isolierungstendenzen förderte.

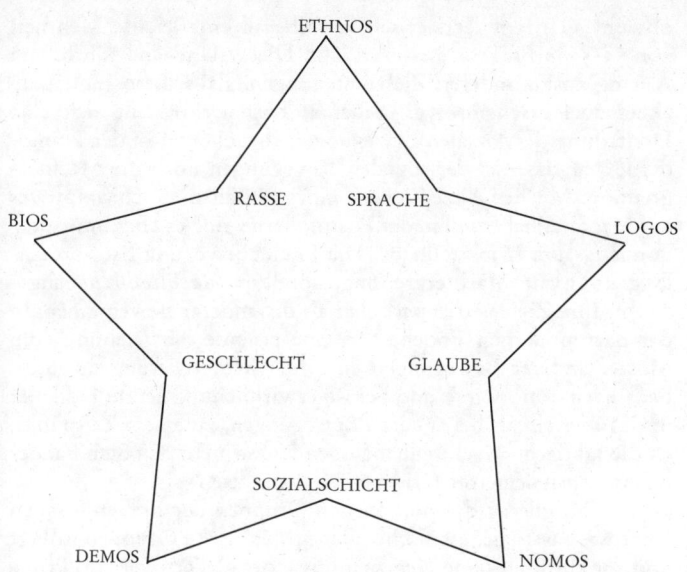

ETHNOS

RASSE   SPRACHE

BIOS   LOGOS

GESCHLECHT   GLAUBE

SOZIALSCHICHT

DEMOS   NOMOS

(1) Keine soziale Bewegung hat es gern gehört, daß sie nur eine unter anderen sei. Kein Wunder, daß auch der Feminismus, der den zur Zeit ungelöstesten der klassischen Konflikte zu organisieren versucht, sich nicht gern damit abfindet, nur einen Zacken im Fünfeck darzustellen. Jede soziale Bewegung des 19. Jahrhunderts wollte tendenziell das Ganze werden. Das Bürgertum organisierte sich unter dem Wort des Abbé Sieyès, daß der dritte Stand berufen sei, *alles* zu werden, obwohl er noch *nichts* darstelle. Der Arbeiterklasse als tendenzieller Mehrheit wurde in verschiedenen sozialistischen Theorien suggeriert, daß auch sie berufen sei, einst alles (minus Ausbeuterklassen) zu werden. Nationalistische Theorien und Rassenlehren haben ähnlich argumentiert. Es zeigt sich, daß die Emanzipationsbewegung der Frauen tatsächlich in einem fünfzackigen Stern unzureichend abgebildet ist. Dies nicht deshalb, weil Frauen – anders als Arbeiter, Juden oder religiöse Sekten – sich in der *conditio humana* von Gegengruppen radikal unterscheiden, wie manche feministische Theorien behaupten. Das Besondere dieser sozialen Bewegung ist, daß sie in keinem – auch noch so kleinen – Territorium die große Mehrheit darstellt,

obwohl sich rein rechnerisch fast überall eine leichte Mehrheit von 51-53% Frauen feststellen läßt. Dieser Umstand führte von Anfang an zu anderen Zielvorstellungen. Falls diese Einteilung akzeptabel erscheint (vgl. Schema, Kap. II.3.d), läßt sich eine Dreiteilung der sozialen Bewegungen vornehmen. In der Prämoderne war das Ziel der sozialen Bewegungen noch die Machtergreifung. Mit der Akzeptierung eines Pluralismus schrumpfte es auf Machtteilhabe und in der Postmoderne ging es eher um Autonomie als um Machtteilhabe. Die Frauenbewegung hat von Anfang an nicht Machtergreifung, sondern *Machtteilhabe* angestrebt. Ihre Ziele waren partieller als die anderer Bewegungen. In der nachmodernen Epoche trat eine erneute Abweichung vom Muster anderer Bewegungen ein: die Theoretisierung des Strebens nach Autonomie und Selbstverwirklichung setzte radikaler und früher ein als bei anderen Bewegungen, zu einem Zeitpunkt, da die faktische Machtteilhabe noch längst nicht den Stand anderer unterprivilegierter Gruppen erlangt hatte.›

(2) Die Mitglieder der potentiellen Gruppen der Frauen können nicht wie rassische, ethnische oder proletarische Gruppen isoliert und subkulturell ohne Gegeneinflüsse organisiert werden. Prima vista teilt die Frauenbewegung mit der Rassenemanzipationsbewegung den Vorteil, daß die Unterscheidungsmerkmale aller Mitglieder der potentiellen Gruppen von hoher Sichtbarkeit sind. Dies scheint die Organisierbarkeit als Bewegung zu verbessern: wer Proletarier ist, kann in der postmodernen Gesellschaft kaum noch festgestellt werden, da wenige im blauen Overall umhergehen. Wer hingegen Frau ist und für die Bewegung angesprochen werden kann, ist an Kleidung, Haartracht und Statussymbolen – trotz mancher Versuche, die Unterschiede einzuebnen – noch weitgehend sichtbar. Doch die Großgruppe »Frauen« ist einerseits zu schwach, um irgendwo die Macht darzustellen, und doch zu stark, um jemals schlagkräftig organisierbar zu sein. Mancur Olsons Einsicht (1968: 60), daß die Organisations- und Durchsetzungsfähigkeit mit der Gruppengröße sinkt, betrifft die Frauen als Bewegung besonders hart.

Die Organisationsfähigkeit der potentiellen Gruppe der Frauen litt zunehmend darunter, daß Frauen vielfach mit Mitgliedern der Gegengruppe zusammenleben, die wiederum mit einem potentiellen Feindbild in Verbindung gebracht wurde. Auch aus der Arbeiterbewegung sind durch Umfragen ähnliche Neigungen vieler Befragter bekannt, zwar »das Kapital« als »Klassenfeind« abzulehnen, aber den eignen Patron für »in Ordnung« zu erklären. Das Phänomen der Verbindung von individueller Suche nach familiärer Harmonie bei gleichzeitiger kollektiver Konfliktbereitschaft ist im Antagonismus der Geschlechter verbreiteter als irgend eine vergleichbare Konstellation in anderen sozialen Kontexten. Der Patron begegnet den Arbeitern zwar in der Fabrik, aber er lebt weit weg vom Arbeiterviertel in seiner Villa. Die Männer leben neben den Frauen und mit den Frauen. Intimgruppen lassen die abstrakte Konfliktbereitschaft der Geschlechter schwinden. Die Tendenz, Männer für »Chauvis« zu halten, den eigenen Mann indessen aus diesem Verdikt auszunehmen, ist selbst bei Feministinnen gelegentlich zu beobachten. Auch diese Widersprüche stärken die Tendenz, die Organisationsfähigkeit durch partikulare Abkapselung zu verbessern.

Auch in anderen großen sozialen Bewegungen tauchte die Vorstellung auf, daß man zur Stärkung des eigenen Selbstbewußtseins eine Art *Gegen-Apartheid* ausrufen müsse. Selbst Marx und Engels (MEW Bd. 18: 80) empfahlen den Iren, sich erst einmal organisatorisch von den Briten zu separieren und sich nach ihrer Festigung wieder mit ihnen zusammenzuschließen. Bei den rassischen Emanzipationsbewegungen ist die umgekehrte Apartheidstheorie noch heute weit verbreitet. Als der ANC in Südafrika auch mit der Guerilla keine durchschlagenden Erfolge erzielte, breitete sich die Tendenz aus, erst einmal die kulturelle Selbstfindung voranzutreiben. Kirchliche Befreiungstheologien haben dabei eine wichtige Katalysatorenfunktion ausgeübt. Auch die Schwarzen in Südafrika werden eines Tages die Regierungsmehrheit stellen, und die Gegen-Apartheid wird sich dann vermutlich lockern. Frauen, die keine Chance auf Änderung der patriarchalischen Verhältnisse sehen, haben solche Hoffnungen nicht und flüchten daher häufiger in partikularistische Theorien der Politik.

(3) Die Radikalisierung der politischen Theorie des Feminismus wurde zweifellos durch die Einsicht begünstigt, daß die politische Emanzipation und das allgemeine Wahlrecht für Frauen, das gegen Ende des Ersten Weltkriegs in den meisten entwickelten Ländern erkämpft wurde, praktisch erstaunlich folgenlos für die realen Lebenssphären und die Karrieremobilität der Frauen blieb. Nur selten wurde reflektiert, daß der Feminismus in der Ent-

wicklung zur postindustriellen Gesellschaft gegen seine Intentionen dazu beigetragen hat, die Frauen nach der Aufgabe der Rolle als Heimchen am Herd erneut als »postindustrielles Proletariat« zu benachteiligen (Stacey 1987: 240).

Der humanistische Feminismus der klassischen Moderne kämpfte gegen die prämoderne biologisch begründete Ideologie, welche die Gleichheit unter der Devise *different but equal* relativiert hatte. Zwei Varianten wurden vertreten, die sich indes in der Auffassung einig waren, daß die Emanzipationsbewegung nicht die biologischen Differenzen zum Ausgangspunkt nehmen könne. Das Problem wurde historisch und sozial definiert. Der *liberale Feminismus* erhoffte die Emanzipation der Frau durch eine strikte Ausdehnung und Interpretation der Grundrechte und einen Einsatz aller rechtsstaatlichen Mittel. Der *sozialistische Feminismus* kritisierte an dieser Position, daß die Liberalen zu keiner radikalen Kritik der Familie vorstießen. Änderungen würden auf die Systemsphäre beschränkt, die lebensweltlichen Sphären seien im liberalen Konzept sich selbst überlassen. Der sozialistische Feminismus fügte den Menschenrechten die sozialen Grundrechte hinzu. Die Aufhebung der Arbeitsteilung der Geschlechter und die volle Integration der Männer in die Erziehung der Kinder standen auf dem Programm (Weedon 1987: 17 f.).

Beide Konzeptionen vereinten ihre politischen Bemühungen in der Fortentwicklung zu einer Art »Staatsfeminismus«. Mit Überredungsdirigismus und Quotenregelungen sollten die Anteile der Frauen an allen Herrschaftspositionen egalisiert, und im Bereich von Wirtschaft und Gesellschaft die Lebenschancen gleicher verteilt werden. Die skandinavischen Länder wurden zu einem Mekka des Staatsfeminismus (Hernes 1989: 66 ff.). Doch trotz der unbestreitbaren Erfolge des Staatsfeminismus wurde in der nachmodernen Gesellschaftstheorie gerade die sozialstaatliche Komponente der Frauenemanzipation aufs Korn genommen. Denn die Lage der Frauen schien sich im wohlfahrtsstaatlichen Modell erneut zu verschlechtern: Die postindustrielle Gesellschaft zeigte, daß ein Teil der feministischen Theoretikerinnen an einem überholten Kriegsschauplatz kämpfte. Während sie noch gegen die traditionelle »Hausklaverei« angingen, vollzog sich bereits die Eingliederung vieler Frauen in postindustrielle Arbeitsverhältnisse mit neuen schweren Verlusten an Gleichberechtigung (Stacey 1987). Zur Milderung der Benachteiligungen in den postindustriellen Gesellschaften kam es zu einem weiteren Ausbau der Wohlfahrtsstaatlichkeit. Aber auch sie – auf die der progressive Teil des humanistischen Feminismus gesetzt hatte – erwies sich als patriarchalisch (Pateman 1989: 179 ff.). Frauen trugen faktisch die Hauptlast des Wohlfahrtsstaates, den sie in untergeordneter Position in Gang hielten, ohne die Frauenbewegung damit zu stärken. Dadurch wurden postfeministische Überlebensstrategien oder Selbstverwirklichungspläne bei vielen Frauen bestärkt. Die Mobilisierbarkeit der potentiellen Gruppe »Frauen« nahm weiter ab. Der Nutzenzuwachs zwischen Männern und Frauen war zwar kein Nullsummenspiel mehr, aber die Männer haben gerade bei der sozialen Emanzipation der Frauen erneut einige Vorteile eingestrichen: Wenn »Mann so will, kann Mann sagen«: Liebe und Sex ja, Ehe nein. Er kann sich damit auch noch rühmen, die Emanzipation einer unabhängigen Frau zu fördern. In Wirklichkeit weigert er sich, eine potentielle weibliche Arbeitslose zu ernähren. Er emanzipiert weniger die Frau als sich selbst, weil er der Unterwerfung unter die Berufsrollenanforderungen der Arbeitsgesellschaft, wie sie die Moderne entwickelte, entfliehen kann. Einst mußte er sich Rollen unterwerfen, um seine Familie zu ernähren. Die spätmoderne Gesellschaft entbindet ihn von diesen Zwängen, zum Teil mit dem Beifall der Frauen, welche die Hauptlast dieses Befreiungsprozesses noch immer tragen (Beck/Beck-Gernsheim 1990: 201). Nur im Scheidungsfall ist der Mann benachteiligt, solange überwiegend den Frauen das Sorgerecht für die Kinder zugesprochen wird.

Diese drei Erfahrungen:
– die Mehrheitsunfähigkeit,
– die Unorganisierbarkeit der ganzen potentiellen Gruppe und
– die Mißerfolge des Emanzipationsprozesses, obwohl die offenen Widerstände der Gegengruppe gering erscheinen,
radikalisierten die Frauenbewegung und trieben ihre Bemühungen um Theorie in eine postmoderne Fragmentierung und Isolation. Die Erfahrungen der übrigen großen sozialen Bewegungen, die ähnliche frustrierende Erfahrungen gemacht haben, sollten nicht ignoriert werden. Am Anfang von Enttäuschungserlebnissen der Bewegung wird häufig die gruppenspezifische – nur den der Gruppe Angehörigen verständliche – Wissenschaftslehre verkündet. Sie ist kein Zeichen der Reife der Bewegung, sondern ein gefährlicher Umschlagpunkt der Resignation.

Eine feministische Wissenschaftslehre?

Die Frauenbewegung scheint dazu verurteilt, viele Fehler der früheren großen Emanzipationsbewegungen noch einmal zu wiederholen. Einer der schwerwiegendsten Fehler ist die Aufgabe eines humanen Wissenschaftskonzeptes und die Stilisierung einer gruppenspezifischen Wissenschaftslehre. Es kann nicht geleugnet werden, daß Frauen in der Forschung aufgrund ihrer spezifischen Erfahrungen eine vernachlässigte Sicht der Dinge in die Hypothesenbildung und bei der Bewertung empirischer Befunde einbringen. Das ist auch nach einer empirisch-analytischen Wissenschaftsauffassung zulässig (vgl. Kap. I.2.a). Diese aber wird in der feministischen Theorie kaum vertreten. Wo sie auftauchte (Göttner-Abendroth 1987), wurde die mit ihr verbundene säuberliche Scheidung von vorwissenschaftlicher Reflexion und methodischer wissenschaftlicher Arbeit als eine positivistische, typisch männliche Verengung gewertet (Mies 1987: 43 f.). Nicht wenige Theoretikerinnen hielten selbst das Bemühen um Objektivität für ein männliches Ideal, das nur bedeute, daß Frauen ihre »Stimme einem Chor von Feinden liehen« (Keller 1986: 190).

Der wissenschaftliche Rationalismus der klassischen Moderne verstand sich als Mittel zur Überwindung der Ideologie. In einigen postfeministischen Ansätzen wurde – in Anlehnung an Gedanken der frühen Frankfurter Schule und der Postmoderne – gerade dieser wissenschaftliche Rationalismus selbst zur Ideologie erklärt. Griffin (1989: 569) ging von einem unüberwindbaren Dualismus der Ausdrucksformen Ratio und Gefühl aus. Man fühlt sich an die These der Doppelvernunft erinnert, in der Grundsatzvernunft und Gelegenheitsvernunft unterschieden werden (vgl. Kap. II.1.b). Wie in der antimodernen Revolte zwischen den Weltkriegen wurden die beiden Teile der Vernunft jedoch nicht als gleichberechtigt angesehen. Das Gefühl hatte in diesem Ansatz die größeren Einsichtsmöglichkeiten. Gefährliche Verallgemeinerungen wurden aus dem Dualismus der Ausdrucksformen gezogen. Der Dialog – die Auseinandersetzungsform der Ratio – muß nach dieser Ansicht zum »Krieg« werden, in dem eine Seite verlieren muß, und eine andere jeweils des Irrtums überführt werden soll. Nur das Gefühl wird als kampfesunlustig und tolerant eingestuft. Die klassische Moderne – vor allem bei Pareto (vgl. Kap. I.2.a) – hatte gerade das Gegenteil für richtig gehalten.

Da das Gefühl in eher traditioneller Weise den Frauen zugeordnet wurde, und nur Frauen letztlich als friedfertig galten, wurde die Frauenbewegung gleichsam auf Theorielosigkeit verpflichtet. Ein *Primat der Praxis* war die Folge der Position. In der feministischen Debatte um ein weibliches Verständnis von Wissenschaft wurden eine Reihe von Scheingefechten noch einmal durchgekämpft, die andere soziale Bewegungen längst hinter sich gelassen hatten, etwa die Vorstellung einer »proletarischen Wissenschaft«. Der Primat der Praxis schlug sich in eine Feindschaft gegen Makrotheorien nieder. Makrotheorie galt als »männlich«. Abstraktheit galt als männliches Prinzip. Abstraktheit schien verbunden mit einem instrumentalisierten Verhältnis zur Natur. Abstraktheit führte nach dieser Ansicht auch dazu, soziale Beziehungen in Gegensätzen zu denken. Daß die Überspitzung der Dichotomie männlich – weiblich selbst eine solche rationalistische Konstruktion sein könnte, blieb im Eifer des antitheoretischen Gefechts unerkannt. Dem männlichen Prinzip wurden allerdings mildernde Umstände eingeräumt. Männer neigen nicht aus Bosheit zur Abstraktion und zum Denken in Gegensätzen. Ihnen wird hingegen nachgesagt, daß sie ihren Körper fürchteten und daher zwei Kompensationsstrategien für das empfundene Defizit mangelnder Körperlichkeit entwickelten: die Flucht in die Abstraktheit und die Flucht in den Kampf (Young 1989: 53).
Der scharfen Ontologisierung der Geschlechterunterschiede entsprach ein Rückfall in die Suche nach biologischen Konstanten. Die emanzipatorische Studentenrebellion hatte die sozialistischen Theorien über die Differenz der Geschlechter weiterentwickelt. Diese Tradition sah die Differenz *historisch* und nicht *biologisch*. Die Kluft galt als überwindbar. Mit dem Scheitern der Bewegung, welche Sozialisationsphänomene weitgehend mit Umweltfaktoren erklärte, trat eine Tendenzwende in Psychologie und Pädagogik zutage: Vererbung und biologische Konstanten wurden als Erklärung von Ungleichheit unter den Menschen wieder zugelassen. Auch die Feministinnen befaßten sich zunehmend mit den wissenschaftlichen Theorien über Geschlechterdifferenzen. Für die Darstellung des grundlegenden Andersseins der Frau war die Botschaft einiger Männer gut zu verwenden, welche die Differenz der Geschlechter auf Hirnfunktionsdifferenzen oder auf die Wirkung der Geschlechtshormone zurückführten (Fuchs Epstein 1988: 46 ff.).

Eine große Makrotheorie wurde abgelehnt, aber die gynozentrische Sichtweise war voll von makrotheoretischen Annahmen. In Anlehnung an postmoderne Theorien wurde die Idee eines universellen Menschseins als unzulässige Abstraktion abgelehnt. Das *Ideal eines universellen Frauseins* war jedoch nicht weniger abstrakt (Young 1989: 59). Die Verfechterinnen eines humanistischen Feminismus haben scharf kritisiert, daß die gynozentrischen Dichotomien nur eine spiegelbildliche Umkehr der alten männerzentrierten Weltbilder seien (Großmaß/Schmerl 1989: 283).

In der feministischen Bewegung kam es zu einer unguten *Arbeitsteilung*: Männer mochten gute empirische Einzelstudien zur Lage von Frauen beitragen. Bei der Untersuchung des Wahlverhaltens der Frauen haben Männer noch immer eine hegemoniale Stellung. Aber aus der feministischen Theoriedebatte hatten Männer sich herauszuhalten, weil angeblich nur Frauen Frauen verstehen. Nur selten kam es auf diesem Gebiet zur Kooperation, die nicht als Anbiederung zurückgewiesen wurde, z. B. zwischen Isaac Balbus (1987: 10) und Jane Flax (1990), welche die Vereinbarkeit von Poststrukturalismus und Feminismus überprüften. Im ganzen haben sich die Männer jedoch aus diesem Bereich herausgehalten. Wo es zu weiteren theoretischen Annäherungsversuchen kam, wie bei Garaudy (1984) oder Gottschalch (1984), wurde der männliche *»Anbiederungsfeminismus«* der »sanften Linken« streng zurückgewiesen (Thürmer-Rohr 1987: 113). Dabei kann nicht übersehen werden, daß Hoffnungen auf eine Feminisierung der Gesellschaft rasch zum männlichen Vorwand werden können, die Männerwelt nicht mehr zu ändern und alle Hoffnung auf »die Amazonen« zu setzen. Aber die Schärfe der Lächerlichmachung der männlichen Beiträge erinnert an die frühsozialistische Übelgelauntheit, mit der schon Marx »Bruno Bauer und Konsorten« verunglimpfte. In der Postmoderne ist der Stil der Auseinandersetzungen inzwischen toleranter geworden. Diese theoretische Selbstisolierung scheint ein Flügel des radikalen Feminismus als Sieg zu empfinden. Langfristig wird diese Intoleranz dem Feminismus so schlecht bekommen, wie einst die Demütigung der Anarchisten und Proudhonisten durch einen sich als Sieger fühlenden Marxismus.

Die vorläufige Folge dieser Entwicklung ist die Herausbildung von immer verstiegeneren Zirkeldiskussionen. Sie erzielen Riesenauflagen auf dem Buchmarkt, bleiben aber politisch weitgehend folgenlos. Keine große soziale Bewegung schließt heute die Nichtzurgruppegehörigen vom inneren Diskurs völlig aus. Nationalisten haben sich schon immer in die Debatten ihrer Nachbar-Nationalismen kräftig eingemischt. Die Theoretiker der konservativen Revolte in Deutschland konnten sich in Nationalisten wie Maurice Barrès oder Charles Maurras besser hineindenken als in ihre heimischen Kosmopoliten. Bürgerliche Intellektuelle haben die Theoriebildung der Arbeiterbewegung maßgeblich beeinflußt. Michajlovskij oder Machajski haben in Rußland einst versucht, den »Intelligenzleraristokratismus« aus der geistigen Domäne der Bauern oder der Arbeiter zu verjagen. Plechanov, Lenin und Trockij haben sich dennoch nicht in weiteren Beiträgen zur »proletarischen Wissenschaft« beirren lassen (v. Beyme 1965: 105 ff.). Weiße haben substantielle Beiträge zur Rassenemanzipation der Schwarzen geschrieben. Nur Männer schweigen zur feministischen Theorie, und dies scheint mir nicht gerade als Zeichen einer ernsthaften Würdigung gelten zu können.

Die vorläufige Selbstisolierung der feministischen Theorie führte zu einer Verstärkung der jeweils radikalsten Positionen, die einander gegenseitig überboten. Wenn viele Universitäten sich heute eine »Feministin« – wie einst einen »Marxisten« auf einer Art »Konkordatslehrstuhl« – halten, um ihre pluralistische Gesinnung zu demonstrieren, ist das noch kein Sieg. Es ist eher eine Arabeske in einer weiterhin dominanten universitären Männerwelt.

Eine der größten Errungenschaften der Theorien der klassischen Moderne seit Durkheim, Weber und Pareto war die Differenzierung von Theorie und Praxis, von Wissenschaft und politischem Handeln. Wo diese Unterscheidung – auch wenn heute nur wenige ein dogmatisches *Wertfreiheitspostulat* vertreten – wieder eingeebnet wird, droht auch der Wissenschaftsbegriff der Politik dienstbar gemacht zu werden. Gewiß, jede der großen Emanzipationsbewegungen hat in einem radikalen Anfangsstadium versucht, diese Differenzierung aufzuheben. Die Arbeiterbewegung an der diktatorischen Macht in Rußland hat diese Entdifferenzierung tatsächlich lange Zeit mit Feuer und Schwert durchgesetzt. Aber die Frauenbewegung hat eine solche theoretische Entdifferenzierung in einem Stadium geistig beeinflußt, das eigentlich dem sonstigen Argumentationsniveau nicht angemessen erscheint. Alle früheren partikularistischen Wissenschaftslehren sind überwunden worden: die »deutsche Physik«, die Mystik der »négritude«, die »katholische Soziallehre« oder die »proletarische Wissenschaft«. Es spricht wenig dafür, daß eine feministische Sonder-Wissenschaftslehre überleben kann. Aber gerade diese steht im Zentrum vieler Theoriebemühungen. Männliche Theoretiker umschiffen das Problem taktvoll wie Jürgen Habermas (1981, Bd. 2: 579), der den »partikularistischen Kern« des Feminismus mit väterlicher Milde unter anderen Widerstands- und Rückzugspotentialen einordnete, ohne zu ihnen Stellung zu nehmen.

Wissenschaft als ein System, das sich ausdifferenziert und Autonomie gewinnt, hat zu allen Zeiten versucht, sich gegen politische Betroffenheitspostulate und Handlungsdruck von seiten befreundeter Bewegungen abzuschotten. Auch wenn Wertfreiheit von vielen postmodernen Denkern *intentional* nur noch als eine Fiktion angesehen wird, stellt sich *funktional* doch immer wieder ein Äquivalent dafür im Wissenschaftssystem her. Die Distanz von Theorie und Praxis sichert den Erkenntnisprozeß nicht nur gegen die Feinde (in diesem Fall das patriarchalische Denken) ab, sondern auch gegen die Zudringlichkeit angeblicher Freunde. Eine etablierte feministische Theorie wird sich kaum von irgendeiner »Roten Zora« im Hörsaal durch »action directe« vorschreiben lassen, welches der beste feministische Theorieansatz sei.

Annäherungen an eine politische Theorie des Feminismus

Die Ansätze zu einer feministischen Staatstheorie scheinen im Kleinen die Entwicklung moderner politischer Theorie noch einmal nachzuvollziehen. Am Anfang stand die Dominanz der Ideengeschichte. Sie war notwendig, um den männlich dominierten politischen Diskurs in der Geschichte aufzuzeigen. Außer John Stuart Mill ließ sich kaum ein bedeutender politischer Denker finden, der die Bezeichnung »Feminist« verdiente. Auch an ihm konnte vornehmlich die Begrenztheit des liberal-humanistischen Feminismus gezeigt werden. Radikalere politische Theoretiker durchbrachen diese Begrenzungen häufig nicht, sondern verengten sie noch weiter. Rousseau (1962: 211) ist dafür ein krasses Beispiel. Obwohl er sich in seinen »Confessions« für seine zahlreichen Taktlosigkeiten gegenüber Frauen immer wieder larmoyant entschuldigte, war er in der Gesamtwürdigung der Rolle der Frauen in einer politischen Gesellschaft von bahnbrechendem Male-Chauvinismus. Die Anatomie wurde als Grundgegebenheit gewertet. Die biologische Natur der Geschlechter beeinflusse den moralischen Charakter. In einem Brief an d'Alembert wurden Frauen wegen ihrer grenzenlosen sexuellen Passion als potentielle Gefährdung der Ordnung dargestellt. Männer seien durch die Natur gezügelt, Frauen – der Gedanke sollte bis zu Freud einflußreich bleiben – wurden hingegen als unfähig gedacht, ihre Triebe zu kontrollieren und zu sublimieren. Rousseau verstieg sich zu der Behauptung, daß nie ein Volk vom exzessiven Genuß des Weines ruiniert wurde. Völker gingen hingegen zugrunde wegen des »desordre des femmes«. Trunkenheit, überwiegend bei Männern beobachtet, erschien als das kleinere Übel. Sie macht nur albern, aber nicht böse.

Die Entlarvung des Male-Chauvinismus in der politischen Theorie erhielt allerdings Hochkonjunktur erst, als so absurde Meinungen nicht mehr von ernstzunehmenden Theoretikern vertreten wurden. Der *humanistische Feminismus* hatte sich als Standpunkt schon weitgehend durchgesetzt: die biologischen Differenzen der Geschlechter wurden zunehmend als von sekundärer Bedeutung angesehen. Menschliche Gemeinsamkeiten erforderten gleiche Rechte – auch für Frauen. Umstritten war lediglich, wie tief die *nachhelfende Gerechtigkeit* in den Emanzipationsprozeß von seiten des Staates eingreifen dürfe, um die faktische Gleichstellung der Frauen voranzutreiben. Doch eben die Widersprüchlichkeit der faktischen Entwicklung, die steigenden Erwartungen bei nur bescheidenen Erfolgen, führten zur Radikalisierung der Theorie des Feminismus. Im Gegensatz zu den meisten der vier großen anderen Emanzipationsbewegungen entstand eine politische Theorie dabei nur am Rande, soviel auch in Einzelanalysen von Macht und Politik die Rede war. Nur wenige Positionen knüpften an theoretisch anspruchsvolle Erklärungen wie das Herr-Knecht-Verhältnis an. Catherine MacKinnon zum Beispiel (1989: 86 f.), vertrat in Amerika einen der zahlreichen Versuche, Marxismus und Feminismus zu versöhnen. Aber sie benutzte die ökonomischen Erklärungsmomente des Marxismus nur selektiv und in äußerlichen Analogien. Einen Zentralbegriff des Marxismus, die *Arbeit*, setzte sie mit dem Zentralbegriff *Sexualität* in der feministischen Theorie auf eine Stufe. Die simple Feststellung: »einige vögeln – und andere werden gevögelt« wurde per Analogie mit der »Aneignung des Mehrprodukts der Arbeit« durch den Kapitalisten auf eine Stufe gestellt. In einer hedonistischen postmodernen Gesellschaft scheint jedoch gerade die Annahme, daß das »Mehrprodukt der Lust« einseitig vom Mann angeeignet wird, nicht mehr ganz plausibel. Die Machtanalysen sind auch in vielen Werken relativ widersprüchlich. Die Interpretation der Herrschaftsverhältnisse unter den Geschlechtern schwankt hin und her zwischen Annahmen der Omnipotenz und der Impotenz in der Rolle des Mannes (vgl. Daly 1985: 427 f.).

»Der Feminismus hat keine Staatstheorie«, lautete ein Bekenntnis (MacKinnon 1989: 157). Ihre Formulierung gilt aber als Desiderat. Bislang verfügbare Vorarbeiten bestehen vornehmlich in der Kritik der männlichen Staatstheorie. Vor allem Webers Definition des Staates als »Monopol legitimen psychischen Zwanges« wird als male-chauvinistisch abgelehnt. Denn der Grad, in dem sich der Staat autonom gegenüber einer Klasse verhalten könne, sei höher als die Möglichkeit des Staates, sich geschlechtsneutral zu verhalten (MacKinnon 1989: 170). Diese These wurde an der Haltung des Staates zur Vergewaltigung von Frauen demonstriert.

Das Verbrechen der Vergewaltigung sei in Termini männlicher Sexualität definiert. Ausschließlich die Penetration sei Maßstab der vollendeten Tat. Diese Definition schütze zwar die weibliche Monogamie – ein Männerprivileg –, aber sie sei nicht gegen die Verletzung der Würde der Frau gerichtet. Mit anderen Worten, das militante männliche Initiativrecht werde durch die staatliche Rechtsordnung nicht angetastet. Der Umkehrschluß wird zwar nicht explizit gezogen, aber nahegelegt: nicht gewaltsam ist allenfalls Sex, bei dem die Initiative von der Frau ausgeht. Auch anscheinender sexueller Konsens sei herrschaftlich vorstrukturiert. Der universelle Verblendungszusammenhang, den einst die Frankfurter Schule zur Erklärung der Fortexistenz eines krisenhaften Kapitalismus bemühte, wird damit zur Erklärung der Wirkungsweise der patriarchalischen Rechtsordnung eingesetzt: Macht sei geradezu erotisiert, lautet die Kritik der Frauen. Selbst im Falle der Vergewaltigung werde nachträglich oft Konsens unterstellt. Denn Vergewaltigung sei im liberalen Staat eng definiert. Der Tatverdacht richte sich in der Regel auf einen »fremden« – in

Amerika häufig »schwarzen« – Mann, ohne Einsicht in die Tatsache, daß die meiste Gewalt gegen Frauen von Bekannten oder gar Ehemännern ausgeht. Kurz, die staatliche Durchsetzbarkeit des Rechts zur Wahrung und Wiederherstellung der Würde der Frau wird gering eingeschätzt. Und wer würde die Demütigungen leugnen, die in vielen Prozessen durch hochnotpeinliche Befragungen von Frauen zu einer »zweiten Vergewaltigung« zu führen drohen? Konsens ist in der patriarchalen Gesellschaft Kommunikation unter den Bedingungen der Ungleichheit.

Ein weiterer Aspekt des männlichen Staates wird in der nondecision gesehen. Der Staat habe nichts getan, um die Männerpille zu fördern. Als Grund wird einseitig die Furcht vor einem Verlust männlicher Libido unterstellt. In der Tat, es ist kaum zu leugnen, daß die Last der Verhütung ganz überwiegend auf Frauen abgeschoben wird. Allerdings, eine feministische Theorie der Politik ist aus diesen Ansätzen nicht hervorgegangen. Vielmehr liefen die theoretischen Erfahrungen der Frauenbewegung parallel zu denen anderer sozialer Bewegungen: je radikaler die Vorformen der politischen Theorie der Bewegung, um so unpolitischer wurde die Bewegung. Das gilt für den Feminismus vielleicht noch stärker als für andere Bewegungen. Denn das wachsende Selbstbewußtsein der radikalen Frauenbewegung fiel in eine Zeit, als das politische Denken der klassischen Moderne bereits in Mißkredit geraten war. Noch ehe die wichtigsten Forderungen der Egalisierung erfüllt waren, wandte sich ein großer Teil der Frauentheoretikerinnen – etwa im Gegensatz zur Arbeiterbewegung – dem neuen Paradigma der Postmoderne zu. Sie wählte wichtige Themen des postmodernen Denkens aus, wie die radikale Kritik an der Technokratie, die Radikalisierung des Pluralismuskonzepts, und die Infragestellung des Mehrheitsprinzips für die eigenen Ziele (vgl. v. Beyme 1989) (Kap. II.1.c). Sie vernachlässigte hingegen andere Bereiche: etwa die Botschaft der Machtkritik von Foucault, in der jede Macht ihren Widerstand erzeugt, und flüchtete sich mehr und mehr in Apartheidstheorien, die um eine gynozentrische Konzeption kreisen.

Der humanistische Feminismus, der dem »Projekt der Moderne« verbunden war, und die Geschlechterdifferenz als sekundäres Merkmal erachtet, geriet in die Defensive. Seine theoretischen Ansatzpunkte zur Beseitigung der Benachteiligungen der Frauen waren historische, politische und wirtschaftliche Analysen. In mehreren Schwerpunkten breitete sich dagegen der gynozentrische Feminismus aus. Gynozentrisch sind theoretische Varianten, welche
(i) die grundsätzliche Andersartigkeit der Frauen postulieren und entweder *Mutterschaft* oder *weibliche Sexualität* zum Ausgangspunkt der Überlegungen machen, und
(ii) der Ökofeminismus und die Hoffnungen auf eine *Feminisierung der Gesellschaft.*

(i) Gynozentrisches Weltbild auf der Grundlage
der Mutterschaft und der weiblichen Sexualität
Nachmodernes Denken der Autopoiese und der poststrukturalistischen Philosophie hat den Einfluß biologistischer Erklärungen wieder zunehmen lassen. Auch der gynozentrische Feminismus blieb von diesem Wandel des Paradigmas nicht unberührt. Wie bei vielen postmodernen Ansätzen (Kap. II.2.d) kam es in der Rezeption von Modellen aus der Biologie zu einer Verkehrung der bisherigen Einordnung von Gedanken in ein Rechts-Links-Schema. Paradoxerweise trafen sich die radikalsten Varianten feministischer Theorie mit dem konservativen Antifeminismus in einer Art Apartheidsdenken: *different but equal.* Die Hauptdifferenz wurde bei einigen in der Mutterschaft, bei anderen in der weiblichen Sexualität gesehen.
Männern wurde nachgesagt, daß sie Geburt mit Tod assoziierten. Die kriegerische Natur der Männer wurde aus der Unmöglichkeit zu gebären erklärt. Anthropologische Studien, die den Gebärneid von Männern schon in traditionalen Gesellschaften in Form des »Männerkindbettfiebers« entdeckt hatten, ließen sich zur empirischen Ergänzung der anthropologischen Deduktion einsetzen. Wilfried Gottschalch (1984: 22 ff.) hatte mit besten Absichten Freuds Theorem des Penisneides mit dem männlichen Komplex des Gebärneides konfrontiert, um Freuds chauvinistische Sicht der Dinge zu demonstrieren und egalitär zu kompensieren. Wo

Geschlechterneid symmetrisch gesehen wurde, schien er sich leichter auf rationale Weise abbauen zu lassen. Doch trotz dieser tröstlichen Perspektive wurde die Deduktion des Geschlechterkonfliktes aus dem »Neid« gerade von Frauen heftig kritisiert. Und auch Feministinnen, die keineswegs einem manichäischen Weltbild anhängen, in dem Frauen immer gut und Männer tendenziell böse sind, erschien diese erweiterte psychoanalytische Erklärung nur als neue Fortsetzung der alten »Okkupationslogik« (Thürmer-Rohr 1987: 113).

Eine weitere Form der theoretischen Bewältigung scheint heute die Bekämpfung der männlichen »Religion« mitsamt ihren phallokratischen Symbolen und der Verherrlichung weiblicher Spiritualität zu sein.

Der *kulturelle Feminismus* führt in die Flucht der Vertiefung in Bücher, von Frauen für Frauen geschrieben. Vieles wurde mit dionysischer Verzücktheit vorgetragen. Bei Nietzsche war das dionysische Prinzip ein männliches – Mary Daly (1979: 22) hauchte ihm weibliche Züge ein. Hexenverbrennung oder Tempelprostitution – überall ließ sich eine außeralltägliche charismatische Macht der Frau noch in der anscheinenden Ohnmacht finden. Die pagane Religiosität des neuen Weiblichkeitskults setzte sich in nietzscheanischer Verbissenheit vom Christentum ab. Die Glückskonzeption der Christen wurde als Ausdruck männlicher Impotenz gewertet. Diese Lehre könne, so wurde konstatiert, nicht von Frauen geschaffen worden sein. Frauen hätten kein Bedürfnis nach der ewigen Kopulation in einer homoerotischen Hinwendung zu Gott, die als »übernatürlich stimulierte ewige Erektion« gedeutet wurde (Daly 1985: 427 f.). Die Kurzschlüssigkeit dieser Deutung würde vielleicht deutlich, wenn einer sie mit der Deduktion des Marienkults aus der Lesbierbewegung beantwortete. Berührungen mit dem Obskurantismus der New Age-Bewegung sind unverkennbar.

Die Kategorie der Mutterschaft wurde jedoch nicht nur mystifiziert. Im Kampf um die *Abtreibungsfreiheit* gewann sie einen radikalen Stellenwert für den politischen Diskurs. Die Verherrlichung der Mutterschaft wurde schließlich vor allem von Sexisten vertreten. Ein weibliches Recht auf Privatheit wurde dem entgegengesetzt. Das Argument lautete: Frauen, die um ihre Autonomie kämpfen, seien stärker als die Männer, die dem Kind ferner stehen, geneigt, den Embryo des werdenden Lebens erst dann für

Leben im humanen Sinne zu erklären, wenn dieses – nach der Geburt – eine von der Mutter unabhängige Existenz führe (Gould 1989: 80). Zu kurz kam bei dieser rein biologischen Sicht das soziale Element. Ein Neugeborenes ist nach der Geburt zwar abgenabelt im physischen Sinn. Aber es kann ohne die Mutter noch lange nicht leben. Der Zustand psychischer Abnabelung wird vielfach spät oder nie erreicht.

Der Drang, die Autonomie der Frau theoretisch zu stärken, hat in einem Extremfall in eine neue technokratische Utopie geführt. Shulamith Firestone (1975: 191) erwog die Aufhebung der Sonderrolle bei der Geburt. Die *künstliche Reproduktion* auf der Grundlage moderner Embryologie wurde von ihr mit sozialistischen Ideen von gemeinsamer Erziehung der Kinder in Wohngemeinschaften verbunden. Einwände gegen solche heute technisch machbaren Vorschläge wurden von der Autorin nicht übersehen. Aber sie überspielte sie mit Argumenten, die an die sozialistischen Utopien der Prämoderne erinnern. Vorbehalte gegen die Technologie zur Befreiung von Frauen wurden mit dem Gemeinplatz konterkariert: »Aber wir denken hier über nachrevolutionäre Systeme nach, und um diesen Denkansatz überhaupt entwickeln zu können, wollen wir davon ausgehen, daß Flexibilität und gute Intentionen bei denen, die diese Veränderung erarbeiten, vorhanden sind«. Die klassische Moderne hingegen würde eher auf »gute Institutionen« setzen, damit sie nicht auf »gute Motivationen« hoffen muß. Die Ablehnung dieser Vorschläge durch Männer mag nicht verwundern (v. Bredow/Nötzel 1990: 187). Doch vor allem Frauen, die renommierte Sozialwissenschaftlerinnen waren, ehe sie feministische Themen aufgriffen, wie die Australierin Carole Pateman (1989: 28), haben in diesen Zuspitzungen einer sonst als männlich verdächtigten technischen Logik eine »Kriegserklärung gegen die Natur« erkannt, welche das gesamte soziale Leben einer neuen Form des »possessiven Individualismus« unterwerfe. Nur ein radikaler lesbischer Partikularismus könnte ernsthaft auf diese Alternative im Interesse des Artenschutzes gegenüber der Spezies »homo sapiens« angewiesen sein. Alle anderen Varianten des radikalen Feminismus haben sich den Glauben an die guten Intentionen künftiger revolutionärer Subjekte nicht erhalten können. Die revolutionäre Unerbittlichkeit des Vorschlags bleibt dem strategischen Denken und dem Machbarkeitswahn der frühen Moderne verhaftet. Schon die

Wertung bisheriger revolutionärer Experimente erscheint relativ willkürlich. Die Oktoberrevolution hat nach dieser Ansicht versagt, weil sie nur einen halbherzigen Versuch machte, die Familie abzuschaffen. Seltsam unvermittelt zu dieser Kritik stand das unreflektierte Lob der israelischen Kibbuzim. Daß diese im Versuch einer Zerschlagung der traditionellen Familie weiter gingen als die frührevolutionären Experimente in Rußland, wird man empirisch als These kaum halten können.

Daß die radikalen Lösungsversuche keine Mehrheiten bei Frauen finden, war den Theoretikerinnen solcher Denkspiele durchaus klar. Da die Psyche vieler Frauen ihren Vorschlägen entgegenstand, wurde als zweitbeste Lösung an »Anreize und Kompensationen« gedacht, »um die Frauen für ihre besondere gesellschaftliche Leistung während der Schwangerschaft und Geburt zu entschädigen« (Firestone 1975: 220). Damit wurde der Boden eines möglichen Konsenses auch mit dem »Staatsfeminismus« wieder betreten.

Eine zweite Variante der radikalen gynozentrischen Theorie, welche die Differenz der Geschlechter zum Ausgangspunkt politischer Überlegungen macht, setzt bei der *weiblichen Sexualität* an. In Anknüpfung an Freud und andere Theoretiker wird diese Differenz übertrieben. Man geht von einer multizentrischen – nicht auf einen biologischen Ort festlegbaren – Sexualität der Frau aus. Gemäßigte Varianten dieses Ansatzes setzen die Analysen von Reich und Foucault fort. Die Militarisierung des Körpers und die Unterdrückung der weiblichen Sexualität in der patriarchalen Gesellschaft wird ins Zentrum der Analyse gestellt (Keat 1986). Weibliche Sexualität in der vorliegenden Form wird als Funktion der männlichen gesehen. Selbst der weibliche Orgasmus erscheint nur als Bestätigung der Phallokratie. Die sexistische Literatur von Lawrence bis Miller bietet genügend literarische Belege für diese These. Als einziger Ausweg wird die Segregation angeboten: Masturbation oder lesbische Liebe. Einige Feministinnen haben an dieser Konklusion eine gewisse Inkonsequenz kritisiert (Flax 1990: 180). Die Kritik hat zu einer Relativierung der radikalen Positionen geführt: Lesbische Liebe mit einem »Gebärstreik« wird nur als Übergangsmaßnahme bis zur Vollendung einer selbstbewußten Frauenkultur vorgeschlagen. Aber auch gegen radikale Strategien für die Übergangszeit waren viele Frauen skeptisch. Andere soziale Bewegungen haben vorgelebt, daß Maßnahmen, die als Übergangserscheinung gerechtfertigt wurden, sich verfestigten. Die gemäßigten Theorien einer feministischen Politik setzen eher auf den Faktor »Sozialisation«, der auch Männer auf die Dauer besserungsfähig erscheinen läßt (Gould 1989).

(ii) Ökofeministische Utopien und die Feminisierung der Gesellschaft

Neben der segregationistischen Variante lassen sich zwei weitere Varianten feministischer Theorieansätze ausmachen, die starke politische Implikationen entwickeln:
– die ökofeministische Utopie und
– die normative Theorie für eine Feminisierung der Gesellschaft.
Der neue Holismus nach Art der prämodernen Theorien des 19. Jahrhunderts breitete sich auch im Feminismus aus. Eine »Gemeinschaft/Schwesternschaft« wird in Kommunion mit der Natur anvisiert. Das Bündnis von Utopie und Natur gegen die »Feinde der Utopie«, die mit den »Feinden der Natur« gleichgesetzt werden, weil sie die Natur ausbeuten, verspricht als politisches Ziel: Ganzheitlichkeit und Anarchismus, getragen von einer wirtschaftlichen Subsistenzproduktion.
– Ganzheitlichkeit: Neben den Dualismen in der politischen Sphäre werde die Utopie auch die ökonomischen Polaritäten zwischen Ökologie und Technologie, Arbeit und Freizeit, Männerarbeit und Frauen(nicht)arbeit, Mangel und Bedürfnisbefriedigung, Hedonismus und Planung aufheben können.
– Anarchismus und Subsistenzproduktion: beide verwirklichen, vermittelt im matriarchalen Oikos, die für Utopie und Natur gleichermaßen notwendige Dezentralisierung der gesellschaftlichen Struktur (Holland-Cunz 1988: 307 ff.).
In der Utopie wird der subjektive Faktor zum einzigen Garanten der gesellschaftlichen Veränderung. Die Hoffnung der Veränderung durch neue Technologie und Wandel des gesamten Wirtschaftssystems wird in Einklang mit vielen nachmodernen Denkansätzen aufgegeben. Eine feministische Kulturrevolution erscheint in Sicht. Damit ist keine »sanfte Verschwörung« wie bei Marilyn Ferguson gemeint. Selbst Gewalt ist im Veränderungsprozeß nicht ausgeschlossen, da die Realisierung der Freiheit aus den gesellschaftlichen Antagonismen des Patriarchats heute zugleich möglich und doch unwahrscheinlicher ist denn je. Von der Sanftheit des esoterischen Wendedenkens distanzierte sich diese

Position (ebd.: 372). Die eigene Strategie bleibt allerdings nur angedeutet, und diese Andeutungen erinnern an die Frühphase der Arbeiterbewegung: »eine revolutionäre, aber keine Revolutionen machende Partei«, mit Massenbewegungen und einem Nebeneinander von reformistischer Verbesserung des Lebens der Frauen, von Bündnispolitik und von politischem Kleinkrieg. Dabei wird kein Rückgriff auf die arbeits- und kampforientierte Arbeiterkultur nahegelegt. Auch das Ziel der Freiheit entstammt nicht der organisierten Arbeiterbewegung, sondern eher dem Anarchismus als *lustvolle Erfahrung des Alltags* (Holland-Cunz 1988: 378). An den Frühsozialismus erinnert auch ein ungeklärtes Nebeneinander von subkultureller Isolierung bei gleichzeitiger gesamtgesellschaftlicher Veränderungsstrategie.

Weit weniger konsensfähig als die ökofeministische Utopie war die Hoffnung auf eine *Feminisierung der Gesellschaft*. Aragons Bonmot »la femme est l'avenir de l'homme« wurde – mit wechselnden Zuschreibungen – variiert. Das neue Denken wurde als weiblich ausgegeben. Weiblich wurde als »Fähigkeit der Einfühlung in die Andersdenkenden« verstanden (Mitscherlich 1990: 81). Wenn die Analyse richtig ist, daß Frauen im bisherigen Geistesleben nicht die ihnen zukommende Rolle gespielt haben, müssen die Errungenschaften eines einfühlenden Humanismus bisher auch von Männern geschaffen worden sein. Das Konzept der Feminisierung der Gesellschaft, wie es in der sanft gestimmten Wendeliteratur im Stil von Capra bis Marilyn Ferguson vertreten wurde, ist von radikalen Feministinnen scharf attackiert worden, wegen seiner »widerlichen Versöhnlichkeit« (Thürmer-Rohr 1987: 94). Die Empfehlung des Kreises um Capra, nach altem matriarchalischen Vorbild die Vaterschaft der Kinder für sich zu behalten, um sich die von der Biologie verliehenen Prioritätsrechte auch sozial zurückzuerobern, erscheint anachronistisch. Gentechnische Vaterschaftsnachweise von nie gekannter Exaktheit würden ein solches Konzept im Rechtsstaat, der auch Männern gewisse Rechte bewahrt, unmöglich machen.

Das neue Zauberwort der »Feminisierung der Gesellschaft« im Wendedenken, wie es Garaudy (1985: 93) vertrat, wurde gelegentlich als nostalgisches Endprodukt einer revolutionären Karriere hingestellt. Das revolutionäre Subjekt der Arbeiterklasse hatte abgedankt. Das revolutionäre Subjekt Intelligencija war gescheitert, und nun waren die Frauen auf der Suche nach einem neuen revolutionären Subjekt der einzige Hoffnungsträger. Die radikale Theorie des Feminismus hatte wohl mit Recht einige Bedenken, auch die ganze »historische Dreckarbeit« erneut den Frauen zu überlassen.

Revolutionäre Konsequenzen waren im gynozentrischen Feminismus selten angelegt. Die ältere Generation hatte noch den Ausweg der Rebellion gesehen, um dem Treiben der Sexisten das Handwerk zu legen, die sich anmaßten, ihren phallischen Mysterienkult zur Verklärung einzelner Frauen einzusetzen, wie der Game Keeper in der »Lady Chatterley« (Millet 1971). Die prämoderne Mystifizierung des Weiblichen führte zu einem neuen Elitekult. Er brachte sich um die politische Wirkung durch eine nietzscheanische Verachtung für Massenbewegungen. Der Rückzugsfeminismus, der entstand, war allenfalls verbal radikal. Mit Recht sind Parallelen zur Pseudorevolte der Dadaisten und Surrealisten gezogen worden (Forbes 1989: 231) (vgl. Kap. II.1.b). Der gemäßigte Feminismus blieb in skeptischer Distanz zu dieser Pseudorevolte. Sie wurde als das weibliche Spiegelbild eben der bekämpften patriarchalen Kultur kritisiert, mitsamt ihrer prämodernen Neigung zum Geschichtenerzählen und zur Verdinglichung von Metaphern (Großmaß 1989: 115). Wo der gynozentrische Feminismus die »wahre Frau« als »unbezähmbare Wildkatze« feierte, die sich aus der »Agonie der phallokratischen Umweltverschmutzung« löste, die sie mit »unserer Schwester Erde« teile (Daly 1979: 409), kam es eigentlich nur zur Umkehr der alten Vorurteile Rousseaus über »le desordre des femmes«. Ein mystifizierender Erdkult um die »Schwester Erde« wies in seiner Metaphern-Sprache keinen Weg zu einem politischen Handlungskonzept.

Postmodernismus und Postfeminismus

Die Parallelen zwischen Feminismus und Poststrukturalismus sind in der amerikanischen Literatur vielfach herausgearbeitet worden (Balbus 1987: 125). Drei Elemente verbinden die beiden Ansätze:

– das Konzept einer »nondevelopmental history«, d. h. die Annahme, daß es keine geradlinige Entwicklung gibt.
– Eine Dekonzentration des Totalitätsbegriffs, der von der Heterogenität der Erscheinungen ausgeht.

– Eine *relationale Konzeption der Subjektivität.*

Allerdings wurden in diesen Syntheseversuchen vor allem Übereinstimmungen der beiden Ansätze gesucht und gefunden. Die Differenzen, die zwischen den frankophonen Strukturalisten und vielen Positionen des radikalen Feminismus bestehen, sind dabei unzulässig verkleinert worden.

Der wichtigste Beitrag des postmodernen Denkens zum Feminismus scheint die Abkehr vom radikalen Gynozentrismus zu sein, der die Emanzipationsbewegung der Frauen in eine partikularistische Sackgasse zu führen drohte. Der Dialog mit bündnisfähigen Positionen der Männer wurde reduziert. Allenfalls die Homosexuellenbewegung schien vertrauenswürdig. Der Postmodernismus hat das Verdienst, der radikal-feministischen Kritik des Patriarchats ein differenziertes Modell der Kritik an den Institutionen geboten zu haben. Wo postmoderne Denker allzu belehrend auftraten, wie Kariel (1990), wurde dieser Annäherungsversuch wiederum brüsk zurückgewiesen. Radikale Feministinnen waren auf den ersten Blick von der Grundsätzlichkeit der Foucaultschen Machtkritik beeindruckt. Aber die Neigung der Postmodernisten zu Ironie und Spiel (vgl. Kap. II.1.c) hat radikale Feministinnen bei näherer Beschäftigung mit poststrukturalistischen Theoretikern wieder abgestoßen. Vollends unakzeptabel schien für Feministinnen die hedonistische Überaufmerksamkeit für die Sexualität und die Hinnahme einer Konsum-Haltung in den meisten postmodernen Denkansätzen.

Besonders verdächtig war die Berufung vieler postmoderner Denker auf Nietzsche. Die dionysische Botschaft Nietzsches erschien geradezu als der Gipfel des Male-Chauvinismus (Lovibond 1989: 19), wobei Zarathustras Peitschen-Metapher mehr zitiert als verstanden wurde. Erst als die feministischen Theoretikerinnen sich in Nietzsches Konzeption der Kunst und des Lebens als Gegenpol einer rationalistischen Wissenschaft einarbeiteten, wurde ihnen der Zugang zum Nietzscheanismus der Nachmoderne erleichtert. Das Bild der Antiwissenschaft bei Nietzsche (1988, Bd. 1.14) hatte freilich seit der »Geburt der Tragödie« den Makel, daß die schlechte Wissenschaft von Nietzsche gleichsam weiblich dargestellt wurde: »bilderwüthig, und bilderwirrig, gefühlsam, hier und da verzuckert bis zum Femininischen.« Dennoch gewann die neue Form wissenschaftlicher Darstellung, die Nietzsche »Genealogie« genannt hatte, auf dem Umweg über

Foucaults »Archäologie des Wissens« Anziehungskraft für die feministische Theoriebildung. Foucaults Konzeption der Geschichte, die nicht von »Geschichten der Vergangenheit« ausging, sondern »Analysen der Machtkonfigurationen der Gegenwart« ins Zentrum rückte (Couzens Hoy 1986: 138), traf sich mit vielen Intentionen des Feminismus, die gleichsam intuitiv formuliert worden waren, und nach einer Theorie Ausschau hielten. Die Methode der Dekonstruktion der Sprache, welche der Poststrukturalismus in Frankreich entwickelt hatte, schien auch zur Decouvrierung des allgegenwärtigen Patriarchats geeignet und wurde zur Schaffung neuer Diskursformen unter Frauen eingesetzt (Kristeva 1978).

Die poststrukturalistischen Einflüsse waren naturgemäß zunächst im französischen Feminismus am stärksten. Sie gewannen aber inzwischen auch beträchtlichen Einfluß auf die amerikanische Frauenforschung. Diese Ansätze gingen davon aus, daß Subjektivität nicht gegeben oder angeboren, sondern geschichtlich determiniert und durch soziale und politische Diskurse vorgeformt ist. In dieser Hinsicht war das postmoderne feministische Denken eine konsequente Fortsetzung des humanistischen Feminismus und überwand den Rückfall in einen eher prämodern zu nennenden biologischen Ontologismus. Im Gegensatz zum Humanismus der klassischen Moderne – der auch die traditionelle Frauenbewegung prägte – nahm der Poststrukturalismus kein einheitliches rationales Subjekt mehr an. Die Psychoanalyse hatte noch eine fest psycho-sexuelle Ordnung vorausgesetzt. Die Methode der postmodernen Dekonstruktion strebte hingegen danach, unterschiedliche Texte, Diskurse und Aspekte des Menschen adäquat zum Vorschein zu bringen.

Die strukturale Anthropologie von Claude Lévi-Strauss hat solche Annahmen zu universalen Theorien der menschlichen Gesellschaft ausgebaut. Das Inzest-Tabu und der Frauentausch konstituierten in seinem Denken jede Kultur. Der feministische Poststrukturalismus historisierte und relativierte diese Annahmen über Geschlechterbeziehungen, und ging davon aus, daß Diskurse nicht Bedeutung *haben*, sondern allenfalls Bedeutung *konstituieren*. In der Abkehr einer festgefügten Subjektivität liegt eine wichtige politische Implikation des poststrukturalistischen Feminismus. Männer und Frauen sind für ihn in gleicher Weise durch konfligierende Formen der Subjektivität gekennzeichnet.

Die kollektive Diskussion interner Konflikte, die früher als Resultat individueller Neurosen abgetan wurde, führte, so heißt es, zu einem besseren Selbstwertgefühl der Frauen, die ihre persönlichen Erfahrungen nun völlig neu definierten (Weedon 1987: 33). Erfahrungen werden nach dieser Ansicht einer poststrukturalistischen Theorie des Feminismus nicht mehr essentialistisch als »gegeben« hingenommen, wie im naiven Gynozentrismus oder in den altmodernen Ideologien. Sie können nur in Beziehungen zu den Erfahrungen anderer – auch der Männer – definiert werden.

Foucault (1989, Bd. 1: 120) hat der Theorie des Feminismus nicht nur neue Wege gewiesen. Er hat große Teile der feministischen Theoretikerinnen auch immer wieder enttäuscht. Denn bei ihm gibt es keine festen Verteilungsformen der Macht. Auch »das Patriarchat« stellt im Foucaultschen Denken eine Mystifikation dar. Kausalen Unterdrückungstheorien mißtrauten die Poststrukturalisten zutiefst. *Widerstand*, den viele Varianten der politischen Theorie auf die Fahnen geschrieben hatten, war in der Machttheorie Foucaults zwar angelegt, aber er war in jedem Machtverhältnis automatisch mitgegeben. Widerstand konnte so zum Ansatzpunkt feministischer Strategien werden, aber nicht in der Form der großen sozialen Bewegung. Viele Feministinnen strebten weiterhin nach der Befreiung der Großgruppe, dachten über die Möglichkeit einer großen Emanzipationsbewegung nach, und blieben dem Postmodernismus fremd mit der Neigung zur Theorie, welche die globale Anti-Erzählung der bekämpften Diskursform des Patriarchats entgegenstellte.

Feministische Theorien zeigten hier starke Ambivalenz: einerseits lebt in ihnen die Nostalgie nach einer großen sozialen Bewegung, wie sie in der Zeit der frühen Moderne zu entstehen schien. Andererseits teilte sie mit postmodernen Theorien die Abneigung gegen holistische Weltbilder. Die Folge ist, daß strategisch geschwankt wurde zwischen postmodernen Ad hoc-Theorien in der *Ist-Analyse*, andererseits in der *Sollens-Analyse* gern auf das »Projekt der Moderne« zurückgegriffen wurde, das die Menschenrechte und sozialen Grundrechte der Frauen einschloß.

Die postmoderne Philosophie leistete einen entscheidenden Beitrag zum Abbau einer ontologisierenden biologischen Argumentation. Darin ist auch der postmoderne Feminismus konsequente Fortsetzung der klassischen Moderne. Eine Radikalisierung der

Moderne liegt dem Gedanken zugrunde, daß die Geschlechterdifferenzen nicht biologische Konstanten, sondern Resultat von sozialen Machtbeziehungen und Netzwerken sind, bedingt durch die Verflechtung von Macht und Wissen, die Foucault scharfsinnig analysierte (Belsey 1985). Was die großen frühmodernen Emanzipationsideologien dem Feminismus an definitorischer Eindeutigkeit vermittelten, fällt im postmodernen Denken der Dekonstruktion zum Opfer. Aber der Feminismus gewinnt zugleich die Fähigkeit, seine schwache Position unter den fünf großen Emanzipationsbewegungen der Moderne durch die Förderung von Selbstgefühl im Widerstand zu kompensieren: die »lustvolle Erfahrung des Alltags« wird im postmodernen Denken nicht auf einen imaginären utopischen Zeitpunkt verschoben.

Der postmoderne Feminismus wurde zwar für den radikalen Bewegungsfeminismus zum Problem, weil er seine integrale Radikalität bedrohte. Gewonnen wurde aber die Vermeidung nicht mehr zeitgemäßer Ansprüche, die in der fragmentierten Konsumgesellschaft ohnehin undurchsetzbar geworden sind. Wo postmodernes Denken in die Theorie der Selbstorganisation von Systemen einging, drohte freilich erneut die Gefahr einer Apartheidspolitik von seiten der Unterdrückten. Empathie und Bündnisfähigkeit wurden eingeschränkt. Die Theorie selbststeuernder Systeme gab kaum Ansatzpunkte für politisches und soziales Handeln. Mit anderen Worten: der Partikularismus innerhalb der Frauenbewegung schien durch die Konzeption von monadenartigen Subsystemen, die kaum aufeinander einwirken, neuen Auftrieb zu erhalten. Ohne autopoietische Begründungen finden sich die radikalsten Begründungen für ein Anderssein bei der lesbischen Frauenbewegung, die von der »erzwungenen Heterosexualität« der Mehrheit der Frauen ausging (Rich 1980). Abbau der Machtverhältnisse scheint in dieser Variante feministischer Theorie nur möglich durch entschiedenen Rückzug von der Heterosexualität. Dabei wird kaum reflektiert, daß auch andere soziale Bewegungen, die mit einer Absonderung experimentiert haben, nicht überzeugend darlegen konnten, daß es in der »Organisation unter sich« keine Machtverhältnisse mehr gab. Die Geschichte der Emanzipationsbewegungen von diskriminierten Gruppen ist voll von Beispielen neuer Machtbeziehungen. Am stärksten entwickkelten sie sich in der Arbeiterbewegung, je mehr diese sich in einer geschlossenen Subkultur zu organisieren versuchte.

Solche Parallelen lassen – bei aller gebotenen Vorsicht – die Vermutung zu, daß die unvollendeten Projekte der Emanzipation von den unterdrückten Rassen bis zu den unterdrückten Frauen sich noch nicht den postmodernen Luxus der Verabsolutierung von Partikularinteressen gestatten können. Fortschritte in der praktischen Politik sind eher von einem humanistischen Feminismus zu erwarten, der heute gern als »Staatsfeminismus« diskriminiert wird. Für einen Rückzug in postmoderne Postfeminismen unterschiedlicher radikaler Partikularinteressen ist es noch zu früh.

f) Theorie der Risikogesellschaft

Die Theorie der Risikogesellschaft zeigte, wie wenig schematisch sich die Paradigmen im Einzelfall sondern lassen: Prämoderne, moderne und postmoderne Gedanken wurden vermischt und tauchten in neuer Terminologie in paradoxen Verbindungen auf. Einerseits wurde die Postmoderne mit der Prämoderne – der »Mottenkiste des 19. Jahrhunderts« – in Verbindung gebracht. Beck (1988: 291 f.) strebte verbal nicht eine Postmoderne an, sondern *Aufklärung gegen Industriegesellschaft*«. Wie in anderen nachmodernen Denkansätzen wurde die *Moderne* zum »*Mythos*« erklärt, der das 19. und 20. Jahrhundert gefangen hielt. Der Mythos wurde darin gesehen, daß die entwickelte Industriegesellschaft mit ihrer Schematik von Arbeit und Leben, ihrem Denken in wirtschaftlichen Kategorien des Wachstums, ihrem Wissenschafts- und Technikverständnis sich in den Irrtum des »Endes der Gesellschaftsgeschichte« verstieg (Beck 1986: 15).

Für Beck (1986a: 654) hatte sich eine Revolution der alltäglichen Lebensverhältnisse auf den leisen Sohlen der Normalität vollzogen. Die Aufhebung der *privaten Verfügung über die Produktionsmittel* war ein Jahrhundert lang erbittert umkämpft. Die *private Verfügung über die Wahrnehmungsmittel von Gefahren* hingegen wurde nicht angefochten. Beck schloß daher auf eine fortschreitende Entmündigung des Bürgers. Die Konzentration der Angst auf die Medien wurde als Blitzableiterfunktion gewertet. Durch punktuelle Lenkung der Aufmerksamkeit auf Einzelprobleme helfen die Medien die Allgegenwart der Gefahren durch ständigen Themenwechsel zu verdrängen. Neben ihnen sah Beck keine wirksame Institution zur Wahrnehmung von Gefahren.

Auch Beck (1986a: 656) konstatierte eine Reduktion der Lebenswelt, ohne jedoch den Gedanken so stark zu systematisieren, wie Habermas es getan hatte (vgl. II.3.b). Mehr als die Analytiker der Lebenswelt (Kap. II.3.a-c) stand Beck in der Tradition einer älteren Zivilisationskritik, die in der Technik die Hauptbedrohung von Lebenswelt gesehen hatte. In der Moderne ist für Beck ein Gefährdungsschicksal entstanden, das er als »eine Art Gegenmoderne« bezeichnete. Seine Position wäre von Habermas (1981a: 463, vgl. Kap. II.1.a) bei den »Jungkonservativen« einzuordnen. Schadenfreude über das Scheitern der Modernisierer breitete sich aus. Modernisierung wurde nach dieser Ansicht ins Mark getroffen. Die Enttraditionalisierung traf die Enttraditionalisierer. Die technische Revolution fraß ihre Kinder. Die klassische Moderne wurde nun beim Wort genommen, die Grundsätze des Kritischen Rationalismus erbarmungslos – wie bei Feyerabend oder Spinner (vgl. Kap. II.1.b) – auf ihn selbst angewandt. Das Prinzip der *Kritik*, und vor allem der *Selbstkritik* wird zugespitzt. Kritik kann nicht nur postuliert werden, sondern muß institutionalisiert werden. Auch die rationalste Expertise entartet ohne Gegenexpertise. Eine neue Gefahr, daß es zur Kartellbildung von Expertise und Gegenexpertise kommen könnte, wird noch nicht gesehen.

Becks Verhältnis zur Postmoderne war in vieler Hinsicht ambivalent. Einerseits ist eine größere Wertschätzung der Prämoderne unübersehbar. Beck rühmte sich »guter Beziehungen zu den ungehobenen Schatzkammern der Tradition« (1986: 16). Andererseits war er – wie fast alle nachmodernen Denker – kein Traditionalist, der die ganze Moderne ablehnte. Er bekämpfte nur die *halbierte Moderne*. Der »neuen Aufklärung« wird eine real verändernde Kraft zugeschrieben, die eher an moderne Projekte erinnert. Beck (1986: 251) konstatierte: »Der Industrialismus ist tot, und die Aufklärung beginnt von neuem«. In altmoderner Attitüde kommt der entlarvenden Intelligencija eine herausragende Rolle zu. Es werden *»Weltnachhilfestunden«* angeboten, die vom »Steinzeitindustrialismus« der Vergangenheit in einen aufgeklärten Postindustrialismus führen sollen, der irgendwo zwischen Kienspanromantik und Technokratie die Mitte hält. Die Grundfragen des Fortschritts sollen aus der Anonymität der organisierten Unverantwortlichkeit herausgelöst und neue Institutionen der Zurechnung, Verantwortung und Mitbestimmung sollen geschaffen werden (Beck 1988: 130f.). Die Risikogesellschaft birgt Chancen einer selbstkritischen Gesellschaft. Sie bedeutet keine Rückkehr zu traditionellen Normen. Risikokritik ist keine normative Wertkritik. Der Zersetzungsprozeß der traditionellen Werte ist nicht aufzuhalten. Die Anhänger des Industrialismus der klassischen Moderne sind heute die normativen Traditionalisten ihrer Zeit. Nicht Traditionen der Vergangenheit wurden als Basis der Kritik gewählt, sondern die *Bedrohungen der Zukunft*. Risikofeststellungen bedürfen in dieser Sicht nicht geltender Werte, sondern kostspieliger Meßinstrumente und methodischer und theoretischer Kenntnisse. Moralische Maßstäbe werden von der industrialisierten Moderne nicht offen geltend gemacht, sondern in der Gestalt einer »quantitativ-theoretisch-kausalen Implizitmoral« (Beck 1986: 292), die es zu entlarven gilt. Die Unterscheidung von Seinsanalyse und Sollensaussagen, welche die »halbierte Moderne« entwickelte, wird nicht mehr anerkannt. Risikoaussagen wurden als »Moralaussagen der verwissenschaftlichten Gesellschaft« präsentiert. In der Risikogesellschaft sah Beck (ebd.: 293) eine zugleich enttraditionalisierte und selbstkritische Gesellschaft entstehen. Die Demontage des rationalistischen Wissenschaftsverständnisses stand in eigentümlichem Kontrast zur Hoffnung, daß Wahrscheinlichkeitskalküle durch soziale Watch-Out-Institutionen abgegeben werden können. Die Gefährdungen – die Beck gegen den Rat fast aller Kritiker weiterhin »Risiken« nannte – wachsen durch die mangelnde Voraussehbarkeit der nichtintendierten Folgen politischen Handelns.

Auch Beck (1988: 122) entwickelte eine Dreistadienlehre, in der Risiken und Gefahren in den vorindustriellen Hochkulturen, in klassischen Industriegesellschaften und in den industriellen Risikogesellschaften, die andere Betrachter postmoderne Gesellschaften nennen (vgl. Kap. ii.1.a), als grundsätzlich verschieden wahrgenommen werden. In der dritten Phase wird eine neue Qualität der Gefährdungen gesichtet, da sie weder mit *privatrechtlicher Versicherung* noch mit *staatlicher Wohlfahrtspolitik* aufzufangen sind. Die einstige Argumentationsfigur des Marxismus, die *»Anarchie der Produktion«* im Kapitalismus, erhielt ihr risikogesellschaftliches Pendant der *»real existierenden Anarchie*, zu der die gesellschaftliche Produktion und Verwaltung der Großgefahren unter den Bedingungen ihrer Leugnung ausgewuchert sind« (Beck 1988: 124).

Die Moderne – Becks zweites Stadium – hatte die Gefahren der *ersten (äußeren) Natur* durch die Mobilisierung von Technik neutralisiert. Nicht vorausgesehen wurde dabei die Entstehung einer *zweiten Natur, der Zivilisationsnatur*. Der differenzierte Versuch bei Habermas, Systemlogik und Bewahrung der Lebenswelt in einer Theorie der Fortentwicklung des Projektes der Moderne zu verbinden (Kap. II.3.b) erhielt bei Beck (1988: 127) ein seltsam voluntaristisches Pendant. Im Bewußtsein der Vernichtungsgefahr für die Menschheit hoffte er, die Systemlogik auf eine Handlungslogik »herunterzuschalten«. Der erstaunlich technokratische Ausdruck in einem antitechnokratischen Entwurf flößte wenig Vertrauen ein. Der »Systemtheologie« wird ein Handlungskonzept entgegengestellt, das als »Gegengift« eine »Minimalchance in der Gefahr« bieten soll, falls die Soziologie nicht weiterhin »apokalypseblind« bleibt und sich vorwiegend um kritische Ausgaben von Klassikertexten oder in der Kleinkunst von Bindestrichsoziologien verliert. In der Kritik des Faches ist er sich mit einem »Systemtheologen« wie Luhmann (1984: 8) nahezu in wörtlicher Paraphrase einig.

In dem soziologischen Krisengemälde Becks (1988: 160) wurde der Anspruch formuliert, die Marxsche Revolutionstheorie auf den Kopf zu stellen. Nicht erst *Bewußtseinsbildung*, dann *Tat* soll die Entwicklung kennzeichnen, sondern umgekehrt: »Die Tat passiert dauernd, die Gefährdung, die die Welt verändert, das Bewußtsein hinkt der Tat ... ein Jahrhundert hinterher.« Obwohl die Marxsche Revolutionstheorie dabei auch als »halbierte Moderne« wahrgenommen wurde, blieb dem Autor unbemerkt, daß vor dem Bewußtsein auch bei Marx Entwicklungen lagen, die Marx nur nicht unzulässigerweise personalisierend als »Tat« bezeichnet hätte.

Die Berufung auf Revolutionstheorien kontrastiert auffällig mit der Zahmheit von Becks *politischer Homöopathie* der Gegengifte. Die Utopie der »verantwortlichen Moderne« weist Parallelen zur postmodernen Theorie auf, weil sie vorwiegend ein paar *»Listen der Ohnmacht«* anbietet: kritische Entlarvung, Knackung des Technikmonopols mit dem Hebel seiner eigenen Codes, Umverteilung der Beweislasten. Eher der klassischen Moderne verpflichtet erscheint die Forderung nach Herstellung von Zurechenbarkeit, die mit der Absage an kausalistische Wissenschaft nicht recht harmoniert. Die Einrichtung von Gegenexperten ge-

	vorindustrielle Hochkulturen	klassische Industriegesellschaft	industrielle Risikogesellschaft
Art und Beispiel	Gefahren, Naturkatastrophen, Pest	Risiken, Unfälle (Beruf, Verkehr)	Selbstgefährdungen, künstliche Katastrophen
entscheidungsabhängig entstanden	nein: externalisierbar (Götter, Dämonen)	ja: industrielle Entwicklung (Ökonomie, Technik, Organisation)	ja: atomare, chemische, genetische Industrien und politische Sicherheitsgarantien
Freiwilligkeit (individuell vermeidbar?)	nein: zugewiesen, vorgegeben externes Schicksal	ja (z. B. Rauchen, Auto, Skifahren, Beruf) regelgeleitete Zurechenbarkeit	nein: Kollektiventscheidung, individuell nicht vermeidbare Gefahren ja und nein (»organisierte Unverantwortlichkeit«)
Reichweite, Betroffenheit	Länder, Völker, Kulturen	örtlich, zeitlich, sozial begrenzte Ereignisse und Zerstörungen	unabschließbare »Unfälle«
Kalkulierbarkeit (Ursache-Wirkung, Risiko-Versicherung)	offene Unsicherheit; politisch neutral, da Schicksal	kalkulierbare Unsicherheit (Wahrscheinlichkeit, Entschädigung)	politisch hochbrisante Gefahren, die die Grundlagen der Kalkulation und Vorsorge in Frage stellen

Quelle: Beck 1988: 121 f.

gen die »Herrschaft des Zynismus«, und eine *ökologische Demokratie* sollen die Entwicklung wenden. Zahlreiche Gedanken postmoderner Theoretiker – bis hin zur Infragestellung des Mehrheitsprinzips der Demokratie (Beck 1988: 289) – tauchten in neuem Gewande auf.

Postmodernen Gedanken stand Beck (1986: 371) darin nahe, daß er die Neutralisierung der rationalistischen Gifte in der Risikogesellschaft nicht durch die Verbesserung der parlamentarischen Kontrolle und den Ausbau von zentraler politischer Steuerung erhoffte. Politik soll, im Gegenteil, wie bei postmodernen und autopoietischen Denkern, die Selbstbegrenzung nachvollziehen, die historisch längst entstanden ist. Wo die Bielefelder Schule Hilfe zur Selbststeuerung im entzauberten Staat forderte, wurden von Beck »*Nebenregierungen der Privatheit*« gefordert. Eine differentielle Politik universalisiert »*Bürgerwiderständlichkeit* im Sinne von aktiver Mit- und Gegenwirkung« (ebd.: 371). Archaisierende Wortschöpfungen vermeiden jeden revolutionären Verdacht. Wie in der technisch-ökonomischen Subpolitik die rechtlichen Sicherungen von Einflußmöglichkeiten realisiert werden sollen, blieb Becks Geheimnis. Unabhängige Gerichte und eine starke Medienöffentlichkeit, auf welche die klassische Moderne ihre Hoffnungen gesetzt hatte, wurden vorab als unzureichend abgetan. Für die konkreten Handlungsspielräume der kritischen Gegenpolitik in einem radikalisierten Pluralismus und die institutionellen Möglichkeiten der Verflechtung von Akteuren verschiedener Teilbereiche einer fragmentierten Gesellschaft interessierte sich Beck genausowenig wie die von ihm kritisierten Systemtheologen.

Becks Schifflein der Gegensteuerung schlingerte zwischen dem Steuerungsskeptizismus der Autopoietiker und einem voluntaristischen Handlungsoptimismus an den Grenzen von Lebenswelt und System hin und her. Luhmann (1986: 19) als der am schärfsten kritisierte Exponent der Systemtheologen empfahl, die Begriffe *Gefahr* und *Risiko* strikt zu trennen. Gefahr ist Möglichkeit eines Nachteils. Risiko hingegen ist an die eigene Entscheidung gebunden. Seit der Erfindung des Regenschirms, argumentierte Luhmann, ist die Gefahr, daß es regnet, durch die Risikoeinschätzung der Menschen gemildert worden, da sie entscheiden können, mit oder ohne Regenschirm auszugehen. Mit dieser Verniedlichung der Umbrella-Metapher wurde freilich in das vormoderne Stadium der Gefährdungen zurückgegriffen, für die auch Beck noch nicht ausschloß, daß die Gefahren durch handelnde Entscheidung minimisiert werden konnten. Luhmann blieb bei den Mini-Gefahren nicht stehen. Aber die apokalyptischen Gefährdungen der postmodernen Risikogesellschaft wurden von Luhmann anders eingeschätzt. Konsequenter als Beck – der ihm in seiner Auffassung zur Wissenschaftslehre nicht so fern steht – wurde von Luhmann darauf hingewiesen, daß es keine Möglichkeit zum Konsens über die Einschätzung von Risiken mehr gibt. Die Bereitschaft der Akzeptanz der neuen Gefährdungen ist unterschiedlich entwickelt. Beck (1988: 82) hatte ja selbst darauf hingewiesen, daß gerade die am härtesten Betroffenen oft diejenigen sind, die am stärksten bereit sind, das Bewußtsein der Gefahr zu verdrängen. Das naive Vertrauen in die aufklärerische Wirkung von Kritik ist bei Luhmann gründlich abhanden gekommen. Kritik produzierte in seinen Augen nicht Konsens, sondern Erosion von Vertrauen in die Lösungsfähigkeit von Problemen der Technologie und die politische Kontrollfähigkeit des Systems. Argumentation im Beckschen Sinne würde er vielleicht »ihrerseits riskant« nennen. Obwohl auch Beck pauschale Rationalitätskritik an der halbierten Moderne übte, glaubte er unverdrossen an feststellbare Kriterien, die wenigstens den kritischen Gegenexperten einsichtig werden könnten. Für Luhmann hingegen sind Kriterien und Entscheidungen antilinear verknüpft: alle vermeintlichen Kriterien der Entscheidungen richten sich nach den Entscheidungen. Die Entscheidungen hingegen richten sich nicht nach den rational entwickelten Kriterien. Was Entscheidungsträger als Risiko wahrnehmen, wurde in Luhmanns neodezisionistischer Sicht von den Betroffenen schon als Gefahr wahrgenommen. Die Akzeptanz von Gefahren, die auf rational kalkulierbare Risiken zurückgehen, wird geringer. Das Publikum übt sich in »doppelter Moral«. In ihr lebt das Individuum risikobereit vom Rauchen bis zum Autofahren, als Bürger eines Kollektivs aber ist es bis zur kollektiven Hysterie unfähig zur Duldung von Restrisiken politischer Entscheidungen. Luhmann (1986: 20) sah – in Ausweitung des Crozierschen Gedankens der sich selbst blockierenden westlichen Gesellschaften – eine »*Turnschuhkultur*« entstehen, in der die Menschen durch strategische Gedankenführung planmäßig in einer »Welt als Wille ohne Vorstellung« irregeführt würden (1986: 20). Wo Beck sich gegen den Lauf der

Dinge nach einer postmodernen Analyse ganz altmodern auf-
bäumte, blieb Luhmann konsequent in seiner Skepsis gegen jede
Handlungstheorie: Unsicherheit ist in einer komplexen Gesellschaft das normale. Er empfahl, »ganz normal und unaufgeregt«
im Horizont möglicher Katastrophen zu leben und die Entscheidungen selbst als Ursachen möglichen Schadens zu erkennen.
Eine neue *postmoderne Verantwortungsethik* entstand, die in Gegensatz zur *Gesinnungsethik* der Risikotheoretiker stand. Die
Gesinnungstheoretiker, die in eine Moralisierung der Politik zu-
rückfallen, fügen den »möglichen Katastrophenschäden« noch
die »vermeidbaren Aufregungsschäden« hinzu. Statt einer anarchoiden Theorie der Bürgerwiderständlichkeit bei Beck, wurde
bei Luhmann auch eine eher prämoderne Devise postmodern her-
ausgeputzt, die im Klartext lautet: »Ruhe ist die erste Bürgerpflicht«.
Beck hat in den »Gegengiften« scharf gegen den Vorwurf reiner
Angstrhetorik reagiert: »Wer den Mund hält, atmet keine Gase
ein?« Beide Szenarios der Postmoderne, bei Beck und Luhmann,
haben die Möglichkeiten der Konsensfindung über Gefährdung
unterschätzt. Noch immer sind sich die Wissenschaftler nicht
über die Hauptursachen der Klimakatastrophen einig. Dieser
Dissens würde auch durch die institutionalisierte Gegenexpertise
nicht behoben. Dennoch haben die politischen Akteure der wichtigsten Länder sich über die Notwendigkeit geeinigt, der Produktion von Fluor-Chlor-Kohlenwasserstoffen zu wehren. Die Rela-
tion von objektiver Gefährdung und subjektiver Akzeptanz des
Risikos wird von beiden noch allzu statisch gesehen. Es scheint
Umschlagstellen am Rande von Katastrophen zu geben, an denen
die Akzeptanz mit der Zunahme der Gefährdung Schritt hält.
Chaos- und Katastrophentheorien sind auch deshalb nicht ohne
Modifizierung auf die Gesellschaft übertragbar, weil die subjektive Einstellung zur Gefahr nicht nur abhängige Variable von
objektiven katastrophalen Prozessen ist (vgl. Kap. II.2.b).

Die Quadratur des Zirkels
Resümee über fragmentiertes Denken

Das fragmentierte Denken der neuen politischen Theoriebildung öffnet sich nicht leicht dem Bemühen, nach Gemeinsamkeiten der Ansätze, Methoden, Denkfiguren und Weltbilder zu suchen. Jeder Versuch einer Integration des Inkommensurablen in der Darstellung bleibt der klassischen Moderne verhaftet, das zerfallene Ganze wenigstens durch Systematik zu repräsentieren. Foucaults (1989: 175) Devise, beobachten heiße »systematisch wenige Dinge zu sehen«, wird man sich schon aus didaktischen Gründen nicht anschließen können. Aber der Appell, »bescheidener« zu sehen, ist gleichwohl beherzigenswert. Die vergleichende Analyse von Theorien muß sich vor allem bemühen, sich an die *Differenzmethode* zu halten, welche die große Errungenschaft der Moderne war, und die vom postmodernen Denken zugespitzt wurde. Die Unterschiedlichkeit der theoretischen Diskurse darf nicht reduziert werden.

Nicht alle, die sich zu der postmodernen Weltsicht der radikalen Vielfalt von Fakten und Möglichkeiten bekennen, haben sich selbst an ihre Bekenntnisse gehalten. Auch in der Nachmoderne wurde vielfach über eine nicht-apodiktische Ansicht recht apodiktisch doziert, von Feyerabend bis Luhmann. Die einzige Differenz zur klassischen Moderne oder gar zur Prämoderne erscheint, daß postmoderne Polemiken besser gelaunt erscheinen. In der Prämoderne wurden noch »Bruno Bauer und Konsorten«, in der klassischen Moderne Schmoller, Roscher oder Knies mit beißender Polemik bekriegt. In der Nachmoderne spiegelte sich die neue Sanftmut des Wendedenkens häufig auf in der Darstellung wider. Luhmann bezeichnet seine Gegner nur noch als »alteuropäisch« und als »schlichte Gemüter«.

Der nachmoderne Vergleich strebt eine vervielfachende Wirkung an, nicht eine vereinheitlichende Wirkung (Foucault 1986: 228). Eine Wissenschaft, die jedoch nicht dem modischen Fragmentarismus verfällt, muß eine Balance zwischen beiden Wirkungen anstreben. Die vereinheitlichende Seite ist Aufgabe eines Resümees, und soll hier in zwei Richtungen angesetzt werden:

– Trotz aller Fragmentierung der Theoriebildung lassen sich ein paar *Generalisierungen* wagen *über die Wirkungskräfte*, welche die Theoriebildung beeinflussen. Die postmoderne Revolte aus dem Geist der Kunst suggeriert da häufig die reine Beliebigkeit des genialen Einfalls.

– In einer Welt des fragmentierten Denkens muß jede Wissenschaft ihren *eigenen Standort* suchen. Auch die Politikwissenschaft wird – je nach Ansatzhöhe – überlegen müssen, welche Elemente der Theorie sie als Mode abtun will und welche sie als fruchtbar zur Hypothesenbildung weiterverfolgt.

Bedingungen des Theorienwandels

Die Entwicklung der politischen Theorie im 20. Jahrhundert verläuft nicht so gradlinig wie der Untertitel »von der Moderne zur Postmoderne« suggeriert. Die Entwicklung von Paradigma zu Paradigma war verbunden mit Rückfällen in die Antimoderne, Rückgriffen auf die Prämoderne, Vorgriffen auf die Postmoderne. Die Postmoderne war keine totale Negation der Errungenschaften der Moderne, sondern nur eine Überwindung der rationalistisch »halbierten Moderne«. Die vier wichtigsten Errungenschaften der Differenzierung (Theorie und Praxis, Evolution und Geschichte, Konkordanz – und Differenzmethode, Differenzierung der Teilbereiche der Gesellschaft unter Verzicht einer hierarchischen Sicht und eines Primats der Politik) wurden in der Postmoderne beibehalten und konsequent ausgebaut (vgl. Kap. I.2, II.I.c).

Die Feststellung eines Paradigmas der Postmoderne legt die Vermutung von Einheitlichkeit der Theoriebildung nahe. Ist das postmoderne Denken ein neues Paradigma, oder ist der Betrachter, der nach einheitlicher Etikettierung strebt, nur der »multiplen Paradigmatase« (Luhmann 1981: 50) erlegen? Trotz des Hohns ließe sich auch bei Luhmann ein Dreischritt der Paradigmenentwicklung herauspräparieren. Das alteuropäische Denken wird auch bei ihm häufig in eine rein normative Theorie unterteilt – die hier als Prämoderne bezeichnet wurde – und Theorien, die noch als Vorläufer der weiterentwickelten Systemtheorie akzeptiert werden, etwa Weber, Parsons und die kybernetische Systemtheorie. Der Paradigmenbegriff Kuhns (1976: 186 f.) hat Verwirrungen gestiftet, weil er auf zwei unterschiedliche Phänomene ange-

wandt wurde, einmal auf die Gemeinsamkeiten einer wissen-
schaftlichen Gemeinschaft, andererseits auch auf soziologische
Konstellationen von Meinungen, Werten und Methoden in einer
Gesellschaft.

Je geringer die Reichweite der Theorie einer Wissenschaft, um so
größer ist die Neigung, den Paradigmenbegriff nicht im Theorie-
bereich zu belassen, in die er eigentlich gehört, sondern ihn auf
ganze Gesellschaftsformationen zu übertragen. Der alte Evolutionismus ersteht wieder, wenn eine klare Abfolge von Herr-
schafts-, Verteilungs- und Lebensweise-Paradigma angenommen
wurde (Raschke 1980). In der Theoriebildung ist es nicht leicht,
zu jedem Zeitpunkt das herrschende Paradigma klar herauszuar-
beiten. War 1930 das dominante Paradigma die Moderne oder
schon die Antimoderne? War 1980 das dominante Paradigma
noch die Moderne oder schon die Postmoderne?

Im Bereich der politischen Theorie wird die Entwicklung kaum je
nur dem Markt überlassen. Sozialwissenschaften und Staat (Wagner 1990) haben sich vor allem seit dem 19. Jahrhundert in Ko-
Evolution entwickelt. Staaten haben gerade die Sozialwissenschaften für ihre Zwecke gefördert, von der Ideologieverbreitung
bis zur Kaderbildung. In der politischen Theorie gibt es keine ein
für allemal überholten Paradigmen. Wo die Mehrheit der Wissenschaftler eine Theorie für überholt hält, kann diese Renaissan-
cen erleben, wie zahlreiche Neo-Bewegungen demonstrierten.
Das Überleben veraltet erscheinender Theorien wird vielfach in
einer Art Konkordatslehrstuhl institutionell abgesichert. In
Deutschland ist die Trias-Narretei vielfach kritisiert worden (v.
Beyme 1988: 29 ff.), dennoch haben drei metatheoretische unterschiedliche Ansätze koexistiert. Die drei Positionen (Normativisten, positivistischer Mainstream und kritisch-dialektische Ansätze) hatten ein Pendant in der Soziologie (Schelsky-, König-,
Adorno-Schule). Nur die Schelsky-Schule wird man nicht
schlicht mit den Freiburger Normativisten gleichsetzen dürfen,
auch wenn es in den politischen Schlüssen aus den jeweiligen
theoretischen Ansätzen durchaus Parallelen gab (vgl. Sahner
1982).

Die Hypothese des Paradigmenwandels stützte sich vielfach auf
die Anschauung eines Landes. Wo einmal die Entwicklung der
Sozialwissenschaften in großen Linien vergleichend nachgezogen
wurde (Lepenies 1985, Wagner 1990), wurden Übereinstimmun-

gen kaum noch festgestellt. Erst mit dem Triumph des Behavioralismus und seiner Fähigkeit zur internationalen Integration konnte ein gewisser Gleichschritt der Entwicklung quer durch die Länder festgestellt werden. Aber nicht zu Unrecht hatte Dahl (1961) davor gewarnt, das Denkmal für eine erfolgreiche Revolte zu früh zu errichten. Der nationale Konsens auf dem Boden der behavioralistischen Revolte zerfiel spätestens mit der Revolte des »Caucus« innerhalb der »American Political Science Association«. In den anderen Ländern hatten sich hartnäckig nationale Traditionen der Theoriebildung gehalten, die sich der klaren Abfolge international vollzogener Paradigmenwechsel entzogen. Wo die Klassifikation in der *Zeit* versagte, floh man in die Klassifikation des *Raums*. Galtung (1983) entdeckte – in halbernster Weise – *intellektuelle Stile,* die alle Paradigmenwechsel überlebten. Das »teutonische Modell« – das für Galtung auch die osteuropäischen Länder umfaßte – hat gewisse Eigenheiten entwickelt, wie Empirieferne und Unüberprüfbarkeit. Dabei ist der Inhalt der Theorie zweitrangig, er kann neomarxistische Staatsableitungstheorie oder autopoietische Staatsentzauberungstheorie umfassen. Auch in anderen Sozialwissenschaften ist mit nationalen Paradigmen gearbeitet worden, wie in der Ethnologie, wo ein französisches (rationalistisches) und ein amerikanisches (pragmatisches) Paradigma unterschieden wurden (Scholte 1966: 1193). Nationaltypische Eigenheiten ließen sich zeigen, aber sie waren keine naturwüchsigen Emanationen eines Volkscharakters, sondern Ausfluß historischer Lernprozesse, verstärkt von staatlicher Förderungspolitik.

Der Einfluß der Sonderbedürfnisse staatlicher Gesellschaften ist jedoch im Abnehmen begriffen. Die *Internationalisierung der Theoriebildung* schreitet voran. Neue Paradigmen breiten sich heute mit der Geschwindigkeit eines Präriebrandes aus, die früher an den Sprachgrenzen hängen geblieben wären.

Die *Universalisierung der westlichen Demokratieform* drängt den ideologischen Bedarf an *Sonderweg-Theorien* zurück und verstärkt die Diffusionsgeschwindigkeiten. Dennoch gibt es auch heute noch Rezeptionsbarrieren. Warum wird Luhmann stärker in Italien als in den USA rezipiert? Andererseits, wie konnte Parsons in Amerika so dominant werden (Marcus/Fischer 1986: 11), obwohl er allem widersprach, was der amerikanischen Wissenschaftstradition gemäß zu sein schien?

Zwei Antriebskräfte der Theorieentwicklung lassen sich im Bereich der Makrotheorie der Politik aufzeigen:
(1) Die *innere Dynamik von etablierter Wissenschaft und revoltierender Innovation*. Bei Kuhn wurde unterstellt, daß das siegreiche Paradigma alle anderen verdrängt. Die Dynamik wurde überwiegend in einer Disziplin gesucht. Der interdisziplinäre Impetus wurde jedoch vor allem in der Postmoderne dominant (Kap. ii.1.b). Aber auch schon im 19. Jahrhundert standen die Sozialwissenschaften zwischen Wissenschafts- und Kulturentwicklung (Lepenies 1985). Die Postmoderne wurde von den Naturwissenschaften und der Kunsttheorie beeinflußt.
(2) Seit der Finalisierungsdebatte in der Wissenschaftsgeschichte (Böhme u. a. 1973) spielten *wissenschaftsexterne Zwecksetzungen* eine zunehmende Rolle. Gelegentlich haben externe Zwecksetzungen ganze Disziplinen generiert, wie es Justus Liebig in der Agrochemie gelang. In der Politikwissenschaft werden laufend wissenschaftsexterne Zwecksetzungen an die Disziplin herangetragen:
– durch politische Agenturen und Anforderungen der Politikberatung,
– durch die Organisation der Bildungssysteme,
– durch politische Bewegungen, die sich in Opposition zum System verstehen und ersten Anerkennungshalt in den Sozialwissenschaften zu suchen pflegen.
In kritischen Darstellungen der Disziplin wird der erste Faktor, die Anforderungen des politischen Systems, vielfach übertrieben. Die politischen Agenturen konnten kein Interesse an der Autonomisierung der Wissenschaft haben, wie sie die klassische Moderne verfolgte. Schmoller stand ihnen näher als Max Weber. An der Abwendung von staatlichen oder auch nur zentralen Zwecksetzungen, wie sie die Postmoderne vertrat, kann kein System ein Interesse gehabt haben. Ein solcher Paradigmenwechsel ist schwerlich mit staatlichen Interessen zu erklären. Aber er ist auch nicht nur mit der Durchsetzung der Widerstandspotentiale zu deuten. Nicht jede Form der Theoriebildung ist in gleicher Weise fungibel für externe Zwecksetzungen. *Mikrotheorie* auf der Grundlage von Umfrageforschung ist immer stark von der Nachfrage her konzipiert (Falter 1990). Für *Makrotheorien* hingegen ist kaum Nachfrage auszumachen. Nachfrage entsteht nicht immer in gleicher Weise. Nationale Niederlagen – wie in Deutsch-

land 1806, 1918 und 1945, und in Frankreich 1871 – haben gelegentlich Besinnungsprozesse ausgelöst, die zu einer ganz neuen Konzeption von Wissenschaftsförderung durch den Staat führten und neue Kapazitäten auch für die Herausbildung von Theorien der Politik freisetzten.

Die Darstellung der Differenzierungsprozesse in der Theoriebildung hat gezeigt, daß eine *deterministische* Auffassung von Theorien nicht haltbar ist. Der Stellenwert der Teilsysteme wandelte sich. Mit dem Erstarken des ökonomischen Teilsystems wurde die politische Theorie im Prozeß der Entzauberung des Staates den ökonomischen Theoremen immer ähnlicher. *Tausch* ist als Kategorie der politischen Theorie heute fast wichtiger als die altertümliche Konzeption von *Macht* als Medium der Politik. Mit der Dominanz der ökonomischen Denkmodelle erstarkte jedoch auch der Widerstand gegen die neue Form mathematisierter Rationalität. Ein Teil des nachmodernen Denkens entstand aus der künstlerischen Revolte gegen den wissenschaftlichen Rationalismus.

Der Drang nach Schematisierung könnte versucht sein, ein kryptoevolutionistisches Dreistadienschema für die Entwicklung anzubieten:

– die *Prämoderne* kannte den *Primat des politischen Systems,*
– die *Moderne* entsprach der *Vorherrschaft des Ökonomischen.*
– Erst die *Postmoderne* verwirklichte einen alten Traum der Intellektuellen: die *Vorherrschaft des kulturellen Teilbereichs der Gesellschaft.*

Die tatsächliche Entwicklung hat sich kaum an die schöne Symmetrie der Paradigmen gehalten. Die Ökonomie spielt für eine konsumorientierte Kultur die dominante Rolle. Man kann daher auch argumentieren, daß der kulturelle Schein die derzeitige Form der Dominanz der Ökonomie in der Postmoderne darstelle. Die künstlerische Revolte der Avantgarde gegen die Dominanz des Ökonomischen, welche noch die große Einsamkeitsattitüde des wirtschaftlich notleidenden Künstlers erzeugte, ist verpufft. Kunst hat keine Hemmungen mehr, sich den Zwängen der Marktwirtschaft zu beugen.

Die Entwicklung erwies sich als ambivalent. Paradigmen entwickeln sich gerade in der fragmentierten Postmoderne nicht mehr in schöner Eindeutigkeit. Schon immer gab es keinen reinen Verdrängungswettbewerb auf dem Markt der Theorien; Tocqueville ist nicht durch Mill »überholt« worden. Gedanken der Überholten können im Diskurs ein Comeback erleben. Luhmann (1981: 50) stellte degoutiert fest, daß der Sieg der Innovatoren niemals unangefochten bleibt: »Längst Ausgeschiedenes kehrt wieder, ohne sich rechtfertigen zu müssen. Längere Abwesenheit von der Szene ist schon fast ausreichender Grund für erneutes Interesse.« Dennoch: Es gibt keinen Automatismus, der Comebacks vorprogrammiert und die Zyklenlänge der Aufmerksamkeitsschwellen für politische Theorien determiniert.

Es gibt ebensowenig einen klaren Trend zu immer größerer Wissenschaftlichkeit und Operationalisierbarkeit der Theorien, wie der frühe Behavioralismus gehofft hat. *Paratheorien* (Bühl 1973: 51) sind nicht ausgestorben, die einen emphatischen Wahrheitsbegriff propagieren und einen zwanghaften Drang zur voreiligen Synthese ohne Tiefengliederung der Theoriebildung aufweisen. Trotz der enormen Belesenheit der großen Theoretiker von Habermas bis Luhmann bleibt die Kapazität, empirische Literatur zu verarbeiten, begrenzt. Andererseits ist der Zwang für den Makrotheoretiker, sich mit Gegenpositionen auseinanderzusetzen, heute stärker als zur Zeit Hegels.

Die Theorieentwicklung zeigt paradoxe Züge, wie der Inhalt der Theorien, die propagiert werden. Einerseits partialisiert sich die Theoriebemühung. Das große Systemdenken ist diskreditiert. Die Faszination der komplexen Ableitungen ist den Neomarxisten wie den Systemtheoretikern abhanden gekommen. Der Charakter der Theorien wird nicht nur verbal »selbstreflexiv«, sondern nähert sich einem vormodernen Reflexionsstil wieder an, nur die Inhalte dieser Reflexionen differieren radikal. Selbst Neomarxisten haben die großen Ableitungen über Bord geworfen. Das Wort »materialistisch« wird sinnentleert noch eine Weile mitgeschleppt. Allenfalls ein Primat politökonomischer Erklärungen scheint es noch zu rechtfertigen, aber auch dieser wird durch ständige Ausfälle gegen die Dominanz ökonomischer Theorien wertlos gemacht (vgl. Hirsch 1990). Der Notruf, daß irgendeine »bürgerliche« Wissenschaft »untheoretisch« sei, wird ebenfalls ritualisiert noch gelegentlich ausgestoßen, aber die eigenen postmarxistischen Theoriebemühungen sind so deskriptiv-fragmentarisch wie die kritisierten Ansätze (vgl. Kap. 1.3.c). Diese Entwicklung hat andererseits für die makrotheoretischen Bemühungen auch gewisse Entlastungen gebracht.

Die Makrotheorien waren in der Zeit der Moderne immer wieder verdächtigt worden, sich ontologisch zu verfestigen. Postmodernes Denken, vor allem der Dekonstruktivismus, hat die Einwände gegen die Makrotheorie weniger gravierend werden lassen. Je glaubhafter das Fragmentarische der Welt akzeptiert wird, um so gefahrloser ist die Rückkehr in die große Theorie.

Der Postmodernismus ist weniger eine Ersetzung des modernen Paradigmas durch ein neues, sondern seine Zuspitzung und Vollendung. Das meinte Lyotard (1987a: 26) mit dem vielzitierten paradoxen Satz: »Ein Werk ist nur modern, wenn es zuvor postmodern war.« »Unsere postmoderne Moderne« (Welsch 1988) ist die hausbackene Formulierung des gleichen Gedankens.

Gelegentlich wird freilich mit solchen Kontinuitätsmythen eine wichtige Differenz von Moderne und Postmoderne verringert: Rationalität und Wissenschaft spielen in der Postmoderne nicht mehr die gleiche Rolle. Die Wissenschaft begann sich als Kunst zu kostümieren. Das Resultat war nicht immer eine Steigerung der Möglichkeiten von Kunst und Wissenschaft. Es konnte auch schlechte Kunst der mageren Wissenschaft hinzugefügt werden. Die Ästhetisierung der politischen Probleme ist eine große Gefahr des Postmodernismus. Sie droht zur raschen Entleerung der mißbrauchten Symbole zu führen (Féher 1987: 41). Die ikonoklastische Rhetorik erschöpft sich noch schneller als bei den älteren Avantgarden. Der Pluralismus der Richtungen ohne dominanten Stil oder herrschende Lehre erlaubt jedoch ein Nebeneinander von Moderne und Postmoderne. *Die Sogkraft der rationalistischen Wissenschaftsformen wird dabei in der Wissenschaft dominant bleiben.* Schon weil die Nachfrage nach Wissenschaft auf praktische Verwendung ausgerichtet ist. Selbst in der Kunst sind die rational-klassizistischen Ausdrucksformen mit immer neuen Neo-Bewegungen in die Arena der Auseinandersetzung getreten.

Die für die Politikwissenschaft weitreichendste Folge der postmodernen Revolte ist die Unmöglichkeit, die Handlungstheorie im alten Sinne unreflektiert weiterzuführen (Joas 1990: 6).

In der Zeit der Steuerungseuphorie hatte die Debatte um eine *Finalisierung der Wissenschaften* nicht nur faktische externe Zielsetzungen festgestellt, wie jede frühere Wissenschaftsgeschichte auch. Die externe Zielsetzung wurde sogar als Reifestadium der Wissenschaft gefeiert. Vor allem die Sozialwissenschaften stellten sich bewußt in den Dienst solcher gesellschaftlichen Zwecke (Böhme u. a. 1973). Das nachmoderne Denken ist von dieser Handlungs- und Zweckorientierung wieder abgerückt, wenn auch mit unterschiedlicher Intensität. Für Lyotard (1987a: 87) ist die erfolgreiche handlungs- und anwendungsorientierte Techno-wissenschaft eine Horrorvorstellung. Für die radikalen Konstruktivisten (v. Glasersfeld 1987a: 141) eher eine Selbstverständlichkeit, da es Sinn von Theorien ist, »Zwecke zu erfüllen, denen sie dienen«. Wer diese Zwecke setzt, schien auf dieser erkenntnistheoretischen Ebene der Argumentation zweitrangig zu sein. Die künftige Entwicklung der politischen Theorie wird zwischen Verketzerung gesellschaftlicher Zwecksetzungen und ihrer wurstigen Hinnahme hindurchsteuern müssen.

Die Suche nach dem Standort der Politikwissenschaft im Streit der Paradigmen

Da das politische System stärker auf andere Teilbereiche der Gesellschaft bezogen ist, konnte die politische Theorie sich nicht in autopoietischer Selbstgenügsamkeit üben, wie Kunst oder Wirtschaft. Aber die Grundlagen einer modernen Theoriebildung waren trotz einiger Besonderheiten der Politikwissenschaft die gleichen wie für andere Sozialwissenschaften.

Bei der Entwicklung der drei Paradigmen Prämoderne, Moderne, Postmoderne war die politische Theorie in der Schwierigkeit, weit stärker als andere Sozialwissenschaften auf *normative Grundfragen* verwiesen zu sein.

Die *Prämoderne* hatte die politische Theorie ganz überwiegend unter normative Imperative gestellt. Die göttliche Ordnung wurde zwar durch die Aufklärung rationalisiert, aber im Gesellschaftsvertragsdenken blieb das auf Konsens geeichte Normdenken erhalten. Politische Theorien der Neuzeit waren Utopien oder politische Klugheitslehren. Letztere konnten sich eher an die Herrschenden (Machiavelli) oder an die Beherrschten (Rousseau) wenden. Aber sie blieben der Suche nach dem *guten Staat* verhaftet.

In der *Moderne* konnte es allenfalls noch den *legitimen Staat* geben. Seine Legitimitätsgrundlagen waren empirisch untersuchte Legitimitätsvorstellungen. Die Moderne setzte vier Grundlagen sozialwissenschaftlicher Theoriebildung durch, deren einigendes Band die Differenzierungsidee war (Differenzierung von Theorie und politischem Handeln, von Geschichte und Evolution, Differenzierung der Erscheinungen im Vergleich, Differenzierung der wichtigsten Teilbereiche der Gesellschaft und Erkenntnis ihrer Eigengesetzlichkeit).

Die Prinzipien sind jedoch nicht immer konsequent durchgehalten worden. Daher hat die Postmoderne sie radikalisiert neugefaßt.

– Trotz der dogmatischen Verfechtung der *Wertfreiheit* in der klassischen Moderne begab sich der Szientismus in Abhängigkeit vom politischen System und trug dazu bei, das hochgehaltene Rationalitätsprinzip zunehmend zu pervertieren.

– Der *Evolutionismus* des 19. Jahrhunderts wurde theoretisch überwunden, aber neue Formen des Kryptoevolutionismus und der eurozentrischen Betrachtungsweise kamen in den Modernisierungstheorien wieder auf.

– Der *Vergleich* mündete rasch wieder in die Suche nach Einheit und nach substantieller Gleichheit.

– Die *Ausdifferenzierung der Teilbereiche* wurde theoretisch anerkannt. Die daraus entstehende Entfremdung aber wurde in der politischen Theorie der Moderne durch heroischen Dezisionismus überspielt (konservative Revolution) oder durch die Verheißung einer neuen Einheit des Entzweiten in der sozialistischen Phase zu einer befristeten Einsicht degradiert (Marxismus).

– Die *normative Frage* – hier nur am Rande behandelt – wurde theoretisch ausgeklammert. Sie schlich sich jedoch auf Umwegen wieder ein: als Kryptonormativismus bei Parsons, voluntaristisch aufgesetzt bei Max Weber oder Carl Schmitt, oder institutionell verengt bei Durkheim. Es erscheint einer nachmodernen Ehrlichkeit redlicher, die normativen Fragen wieder ohne Scheu und Verhüllung zu stellen. Je stärker ein Denken jedoch der klassischen Moderne verhaftet ist, wie das von Habermas, um so stärker wird der normative Gehalt der Theorie durch vermeintliche Seinserkenntnisse zu verringern versucht. Für die Glaubwürdigkeit vieler Theorien wäre es nützlich, sie vom Ballast vorgeblicher Übereinstimmungen mit der Ontogenese und der Phylogenese zu befreien und sie mit plausiblen Argumenten als normative Theorie auftreten zu lassen.

Angesichts der widersprüchlichen und inkonsequenten Behandlung der eigenen Prinzipien durch die Moderne war die Radikalisierung der Postmoderne unausweichlich, auch wenn sie dabei vielfach ins Überflüssige und Läppische in ihrem neuen Ikonoklasmus entglitt.

Auch die *Postmoderne* entwickelte einige Nachteile. Sie hat im ganzen das theoretische Kredo der Moderne übernommen und ausgebaut. Holistische Rückfälle der Moderne wurden eliminiert. Insofern ist die Postmoderne die vollendete Moderne. Aber in einigen theoretischen Fragen schoß die Postmoderne weit über das Ziel hinaus:

Die *Dekonstruktion des Individuums* führte zu einer *a-humanen Philosophie*. Einerseits wurden vielfach andere Lebewesen und Sachen (Bäume) den Menschen quasi gleichgestellt und Träger von subjektiven Rechten. So sinnvoll dies auf den ersten Blick erscheint, so groß sind die Gefahren. Wo alles rechtlich aufgewertet wird, ist in der Implementation schließlich nichts mehr geschützt, weil die Mittel der Gesellschaft begrenzt sind.

Die *Ästhetisierung der Probleme* macht zielgerichtetes politisches Handeln unmöglich. Im Dschungel politischer Unübersichtlichkeit setzen sich in der Regel die stärkeren Interessen durch. Gerade die unterprivilegierten Großgruppen wie die unterprivilegierten Rassen und Nationalitäten oder die Frauen sind nicht gut beraten, die postmoderne Philosophie zu übernehmen. Sie eignet sich eher zur Absicherung privilegierter Gruppen. Idealiter ist sie eine Yuppie-Philosophie.

Die *Legitimationsproblematik* wird schließlich von der postmodernen Theorie endgültig verabschiedet. Auch darin ist nicht nur ein Vorteil zu entdecken. Es ist den postmodernen Denkern zuzustimmen, daß kein Sollen aus irgendeinem Sein gefolgert werden kann. Wo sich die Suche nach der integrativen Idee jedoch auf ein konsensfähiges Minimum beschränkt, ist sie der *Legitimation durch Verfahren*, die sie in einigen Richtungen noch für akzeptabel hält, schon recht nahe.

Die Ehrenrettung normativer Theorien im Makrobereich kann jedoch nicht die gesamte Tätigkeit der Politikwissenschaft absorbieren. Sie bleibt überwiegend rein empirisch orientiert. Sie ist jedoch auch als empirische Wissenschaft auf Handeln orientiert und kann sich nicht mit einer abstrakten Systemtheorie zufrieden geben. Äquivalente der Glaubenskriege von Handlungs- und Systemtheorien in der Soziologie hat es auch in der Politikwissenschaft gegeben. Der Dezisionismus war der am striktesten *handlungsorientierte* Ansatz. Soweit eine Führungswissenschaft intendiert war, ließ sich die Aktion einigen Individuen oder kleinen Elitengruppen zuschreiben. Die Frage nach der Konsistenz der politischen Akteure schien sich nicht zu stellen. Die *Ordnungstheoretiker,* die sich gegen den Dezisionismus stellten, ob sie neonaturrechtlich oder rein institutionell argumentierten, waren dabei ein Pendant der Systemtheoretiker.

Die meisten Politikwissenschaftler blieben von dem Paradigmawandel zur Nachmoderne relativ unberührt. Der Ursprung aus der Staatslehre setzte sich in einem geringeren Interesse an großen sozialen Theorien fort. Die Institution schien naturwüchsig gegeben zu sein. Die gemeinschaftsbildende Kraft, die sie entwickelte, war auch ohne große Systemtheorien evident, so daß man mit Handlungskollektiven arbeiten konnte, »als ob« sie wie individuelle Akteure angelegt seien. Der Versuch des logischen Positivismus – etwa bei Weldon (1956) –, die Begriffe der politischen Theorie zu entsubstantialisieren, wurde nicht honoriert. Warum sollte die politische Theorie auf Begriffe wie Souveränität, Macht oder Herrschaft verzichten, wenn sie mit Hilfe der Möglichkeiten des politischen Systems bindende Entscheidungen herstellen, diesen normative Kraft verleihen konnte und damit ihr Fortleben sicherte, auch wenn einzelne Termini in einer komplexen Weltgesellschaft so offensichtlich obsolet schienen wie der Begriff »Souveränität«?

Regierungslehre ist auf *Handeln* ausgerichtet. Eine Betriebswirtschaftslehre des Staates ist nur sinnvoll im Hinblick auf Ziele, die verfolgt werden sollen. Das politische System – und die politische Theorie, welche dieses begrifflich erfaßt – ist daher von Natur aus *expansiv.* Politik ist darauf angelegt, in viele andere autonome Teilbereiche hineinzuwirken; nicht indirekt *Einfluß zu nehmen* wie die Ökonomie, sondern buchstäblich *»hineinzuregieren«.* Die Bescheidenheit, welche sich nach Abebben der Wellen neomarxistischer Planungseuphorie und neokorporativer Konzertierung entwickelte, sprach nur noch von Steuerung. *Steuern* ist Handeln, und nicht wenige Ansätze schienen handlungstheoretischer Natur. Steuern aber stieß auf Restriktionen, und diese waren handlungstheoretisch nicht zu bewältigen. Die Systemtheorie war für Steuerungshandeln eine unvermeidliche Ergänzung.

Die Regierungslehre ist daher nicht schlicht mit der Politikwissenschaft als Ganzes gleichzusetzen. Wahlforscher können sich ganz auf individuelle Akteure zurückziehen, und nach einem orthodox behavioralistischen Programm Handlung als *»response«* auf einen *Stimulus* verstehen. Andere Bereiche der Politikwissenschaft können sich makrotheoretisch orientieren, und der Entwicklung ganzer politischer Systeme nachspüren. *Modernisierungstheorien,* vor allem für die Dritte Welt, haben das lange getan. Regierungslehre aber ist an jene *Meso-Ebene* zwischen Makro- und Mikrotheorien gebunden, und diese mittlere Ebene ist notwendigerweise zwischen System- und Handlungsorientierung gestellt. Diese Position machte Glaubenskriege zwischen Mikro- und Makrotheorie, zwischen Handlungs- und Systemtheorie, wenn sie als Alternativenradikalismus ausgefochten wurden, gerade für die Regierungslehre völlig unfruchtbar.

Die *Organisationstheorie und Verwaltungsforschung* hat am ehesten eine Synthese von Handlungs- und Systemtheorie gefunden. Prämoderne Vorstellungen vom Ende der Politik, wie sie in immer neuen Varianten von Saint-Simon bis zum Neomarxismus vertreten wurden, waren ihr genauso fern wie die voluntaristische Vorstellung, daß in einer *»politischen Gesellschaft«* eigentlich alles Politik ist. Organisation ist gegeben, Institutionen entwickeln eine eigene Logik. Das Handlungsfeld ist strukturiert (Crozier/ Friedberg 1979: 9).

Auch wenn das *»entfremdete Interesse des Staates an sich selbst«* (Offe 1975: 15) seine Äquivalente auf niedrigerer organisatorischer Ebene zu haben scheint, überwiegt dieses nicht so stark, wie einige Varianten der Kritischen Theorie und der Theorie selbststeuernder Systeme aus unterschiedlichen Gründen anzunehmen scheinen. Politik und politische Theorie haben in einer differenzierten und pluralistischen Gesellschaft gelernt zu akzeptieren, daß die *Politik nur ein Teilbereich* ist. Den *Primat der Politik* wiederherstellen zu wollen, und noch dazu ohne Wertvorgaben wie im heroischen Nihilismus der konservativen Revolution, endete in Blut und Tränen. Den Primat der Politik wenigstens noch retten zu wollen, bei Überhöhung der Exekutive im Vergleich zur interessenzerrissenen Legislative, wie sie der *Neo-Schmittianismus* nach dem Zweiten Weltkrieg noch einmal versuchte, war ebenfalls nicht von Erfolg gekrönt.

Die *Ubiquität des Politischen* wurde aber auch von links vertreten, im Namen *mobilisierender Partizipationstheorien.* Letzter

Ausläufer dieser Strömung scheint die These von der »*politischen Gesellschaft*« zu sein, wie sie Greven (1990: 224) vertritt, weil nach ihr *Politik zum Wesen heutiger Vergesellschaftung* gehört. Politikwissenschaft erhebt damit wieder überzogene Ansprüche, nachdem sie die alte *Königswissenschafts-Besessenheit* gerade abgestreift hatte. Sie will bei Greven nicht mehr Spezial- oder Teilbereichssoziologie sein. Genau das aber ist sie, sogar Teil einer Teilbereichssoziologie, weil sie vielfach nur mit anderen Methoden (historisch-genetischen, institutionellen) den gleichen Gegenstandsbereich beackert.

Gleichwohl hat dies Plädoyer für eine als Links-Schmittianismus verdächtigte Handlungstheorie etwas richtig gesehen. *Politik ist tendenziell imperialistisch,* und damit auch die politische Theorie. Politische Theorie kann nicht so selbstgenügsam auf der Basis der Annahme rationaler Akteure seine Modelle und Kurven konstruieren, wie die Wirtschaftstheorie. Diese macht nur in der Wirtschaftspolitik als Randdisziplin noch Konzessionen an einen handlungstheoretischen Ansatz, der sich für Motive und Durchsetzungsfähigkeit einzelner Akteure interessiert. In der Theorie der modernen Kunst wurde seit über hundert Jahren versucht, *l'art pour l'art* durchzusetzen. Die Wissenschaft pocht auf ihre Autonomie und auf Distanz zwischen Erkennen und Handeln, Wissenschaft und Praxis, auch wenn sie überwiegend aufgegeben hat, dogmatisch am Wertfreiheitspostulat festzuhalten. Niemand hat hingegen ernsthaft vorgeschlagen, Politik im Elfenbeinturm der Selbstreferenz einzuigeln.

Neuerdings entwickelt sich so etwas wie eine *Kulturökonomie,* weil der Wachstumssektor Kultur für wirtschaftliche Berechnungen zunehmend interessant wird. Bei Urteilen über Kulturinvestitionen von Städten können dabei auch handlungstheoretische Annahmen einfließen. Im ganzen bleibt jedoch auffällig, daß es *Kulturpolitik* früher und unbestrittener gab. Schon früh sprach man von Sozial-, Umwelt-, Gesundheits- oder Bildungspolitik, und niemand hat daran Anstoß genommen. Die herbe Kritik an der Fragmentierung der Politikwissenschaft in immer neue *Politikfelder* – ein Prozeß, welcher der Soziologie in der Zerfaserung in *Bindestrichsoziologien* schon früher widerfuhr – ist ein Anzeichen dafür, daß Politik in fast alle autonomen Teilbereiche hineinwirkt. In den Interaktionsschemen von Richard Münch (1980: 36) mit einer verwirrenden Graphik von Interpenetrationstendenzen der Subsysteme wirkt es so, als ob die Interpenetrationen symmetrisch angelegt seien. Tatsächlich sind sie asymmetrisch. Das politische System ist unter dem Druck der Anforderungen aus vielen Subsystemen gezwungen zu handeln, oder wenigstens vorzugeben zu handeln, auch wenn seine natürliche Trägheit im *Logrolling* widerstreitender Interessen eher die *Nichtentscheidung* ist. Diese Erfahrung ist es wohl, welche Grevens Lanze für eine aktionsgestimmte Sicht der Dinge zugrunde liegt. Aber sie würde im Dezisionismus enden, wenn sie nicht durch systemtheoretische Restriktionsanalysen ergänzt würde.

Die Erkenntnis, daß *alles Politik* ist, führt in die Irre, wenn sie nicht ergänzt wird durch die Einsicht, daß *alles auch Ökonomie oder Kultur* ist. Die Ökonomie ist voreilig als dominantes Subsystem durch einen Primat der Kultur im weiten Sinne (d. h. inklusive politische Kultur und Lebensweise) von postmodernen Denkern verabschiedet worden (Jameson 1986: 93). Ob dieser Primat der Kultur nicht weitgehend ökonomisch bestimmt ist, erscheint noch ungeklärt. Die Mediatisierung der Kulturpolitik als staatliche Veranstaltung ist – vor allem auf lokaler Ebene – durch den Aufstieg einer Kulturökonomie schon ziemlich offensichtlich. Einem aktionistischen Handlungsansatz kann die Systemperspektive immerhin klarmachen, daß die *Interpenetration der Teilbereiche* weit fortgeschritten ist. Hier sind paradoxe Wendungen im Stile Luhmanns durchaus angebracht: je mehr Politik, um so mehr Ökonomie in einem Handlungsfeld. Wo Kultur an Bedeutung gewinnt, versuchen Politik und Ökonomie in gleicher Weise in Teilbereichen ihren Einfluß zu steigern.

Bei einem eingehenderen Vergleich der Theorien zeigt sich, daß kaum ein Forscher in concreto die Radikalalternative Handlungs- versus Systemtheorie vertritt. Das könnte sich auch nur ein Wissenschaftler leisten, der nicht vorhat, mit seiner Alternative in einem begrenzten empirischen Bereich zu arbeiten. Nur Luhmann gibt auf der einen Seite jedes Relikt der Handlungstheorie der »alteuropäisch« genannten Lächerlichkeit preis. Kommunikation wird an Stelle von Handeln gesetzt, ist aber bei konkreten Beispielen von Handeln manchmal kaum zu unterscheiden. Andererseits vertreten allenfalls lebensweltliche Ansätze im Mikrobereich den Primat der Handlungsperspektive, der jedes Systemelement als gewaltsame Kolonialisierung denunziert. Der Behavioralismus als Ansatz mit der strikten Beschränkung auf

Verhalten von Individuen, das selbst ihre Interaktionen untereinander ausklammert, ist ohne breitere Kollektivbegriffe nicht ausgekommen. Zudem wird der individualistische Ansatz mit einer Bildung von Modellen des Handelns der »*tutti quanti*« verbunden, die Wandel im Kleinen recht gut voraussagen kann. Es empfiehlt sich daher, die Radikalalternative durch ein differenzierteres Bild der Ansätze zu verabschieden.

Setzt man in einer Matrix die Alternative *System- oder Akteursansatz* mit der Nähe zur *Makro- oder Mikrotheorie* in Beziehung, so sind Autopoiesis und orthodoxer Behaviorismus die Extreme. Es gibt jedoch auf beiden Koordinaten zahlreiche *Zwischenpositionen*. Auffällig ist vor allem, daß akteursorientierte Ansätze, die auf der Mikroebene von den Individuen ausgehen, zur Bildung von theoretischen Aussagen auf der Makroebene neigen. Das ist verständlich bei Handlungstheorien, wie der von Weber oder der Habermasschen Theorie kommunikativen Handelns, die sich einem Akteursansatz nähern. Diese Neigung zeigt sich auch bei Akteursansätzen, die viel strikter vom einzelnen Individuum ausgehen, und die Beziehungen von *ego* und *alter ego* nicht zur Untersuchungseinheit machen wie Lehren, die mit dem »subjektiv gemeinten Sinn« arbeiten, und *lebensweltliche* und *interaktionistische* Ansätze. *Behavioralismus* als individualistischer Mainstream der Mikroforschung, und noch stärker *rational choice*-Theorien setzen zwar beim Individuum an, öffnen sich jedoch leicht makrotheoretischen Modellsimulationen. Les extrêmes se touchent: Stark individualistische Ansätze und Systemansätze können ähnlich abstrakte Theorieelemente erzeugen. Wo das atomisierte Individuum bevorzugte Analyseeinheit ist, kann die Summe dieser Aktionen in mathematischen Modellen dargestellt werden, wie in der Ökonometrie das Verhalten einzelner Wirtschaftssubjekte. Handlungstheorie schlägt beim Behavioralismus in eine extreme Nichthandlungstheorie um, weil in der großen Zahl die *invisible hand* die Motive und Aktionen des einzelnen als irrelevant erscheinen läßt (vgl. Schema: 346).

Grenzüberschreitungen der *Mikro-Makrolinie* sind häufig. Seltener sind die Bewegungen in umgekehrter Richtung. Teile einer makrotheoretischen Systemtheorie können sich zwar dem Individuum zuwenden, wie in Parsons' Subsystem der *Persönlichkeit*. Aber sowohl diese Persönlichkeit als auch die Analyse des sozialen Gesamtsystems bleibt antiindividualistisch gestimmt.

In theoretischen Synthesen zwischen Marx und Freud und zahlreichen Ansätzen des kulturellen Marxismus, der sich von den strukturellen Restriktionstheorien des politökonomischen Marxismus abgewandt hat, wird zwar vom *Individuum* ausgegangen, aber da universelle Verblendungszusammenhänge bei allen Individuen (mit Ausnahme der aufklärerischen Elite, die die eigene Theorie vertritt) festgestellt werden, kommt es doch zur makrotheoretischen Theoriebildung.

Auf der Makroebene ereignen sich Grenzüberschreitungen in der Theorieentwicklung an der *Linie System- und Akteursansatz.* Pluralistische Elitentheorien gehen von einem Gesamtbild systemarer Art aus, kommen dann aber zur Konzeptualisierung einzelner kollektiver Akteure. Umgekehrt neigen naive Akteurstheorien, wie sie in der traditionellen Politikwissenschaft bis heute überwiegen, dazu, eine Art Systembild zu entwerfen durch immer weitere Abstraktion des Zusammenwirkens institutionalisierter Akteure. Je stärker ein Ansatz von der Akteurs- zur Systemorientierung vorrückt, um so mehr nimmt die Bedeutung der *Intentionen* des Handelns ab, und um so mehr werden die *funktionalen Folgen* von Handeln – abgekoppelt von den intentional geplanten – ins Blickfeld gerückt.

Politikwissenschaft ist nicht auf eine Ansatzhöhe fixiert. Die Vorstellung *»ein Fach, eine Methode, eine bevorzugte Untersuchungseinheit«*, entspricht einer ontologischen Weltauffassung, in denen Erkenntnisobjekte wie Fixsterne am Himmel zu stehen schienen. Mit Ausnahme der höchsten Höhen der Makrotheorie, welche sich in die Sozialphilosophie zurückzog, werden zahlreiche Ansätze in der Politikwissenschaft praktiziert.

Eine Politikwissenschaft – vor allem die Regierungslehre – auf *Steuerung* geeicht, wird auf der *mesotheoretischen* Ebene ihr vornehmliches Betätigungsfeld finden. Analyse von nationalstaatlichen Teilsystemen und einzelnen seiner Komponenten, wie den Großorganisationen, sind der Hauptfokus. Die Scheidelinie, an der ein Überwiegen von System- oder Handlungstheorie festzustellen ist, geht mitten durch die Politikwissenschaft hindurch. Die Radikalalternative ist daher sinnlos. Die vorherrschende soziologische Theorie, mit Ausnahme Luhmanns, verbindet Handlungs- und Systemtheorie. Seit Habermas hinreichend »parsonisiert« wurde, hat auch er diese Kombination vertreten, auch wenn die Systemelemente noch immer seltsam blaß und schematisch

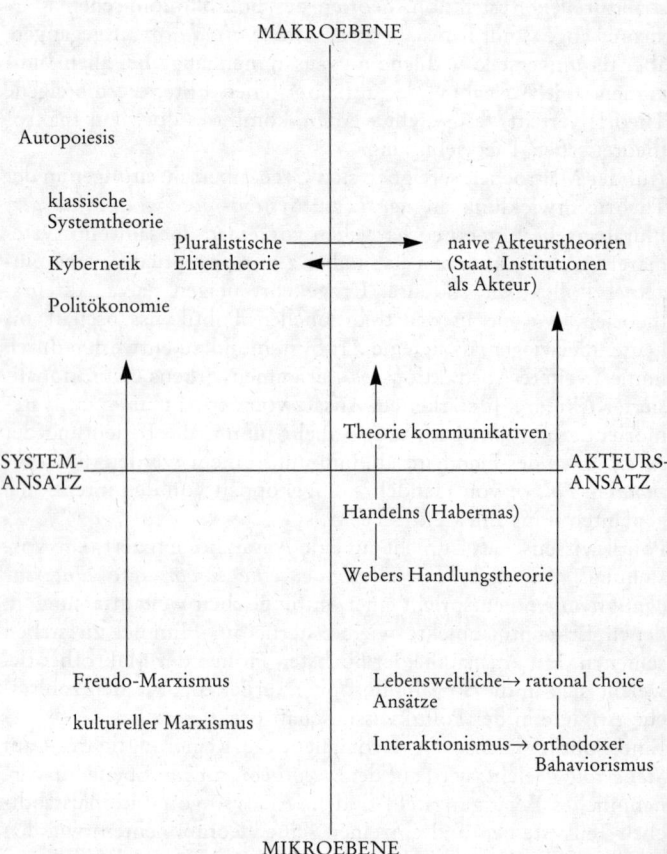

ausfallen, im Gegensatz zu den lebensweltlichen Teilbereichen, denen seine Empathie gilt.

Die Kritik an der archaischen »alteuropäischen« Handlungstheorie arbeitete weitgehend mit einem Zerrbild ihrer Annahmen. Angesichts der Komplexität der Kausalverhältnisse muß eine hilflose Handlungstheorie zur Notlüge greifen und *unvorhergesehene Effekte* einführen. Nicht einmal einfachen Interaktionssystemen – wie einer Konferenz –, wird die Möglichkeit planmäßiger Festlegung von Handlungen zugeschrieben. Aber ist dies nötig? Handlungstheorie kann nicht bedeuten, daß der *Akteur als Kollektiv* mit der gleichen Uniformität konzipiert wird wie ein Individuum. Handlungstheorie in der Politikwissenschaft besagt auch nicht, daß ein System (das politische) *ganze* andere *Systeme steuert,* auch wenn von Kultur- oder Wirtschaftspolitik die Rede ist.

Luhmann hat nie geleugnet, daß durchaus manches effektiv gesteuert wird, insofern rannte Scharpf (1989: 12) offene Türen ein, als er feststellte, daß in funktional differenzierten Gesellschaften doch so vieles einigermaßen befriedigend *funktioniere.* Unterschiede würden wohl in der Deutung auftauchen: Luhmann in seinem wohlgemuten Nihilismus – der selbst einem Trümmerhaufen Sinn zuschrieb (1984: 96) – wurde das zufriedenstellende Funktionieren nicht auf Steuerung zurückführen, sondern gerade auf Nichtsteuerung.

Politikwissenschaftliche Akteursanalysen haben wegen ihres Ansatzes auf der Meso-Ebene zwischen Makro- und Mikrotheorie nicht nur Nachteile. Sie müssen die *Konsistenz des Akteurs* und des Ichs – seit Freud immer wieder in Frage gestellt und von der postmodernen Philosophie als Idee aufgegeben – gar nicht behaupten. Sie gehen von *widersprüchlichen Aktionseinheiten* aus. Regieren, selbst in einer parteilich homogenen Regierung, ist immer *Koalitionsgeschehen.* Parteien als Akteure, die Handlungstheorien programmatisch benutzen, um Politik zu phrasieren, sind als moderne Volksparteien ebenfalls keine Handlungseinheit. Aber das Resultat ihrer internen Konflikte entfaltet als Formelkompromiß seine Eigenwirkung. Die Akteure lassen sich systemtheoretisch zueinander in Beziehung setzen. Luhmann selbst hat nicht zeigen können, daß die drei Etagen eines autopoietischen Systems der Politik (Verwaltung, inklusive Parlament und Justiz, Parteien und Publikum) die nötige Homogenität besitzen, um eine irgendwie feststellbare Binnensteuerung nach einem gemeinsamen Code zu ermöglichen. Insofern sind die »*archaischen Handlungstheorien*« sogar *differenzierter* als der Schematismus der Sonderung relativ komplexer Teilsysteme, auch wenn diese nicht mehr in Münchscher Manier in die Vierfeldermatrix eines weiterentwickelten Parsonsschen Schemas gepreßt werden. Aber selbst solche zweidimensionale Verdinglichung bietet – parallel zur Aufgabe der Zentralperspektive im zweidimensionalen kubistischen Bild – noch immer mehr realistische Ausblicke auf die Interpenetrationen als Luhmanns verkappte phänomenologische Reduktion.

Nie hatte die Handlungstheorie der modernen Soziologie behauptet, der Akteur sei über alle Bedingungen seines Handelns *informiert*. Aber er muß sich für *ein* Handeln entscheiden (Reimann u. a. 1979: 137), gerade im politischen System, das im Gegensatz zu anderen Subsystemen der Gesellschaft *bindende Entscheidungen* produziert, die nur von einem minoritären »abweichenden Verhalten« entweder negiert oder unterlaufen wird.

Aus der Perspektive einer dynamisierten Systemtheorie, die mit katastrophentheoretischen Annahmen arbeitet, scheinen handlungstheoretische Ansätze als archaisch und in »bloßen Mythologemen erschöpft« (Bühl 1984: 661). Nicht geleugnet werden kann, daß handlungstheoretische Ansätze sich in der bloß deskriptiven Nachzeichnung einer *Situationslogik* zu verlieren drohen. Aber solche Einseitigkeiten haben ihr Pendant in der bloßen mathematischen Entscheidungslogik, die etwa *rational choice* oder Spieltheorien bevorzugen. Dennoch erlauben beide Verfahren gute Ergebnisse sowohl in der Entwicklung von Hypothesen als auch in der Aufstellung von Prognosen. Steuerungstheoretische Untersuchungen kommen ohne handlungstheoretische Annahmen nicht aus. Auf der Mesoebene politikwissenschaftlicher Betrachtung sind die Phänomene der Nichtsteuerbarkeit vieler Teilbereiche weniger auf die selbstreferentielle Geschlossenheit der Adressaten politischer Macht zurückzuführen, als auf Widerstände, die jeder Einflußversuch aus dem Bereich der Politik hervorruft (Mayntz 1987: 103). Machttheorien – selbst solche, in denen der Machtbegriff so diffus geworden ist wie bei den Poststrukturalisten, wo Macht und Widerstand zirkulär ineinander verfließen – sind erklärungsträchtiger als die Ableitung des Steuerungsversagens von Eigenschaften autopoietischer Systeme.

Um die Autopoietiker in ihre Schranken der Begrenztheit eigener Aussagemöglichkeiten zu verweisen, ist es nützlich, sie an die konstruktivistischen Grundlagen des eigenen Denkens zu verweisen. Nach Glasersfeld wird die Frage, ob autopoietische Erklärungen angewandt werden können und auf welcher Ebene, letztlich *rein pragmatisch* entschieden. Die Autopoiese nimmt freilich ihre Selbstreferentialität gelegentlich nicht ganz ernst, wenn es darum geht, Luhmannsche Bonmots über die Nichtsteuerbarkeit der Systeme von außen abzusichern.

Die Botschaft des *radikalen Konstruktivismus* läßt sich vermutlich durchaus gegen ihre Deuter in der Makrosoziologie einsetzen. Die Widersprüche von Akteurstheorien bedeuten nicht, daß man mit diesem groben Konzept nicht arbeiten kann. Autopoietische Systemtheorie macht Aussagen über eine nicht zielgerichtete Evolution möglich, überstellt aber alle Detailfragen der Geschichtswissenschaft. Ähnlich verfährt sie im Bereich der *Meso-Theorien* mit der Politikwissenschaft. Wenn irgendwo durch Regieren erfolgreich gesteuert zu werden scheint, ist das eine *empirische Frage,* die auf der Ebene der allgemeinen Theorie selbststeuernder Systeme nicht interessiert.

Die Entdeckerwonnen im Bereich von Selbstorganisation und Chaostheorie haben bei den sozialwissenschaftlichen Adepten dazu geführt, daß alles auf der Welt mit dem nichtlinearen Denken angegangen wurde. Wo über Evolutionsprozesse schlechthin räsoniert wird, mag dabei einiges herauskommen. Aber die Autopoietiker haben die Warnungen der Naturwissenschaftler übersehen: »Die moderne Wissenschaft und Technik beruhen zum überwiegenden Teil direkt auf dem glücklichen Umstand, daß so vieles von dem, was in der modernen Gesellschaft von Interesse und Bedeutung ist, *mit linearen Systemen zu tun hat.*« (Davies 1990: 42) Anwendungsorientiertes Wissen in Natur- und Sozialwissenschaften kann durchaus noch große Erfolge erzielen, wenn sie an einen begrenzten Sachverhalt linear herangehen, ohne zu glauben, daß alles mit linearen Systemen erklärt werden könne. Ein Autopoietiker, der vom Arzt gegen seine Schmerzen nur mit dem Hinweis auf einen Hyperzyklus abgespeist würde, wird vermutlich den Arzt wechseln.

Jede andere *praxis- und anwendungsoffene Wissenschaft* verfährt ähnlich auf der Basis noch ungewisserer Daten, als sie die Politikwissenschaft normalerweise benutzt. Der Mediziner gibt

Handlungsanweisungen und »Anwendungen« auf der Basis unzureichender Daten, und dennoch sinkt die Lebenserwartung in modernen Gesellschaften nicht. Er weiß nicht, was Krebs ist. Die Frage, was ihn auslöst, oder ob er nicht vielmehr samt der generellen Lebenserwartung schon genetisch weitgehend determiniert ist, bleibt in dieser Wissenschaft umstritten. Dennoch wird zu unser aller Wohl gehandelt. Die Behandlung tötet einige Patienten, die ohne sie überlebt hätten, aber im ganzen wird das ärztliche Handeln noch immer als sinnvoller erachtet als das Leben mit der Krankheit bei ärztlicher Nichtentscheidung. Hauptunterschied zur Politik ist freilich, daß die »Systemheilung« eines Individuums leichter isolierbar ist, als die Heilung eines »Krebsschadens« an einem Großkollektiv.

Je näher ein handlungstheoretischer Ansatz am Individuum bleibt, um so richtiger pflegen seine *Prognosen* zu sein. Bei Wahlprognosen, aufgrund der Befragung von Individuen, ist die Irrtumsmarge meist nicht höher als 5 Prozent. Bei Prognosen auf der Mesoebene zeigen die Gutachten der Wirtschaftsweisen größere Irrtumsraten. Bei den ganz großen Prozessen hat die Wissenschaft entgegen ihrem Anspruch nicht vorhergesagt, sondern nachhergesagt (vom Ausbruch der Studentenrevolte bis zum Zusammenbruch des realen Sozialismus). Bei den Naturwissenschaften ist die Trefferquote ziemlich parallel angelegt. 80-90% der Wetterprognosen gelten als richtig. Prognosen über die Großwetterlage des nächsten Sommers sind fast regelmäßig nicht besser als alte Bauernregeln. Singuläre große Einbrüche, wie die Entwicklung von Orkanen, werden von der Meteorologie trotz aller Verbesserungen der Satellitenbilder nicht vorausgesagt.

Von solchen Erfahrungswerten ausgehend, kann die Politikwissenschaft mit den handlungstheoretischen Ansätzen weiter arbeiten. Es zeigt sich jedoch, daß sie diese nur auf der Mikroebene empirischer oder empathischer Vorgehensmethoden wirklich verwendet. Sowie sie dort zu Zeitreihen gelangen will, muß sie abstraktere Konzepte einführen, die umstritten sind: Akteure haben *Perzeption,* ja ganze Bedürfnishierarchien werden konstruiert, wie Ingleharts Anleihen bei Maslow für die Erforschung des Postmaterialismus zeigte. Solche Globalkonzepte verstießen eigentlich gegen des Kredo des Behavioralismus.

Großflächige gesellschaftliche Prozesse, die sich der persönlichen Erfahrung weitgehend entziehen, können nicht anders als von der konkreten sozialen Interaktion der Akteure zu abstrahieren, und sich der systemtheoretischen Modellierung zuwenden. Die Analyse unabhängig von Motiven der Akteure gibt für solche Prozesse brauchbare Ergebnisse. Die umstrittene *Gleichgewichtsannahme* der klassischen und neoklassischen Ökonomie hat nicht verhindert, daß gute Prognosen über das Verhalten von im einzelnen nicht untersuchten Wirtschaftssubjekten erzielt wurden. Das Walras-Paretosche Gleichgewichtstheorem ist nicht zu Unrecht als Vorwegnahme der *Idee der Selbstregulierung* bezeichnet worden (Schütte 1977: 53). Dennoch wird selbst in einer Wirtschaftswissenschaft, welche die archaischen Ganzheitsvorstellungen einer akteursorientierten politischen Ökonomie aufgegeben hat, in einzelnen staatsnahen Bereichen, wie der Wirtschaftspolitik, noch mit einem Institutionen- und Akteursansatz gearbeitet.

Nur Luhmann (1989: 7) hat unter den Systemtheoretikern sich in die Position verrannt, daß die Handlungstheorie völlig versagt habe und hinter Einsichten des 17. Jahrhunderts zurückfalle, als Jacques Esprit (La fausseté des vertus humaines. Paris 1677. Bd. 1) feststellte, daß man von der Beobachtung von Handlungen nicht auf Motive und Akteure schließen könne. Von der Parsonsschen Orthodoxie bei Richard Münch (1987) bis zu Jürgen Habermas (1981, Bd 2: 304) herrscht ein *Grundkonsens, daß System- und Handlungstheorie verbunden* werden müssen. Neigte Habermas dazu, den Gegensatz von Lebenswelt und System zu verdinglichen (Kap. 11.1.3.b), so gibt es an der Grenze zwischen ihnen nicht nur Konflikte (Habermas 1988: 422). Zunehmend scheint es Lernprozesse an dieser Grenze zu geben. Einerseits wird noch »altmodern« die *sozialintegrative Gewalt der Solidarität* gegen die systemintegrativen Steuerungsmedien Geld und Macht beschworen. Andererseits kam es zu einer Rezeption aus der Bielefelder Schule. Wird Luhmanns zweiter Paradigmawechsel zunehmend unnachsichtig gegeißelt, so hat Willkes »Entzauberung des Staates« (1983) Habermas zu versöhnlicheren Gedanken inspiriert. Eine Eigendynamik der Theorieentwicklung bei Willke, der sich nicht an die Autopoiesis-Orthodoxie klammerte, erleichterte den Prozeß. Die Subsysteme waren in dieser Variante nicht mehr technokratisch auf besseres Funktionieren geeicht, sondern können Impulse aus der Lebenswelt in die Selbststeuerung einfließen lassen. Von da ist es nur noch ein Schritt zur Versöhnung an der Grenze zwischen den Systemen.

Eine Versöhnung der Theorie der Selbstorganisation mit handlungstheoretischen Ansätzen ist nicht ausgeschlossen. Nach Abflauen der Begeisterung über neokorporative Steuerung wird eine Vielfalt von staatlichen Steuerungshilfen zur gesellschaftlichen Selbststeuerung wieder entdeckt:
– Die Schaffung parastaatlicher Einrichtungen.
– Die Delegation von Staatsaufgaben an gesellschaftliche Gruppen.
– Staatliches Handeln nach dem Subsidiaritätsprinzip. Handeln wird nur bei Versagen der Selbststeuerung der Untereinheiten erwogen.
– Aktive Steuerung durch liberalen Korporatismus.
– Lose Konzertierung.
– Kanalisierung durch Subventionierung (z. B. alternativer Ökonomien, anomischer Mieterverhältnisse).

Moderne und nachmoderne Steuerungsinstrumente werden nebeneinander eingesetzt. Die Abfolge von Staatsfunktionen, wie sie in der Bielefelder Schule entwickelt und (vgl. Kap. 1.3.d) als historische Typologie angeboten wurde, hat einige heuristische Bedeutung. Aber die Phasen dürfen nicht exklusiv verstanden werden. Das *Nebeneinander* in wechselnden Mischungsverhältnissen ist auffälliger als das *Nacheinander.*

Mit zunehmender indirekter staatlicher Steuerung, welche die politische Theorie konzeptualisiert, nimmt die Bedeutung des *informellen Handelns* politischer Akteure zu (v. Beyme 1991). Althergebrachte Formen der Koordination wie Überredungsdirigismus *(moral suasion)* behalten ihre Bedeutung. Formen der *Korruption* können an Bedeutung sogar noch zunehmen. Daneben stehen die indirekten Steuerungen, die ein Mehr an informeller Kommunikation der Akteure zur Ergänzung des immer unhandlicher werdenden formellen Kommunikationssystems garantieren. Wo Luhmann Handlungstheorien nur noch zur Phrasierung öffentlicher Politik für geeignet hält, werden diese gerade in den Dienst der Entdeckung eines Handelns gestellt, das dem Gegenteil von öffentlicher Phrasierung der Politik entspricht: dem informellen kommunikativen Handeln, um die Codes widerstrebender Teilbereiche der Gesellschaft vereinbarer zu machen.

Der *Policy-Ansatz* in der neueren politischen Theorie ist auf *planmäßige Überschreitung der engen Grenzen des Teilbereichs Politik* angelegt (Kap. 11.1.c). Der quantitative Vergleich kann Einwirkungen eines Subsystems auf ein anderes darstellen, ohne auf die Motivation einzelner Akteure besonders eingehen zu müssen. *Handlungskorridore* und *Nischen der Autonomie* werden gegen einen Restriktionsansatz weiter erforscht, gegen die Warnungen eines Restriktionsansatzes, wie er einst vom Neomarxismus vertreten wurde (Kap. 1.3.c), und der sich zur Zeit vor allem in der autopoietischen Systemtheorie eingenistet hat.

Hauptproblem einer abstrakten Diskussion über System- oder Handlungsperspektive bleibt, daß keine Seite empirisch überzeugt werden kann. Die Theoretiker selbststeuernder Systeme leugnen nicht, daß sich das politische Steuerungszentrum manchmal durchsetzt. Die lebensweltlichen Handlungstheoretiker bekennen die Kolonialisierungstendenzen der mediengesteuerten Systembereiche des Lebens mit einem Leiden, das so aktiv ist wie das Gegenhandeln, das sie ersehnen.

Nur die *autopoietische Systemtheorie* einerseits und ein *dogmatischer Behaviorismus* – nicht der aufgeklärte Behavioralismus, der dem empiristischen Mainstream zugrunde liegt! – sind *nicht kompromißfähig* und müssen Aussagen zur jeweils entgegengesetzten Ebene verweigern oder sich begrifflich erschleichen. Die autopoietische Systemtheorie neigt zum ersteren. Sie verharrt bei der Analyse von *Restriktionen,* die kein politisches Handeln möglich macht. Darin ist sie noch dogmatischer als die politökonomische Variante des Ableitungsmarxismus, die solche dogmatischen Restriktionstheorien nur für die Phase des bürgerlichen Staates aufstellte. Es führt gerade bei der Theorie selbststeuernder Systeme kein Weg von der abstrakten Makrotheorie zur *Meso-Ebene* der Theorien mittlerer Reichweite, die der Ansatzhöhe der Politikwissenschaft angemessen sind. Politikwissenschaft muß Restriktionen des politischen Handelns zur Kenntnis nehmen. Naive Akteurstheorien, wie sie in der Politikwissenschaft und vor allem in der Geschichtswissenschaft vorherrschen, übersehen diese gerne. Im vorhinein scheint *alles möglich*, im nachhinein wird nach der Devise *post hoc propter hoc* die Entwicklung als folgerichtig und unvermeidlich eingestuft. Politikwissenschaft muß sich vor beiden Annahmen hüten. Aber sie ist nach Vorklärung der Restriktionen von Handeln mehr an der Analyse von Optionen des Handelns interessiert.

Die Theorie selbststeuernder Systeme wird die Aufzählung großer Ereignisse, welche die *opportunities* eröffneten und die *restric-*

tions in den Hintergrund drängten, wieder nur als »empirisch« verdrängen. Aber damit wird sie sich selbstreferentiell theoretische Inkompetenzkompensationskompetenz zuschreiben müssen und sich auf immer höhere Abstraktionsebenen zurückziehen. Die Empiriker werden damit leben können. Aber das Problem ist, daß die »Strümpfe des Geistes« auf der Ebene mittlerer Reichweite *im do-it-yourself-Verfahren* »gewirkt« werden, wenn die *general theory* sich nicht mehr darum bemüht, Einfluß auf Theorien mittlerer Reichweite zu nehmen. Der naive Realismus und Naturalismus von handlungstheoretischen Ansätzen schaukelt sich mit jeder Stufe der Abstraktion höher, welche die Autopoiese erklimmt.

Prima vista zeigt jeder politikwissenschaftliche *Common sense*, daß ein handlungsorientierter Widerstand selbst in ultrarestriktiven Situationen erfolgreich sein konnte. Er hat gelegentlich den Bau eines Kernkraftwerkes oder einer Wiederaufbereitungsanlage so lange verzögert, daß die Gegenseite das Interesse am Bau verloren hatte (z. B. Wyhl und Wackersdorf). Die politische Führung hat im Prozeß der deutschen Wiedervereinigung gegen das gesamte wirtschaftliche Subsystem, das die Politik tief penetriert hatte (Bundesbank, Wirtschafts- und Finanzministerium, Wirtschaftsverbände und einzelne Wirtschaftssubjekte und sämtliche Wirtschaftsexperten auf fast allen Ebenen) den frühen Zeitpunkt der Währungsunion durchgesetzt. Unter dem Druck der politischen Prozesse (Massenflucht aus der DDR, Niedergang der dortigen Wirtschaft, sichtbare Inkonsequenz der ostdeutschen Entscheidungsträger, die noch ein bißchen Sozialismus auf westdeutsche Kosten spielen wollten) wurden die ökonomischen Mitspieler umgestimmt oder mitgezogen, am schnellsten die Bundesbank als institutionalisierter Hüter der Autonomie der Geldpolitik. Gerade große *Innovationsentscheidungen* seit der Einführung des allgemeinen Wahlrechts durch Bismarck oder seit der Durchsetzung der Sozialpolitik im Kaiserreich, scheinen ähnlich *im Fastalleingang politischer Akteure* entschieden worden zu sein. Um so mehr Gegenbeispiele lassen sich bei *Routine-Entscheidungen* finden, daß politisches Handeln im *Entscheidungsstadium* oder spätestens bei der *Implementation* eines formalen Parlamentsbeschlusses scheiterte.

Grand theory kann nur empirisch-*anekdotisch* einzelne Aspekte der Empirie verdeutlichen. Empirie, durch Theorien mittlerer

Reichweite angeleitet, muß hingegen *systematisch* zu erfassen versuchen, wo Nichtentscheidung die politische Entscheidung aussticht. *Rational choice-Theorien,* die nicht ein wenig komplexes Sample von beteiligten Akteuren ansetzen, können schon auf der Grundlage unzureichender empirischer Vorarbeiten mehr als nur »informal guesswork« dabei bieten.

Eine empirisch-theoretische Regierungslehre wird sich nicht mit Paradoxien abspeisen lassen. Eine der meistzitierten lautet, daß wer einen Zweck in die Welt setze, mit diesem gegen den Rest der Welt spielen müsse (Luhmann 1988: 330). Welcher Akteur würde in ein so aussichtsloses Rennen gehen? Politik ist kein Lotto-Nullsummenspiel, sondern handlungsorientierte Koalitionsbildung in einer extrem fragmentierten Gesellschaft. Um im Bilde zu bleiben, die Regierungsakteure spielen wenigstens mit 51% gegen die Minderheit im politischen Teilsystem. Sie können auch mit größeren Mehrheiten an der Eigensinnigkeit des Codes in einem anderen Subsystem scheitern, in den sie hineinzuregieren versuchen. Bei *Routineentscheidungen* ist der Widerstand in der Regel so wenig formiert, daß sie kaum scheitern. Bei *Innovationsentscheidungen* können sie sich durchsetzen, wenn sie die Koalition quer durch die tangierten Teilbereiche verbreitern. Die politischen Akteure suchen vorab oder wenigstens in der Implementationsphase den Konsens der betroffenen Eliten eines anderen Subsystems. Im Policy-triangle von Regierung-Parlamentsmehrheit, Bürokratie und organisierten Interessen werden Widerstände abgebaut. Unbeteiligte dritte Subsysteme, etwa die Medien, werden wirksam auf die Seite des »guten Zwecks« gebracht, damit man nicht gegen die ganze Welt spielen muß. Richtig ist an der Steuerungsskepsis, daß das politische Resultat nie voll mit dem intendierten übereinstimmt. Aber man hat dennoch gegen den angeblichen Rest der Welt einen Teilsieg errungen, den kein Autopoietiker, systematisch gesehen, für möglich halten konnte.

Die Theorie der Politik in der Gegenwart wird die Radikalisierung der Erkenntnisse der klassischen Moderne verarbeiten müssen, vor allem im Bereich der Pluralismuskonzeptionen (Kap. II.1.c). Das nachmoderne Denken und die Autopoiese schärfen den Blick für die Fragmentierung der Gesellschaft und für den Eigensinn, mit dem Teilbereiche sich der politischen Intervention entziehen. Die Geschichte des politischen Denkens im 20. Jahrhundert kann als Geschichte der wachsenden Bescheidenheit im Hinblick auf die Ansprüche an Steuerungsfähigkeit geschrieben werden, die an den Staat herangetragen werden (Kap. 1.3.d).

Dennoch ist es unwahrscheinlich, daß der Prozeß der »*Entzauberung des Staates*« weitergetrieben werden kann und sich linear in die Zukunft fortsetzt. Theorien der Politik als Selbstbeschreibung von politischen Systemen entwickeln sich nicht im luftleeren Raum. Sie sind Antworten auf soziale und politische Probleme. Nach der Planungseuphorie der siebziger Jahre und den Planungsexzessen des realen Sozialismus war die Demontage von Steuerungserwartungen überfällig. Aber Theorie der Politik kann nicht nur »*Dekonstruktion*« sein. Sie konnte es in der Schönwetterperiode der 80er Jahre, in denen sich die westlichen Demokratien rasch von der Ölkrise erholten und der reale Sozialismus als Bastion der Steuerungsideologie zerfiel. Kommende Herausforderungen der realen Politik werden vermutlich anderer Natur sein: Katastrophen, Migrationswellen ungekannten Ausmaßes, wirtschaftliche Einbrüche können rasch den Bedarf an Steuerungstheorien wieder wecken. Wenn überzeugend gezeigt wurde, daß Wertvorstellungen sich eher zyklisch als linear entwickeln (Kap. 11.3.c), gilt das vermutlich auch für die Wertvorstellungen, die zu politischer Theorie gerinnen. In solchen Bedarfslagen wird man vermutlich selbst auf das Steuerungsarsenal des totgeglaubten Sozialismus zurückgreifen – hoffentlich ohne den Ruf nach seinen autoritären Zügen. Die nachmodernen Steuerungsskeptiker werden in einem solchen Fall nicht falsifiziert. Aber erfahrungsgemäß hört ihnen in einem solchen Augenblick niemand mehr zu. Andere handlungsorientierte Theorien erleben ein Comeback und werden sich in Grenzen bewähren.

Auch aus wissenschaftstheoretischen Gründen besteht keine Veranlassung, sich bei der Arbeit mit Akteursansätzen von einigen Autopoietikern ins Bockshorn jagen zu lassen. Das nachmoderne Denken wird das Prinzip der Selbstreflexivität erst vom Ruch der Phrase befreien, wenn es seine Grundsätze nicht nur auf die Kritik der Altmoderne, sondern wirklich auf sich selbst anwendet. Luhmann hat sich zwar nicht zum radikalen Konstruktivismus bekannt und sah seine Systeme nicht als bloße Konstrukte an. Aber nach einer Abbildtheorie behandelte er sie nicht. Theorien sind nicht Abbild der wirklichen Welt, sondern – nach einer unschönen Übersetzung aus dem Englischen – allenfalls viabel (lebensfähig). Sie müssen sich bewähren. Aber auch ihre Bewährung ist kein Beweis für ihre Richtigkeit. Andere theoretische Konstrukte können sich ebenfalls bewähren (v. Glasersfeld 1987a: 141). Die ersten Politikwissenschaftler, die mit autopoietischen Konzepten wirklich zu arbeiten versuchten, sind im Begriff, auch Handlungsansätze wieder »viable« zu machen.

Die Politikwissenschaft war schon in ihrer Entstehung eklektisch (Kap. 1.3.a). Sie ist zudem stärker noch als andere Sozialwissenschaften auf Beratung von politischen Akteuren ausgerichtet. Sie kann daher die Botschaft des nachmodernen Konstruktivismus leichter aufnehmen als altehrwürdige Disziplinen, die noch mit dem monistischen Anspruch groß wurden: eine Wissenschaft, eine Methode, eine richtige Theorie. Während in der Ökonomie eine Methode der ökonometrischen Modellbildung überwiegt, wurden Politikwissenschaft und Soziologie zum Tummelfeld vieler lebensfähiger (viabler) Ansätze. In der Soziologie Amerikas drohte freilich der behavioralistische Ansatz eine Weile alle anderen zu ersticken. In der Politikwissenschaft kam es nie zu einer solchen Dominanz. Die Brauchbarkeit von behavioralistischen Ansätzen im Mikrobereich ist jedoch auch in der Politikwissenschaft – außer bei einigen Ontologen – nicht umstritten. Untersuchungen von wirtschaftlichen und politischen Märkten stellten die Bewährung sicher – trotz (oder wegen?) der theoretischen Enthaltsamkeit dieses Ansatzes. Im Mesobereich der Kollektivakteure, der eine Domäne der Politikwissenschaft darstellt, erweisen sich akteursbezogene Ansätze immer wieder als einsatzfähig. Daneben entwickeln Modelltheorien – in Anlehnung an die Ökonomie – Qualitäten, die vor allem in ihrer Prognosefähigkeit liegen. Trotz zunehmender Professionalisierung der Behavioralisten, bekamen sie Konkurrenz durch die Wiederbelebung lebensweltlicher Ansätze, die ebenfalls beim Individuum ansetzen (Kap. 11.3.a). Die Theorie der Politik ist kein wirtschaftlicher Markt mit einem mörderischen Verdrängungswettbewerb. Der Theorienmarkt ähnelt eher den Organisationsformen des politischen Marktes. Er gleicht einem Netzwerk von komplementären Austauschbeziehungen unter Einschluß vieler Asymmetrien und hält die Mitte zwischen älteren hierarchischen Machtbeziehungen und den wenig machtstrukturierten Austauschbeziehungen eines nicht oligopolistischen Marktes.

Der klassischen Moderne verpflichtet kann eine gegenwärtige politische Theorie sogar in ihrem vorsichtigen Umgang mit den *normativen Aspekten* sein. Mit den nachmodernen Denkansätzen herrscht Einigkeit, daß kein Konsens von oben mehr vermittelt werden kann, schon gar nicht vom politischen System. Indem man alle Legitimitätsvorstellungen jedoch zu vormodernen Mythen erklärt, wird häufig verdeckt, wie konfliktreich das normative Verständnis auch in traditionalen Gesellschaften gewesen ist. Legitimität war auch dort weitgehend religionsvermittelt und machtgesichert, bei Ausschaltung aller abweichenden Ansichten, die noch mit dem Scheiterhaufen geahndet wurden. Konsenstheorien der Nachmoderne werden über die *Legitimation durch Verfahren* hinaus auch weiterhin nach konsensfähigen Hypothesen im Bereich des Normativen suchen. Der Postmoderne verdankt die politische Theorie die Einsicht, daß nicht mehr krampfhaft nach Isomorphien zwischen sozialer Realität und möglichen Normen gesucht werden muß. Beide sind ohnehin Konstrukte. Die Reflexion über Normen wird man gleichwohl ungern den Ideologen überlassen. Das Ende der Ideologien ist von der Postmoderne mehr behauptet als bewiesen worden. Selbst die naturwissenschaftlich orientierte Autopoiese hat gelegentlich einem neuen ideologischen Obskurantismus Vorschub geleistet (vgl. Kap. II.2.d).

Je weniger sich eine normative Theorie mit angeblichen Fundierungen in der Realität der Sprache oder des sozialen Seins belastet, um so weniger wird sie in ihrem optativen Teil von Widerlegungen im Bereich der Ist-Analyse in Mitleidenschaft gezogen. Anders ausgedrückt: je offener normative Reflexionen sich als solche zu erkennen geben, um so glaubwürdiger bleiben sie. Andererseits kann ihnen nicht verwehrt werden, sich der Rückendeckung von Fakten insoweit zu vergewissern, daß ihre Konsensideen nicht von vornherein als realitätsferne Träumereien abgetan werden. Nicht Logik, aber Fakten verknüpfen Sein und Sollen. Vergleichende Analysen haben daher immer wieder versucht, normative Grundüberzeugungen bei verschiedenen Kulturen zu entdecken, um einen humanen Minimalbestand auch künftig konsensfähig zu machen.

Ein solcher Minimalkonsens läßt sich nicht nur in den Rechtsauffassungen verschiedener Kulturen finden, er besteht auch zwischen Anhängern normativer Reflexion wie Habermas und den verbalen Gegnern in der Postmoderne wie Lyotard (Kap. II.1.c,

11.3.b). Der Minimalkonsens geht freilich über die »Legitimation durch Verfahren« wenig hinaus. Diskursbereitschaft und Gewaltverzicht sind seine tragenden Säulen. Da sie kaum weniger formal sind als die abgelehnte »Legitimation durch Verfahren«, gewinnen die Versuche an Bedeutung, die fundamentale Prinzipien der Gerechtigkeit entwickeln. Auch sie müssen notgedrungen relativ formal bleiben, wenn sie konsensfähig sein wollen. Arnold Brechts (1959) Versuch, den Weg aus dem Wertrelativismus der Diktaturen zu weisen, indem er grundlegende Rechtsüberzeugungen in allen Systemen aufspürte, ist im Zeitalter, da die »drei Welten« zunehmend ideologisch auseinander drifteten, wieder vergessen worden. Rawls, Höffe und andere haben den Gedanken wieder aufgenommen. Lyotards Ausspruch (1987a: 26), daß nichts modern ist, was nicht zuvor postmodern war, ist wohl eher wieder umzukehren.

Im normativen Bereich sind die Konsensmöglichkeiten für die politische Theorie gewachsen. Die erbitterten Grabenkriege zwischen neomarxistischen und »bürgerlichen« Ideen münden in einen Minimalkonsens über die *zivile Gesellschaft* ein. Das postideologische Zeitalter der Nachmoderne ist die größte Chance der politischen Theorie der Gegenwart.

Bibliographie

N. Abercrombie u. a.: The Dominant Ideology Thesis. London, Allen & Unwin, 1980.

Th. W. Adorno (Hrsg.): Spätkapitalismus oder Industriegesellschaft? Verhandlungen des 16. Deutschen Soziologentages. Stuttgart, Enke, 1969.

M. Aglietta: Régulation et crises du capitalisme. Paris, Economia, 1976.

H. Albert: Traktat über kritische Vernunft. Tübingen, Mohr, 1968.

U. von Alemann (Hrsg.): Neokorporatismus. Frankfurt, Campus, 1981.

G. Almond: A Discipline Divided. Schools and Sects in Political Science. London, Sage, 1990.

L. Althusser: Für Marx. Frankfurt, Suhrkamp, 1968.

J. Altwegg/A. Schmidt: Französische Denker der Gegenwart. München, Beck, 1987.

P. Anderson: Considerations on Western Marxism. Thedford, Thedford Press, 1984, 2. Aufl.

P. Anderson: Modernity and Revolution. New Left Review, 1984: 96-113.

E. Angermann: Das Auseinandertreten von Staat und Gesellschaft im Denken des 18. Jahrhunderts. ZfP, 1963: 89-101.

M. S. Archer: Culture and Agency. The Place of Culture in Social Theory. Cambridge, UP, 1988.

H.-J. Arndt: Politische Lageanalyse. In: D. Nohlen/R. O. Schultze (Hrsg.): Pipers Wörterbuch zur Politik. Bd. 1, 2. Teil, München, Piper, 1985: 754-757.

A. J. Ayer: The Problem of Knowledge. London, Macmillan, 1956.

V.-M. Bader: Schmerzlose Entkopplung von System und Lebenswelt? Kritische Bemerkungen zu Jürgen Habermas' Zeitdiagnose. Prokla 64, 1986: 139-147.

R. J. Badham: Theories of Industrial Societies. London, Croom Helm, 1986.

D. Balbus: Disciplining Women: Michel Foucault and the Power of Feminist Discourse. In: S. Benhabib/D. Cornell, 1987, 110-142.

Abkürzungen

APSR	American Political Science Review
APuZG	Aus Politik und Zeitgeschichte
ASR	American Sociological Review
KZfSS	Kölner Zeitschrift für Soziologie und Sozialpsychologie
PVS	Politische Vierteljahresschrift
ZfS	Zeitschrift für Soziologie
ZfP	Zeitschrift für Politik

A. Bammé: Wenn aus Chaos Ordnung wird. Die Herausforderung der Sozialwissenschaften durch die Naturwissenschaftler. Mitteilungsblatt der Deutschen Gesellschaft für Soziologie, 1986, H. 2: 117-145.

A. Bammé u. a. (Hrsg.): Anything Goes – Science Everywhere? Konturen der Wissenschaft heute. München, Profil, 1986.

S. Barnes/M. Kaase: Political Action. London, Sage, 1979.

R. Barthes: Kritik und Wahrheit. Frankfurt, Suhrkamp, 1967.

G. Bateson u. a.: Schizophrenie und Familie. Frankfurt, Suhrkamp, 1969.

G. Bateson: Geist und Natur. Eine notwendige Einheit. Frankfurt, Suhrkamp, 1982.

J. Baudrillard: Agonie des Realen. Berlin, Merve, 1978.

J. Baudrillard u. a.: Der Tod der Moderne. Eine Diskussion. Tübingen, Konkursbuchverlag, 1983.

Z. Baumann: Culture as Praxis. London, Routledge & Kegan, 1973.

Z. Baumann: Legislators and Interpreters. On Modernity, Postmodernity and Intellectuals. Cambridge, Polity Press, 1987.

K. Baynes u. a. (Hrsg.): After Philosophy. End or Transformation? Cambridge/Mass., MIT Press, 1987.

U. Beck: Objektivität und Normativität. Die Theorie-Praxis-Debatte in der modernen deutschen und amerikanischen Soziologie. Reinbek, Rowohlt, 1974.

U. Beck: Risikogesellschaft. Auf dem Weg in eine andere Moderne. Frankfurt, Suhrkamp, 1986.

U. Beck: Der anthropologische Schock. Tschernobyl und die Konturen der Risikogesellschaft. Merkur, 1986a: 653-663.

U. Beck: Gegengifte. Die organisierte Unverantwortlichkeit. Frankfurt, Suhrkamp, 1988.

U. Beck/E. Beck-Gernsheim: Das ganz normale Chaos der Liebe. Frankfurt, Suhrkamp, 1990.

E. Behler: Derrida-Nietzsche. Nietzsche-Derrida. Paderborn, Schöningh, 1988.

D. Bell: The Coming of Post-Industrial Society. London, Heinmann, 1974.

D. Bell: Die Zukunft der westlichen Welt. Kultur und Technik im Widerstreit. Frankfurt, Fischer, 1976 (Original: The Cultural Contradictions of Capitalism. New York, Basic Books, 1976).

D. Bell: Die Sozialwissenschaften seit 1945. Frankfurt, Campus, 1986.

C. Belsey: The Subject of Tragedy. London, Methuen, 1985.

R. Bendix: Tradition and Modernity reconsidered. Comp. Studies in Society and History, 1966: 292-346.

R. Bendix/G. Roth: Scholarship and Partisanship. Essays on Max Weber. Berkeley. California UP, 1971.

J. M. Beneyto: Politische Theologie als politische Theorie. Eine Untersuchung zur Rechts- und Staatstheorie Carl Schmitts. Berlin, Duncker & Humblot, 1983.

S. Benhabib/D. Cornell (Hrsg.): Feminism as Critique. London, Polity Press, 1987.

G. Benn: Gedichte. Gesammelte Werke Bd. 2, Wiesbaden, Limes, 1963, 2. Aufl.

A. F. Bentley: The Process of Government. Evanston/Ill., Principia Press, 1949 (Erstausgabe 1908).

D. Berg-Schlosser/F. Müller-Rommel (Hrsg.): Vergleichende Politikwissenschaft. Opladen, Leske, 1987.

J. Berger (Hrsg.): Die Moderne – Kontinuitäten und Zäsuren. Göttingen, Schwartz, Soziale Welt, Sonderband 4, 1986.

J. Berger: Modernitätsbegriffe und Modernitätskritik in der Soziologie. Soziale Welt, 1988: 224-236.

P. L. Berger/Th. Luckmann: Die gesellschaftliche Konstruktion der Wirklichkeit. Frankfurt, Fischer, 1969.

P. L. Berger u. a.: Das Unbehagen in der Modernität. Frankfurt, Campus, 1975.

P. L. Berger: Robert Musil und die Errettung des Ichs. ZfS, 1988: 132-142.

W. Berger: The Reentrenchment of the World. Ithaca, Cornell, UP, 1985.

W. Bergmann: Lebenswelt, Lebenswelt des Alltags oder Alltagswelt? KZfSS, 1981: 50-72.

R. J. Bernstein: Restrukturierung der Gesellschaftstheorie. Frankfurt, Suhrkamp, 1979.

J. M. Berry: Lobbying for the People. Princeton, UP, 1977.

J. Beuys/M. Ende: Kunst und Politik. Ein Gespräch. Wangen, Freie Volkshochschule Argental, 1989.

K. von Beyme: Politische Soziologie im zaristischen Rußland. Wiesbaden, Harrassowitz, 1965.

K. von Beyme: Politische Ideengeschichte. Probleme eines interdisziplinären Forschungsbereichs. Tübingen, Mohr, 1968.

K. von Beyme (Hrsg.): Empirische Revolutionsforschung. Opladen, Westdeutscher Verlag, 1973.

K. von Beyme: Ökonomie und Politik im Sozialismus. München, Piper, 1975, 1977.

K. von Beyme: Parteien in westlichen Demokratien. München, Piper, 1984, 2. Aufl.

K. von Beyme: Die politischen Theorien der Gegenwart. München, Piper, 1986, 6. Aufl.

K. von Beyme: Der Vergleich in der Politikwissenschaft. München, Piper, 1988.

K. von Beyme: Postmoderne und politische Theorie. PVS, 1989: 209-229.

K. von Beyme: Informelle Komponenten des Regierens. In: H.-H. Hartwich/G. Wewer (Hrsg.): Informelle Komponenten des Regierens. Opladen, Leske, 1991: 31-50.

J. F. Bird: Foucault: Power and Politics. In: P. Lassman, 1989: 85-103.

St. Böckler: Kapitalismus und Moderne. Opladen. Westdeutscher Verlag, 1991.

R. Boehm: Husserls drei Thesen über die Lebenswelt. In: E. Ströker (Hrsg.): Lebenswelt und Wissenschaft in der Philosophie E. Husserls. Frankfurt, 1979, 23-31.

G. Böhme u. a.: Die Finalisierung der Wissenschaft. ZfS, 1973, 128-144.

C. Böhret: Folgen. Entwurf für eine aktive Politik gegen schleichende Katastrophen. Opladen, Leske & Budrich, 1990.

N. Bolz: Auszug aus der entzauberten Welt. Philosophischer Extremismus zwischen den Weltkriegen. München, 1989.

W. Bonß u. a.: Die Zukunft der Vernunft. Tübingen, Konkursbuchverlag, 1985.

R. Boudon: Effets pervers et ordre social. Paris, PUF, 1977.

P. Bourdieu: La distinction. Paris, 1979; Dt.: Die feinen Unterschiede. Frankfurt, Suhrkamp, 1982.

J. Bourkel: V. Paretos Wissenschaftstheorie als Beitrag zur gegenwärtigen Soziologie. Saarbrücken, Verlag der Reihe, 1982.

R. Boyd/P. J. Richerson: Culture and the Evolutionary Process. Chicago, UP, 1985.

R. Boyer: La théorie de la régulation. Une analyse critique. Paris, Edition La Decouverte, 1987.

G. Brand: Die Lebenswelt. Eine Philosophie des konkreten Apriori. Berlin, De Gruyter, 1971.

K. W. Brand/H. Honolka: Lebenswelt und Wahlentscheidung. PVS, 1981: 305-326.

A. Brecht: Politische Theorie. Die Grundlagen politischen Denkens im 20. Jahrhundert. Tübingen, Mohr, 1959.

W. von Bredow/Th. Noetzel: Befreite Sexualität? Streifzüge durch die Sittengeschichte seit der Aufklärung. Hamburg, Junius, 1990.

St. Breuer: Politik und Recht im Prozeß der Rationalisierung. Leviathan, 1977: 53-99.

St. Breuer: Die Evolution der Disziplin. Zum Verhältnis von Rationalität und Herrschaft in Max Webers Theorie der vorrationalen Welt. KZfSS, 1978: 409-437.

St. Breuer: Die »Konservative Revolution«. Kritik eines Mythos. PVS, 1990: 585-607.

M. Broszat u. a. (Hrsg.): Von Stalingrad zur Währungsreform. Zur Sozialgeschichte des Umbruchs in Deutschland. München, Oldenbourg, 1988.

Z. Brzezinski: Dysfunctional Totalitarianism. In: K. von Beyme (Hrsg.): Theory and Politics: Festschrift zum 70. Geburtstag für Carl Joachim Friedrich. Den Haag, Nijhoff, 1971: 375-389.

W. Bühl: Evolution und Revolution: Kritik der symmetrischen Soziologie. München, Goldmann, 1970.

W. Bühl: Theorie und Paratheorie. In: G. Albrecht u. a. (Hrsg.): Soziologie. René König zum 65. Geburtstag. Opladen, Westdeutscher Verlag, 1973: 48-67.

W. Bühl: Die ›Postindustrielle Gesellschaft‹: eine verfrühte Utopie? KZfSS, 1983: 755-770.

W. Bühl: Die Dynamik sozialer Konflikte in katastrophentheoretischer Darstellung. KZfSS, 1984: 641-666.

W. Bühl: Gibt es eine soziale Evolution? Zeitschrift für Politik, 1984a: 302-331.

W. L. Bühl: Krisentheorien. Politik, Wirtschaft und Gesellschaft im Übergang. Darmstadt, Wiss. Buchgesellschaft, 1984b.

W. Bühl: Strukturkrise und Strukturwandel. Zur Situation der Bundesrepublik. In: J. Berger: 1986: 141-166.

W. Bühl: Grenzen der Autopoiesis. KZfSS, 1987: 225-254.

W. L. Bühl: Sozialer Wandel im Ungleichgewicht. Stuttgart, Enke, 1990.

Ch. u. P. Bürger (Hrsg.): Postmoderne: Alltag, Allegorie und Avantgarde. Frankfurt 1987.

Th. Burger: Talcott Parsons, the Problem of Order in Society and the Problem of an Analytical Sociology. KZfSS, 1977: 320-334.

W. Bürklin: Wertwandel oder zyklische Wertaktualisierung? In: H.-O. Luthe/H. Meulemann (Hrsg.): Wertewandel – Fakten oder Fiktion. Frankfurt, Campus, 1988: 193-294.

H. Bußhoff: Der politische Code. Soziale Evolution und politische Steuerung. Stuttgart, Klett-Cotta, 1980.

A. Camus: Essais. Paris, Gallimard, 1965.

H. Carrère d'Encausse: L'empire éclaté. Paris. Flammarion, 1978.

A. Cawson (Hrsg.): Organized Interest and the State. Studies in Meso-Corporatism. London, Sage, 1985.

A. Cawson: Corporatism and Political Theory. Oxford, Blackwell, 1986.

F. Châtelet/R. Pisier-Kouchner: Les conceptions politiques du xxe siècle. Paris, PUF, 1981.

J. Clifford/G. E. Marcus (Hrsg.): Writing Culture. The Poetics and Politics of Ethnography. Berkeley, University of California Press, 1986.

J. Cohen u. a.: De-Parsonizing Weber. ASR, 1975: 229-241.

J. Coleman: Social Theory, Social Research and a Theory of Action. American Journal of Sociology, 1986: 1309-1335.

A. Comte: Soziologie. Jena, G. Fischer, 1923, 3 Bde.

D. Couzens Hoy (Hrsg.): Foucault: A Critical Reader. Oxford, Blackwell, 1986.

A. Cox: Corporatism as Reductionism. The Analytic Limits of the Corporatist Thesis. Government and Opposition, 1981: 68-95.

D. Crane: Invisible Colleges. Diffusion of Knowledge in Scientific Communities. Chicago, UP, 1972.

D. Crane: The Transformation of the Avant-Garde. Chicago, UP, 1987.

M. Crozier u. a.: The Crisis of Democracy. New York, UP, 1975.

M. Crozier/S. Friedberg: L'acteur et le système. Paris, Seuil, 1977.

J. Culler: On Deconstruction. London, Routledge & Kegan, 1983.

R. Dahl: The Behavioral Approach in Political Science. Epitaph for a Monument to a Successful Protest. APSR, 1961: 763-772.

R. Dahrendorf: Lebenschancen. Frankfurt, Suhrkamp, 1979.

F. R. Dallmayr: Twilight of Subjectivity. Contributions to a Post-Individualist Theory of Politics. Amherst, University of Mass., 1981.

M. Daly: Gyn/Ecology. London, The Women's Press, 1979.

M. Daly: Reine Lust. Elemental-feministische Philosophie. München, Frauenoffensive, 1985.

P. Davies: Prinzip Chaos. München, Bertelsmann, 1990.

K. W. Deutsch: The Nerves of Government. New York (1963), Free Press, 1966.

K. W. Deutsch u. a.: Conditions favoring Major Advances in Social Science. Science, 171, 1971: 450-459.

S. Dietz: Lebenswelt und System als Ort und Perspektive. Untersuchungen zur kritischen Gesellschaftstheorie von Jürgen Habermas. Diss., Hamburg, 1990.

W. Dilthey: Einleitung in die Geisteswissenschaften. (1883) Stuttgart, Teubner, 1959, 4. Aufl.

A. Downs: An Economic Theory of Democracy. New York, Harper & Row, 1957.

H. L. Dreyfus/P. Rabinow: What is Maturity? Habermas and Foucault on ›What is Enlightenment?‹ In: D. Couzens Hoy: 1986: 108-121.

J. G. Droysen: Historik. (1858) Darmstadt, Wiss. Buchgesellschaft, 1960, 4. Aufl.

U. Druwe: ›Selbstorganisation‹ in den Sozialwissenschaften. Wissenschaftstheoretische Anmerkungen zur Übertragung der naturwissenschaftlichen Selbstorganisationsmodelle auf sozialwissenschaftliche Fragestellungen. KZfSS, 1988: 762-775.

U. Druwe: Vom Modell zur Theorie. In: A. Görlitz/U. Druwe (Hrsg.): Politische Steuerung und Systemumwelt. Pfaffenweiler, Centaurus, 1990: 45-64.

H.-P. Duerr (Hrsg.): Versuchungen. Aufsätze zur Philosophie Paul Feyerabends. Frankfurt, Suhrkamp, 1980, Bd. 1.

E. Durkheim: Leçons de sociologie. Paris, PUF, 1950.

E. Durkheim: Les règles de la méthode sociologique. Paris, PUF, 1950a, 11. Aufl.

E. Durkheim: Montesquieu et Rousseau, précurseurs de la sociologie. Paris, PUF, 1953.

E. Durkheim: De la division du travail social. (1893) Paris, PUF, 1960, 7. Aufl.

E. Durkheim: Textes. Paris, Minuit, 1975, 3 Bde.

Th. Dyllick: Management der Umweltbeziehungen. Öffentliche Auseinandersetzungen als Herausforderung. Wiesbaden. Gabler, 1989.

R. Ebbinghausen (Hrsg.): Monopol und Staat. Zur Marx-Rezeption in der Theorie des staatsmonopolistischen Kapitalismus. Frankfurt, Suhrkamp, 1974.

R. Eckert: Wissenschaft und Demokratie. Tübingen, Mohr, 1971.

U. Eco: Das offene Kunstwerk. Frankfurt, Suhrkamp, 1990, 5. Aufl.

R. Eden: Political Leadership and Nihilism. A Study of Weber and Nietzsche. Tampa, University Press of Florida, 1986, 2. Aufl.

M. Eigen/R. Winkler: Das Spiel. Naturgesetze steuern den Zufall. München, Piper, 1975.

G. Eisermann: Vilfredo Pareto. Ein Klassiker der Soziologie. Tübingen, Mohr, 1987.

G. Eisermann: Max Weber und Vilfredo Pareto. Dialog und Konfrontation. Tübingen, Mohr, 1989.

N. Elias: Über den Prozeß der Zivilisation. Frankfurt, Suhrkamp, 1976, 2 Bde.

J. Ellul: Von der Revolution zur Revolte. Hamburg, Hoffmann & Campe, 1976.

G. Engelhardt: Imperialismus der Ökonomie? In: H. B. Schäfer/ K. Wehrt: 1989: 19-49.

J. Esser: Einführung in die materialistische Staatsanalyse. Frankfurt, Campus, 1975.

A. Etzioni: The Active Society. New York, Free Press, 1968.

J. P. Euben: The Tragedy of Political Theory. Princeton, UP, 1990.

J. W. Falter: Der ›Positivismusstreit‹ in der amerikanischen Politikwissenschaft. Opladen, Westdeutscher Verlag, 1982.

J. W. Falter u. a.: Politische Theorie in den USA. Eine empirische Analyse der Entwicklung von 1950-1980. Opladen, Westdeutscher Verlag, 1990.

I. Faltin: Norm – Milieu – Politische Kultur. Wiesbaden, DUV, 1990.

M. Featherstone: Lifestyle and Consumer Culture. Theory, Culture and Society 4, 1987: 55-70.

M. Featherstone: Auf dem Weg zu einer postmodernen Kultur. In: H. Haferkamp (Hrsg.): Sozialstruktur und Kultur. Frankfurt, Suhrkamp, 1990: 209-248.

F. Fehér: Der Pyrrhussieg der Kunst um ihre Befreiung. In: Ch. u. P. Bürger: 1987: 13-33.

M. Ferguson: Die sanfte Verschwörung. Persönliche und gesellschaftliche Transformation im Zeitalter des Wassermanns. München, Knaur, 1982.

L. Ferry/A. Renaut: Antihumanistisches Denken. Gegen die französischen Meisterphilosophen. München, Hanser, 1987.

P. Feyerabend: Wider den Methodenzwang: Frankfurt, Suhrkamp, 1976.

P. Feyerabend: Erkenntnis für freie Menschen. Frankfurt, Suhrkamp, 1979.

P. Feyerabend: Irrwege der Vernunft. Frankfurt, Suhrkamp, 1989.

P. Feyerabend: Unterwegs zu einer dadaistischen Erkenntnistheorie. In: H.-P. Duerr (Hrsg.): Unter dem Pflaster liegt der Strand. Bd. 4, Karin Kramer, o. J.

J.-C. Filloux: Durkheim et le socialisme. Genf, Droz, 1977.

S. Firestone: Frauenbefreiung und sexuelle Revolution. Frankfurt, Fischer, 1975.

G. Fischer u. a.: Abschied von der Postmoderne. Braunschweig, Vieweg, 1987.

S. C. Flanagan: Changing Values in Advanced Industrial Societies. Comp. Pol. Studies, 1982: 403-444.

S. C. Flanagan: Value Change in Industrial Societies. APSR, 1987: 1289-1389.

J. Flax: Thinking Fragments. Psychoanalysis, Feminism and Postmodernism in the Contemporary West. Berkeley, Univ. of California Press, 1990.

H.-G. Flickinger (Hrsg.): Die Autonomie des Politischen. Carl Schmitts Kampf um einen beschädigten Begriff. Weinheim, Acta humaniora, 1990.

E. Flitner: Revolte gegen den Rationalismus. Beziehungen zwischen Max Webers und Hegels Analysen zur Dialektik der Verwissenschaftlichung. KZfSS, 1983: 255-273.

H. Flohr/W. Tönnesmann (Hrsg.): Politik und Biologie. Berlin, Parey, 1983.

P. Flora: Modernisierungsforschung. Opladen, Westdeutscher Verlag, 1974.

I. Forbes: Nietzsche, Modernity and Politics. In: J. R. Gibbins: 1989: 218-236.

E. Forsthoff: Der Staat in der Industriegesellschaft. München, Beck, 1971.

M. Foucault: Wahnsinn und Gesellschaft (1961). Frankfurt, Suhrkamp, 1973.

M. Foucault: Dispositive der Macht. Berlin, Minerva, 1978.

M. Foucault: Archäologie des Wissens. Frankfurt, Suhrkamp, 1986, 2. Aufl.

M. Foucault: Die Ordnung der Dinge. Frankfurt, Suhrkamp, 1989, 8. Aufl.

M. Foucault: Der Wille zum Wissen. Sexualität und Wahrheit 1. Frankfurt, Suhrkamp, 1983.

– Der Gebrauch der Lüste. Sexualität und Wahrheit 2. Frankfurt, Suhrkamp, 1989.

– Die Sorge um sich. Sexualität und Wahrheit 3. Frankfurt, Suhrkamp, 1989.

G. Franz/W. Herbert: Werte, Bedürfnisse, Handeln: Ansatzpunkte politischer Verhaltenssteuerung. Frankfurt, Campus, 1986.

H. Freyer: Herrschaft und Planung. (1933) in: Ders.: Herrschaft, Planung und Technik. Weinheim, Acta humaniora, 1987: 17-44.

C. J. Friedrich: Das Zeitalter des Barock. Kultur und Staaten Europas im 17. Jahrhundert. Stuttgart, Kohlhammer, 1954.

C. J. Friedrich/Z. Brzezinski: Totalitarian Dictatorship and Autocracy. Cambridge/Mass., Harvard UP, 1965, 2. Aufl.

R. W. Friedrichs: A Sociology of Sociology. New York, Free Press, 1970.

C. Fuchs Epstein: Deceptive Distinctions. Sex, Gender and Social Order. New Haven, Yale UP, 1988.

H.-G. Gadamer: Wahrheit und Methode. Tübingen, Mohr, 1965, 2. Aufl.

J. Galtung: Struktur, Kultur und intellektueller Stil. Leviathan, 1983: 303-338.

R. Garaudy: Das schwache Geschlecht ist unsere Stärke – für eine Feminisierung der Gesellschaft. München, dtv, 1985.

A. Gehlen: Studien zur Anthropologie und Soziologie. Neuwied, Luchterhand, 1963.

A. Gehlen: Philosophische Anthropologie und Handlungslehre. Frankfurt, Klostermann, 1983.

N. Geras: Ex-Marxism Without Substance. New Left Review, 1988/169: 34-61.

D. Gerdes: Verhalten oder Handeln? Thesen zur sozialwissenschaftlichen Analyse sozialer Bewegungen. In. J. W. Falter u. a. (Hrsg.): Politische Willensbildung und Interessenvermittlung. Opladen, Westdeutscher Verlag, 1984: 645-654.

D. Gerdes: Regionalismus als soziale Bewegung. Frankfurt, Campus, 1985.

D. R. Gerstein u. a. (Hrsg.): The Behavioral and Social Sciences. Achievements and Opportunities. Washington, National Academy Press, 1988.

J. R. Gibbins (Hrsg.): Contemporary Political Culture. London, 1989.

A. Giddens: Die klassische Gesellschaftstheorie und der Ursprung der modernen Soziologie. In: W. Lepenies (Hrsg.): Geschichte der Soziologie. Frankfurt, Suhrkamp, 1981a, Bd. 1: 96-136.

A. Giddens: A Contemporary Critique of Historical Materialism. London, Macmillan, 1981b, Bd. 1.

A. Giddens: Modernism and Postmodernism. New German critique, 1981c, Nr. 22: 15-18.

A. Giddens: Social Theory and Modern Sociology. Cambridge, UP, 1987.

B. Giesen: Der Herbst der Moderne? Zum zeitdiagnostischen Potential neuer sozialer Bewegungen. In: J. Berger, 1986: 359-376.

B. Giesen: Entzauberte Soziologie. Oder: Abschied von der klassischen Gesellschaftstheorie. Paper zum 25. Dt. Soziologentag. Frankfurt, Okt. 1990 (Mimeo).

B. Giesen: Die Entdinglichung des Sozialen. Eine evolutionstheoretische Perspektive auf die Postmoderne. Frankfurt, Suhrkamp, 1991.

M. Glagow (Hrsg.): Gesellschaftssteuerung zwischen Korporatismus und Subsidiarität. Bielefeld, AJZ, 1984.

E. von Glasersfeld: Siegener Gespräche über radikalen Konstruktivismus. In: S. J. Schmidt, a.a.O.: 1987: 401-440.

E. von Glasersfeld: Wissen, Sprache und Wirklichkeit. Braunschweig, Vieweg, 1987a.

A. Görlitz/R. Voigt: Rechtspolitologie. Opladen, Westdeutscher Verlag, 1985.

H. Göttner-Abendroth: Zur Methodologie von Frauenforschung. In: Beiträge zur feministischen Theorie und Praxis. Köln, Sozialwissenschaftliche Forschung und Praxis für Frauen, 1987, 3. Aufl.: 35-59.

R. Goll: Der Evolutionismus: Analyse eines Grundbegriffs neuzeitlichen Denkens. München, Beck, 1972.

B. Goodwin: Utopie und Rationalität. In: K.-P. Markl: 1984: 254-278.

C. A. Gottlieb: Beyond Modern Art. New York, Dutton, 1976.

W. Gottschalch: Geschlechterneid. Berlin, Ästhetik und Kommunikation, 1984.

C. C. Gould: Private Rechte und öffentliche Tugenden. Frauen, Familie und Demokratie. In: E. List/H. Studer: 1989: 78-85.

W. Grant (Hrsg.): The Political Economy of Corporatism. London, Macmillan, 1985.

W. Grasskamp: Die unbewältigte Moderne. München, Beck, 1989.

R. Grathoff: Alltag und Lebenswelt als Gegenstand der phänomenologischen Sozialtheorie. In: Materialien zur Soziologie des Alltags. KZfSS Sonderheft 20, 1978: 67-86.

M. Th. Greven: Die Politische Gesellschaft als Gegenstand der Politikwissenschaft. In: Ethik und Sozialwissenschaften, 1990, H. 2: 223-228.

S. Griffin: Der Weg aller Ideologie. In: E. List/H. Studer: 1989: 557-585.

R. Großmaß/Ch. Schmerl (Hrsg.): Gepäck. Kritik konservativer Anteile in neueren feministischen Theorien. Frankfurt, Campus, 1989.

B. Guggenberger: Wem nützt der Staat? Kritik der neomarxistischen Staatstheorie. Stuttgart, Kohlhammer, 1974.

B. Guggenberger/C. Offe (Hrsg.): An den Grenzen der Mehrheitsdemokratie. Opladen, Westdeutscher Verlag, 1984.

S. Guilbaut: How New York Stole the Idea of Modern Art. Abstract Expressionism, Freedom and the Cold War. Chicago, UP, 1983.

J. G. Gunnell: Between Philosophy and Politics. The Alienation of Political Theory. Amherst, University of Mass., 1986.

K. H. Haag: Der Fortschritt in der Philosophie. Frankfurt, Suhrkamp, 1985.

J. Habermas: Strukturwandel der Öffentlichkeit. Neuwied, Luchterhand, 1971, 5. Aufl.

J. Habermas: Legitimationsprobleme im Spätkapitalismus. Frankfurt, Suhrkamp, 1973.

J. Habermas: Zur Rekonstruktion des Historischen Materialismus. Frankfurt, Suhrkamp, 1976.

J. Habermas (Hrsg.): Stichworte zur ›Geistigen Situation der Zeit‹. Frankfurt, Suhrkamp, 1979, 2 Bde.

J. Habermas: Theorie des kommunikativen Handelns. Frankfurt, Suhrkamp, 1981, 2 Bde.

J. Habermas: Kleine politische Schriften I-IV. Frankfurt, Suhrkamp, 1981a.

J. Habermas: Zur Logik der Sozialwissenschaften. Frankfurt, Suhrkamp, 1982, 5. erw. Aufl.

J. Habermas: Die Verschlingung von Mythos und Aufklärung. In: K. H. Bohrer (Hrsg.): Mythos und Moderne. Frankfurt, Suhrkamp, 1983: 405-431.

J. Habermas: Moderne und postmoderne Architektur. In: Ders.: Die neue Unübersichtlichkeit, Frankfurt, Suhrkamp, 1985: 11-29.

J. Habermas: Entgegnung. In: A. Honneth/H. Joss (Hrsg.): Kommunikatives Handeln. Beiträge zu Jürgen Habermas' ›Theorie des kommunikativen Handelns‹. Frankfurt, Suhrkamp, 1986: 327-405.

J. Habermas: Eine Art Schadensabwicklung. Frankfurt, Suhrkamp, 1987.

J. Habermas: Der philosophische Diskurs der Moderne. Frankfurt, Suhrkamp, 1988, 4. Aufl.

J. Habermas/N. Luhmann: Theorie der Gesellschaft oder Sozialtechnologie. Was leistet die Systemforschung? Frankfurt, Suhrkamp, 1971.

J. Hacker: Defizite der vergleichenden Deutschlandforschung. Die Welt. 17. 3. 1990: 17.

H. Haferkamp (Hrsg.): Sozialstruktur und Kultur. Frankfurt, Suhrkamp, 1990.

H. Haken: Erfolgsgeheimnisse der Natur. Synergetik. Die Lehre vom Zusammenwirken. Berlin, Ullstein, 1988.

P. Hammans: Das politische Denken der neueren Staatslehre in der Bundesrepublik. Opladen, Westdeutscher Verlag, 1987.

K. Hammerich/M. Klein (Hrsg.): Materialien zur Soziologie des Alltags. Opladen, Westdeutscher Verlag, 1978.

R. J. Harrison: Pluralism and Corporatism. London, Allen & Unwin, 1980.

H.-H. Hartwich (Hrsg.): Gesellschaftliche Probleme als Anstoß und Folge von Politik. Opladen, Westdeutscher Verlag, 1983.

H.-H. Hartwich (Hrsg.): Policy-Forschung in der Bundesrepublik Deutschland. Opladen, Westdeutscher Verlag, 1985.

D. Harvey: The Condition of Postmodernity. An Inquiry into the Origins of Cultural Change. Oxford, Blackwell, 1989.

I. Hassan: Postmoderne heute. In: W. Welsch: 1988: 47-56.

I. Hassan: Paracriticisms. Seven Speculations of the Times. Urbana/Ill., University of Illinois Press, 1975.

A. Hauser: Der Manierismus. München, Beck, 1964.

F. A. Hayek: Liberalism: The Principles of a Liberal Social Order. In: A. Crespigny/J. Cronin (Hrsg.): Ideologies of Politics. Oxford, UP, 1975: 55-75.

G. W. F. Hegel: Die Vernunft in der Geschichte. Hamburg, Meiner, 5. Aufl., 1955.

G. W. F. Hegel: Grundlinien der Philosophie des Rechts. (1821) Frankfurt, Suhrkamp, 1970, Bd. 7 von: Werke in 20 Bänden.

R. G. Heinze: Verbändepolitik und Neokorporatismus. Opladen, Westdeutscher Verlag, 1981.

P. M. Hejl: Sozialwissenschaft als Theorie selbstreferentieller Systeme. Frankfurt, Campus, 1982.

P. M. Hejl: Autopoiesis – muß das sein? Rechtshistorisches Journal, 1986: 357-363.

P. M. Hejl: Konstruktion der sozialen Konstruktion: Grundlinien einer konstruktivistischen Sozialtheorie. In: S. J. Schmidt: 1987: 303-339.

A. Heller: Alltagsleben. Frankfurt, Suhrkamp, 1977.

A. Heller/F. Fehér: The Postmodern Political Condition. Cambridge, Polity Press, 1988.

C. G. Hempel: Aspects of Scientific Explanation. New York, Free Press, 1965.

W. Hennis: Demokratisierung. Zur Problematik eines Begriffs. Köln, Westdeutscher Verlag, 1970.

W. Hennis: Max Webers Fragestellung. Tübingen, Mohr, 1987.

D. Henrich: Die Einheit der Wissenschaftslehre Max Webers. Tübingen, Mohr, 1952.

D. Henrich: Was ist Metaphysik, was Moderne? Merkur 448, 1986: 495-508.

D. Henrich: Konzepte. Essays zur Philosophie in der Zeit. Frankfurt, Suhrkamp, 1987.

W. Herbert: Wertwandel in den 80er Jahren. In: H. O. Luthe/H. Meulemann (Hrsg.): Wertwandel – Faktum oder Fiktion? Frankfurt, Campus, 1988: 140-160.

H. M. Hernes: Wohlfahrtsstaat und Frauenmacht. Baden-Baden, Nomos, 1989.

Th. Herz: Der Wandel von Wertvorstellungen in westlichen Industriegesellschaften. KZfSS, 1979: 282-302.

H. Hesse: Vernunft und Selbstbehauptung. Kritische Theorie als Kritik der neuzeitlichen Rationalität. Frankfurt, Fischer, 1984.

K. Hierholzer/H.-G. Wittmann (Hrsg.): Phasensprünge und Stetigkeit in der natürlichen und kulturellen Welt. Stuttgart, Wiss. Verlagsgesellschaft, 1988.

J. Hirsch: Alternativbewegung – eine politische Alternative. In: R. Roth (Hrsg.): Parlamentarisches Ritual und politische Alternativen. Frankfurt, Campus, 1980: 121-146.

J. Hirsch: Der Sicherheitsstaat. Frankfurt, EVA, 1980a.

J. Hirsch/R. Roth: Das neue Gesicht des Kapitalismus. Vom Fordismus zum Post-Fordismus. Hamburg, VSA, 1986.

J. Hirsch: Kapitalismus ohne Alternative? Hamburg, VSA, 1990.

H. G. Holl: Das lockere und das strenge Denken. Essays über Gregory Bateson. Weinheim, Beltz, 1985.

B. Holland-Cunz: Utopien der neuen Frauenbewegung. Gesellschaftsentwürfe im Kontext feministischer Theorie und Praxis. Meitingen, Corian, 1988.

A. Honneth/H. Joas (Hrsg.): Kommunikatives Handeln. Frankfurt, Suhrkamp, 1986.

A. Honneth: Kritik der Macht. Frankfurt, Suhrkamp, 1989.

A. Honneth u. a. (Hrsg.): Zwischenbetrachtungen im Prozeß der Aufklärung. Jürgen Habermas zum 60. Geburtstag. Frankfurt, 1989.

W. Hudson: Ernst Bloch: Ideology and Postmodern Social Philosophy. Canadian Journal of Political and Social Theory, 1983: 131-144.

W. Hudson: The Question of Postmodern Philosophy? In: Hudson/van den Reijen (Red.): Modernen versus Postmodernen. Utrecht, HES, 1986: 51-89.

W. Hudson: Postmodernity and Contemporary Social Thought. In: Lassman: 1989: 138-160.

K. Hübner: Theorie der Regulation. Berlin, Sigma, 1989.

E. Husserl: Die Krisis der europäischen Wissenschaften und die transzendentale Phänomenologie. Hamburg, Meiner, 1982, 2. Aufl.

A. Huyssen/K. R. Scherpe (Hrsg.): Postmoderne. Zeichen eines kulturellen Wandels. Reinbek, Rowohlt, 1986.

R. Inglehart: The Silent Revolution. Changing Values and Political Styles among Western Publics. Princeton, UP, 1977.

R. Inglehart: Zusammenhang zwischen sozioökonomischen Bedingungen und individuellen Wertprioritäten. KZfSS, 1980: 144-153.

R. Inglehart: Observations on Cultural Change and Postmodernism. In: J. R. Gibbins (Hrsg.): Contemporary Political Culture, London, Sage, 1989: 252-257.

R. Inglehart: Culture Shift in Advanced Industrial Society. Princeton, UP, 1990.

F. Jameson: The Political Unconscious: Narrative as a Socially Symbolic Act. Ithaca, Cornell UP, 1981.

F. Jameson: The Politics of Theory: Ideological Positions in the Postmodernism Debate. New German Critique, 1984, Nr. 33: 53-65.

F. Jameson: Postmoderne – zur Logik der Kultur im Spätkapitalismus. In: A. Huyssen/K. R. Scherpe: 1986: 45-102.

F. Jameson: Marxism and Postmodernism. New Left Review, 1989, 176: 31-45.

A. C. Janos: Politics and Paradigms. Changing Theories of Change in Social Science. Stanford, UP, 1986.

E. Jantsch/C. H. Waddington (Hrsg.): Evolution and Consciousness. Human Systems in Transition. London, Addison-Wesley, 1988, 4. Aufl.

E. Jantsch: Die Selbstorganisation des Universums. München, dtv, 1988, 4. Aufl.

K. P. Japp: Neue soziale Bewegungen und die Kontinuität der Moderne. In: J. Berger: 1986: 311-333.

Ch. Jencks: Die Sprache der postmodernen Architektur. Stuttgart, DVA, 1980.

Ch. Jencks: Was ist Postmoderne? Zürich, Artemis, 1990.

J. C. Jenkins: Resource Mobilization Theory and the Study of Social Movement. American Soc. Review, 1983: 527-553.

B. Jessop: The Capitalist State. New York, UP, 1982.

B. Jessop: Nicos Poulantzas. Marxist Theory and Political Strategy. London, M. Robertson, 1985.

H. Joas: Partizipation – Yuppisierung – Gewalt. Über Kreativität heute. Paper zum 25. Dt. Soziologentag in Frankfurt, Okt. 1990 (Mimeo).

N. Johnson: The Limits of Political Science. Oxford, Clarendon, 1989.

R. A. Jones/S. Kronus: Professionelle Soziologen und die Geschichte der Soziologie. Eine Meinungsumfrage. In: W. Lepenies (Hrsg.): Geschichte der Soziologie, Frankfurt, Suhrkamp, 1981, Bd. 1: 219-238.

U. Jürgens: Entwicklungslinien der staatstheoretischen Diskussion seit den siebziger Jahren. APuZG B 9, 1990: 14-22.

G. Kähler (Hrsg.): Dekonstruktion? Dekonstruktivismus? Braunschweig, Vieweg, 1990.

H.-R. Kaiser: Staat und gesellschaftliche Integration. Marburg, Verlag Arbeiterbewegung und Gesellschaftswissenschaft, 1977.

D. Kamper: Zur Soziologie der Imagination. München, Hanser, 1986.

I. Kant: Kritik der Urteilskraft. (1790) Werke. Darmstadt, Wiss. Buchgesellschaft, 1957, Bd. v.

H. S. Kariel: The Feminist Subject Spinning in the Postmodern Project. Political Theory, 1990: 255-272.

F. X. Kaufmann: Religion und Modernität. In: J. Berger: 1986: 283-310.

R. Keat: The Human Body in Social Theory: Reich, Foucault and the Repressive Hypothesis. Radical Philosophy, 1986, Bd. 42: 24-32.

E. F. Keller: Liebe, Macht und Erkenntnis. Männliche oder weibliche Wissenschaft. München, Hanser, 1986.

S. Keller: Beyond The Ruling Class. Strategic Elites in Modern Society. New York, Random House, 1963.

D. Kellner (Hrsg.): Postmodernism/Jameson/Critique. Washington, Maisonneuve Press, 1990.

H. Kelsen: Der soziologische und der juristische Staatsbegriff. Tübingen, Mohr, 1928, 2. Aufl.

P. Kemper (Hrsg.): Postmoderne oder Der Kampf um die Zukunft. Frankfurt, Fischer, 1988.

J. von Kempski: Wissenschaft von der Politik – sozusagen. Merkur, 1966: 454-468.

P. Kennealy: Talking About Autopoiesis – Order from Noise. In: G. Teubner (Hrsg.): Autopoietic Law. A New Approach to Law and Society, Berlin, deGruyter, 1988: 349-368.

E. Kennedy: Politischer Expressionismus: Die kulturkritischen und metaphysischen Ursprünge des Begriffs des Politischen von Carl Schmitt. In: H. Quaritsch: 1988: 233-265.

R. King: The State in Modern Society. London, Macmillan, 1986.

B. Klandermans: Mobilization and Partizipation. Social-psychological Expansions of Resource Mobilization Theory. Am. Soc. Review, 1984: 583-600.

H. Kloss: Grundfragen der Ethnopolitik im 20. Jahrhundert. Wien, Braumüller, 1969.

J. Kocka: Karl Marx und Max Weber. Ein methodologischer Vergleich. Zschr. f. die Ges. Staatswiss., 1966: 328-357.

J. Kocka: Historisch-anthropologische Fragestellungen – ein Defizit der Historischen Sozialwissenschaft? In: H. Süssmuth (Hrsg.): Historische Anthropologie. Göttingen, Vandenhoeck & Ruprecht, 1984, 73-83.

R. König: Kritik der historisch-existentialistischen Soziologie. München, Piper, 1975.

J. Körner: Vom Erklären zum Verstehen in der Psychoanalyse. Göttingen, Vandenhoeck & Ruprecht, 1985.

D. Kolb: The Critique of Pure Modernity. Hegel, Heidegger and After. Chicago, UP, 1988.

R. Koselleck: Vergangene Zukunft. Zur Semantik geschichtlicher Zeiten. Frankfurt, Suhrkamp, 1989.

P. Koslowski: Sein-lassen-können als Überwindung des Modernismus. In: Ders. u. a. (Hrsg.): Moderne und Postmoderne. Weinheim, Acta humaniora, 1986: 173-184.

P. Koslowski: Wirtschaft als Kultur. Wien, Passagen, 1989.

K. Kraus: Die Dritte Walpurgisnacht. München, Kösel, 1962.

H. Kremendahl: Pluralismustheorie in Deutschland. Leverkusen, Heggen, 1977.

J. Kristeva: Die Revolution der poetischen Sprache. Frankfurt, Suhrkamp, 1978.

Ch. Graf von Krockow: Die Entscheidung. Eine Untersuchung über Ernst Jünger, Carl Schmitt, Martin Heidegger. Stuttgart, Enke, 1958.

W. Krohn u. a.: Selbstorganisation. Zur Genese und Entwicklung einer wissenschaftlichen Revolution. In: S. J. Schmidt: 1987: 441-465.

M. Küchler: Qualitative Sozialforschung. Modetrend oder Neuanfang. KZfSS, 1980: 373-386.

M. Küchler: Der Wahlforscher und die Lebenswelt des Wählers. PVS, 1981: 432-436.

Th. S. Kuhn: Die Struktur wissenschaftlicher Revolutionen. Frankfurt, Suhrkamp, 1962, 1976, 2. Aufl.

M. Kunczik: Elemente der modernen Systemtheorie im soziologischen Werk von Herbert Spencer. KZfSS, 1983: 438-461.

E. Laclau: The Specificity of the Political: the Poulantzas-Miliband Debate. Economy and Society, 1975: 87-110.

E. Laclau/Ch. Mouffe: Hegemony and Socialist Strategy: Towards a Radical Democratic Politics. London, Verso, 1985.

E. Laclau/Ch. Mouffe: Post-Marxism without Apologies. New Left Review, 1987, 166: 79-106.

B. Lacroix: Durkheim et le politique. Paris, PUF, 1981.

K. Laermann: Lacancan und Derridada. Über die Frankolatrie in den Kulturwissenschaften. Kursbuch 84, 1986: 34-44.

L. Landgrebe: Der Streit um die philosophischen Grundlagen der Gesellschaftstheorie. Opladen, Westdeutscher Verlag, 1975.

Ch. Lasch: The Minimal Self: Psychic Survival in Troubled Times. New York, Norton, 1984.

P. Lassmann (Hrsg.): Politics and Social Theory. London, Routledge, 1989.

D. Latimer: Jameson and Post-Modernism. New Left Review 1984: 116-128.

Ch. Lau: Gesellschaftliche Evolution als kollektiver Lernprozeß. Berlin, Duncker & Humblot, 1981.

H. Lawson: Reflexivity. The post-modern Predicament. London, Hutchinson, 1985.

J. Le Goff u. a. (Hrsg.): Die Rückeroberung des historischen Denkens. Frankfurt, Fischer, 1990.

G. Lehmbruch/Ph. Schmitter (Hrsg.): Patterns of Corporatist Policy-Making. London, Sage, 1982.

V. I. Lenin: Ausgewählte Werke. Berlin, Dietz, 3 Bde., 1966.

H. Lenk/H. Spinner: Rationalitätstypen, Rationalitätskonzepte und Rationalitätstheorien im Überblick. In: H. Stachowiak (Hrsg.): Pragmatik. Handbuch pragmatischen Denkens. Hamburg, Meiner, 1989, Bd. 3: 1-31.

G. Lenski: Power and Privilege. New York, McGraw Hill, 1966.

V. Lepenies: Die drei Kulturen. Soziologie zwischen Literatur und Wissenschaft. München, Hanser, 1985.

J. Lewis: Max Weber and Value-Free Sociology: a Marxist Critique. London, 1975.

A. Liepitz: Akkumulation, Krise und Auswege aus der Krise. Einige methodische Überlegungen zum Begriff der »Regulation«. Prokla, Nr. 58, 1985: 109-137.

W. Lipp: Autopoiesis biologisch, Autopoiesis soziologisch. Wohin führt Luhmanns Paradigmawechsel? KZfSS, 1987: 452-470.

E. List/H. Studer (Hrsg.): Denkverhältnisse. Feminismus und Kritik. Frankfurt, Suhrkamp, 1989.

J. Locke: An Essay Concerning Human Understanding. (1690) New York, Dover, 2 Bde., 1959.

S. Lovibond: Feminism and Postmodernism. New Left Review, 1989, Nr. 178: 5-28.

Th. J. Lowi: Europeanization of America? In: Th. J. Lowi/A. Stone (Hrsg.): Nationalizing Government. London, Sage, 1978: 15-29.

Th. Luckmann: Lebenswelt und Gesellschaft. Paderborn, Schöningh, 1980.

H. Luebbe: Der Wertwandel und die Arbeitsmoral. FAZ, 10. Dez. 1983: 15.

G. Lührs u. a. (Hrsg.): Theorie und Politik aus kritisch-rationaler Sicht. Berlin, Dietz, 1978.

N. Luhmann: Legitimation durch Verfahren. Neuwied 1969.

N. Luhmann: Soziologische Aufklärung 1. Opladen, Westdeutscher Verlag, 1970.

N. Luhmann: Politische Planung. Opladen, Westdeutscher Verlag, 1971.

N. Luhmann: Rechtssoziologie. Reinbek, Rowohlt, 2 Bde., 1972.

N. Luhmann: Soziologische Aufklärung 2. Opladen, Westdeutscher Verlag, 1975.

N. Luhmann: Soziologische Aufklärung 3. Opladen, Westdeutscher Verlag, 1981.

N. Luhmann: Politische Theorie im Wohlfahrtsstaat. München, Olzog, 1981a.

N. Luhmann: Soziale Systeme. Frankfurt, Suhrkamp, 1984.

N. Luhmann: Ökologische Kommunikation. Opladen, 1986.

N. Luhmann: Die Welt als Wille ohne Vorstellung. Politische Meinung Nr. 229, 1986a: 18-21.

N. Luhmann: Kapital und Arbeit. Probleme einer Unterscheidung. In: J. Berger: 1986b: 57-78.

N. Luhmann: Soziologische Aufklärung 4. Opladen, Westdeutscher Verlag, 1987.

N. Luhmann: Die Wirtschaft der Gesellschaft. Frankfurt, Suhrkamp, 1988.

N. Luhmann: Politische Steuerung. Ein Diskussionsbeitrag. PVS, 1989: 4-9.

N. Luhmann: Vertrauen. Stuttgart, Enke, 1989a, 3. Aufl.

G. Lukács: Die Zerstörung der Vernunft. Berlin, Aufbau, 1955.

T. W. Luke: Social Theory and Modernity. Cambridge, UP, 1990.

St. Lukes: Emile Durkheim. His Life and Work. London, Penguin, 1988 (1. Aufl. London, Allen Lane, 1971).

E. Lunn: Marxism and Modernism. A Historical Study of Lukács, Brecht, Benjamin and Adorno. Berkeley, Univ. of California Press, 1982.

B. Lutz: Der kurze Traum immerwährender Prosperität. Eine Neuinterpretation der industriell-kapitalistischen Entwicklung im Europa des 20. Jahrhunderts. Frankfurt, Campus, 1984.

J.-F. Lyotard: La condition postmoderne. Paris, Minuit, 1979.

J.-F. Lyotard: Grabmal der Intellektuellen. Graz, Edition Passagen, 1985.

J.-F. Lyotard: Das postmoderne Wissen. Graz, Edition Passagen, 1986.

J.-F. Lyotard: Philosophie und Malerei im Zeitalter des Experimentierens. Berlin, Merve, 1986a.

J.-F. Lyotard: Postmoderne für Kinder. München, Edition Passagen, 1987a.

J.-F. Lyotard: Der Widerstreit. München, Fink, 1987.

C. A. MacKinnon: Toward a Feminist Theory of the State. Cambridge/Mass., Harvard UP, 1989.

C. A. MacKinnon: Feminismus, Marxismus, Methode und der Staat. Ein Theorieprogramm. In: E. List/H. Studer: 1989a: 86-132.

C. B. MacPherson: Do we need a Theory of the State? Archives européennes de sociologie, 1977: 223-244.

J. D. McCarthy/M. N. Zald: Resource Mobilization and Social Movements. Am. Journal of Sociology, 1977: 1212-1241.

H. Maier: Politische Wissenschaft in Deutschland. Aufsätze zur Lehrtradition und Bildungspraxis. München, Piper, 1969.

P. T. Manicas: A History and Philosophy of the Social Sciences. Oxford, Blackwell, 1987.

K. Mannheim: Mensch und Gesellschaft im Zeitalter des Umbaus. (1935) Darmstadt, Gentner, 1958.

Mao Tse-Tung: Mao Papers. München, Hanser, 1972.

G. E. Marcus/M. M. J. Fischer: Anthropology as Cultural Critique. Chicago, UP, 1986.

H. Marcuse: Der eindimensionale Mensch. Neuwied, Luchterhand, 1967 (Am. Original 1963).

B. Marin: Die Paritätische Kommission. Aufgeklärter Technokorporatismus in Österreich. Wien, Int. Publikationen, 1982.

B. Marin (Hrsg.): Generalized Political Exchange. Frankfurt, Campus/Boulder, Westview, 1990.

H. Markl: Grenzen und Grenzüberschreitungen lebender Systeme. In: K. Hierholzer/H.-G. Wittmann (Hrsg.): 1988: 149-168.

K.-P. Markl (Hrsg.): Analytische Politikphilosophie und ökonomische Rationalität. Opladen, Westdeutscher Verlag, 1984.

O. Marquard: Abschied vom Prinzipiellen. Stuttgart, Reclam, 1981, 1987.

M. Maruyama: Towards Cultural Symbiosis. In: E. Jantsch/C. H. Waddington (Hrsg.): Evolution and Consciousness. Human Systems in Transition. London, Addison-Wesley, 1976: 198-213.

K. Marx: Grundrisse der Kritik der politischen Ökonomie. (1857/58) Frankfurt, EVA, o. J.

K. Marx/F. Engels: Werke. Berlin, Dietz, 1969 ff., 40 Bde. (zit. MEW).

K. Marx: Ethnologische Exzerpthefte. Frankfurt, Suhrkamp, 1976.

H. R. Maturana: Erkennen: Die Organisation und Verkörperung von Wirklichkeit. Braunschweig, Vieweg, 1985, 2. Aufl.

H. R. Maturana: Biologie der Sozialität. In: S. J. Schmidt: 1987: 287-302.

R. Mayntz: Soziologie in der Eremitage? In: E. Topitsch (Hrsg.): Logik der Sozialwissenschaften. Köln, Kiepenheuer & Witsch, 1966: 525-539.

R. Mayntz/B. Nedelmann: Eigendynamische soziale Prozesse. Anmerkungen zu einem analytischen Paradigma. KZfSS, 1987: 648-668.

R. Mayntz: Politische Steuerung und gesellschaftliche Steuerungsprobleme. Anmerkungen zu einem theoretischen Paradigma. In: Th. Ellwein u. a. (Hrsg.): Jahrbuch zur Staats- und Verwaltungswissenschaft. Bd. 1, Baden-Baden, Nomos, 1987: 89-110.

R. Mayntz u. a. (Hrsg.): Differenzierung und Verselbständigung. Zur Entwicklung gesellschaftlicher Teilsysteme. Frankfurt, Campus, 1988.

R. Mayntz: Soziale Diskontinuitäten. Erscheinungsformen und Ursachen: In: K. Hierholz/H.-G. Wittmann (Hrsg.): Phasensprünge und Stetigkeit in der natürlichen und kulturellen Welt. Stuttgart, Wissenschaftliche Verlagsgesellschaft, 1988a: 15-37.

R. Mayntz: The Influence of Natural Science Theories on Contemporary Social Science. Köln, MPIFG, 1990/7.

J. Mazier u. a.: Quand des crises durent... Paris, Economica, 1984.

R. Mehring: Politische Ethik in Max Webers »Politik als Beruf« und Carl Schmitts »Der Begriff des Politischen«. PVS, 1990: 608-626.

H. Meier: Carl Schmitt, Leo Strauss und ›Der Begriff des Politischen‹. Ein Dialog unter Abwesenden. Stuttgart, Metzler, 1988.

J. Meinck: Weimarer Staatslehre und Nationalsozialismus. Eine Studie zum Problem der Kontinuität im staatsrechtlichen Denken in Deutschland 1928 bis 1936. Frankfurt, Campus, 1978.

F. Meinecke: Die Idee der Staatsräson in der neueren Geschichte. München, Oldenbourg, 1963, 3. Aufl.

A. Melucci: The Symbolic Challenge of Contemporary Movements. Social Research, 1985: 779-816.

Ch. Merriam: Political Power. Glencoe/Ill., The Free Press, 1950 (1. Aufl. 1934).

R. Merton: Social Theory and Social Structure. Glencoe, Free Press, 1957, 2. Aufl.

R. Merton: Auf den Schultern von Riesen. Ein Leitfaden durch das Labyrinth der Gelehrsamkeit. Frankfurt, Syndikat, 1980.

M. Mies: Frauenforschung oder feministische Forschung. In: Beiträge zur feministischen Theorie und Praxis, Köln, Sozialwissenschaftliche Forschung und Praxis für Frauen: 1987, 3. Aufl.: 40-60.

R. Miliband: The State in Capitalist Society. London, Macmillan, 1969.

J. St. Mill: Dissertation and Discussions. London, 1859, Bd. 2.

J. St. Mill: A System of Logic (1846). London, Longman, 1959 (Neudruck).

K. Millett: Sexus und Herrschaft. München, Desch, 1971.

D. Misgeld: Kritische Theorie und Postmoderne. Soziologische Revue, 1987: 380-387.

J. Mitchell: Psychoanalysis and Feminism. Harmondsworth, Penguin, 1975.

J. Mitchell: Psychoanalyse und Feminismus. Frankfurt, Suhrkamp, 1985.

M. Mitscherlich: Über die Mühsal der Emanzipation. Frankfurt, Fischer, 1990.

A. Mohler: Carl Schmitt und die ›Konservative Revolution‹. In: H. Quaritsch: 1988: 129-157.

A. Mohler: Die konservative Revolution in Deutschland. Darmstadt, Wiss. Buchgesellschaft, 1989, 2 Bde.

T. Moi: Sexual/Textual Politics. London, Methuen, 1985.

J. Monod: Zufall und Notwendigkeit. München, Piper, 1971.

N. Mouzelis: Marxism or Post-Marxism? New Left Review, 1988, 167: 107-123.

H.-P. Müller: Wertkrise und Gesellschaftsreform. Emile Durkheims Schriften zur Politik. Stuttgart, Enke, 1983.

W. Müller/Ch. Neusüß: Die Sozialstaatsillusion und der Widerspruch von Lohnarbeit und Kapital. Sozialistische Politik, 1970. Nr. 6/7: 4-67.

R. Münch: Max Webers Anatomie des okzidentalen Rationalismus. Soziale Welt, 1978: 217ff.

R. Münch: Über Parsons zu Weber. Von der Theorie der Rationalisierung zur Theorie der Interpenetration. ZfS, 1980: 48-53.

R. Münch: Die Struktur der Moderne. Frankfurt, Suhrkamp, 1984.

R. Münch: Die Kultur der Moderne. Frankfurt, Suhrkamp, 1986, 2 Bde.

H. Münkler (Hrsg.): Politisches Denken im 20. Jahrhundert. München, Piper, 1990.

N. C. Mullins/C. J. Mullins: Theories and Theory Groups in Contemporary American Sociology. New York, Harper & Row, 1973 (dt. Kurzfassung in: Modell der Entwicklung soziologischer Theorien, in: W. Lepenies (Hrsg.): Geschichte der Soziologie. Frankfurt, Suhrkamp, 1986, Bd. 2: 69-96).

M. Murray (Hrsg.): Heidegger and Modern Philosophy. New Haven, Yale UP, 1978.

A. Naess: Paul Feyerabend – ein Held der Grünen. In: H.-P. Duerr, 1980: 184-199.

F. Naschold: Systemsteuerung. Stuttgart, Kohlhammer, 1969.

E. Nash/W. Rich: The Specificity of the Political: The Poulantzas-Miliband Debate. Economy and Society, 1975: 87-110.

B. Nedelmann: New Political Movements and Changes in the Processes of Intermediation. Social Science Information, 1984: 1029-1048.

B. Nedelmann: Das kulturelle Milieu politischer Konflikte. KZfSS, 1986, Sonderheft 27: 397-412.

V. Neumann: Der Staat im Bürgerkrieg. Kontinuität und Wandlung des Staatsbegriffs in der politischen Theorie Carl Schmitts. Frankfurt, Campus, 1980.

L. Niethammer: Posthistoire. Ist die Geschichte zu Ende? Reinbek, Rowohlt, 1989.

F. Nietzsche: Sämtliche Werke. Kritische Studienausgabe. München/Berlin, Deutscher Taschenbuch Verlag/de Gruyter, 15 Bde., 1988.

B. Nitzschke (Hrsg.): Freud und die akademische Psychologie. München, Psychologie Verlags Union, 1989.

D. Noguez: Lenin dada. Zürich, Limmat, 1990.

F. Novotny: Cézanne und das Ende der wissenschaftlichen Perspektive. Wien, Schroll, 1970 (1. Aufl. 1938).

J. O'Connor: Die Finanzkrise des Staates. Frankfurt, Suhrkamp, 1974.

C. Offe: Strukturprobleme des kapitalistischen Staates. Frankfurt, Suhrkamp, 1972.

C. Offe: Berufsbildungsreform. Eine Fallstudie über Reformpolitik. Frankfurt, Suhrkamp, 1975.

C. Offe: The Attribution of Public Status to Interest Groups. In: S. Berger (Hrsg.): Organizing Interests in Western Europe. Pluralism, Corporatism and the Transformation of Politics. Cambridge/Mass., Harvard UP, 1981: 225-246.

C. Offe Competitive Party Democracy and the Keynesian Welfare State. Policy Sciences 1983: 225-246.

C. Offe: Die Utopie der Null-Option. Modernität und Modernisierung als politische Gütekriterien. In: J. Berger: 1986: 97-118.

C. Offe: New Social Movements: Challenging Boundaries of Institutional Politics. Social Research, 1985: 817-868.

M. Olson: Die Logik des kollektiven Handelns. Tübingen, Mohr, 1968.

K. D. Opp: Ökonomie und Soziologie. Die gemeinsamen Grundlagen beider Fachdisziplinen. In: H.-B. Schäfer/K. Wehrt (Hrsg.): Die Ökonomisierung der Sozialwissenschaften. Frankfurt, 1989: 103-127.

R. R. Palmer: The Age of the Democratic Revolution. A Political History of Europa and America 1760-1800. Princeton UP, 1969, 2 Bde.

L. Panitch: Recent Theorizations of Corporatism. Reflections on a Growth Industry. British Journal of Sociology, 1980: 139-187.

V. Pareto: Les systèmes socialistes. Paris, Giard & Brière, 1902, 2 Bde.

V. Pareto: Trasformazioni della democrazia (1929). Rom, Guanda, 1946, 2. Aufl.

V. Pareto: Trattato di sociologia generale (1916). Mailand, Comunità, 1964, 2 Bde.

V. Pareto: Allgemeine Soziologie. Tübingen, Mohr, 1955.

V. Pareto: Lettere a Maffeo Pantaleoni. Rom, Storia e letteratura, 1962, 3 Bde.

T. Parsons/E. Shils: Toward a General Theory of Action. Cambridge/Mass., Harvard UP, 1954.

T. Parsons: The Structure of Social Action. (1937) Glencoe/Ill., Free Press, 1961, 2. Aufl.

T. Parsons: Societies. Evolutionary and Comparative Perspectives. Englewood Cliffs, Pretince Hall, 1966 (dt. 1975).

T. Parsons: Das System moderner Gesellschaften. München, Juventa, 1972.

C. Pateman: The Disorder of Women. Democracy, Feminism and Political Theory. Stanford UP, 1989.

H. H. Pattee (Hrsg.): Hierarchy Theory. New York, Braziller, 1973.

D. Peukert: Max Webers Diagnose der Moderne. Göttingen, Vandenhoeck & Ruprecht, 1989.

G. Poggi: The Main Theme of Contemporary Sociological Analysis: Its Achievements and Limitations. Brit. Journal of Sociology, 1965: 282 ff.

K. R. Popper: Das Elend des Historizismus. Tübingen, Mohr, 1965.

K. R. Popper: Prognose und Prophetie in den Sozialwissenschaften. In: E. Topitsch (Hrsg.): Logik der Sozialwissenschaften. Köln, Kiepenheuer & Witsch, 1966: 113-143

K. R. Popper: Die offene Gesellschaft und ihre Feinde. Bern, Francke, 2 Bde., 1945, 1970, 2. Aufl.

P. Portoghesi: Ausklang der modernen Architektur. Zürich, Artemis, 1983.

M. Poster: Critical Theory and Poststructuralism. In Search of a Context. Ithaca, Cornell UP, 1989.

N. Postman: Wir amüsieren uns zu Tode. Urteilsbildung im Zeitalter der Unterhaltungsindustrie. Frankfurt, Fischer, 1985.

N. Poulantzas: Klassen im Kapitalismus heute. Berlin, VSA, 1976.

N. Poulantzas: Staatstheorie. Politischer Überbau, Ideologie, Sozialistische Demokratie. Hamburg, VSA, 1978.

Ch. H. Powers: Vilfredo Pareto. London, Sage, 1987.

I. Prigogine: Order through fluctuation: self-organization and social system. In: E. Jantsch/C. H. Waddington (Hrsg.): Evolution and Consciousness. Human Systems in Transitions, London, Addison-Wesley, 1976: 93-128.

I. Prigogine: Vom Sein zum Werden. Zeit und Komplexität in den Naturwissenschaften. München, Piper, 1977.

I. Prigogine/I. Stengers: Dialog mit der Natur. Neue Wege naturwissenschaftlichen Denkens. München, Piper, 1986, 5. Aufl.

M. Prisching: Krisen. Eine soziologische Untersuchung. Wien, Böhlau, 1986.

M. Prisching: Grenzen des Wertwandels. Schweizer. Zschr. f. Soziologie, 1986: 49-70.

M. Prisching: Der Wandel politischer Stimmungslagen – staatliches Handeln in einer ›unübersichtlichen‹ Gesellschaft. Wirtschaft und Gesellschaft, 1989: 9-32.

A. Przeworski/H. Teune: The Logic of Comparative Social Inquiry. New York, Wiley, 1970.

L. Pye: Political Science and the Crisis of Authoritarianism. APSR, 1990: 5-19.

H. Quaritsch (Hrsg.): Complexio Oppositorum. Über Carl Schmitt. Berlin, Duncker & Humblot, 1988.

P. Rabinow (Hrsg.): The Foucault Reader. New York, Pantheon, 1987.

J. Raschke: Politik und Wertwandel in den westlichen Demokratien. APuZG, B 36, 1980: 23-45.

M. G. Raskin: The Common Good. Its Politics, Policies and Philosophy. London, Routledge & Kegan, 1986.

J. Rattner: Tiefenpsychologie und Politik. Freiburg, Rombach, 1970.

J. Rawls: A Theory of Justice. Oxford, Clarendon, 1972.

H. Reimann u. a.: Basale Soziologie. Theoretische Modelle. Opladen, Westdeutscher Verlag, 1970, 2. Aufl.

B. Reimer: No Values – New Values. Youth and Postmaterialism. Scand. Pol. Studies, 1988: 347-359.

B. Reimer: Postmodern Structures of Feeling: Values and Lifestyles in the Postmodern Age. In: J. R. Gibbins (Hrsg.): Contemporary Political Culture. London, Sage, 1989: 110-126.

H. Rickert: Kulturwissenschaft und Naturwissenschaft (1899). Tübingen, Mohr, 1926, 6. Aufl.

D. M. Ricci: The Tragedy of Political Science. Politics, Scholarship and Democracy. New Haven, Yale UP, 1984.

A. Rich: Compulsory Heterosexuality and Lesbian Existence. Journal of Women in Culture and Society, 1980: 631-660.

A. Rich: Compulsory Heterosexuality and Lesbian Experience. London, Virago, 1981.

M. Riedel: Der Staatsbegriff der Geschichtsschreibung des 19. Jahrhunderts in seinem Verhältnis zur klassisch-politischen Philosophie. Der Staat, 1964: 41-63.

M. Riedel: Gesellschaft, bürgerliche. In: Otto Brunner u. a. (Hrsg.): Geschichtliche Grundbegriffe. Stuttgart, Klett-Cotta, 1979: Bd. 2, 719-800.

R. Riedl: Die Strategie der Genesis: Naturgeschichte der realen Welt. München, Piper, 1976.

P. Roazen: Freud. Political and Social Thought. London 1969.

A. Ross (Hrsg.): Universal Abandon? Politics of Postmodernism. Minneapolis, University of Minnesota Press, 1988.

G. Roth: Selbstorganisation – Selbsterhaltung – Selbstreferentialität: Prinzipien der Organisation der Lebewesen und ihre Folgen für die Beziehung zwischen Organismus und Umwelt. In: Andreas Dress u. a. (Hrsg.): Selbstorganisation. München, Piper, 1986: 149-180.

G. Roth: Autopoiese und Kognition. In: S. J. Schmidt: 1987: 256-286.

W. Roth (Hrsg.): Parlamentarisches Ritual und politische Alternativen. Frankfurt, Campus, 1980.

R. Rorty: Philosophy and the Mirror of Nature. Princeton, UP, 1979.

J.-J. Rousseau: Lettre à M. D'Alembert. In: Ders.: Du contrat social. etc Paris, Classiques Garnier, 1962: 23-134.

G. Rusch: Autopoiesis, Literatur, Wissenschaft. In: S. J. Schmidt: 1987: 374-400.

G. Sabine: What is a Political Theory? In: J. A. Gould/V. V. Thursby (Hrsg.): Contemporary Political Thought. New York, Holt, Rinehart & Winston, 1969: 7-20.

H. Sahner: Theorie und Forschung. Zur paradigmatischen Struktur der westdeutschen Soziologie und zu ihrem Einfluß auf die Forschung. Opladen, Westdeutscher Verlag, 1982.

D. Sauer: Staat und Staatsapparat. Ein theoretischer Ansatz. Frankfurt, Campus, 1978.

St. Savage: The Theories of Talcott Parsons. London, Macmillan, 1987.

H. B. Schäfer/K. Wehrt (Hrsg.): Die Ökonomisierung der Sozialwissenschaften. Frankfurt, Suhrkamp, 1989.

F. W. Scharpf: Demokratietheorie zwischen Utopie und Anpassung. Konstanz, Universitätsverlag, 1970.

F. W. Scharpf: Sozialdemokratische Krisenpolitik in Europa. Frankfurt, Campus, 1987.

F. W. Scharpf: Politische Steuerung und politische Institutionen. PVS, 1989: 10-21.

Erhard Scheibe: Gibt es eine Annäherung der Naturwissenschaften an die Geisteswissenschaften? In: J. Assmann/T. Hölscher (Hrsg.): Kultur und Gedächtnis. Frankfurt, Suhrkamp, 1988: 65-83.

A. von Schelting: Max Webers Wissenschaftslehre. Tübingen, Mohr, 1934.

E. Scheuch: Methodische Probleme gesamtgesellschaftlicher Analysen. In: Adorno: 1969: 153-182.

U. Schimank/M. Glagow: Formen politischer Steuerung. In: Glagow: 1984: 4-28.

W. Schluchter: Die Entwicklung des okzidentalen Rationalismus. Eine Analyse von Max Webers Gesellschaftsgeschichte. Tübingen, Mohr, 1979.

W. Schluchter: Staat und Verwaltungshandeln. Anmerkungen zur neue-

ren staatstheoretischen Diskussion. In: Ders.: Rationalismus der Welt-
beherrschung. Frankfurt, Suhrkamp, 1980: 170-184.

W. Schluchter: Entscheidung für den sozialen Rechtsstaat. Hermann Heller und die staatstheoretische Diskussion in der Weimarer Republik.
Baden-Baden, Nomos, 1983, 2. Aufl.

W. Schluchter: Religion und Lebensführung. Frankfurt, Suhrkamp, 1989,
2 Bde.

B. Schmidt: Postmoderne – Strategien des Vergessens. Darmstadt, Luchterhand, 1986, 2. Aufl.

M. G. Schmidt: Staatliche Politik, Parteien und der politische Unterbau.
PVS, 1982: 199-204.

S. J. Schmidt (Hrsg.): Der Diskurs des Radikalen Konstruktivismus.
Frankfurt, Suhrkamp, 1987.

C. Schmitt: Die geistesgeschichtliche Lage des Parlamentarismus. Berlin,
Duncker & Humblot 1961 2. Aufl.

C. Schmitt: Legalität und Legitimität. München, Duncker & Humblot,
1982.

C. Schmitt: Der Begriff des Politischen. Berlin, Duncker & Humblot,
1987 (Nachdr.)

C. Schmitt: Politische Theologie. Berlin, Duncker & Humblot, 1990,
5. Aufl.

Ph. Schmitter: Still the Century of Corporatism. In: Ph. Schmitter/
G. Lehmbruch (Hrsg.): Trends Toward Corporatist Intermediation.
Beverly Hills, Sage, 1979: 7-48.

Ph. Schmitter: Interest intermediation and regime governability in contemporary Western Europa and North America. In: S. Berger (Hrsg.):
Organizing interest in Western Europe. Cambridge, UP, 1981: 287 ff.

G. Schöllgen: Max Webers Anliegen. Darmstadt, Wiss. Buchgesellschaft,
1985.

A. Schöppe u. a.: Ist der Transfer naturwissenschaftlicher Begriffe in die
Sozialwissenschaften möglich? KZfSS, 1989: 378-381.

B. Scholte: Epistemic Paradigms: Some Problems in Cross-Cultural Research on Social Anthropological History and Theory. American An-
thropologist, 1966: 1192-1201.

U. Schreiber: Die politische Theorie Antonio Gramscis. Berlin, Argu-
ment-Studienhefte, SH 55, 1982.

H. G. Schütte: Handlungen, Rollen und Systeme. In: Hans Lenk (Hrsg.):
Handlungstheorien interdisziplinär: München, Fink, 1977: 17-57.

A. Schütz: Der sinnhafte Aufbau der sozialen Welt. Eine Einleitung in die
verstehende Soziologie (1932). Frankfurt, Suhrkamp, 1974.

A. Schütz/Th. Luckmann: Strukturen der Lebenswelt. Frankfurt, Suhrkamp, 1979.

A. Schütz/T. Parsons: Zur Theorie sozialen Handelns. Frankfurt, Suhrkamp, 1977.

E. Schulz: Das kurze Leben der modernen Architektur. Stuttgart, DVA, 1977.

M. Schwartz: Radical Protest and Social Structure. New York, Academy Press, 1976.

G. Schweigler: Nationalbewußtsein in der BRD und DDR. Düsseldorf, Bertelsmann, 1974, 2. Aufl.

R. Seidelman/E. J. Harpham: Disenchanted Realists. Political Science and the American Crisis 1884-1984. New York, State University of New York, Press, 1985.

L. J. Sharpe/K. Newton: Does Politics matter? The Determinants of Public Policy. Oxford, Clarendon, 1984.

E. J. Sieyès: Qu'est-ce que le tiers-état? Paris, o. V., 1789.

G. Simmel: Soziologie. Berlin, Duncker & Humblot, 1983, 6. Aufl.

G. Simmel: Aufsätze 1887-1890. Frankfurt, Suhrkamp, 1989.

H. A. Simon: Administrative Behavior. New York, Free Press (1945), 1968, 5. Aufl.

F. B. Simon/H. Stierlin: Die Sprache der Familientherapie. Stuttgart, Klett-Cotta, 1984.

St. Skalweit: Der moderne Staat. Ein historischer Begriff und seine Problematik. Opladen, Westdeutscher Verlag, 1975.

P. Sloterdijk: Eurotaoismus. Zur Kritik der politischen Kinetik. Frankfurt, Suhrkamp, 1989.

B. Smart: The Politics of Truth and the Problem of Hegemony. In: D. Couzens Hoy (Hrsg.): Foucault: A Critical Reader. Oxford, Blackwell, 1986: 157-173.

B. Smith: Place, Taste and Tradition. A Study of Autralian Art since 1788. Sidney, Oxford UP, 1988 (Erstausgabe 1945).

C. P. Snow: Die zwei Kulturen. Literarische und naturwissenschaftliche Intelligenz (Hrsg. von H. Kreuzer). dtv, 1990.

A. Söllner: Geschichte und Herrschaft. Studien zur materialistischen Sozialwissenschaft 1929-1942. Frankfurt, Suhrkamp, 1979.

A. Söllner: Vom Staatsrecht zur »political science«? Die Emigration deutscher Wissenschaftler nach 1933, ihr Einfluß auf die Transformation einer Disziplin. PVS, 1990: 627-654.

R. Soffer: Ethics and Society in England. The Revolution in the Social Sciences 1870-1914. Berkeley, University of California Press, 1978.

R. Spaemann: Technische Eingriffe in die Natur als Problem der politischen Ethik. In: B. Guggenberger/C. Offe: 1984: 240-253.

R. Spaemann: Das Natürliche und das Vernünftige. Aufsätze zur Anthropologie. München, Piper, 1987.

R. Spaemann: Niklas Luhmanns Herausforderung der Philosophie. In: Paradigm lost: Über die ethische Reflexion der Moral. Frankfurt, Suhrkamp, 1990.

H. F. Spinner: Popper und die Politik. Berlin, Dietz, Bd. 1, 1978.

H. F. Spinner: Gegen, ohne, für Vernunft, Wissenschaft, Demokratie etc. Ein Versuch, Feyerabends Philosophie aus dem Geist der Kunst zu verstehen. In: H.-P. Duerr (Hrsg.): Versuchungen. Aufsätze zur Philosophie Paul Feyerabends. Frankfurt, Suhrkamp, 1980, Bd. 1: 35-109.

H. F. Spinner: Max Weber, Carl Schmitt, Bert Brecht als Wegweiser zum ganzen Rationalismus der Doppelvernunft. Über die beiden äußersten Möglichkeiten, sich in einer irrationalen Welt rational zu orientieren. Merkur, 1986, H. 11: 923-935.

H. F. Spinner: Die Doppelvernunft der Moderne im Spiegel der zwei Kulturen. In: G. Großklaus/E. Lämmert (Hrsg.): Literatur in einer industriellen Kultur. Stuttgart, Cotta, 1989: 99-135.

H. F. Spinner: Weber gegen Weber: Der ganze Rationalismus einer ›Welt von Gegensätzen‹. In: Weiß, a.a.O.: 1989: 250-295.

G. Spivak: 3 Women's Texts. Critical Enquiry, 12. Chicago, UP: 243-261.

J. Stacey: Der Feminismus als Geburtshelferin des ›Postindustrialismus‹. Leviathan, 1987: 230-241.

A. von der Stein: Der Systembegriff in seiner geschichtlichen Entwicklung. In: A. Diemer (Hrsg.): System und Klassifikation in Wissenschaft und Dokumentation. Meisenheim, Hain, 1968: 1-13.

L. von Stein: Zur Preußischen Verfassungsfrage (1852). Darmstadt, Wissenschaftliche Buchgesellschaft, 1961, 2. Aufl.

L. von Stein: System der Staatswissenschaft. Bd. 2: Die Gesellschaftslehre. Osnabrück, Zeller, 1856, Neudruck 1964.

R. Stichweh: Rationalität bei Parsons. ZfS, 1980: 54-78.

R. Stichweh: Inklusion in Funktionssystemen der modernen Gesellschaft. In: R. Mayntz u. a. (Hrsg.): Differenzierung und Verselbständigung. Frankfurt, Campus, 1988: 261-293.

E. Ströker: Lebenswelt und Wissenschaft in der Philosophie Edmund Husserls. Frankfurt, Klostermann, 1979.

H. J. Sussman/R. S. Zahler: Catastrophe Theory as Applied to the Social and Biological Sciences. A Critique. Synthese 1978: 117-216.

M. Tafuri: Architecture and Utopica. Cambridge/Mass., MIT-Press, 1976.

B. Taylor: Modernism, Postmodernism, Realism. Winchester School of Arts Press, 1987.

F. H. Tenbruck: Zur Kritik der planenden Vernunft. Freiburg, Alber, 1972.

F. H. Tenbruck: Das Werk Max Webers. KZfSS, 1975: 663-702.

F. H. Tenbruck: Emile Durkheim oder die Geburt der Gesellschaft aus dem Geist der Soziologie. ZfS, 1981: 333-350.

F. H. Tenbruck: Die kulturellen Grundlagen der Gesellschaft. Opladen, Westdeutscher Verlag, 1989.

G. Teubner: Recht als autopoietisches System. Frankfurt, Suhrkamp, 1989.

R. Thom: Structural Stability and Morhogenesis. Reading/Mass. Addison-Wesley, 1975.

Ch. Tilly: From Mobilization to Revolution. Reading/Mass., Addison-Wesley, 1978.

L. J. Tivey/A. W. Wright (Hrsg.): Political Ideas since 1945. London, Edgar Elgar, 1991.

A. de Tocqueville: De la démocratie en Amérique. Paris, Œuvres completes, Gallimard, 1961, 2 Bde., Bd. 1.

P. Tönnies: Gemeinschaft und Gesellschaft. Grundbegriffe der reinen Soziologie. (1887) Darmstadt, Wissenschaftliche Buchgesellschaft, 1963.

C. Tomkins: Post to Neo. The Art World of the 1980s. London, Penguin, 1989 (am. Original 1988).

A. Touraine: Krise und Wandel des sozialen Denkens. In: J. Berger: 1986: 15-39.

Ch. Thürmer-Rohr: Vagabundinnen. Feministische Essays. Berlin, Orlanda Frauenverlag, 1987.

B. S. Turner: From Postindustrial Society to Postmodern Politics: The Political Sociology of Daniel Bell. In: J. R. Gibbins (Hrsg.): Contemporary Political Culture. Politics in a Postmodern Age. London, Sage, 1989: 199-217.

H. Tyrell: Emile Durkheim. Das Dilemma der organischen Solidarität. In: N. Luhmann (Hrsg.): Soziale Differenzierung. Opladen, Westdeutscher Verlag, 1985: 181-250.

A. von Unruh: Dogmengeschichtliche Untersuchung über den Gegensatz von Staat und Gesellschaft vor Hegel. Leipzig, Teubner, 1928.

H. W. Ursprung: Die elementare Katastrophentheorie. Eine Darstellung aus der Sicht der Ökonomie. Heidelberg, Springer 1982.

F. G. Varela: Principles of Biological Autonomy. New York, North Holland, 1979.

J. W. Van Deth: The Persistence of Materialist and Post-Materialist Value Orientations. Eur. Journ. of Pol. Research, 1983: 63-79.

G. Vattimo: Jenseits vom Subjekt. Nietzsche, Heidegger und die Hermeneutik. Graz, Böhlau, 1986.

F. Vester: Neuland des Denkens. München, Piper, 1984.

G. Vico: La scienza nuova seconda (1774). Bari, Laterza, 1953, 2 Bde.

E. Voegelin: Die neue Wissenschaft der Politik. München, Pustet, 1965, 2. Aufl.

P. Wagner: Sind Risiko und Unsicherheit neu oder kehren sie wieder? Leviathan, 1988: 288-296.

P. Wagner: Sozialwissenschaften und Staat in Kontinentaleuropa. Konstitutionsbedingungen des gesellschaftswissenschaftlichen Diskurses der Moderne. Frankfurt, Campus, 1990.

K. Wahl: Die Modernisierungsfalle. Gesellschaft, Selbstbewußtsein und Gewalt. Frankfurt, Suhrkamp, 1989.

J. C. Wahlke: Pre-Behavioralism in Political Science. APSR, 1979: 9-31.

B. Waldenfels (Hrsg.): Phänomenologie und Marxismus. Frankfurt, Suhrkamp, 1977, Bd. 2.

B. Waldenfels: Die Abgründigkeit des Sinnes. Kritik an Husserls Idee der Grundlegung. In: E. Ströker: 1979: 124-142.

E. J. Walsh: Resource Mobilization and Citizen Protest in Communities around Three Mile Island. Soc. Probl., 1981: 1-26.

M. Walzer: The Politics of Michel Foucault. In: D. Couzens Hoy, 1986: 51-68.

M. Weber: Gesammelte Aufsätze zur Religionssoziologie. Tübingen, Mohr, 1920, 9. Aufl. 1988, Bd. 1.

M. Weber: Gesammelte Aufsätze zur Soziologie und Sozialpolitik. Tübingen, Mohr, 1924.

M. Weber: Gesammelte Aufsätze zur Wissenschaftslehre. Tübingen, Mohr, 1951, 2. Aufl.

M. Weber: Wirtschaft und Gesellschaft. Tübingen, Mohr, 1956, 2 Halbbände, 4. Aufl.

M. Weber: Gesammelte politische Schriften. Tübingen, Mohr, 1958.

E. Weede: Wirtschaft, Staat und Gesellschaft. Tübingen, Mohr, 1990.

Ch. Weedon: Feminist Practice and Poststructuralist Theory. Oxford, Blackwell, 1987.

H.-U. Wehler: Neoromantik und Pseudorealismus in der neuen Alltagsgeschichte. In: Ders.: Preußen ist wieder chic. Frankfurt, Suhrkamp, 1983: 99-106.

R. Weiner: Cultural Marxism and Political Sociology. London, Sage, 1981.

P. Weingart (Hrsg.): Wissenschaftssoziologie. Frankfurt, Athenäum, 1973, Bd. 1, 1974, Bd. 2.

J. Weiß (Hrsg.): Max Weber heute. Frankfurt, Suhrkamp, 1989.

T. D. Weldon: The Vocabulary of Politics. Harmondsworth, Penguin, 1953.

M. Welker (Hrsg.): Theologie und funktionale Systemtheorie. Luhmanns Religionssoziologie in theologischer Diskussion. Frankfurt, Suhrkamp, 1985.

A. Wellmer: Zur Dialektik von Moderne und Postmoderne. Frankfurt, Suhrkamp, 1985.

W. Welsch: Unsere postmoderne Moderne. Weinheim, Acta humaniora, 1987.

W. Welsch (Hrsg.): Wege aus der Moderne. Schlüsseltexte der Postmoderne-Diskussion. Weinheim, Acta humaniora, 1988.

W. Wieser: Vom Werden zum Sein. Energetische und soziale Aspekte der Evolution. Berlin, Parey, 1989.

G. L. Williams: Political Theory in Retrospect. London, Edgar Elgar, 1991.

P. J. Williamson: Varieties of Corporatism. Theory and practice. Cambridge, UP, 1985.

P. J. Williamson: Corporatism in Perspective. London, Sage, 1989.

H. Willke: Zum Problem der Integration komplexer Sozialsysteme. Ein theoretisches Konzept. KZfSS, 1978: 228-252.

H. Willke: Entzauberung des Staates. Überlegungen zu einer sozietalen Steuerungstheorie. Königstein, Athenäum, 1983.

H. Willke: Gesellschaftssteuerung. In: M. Glagow: 1984: 29-53.

H. Willke: Systemtheorie entwickelter Gesellschaften. Weinheim, Juventa, 1989.

B. Willms: Postmoderne und Politik. Der Staat 1989: 321-352.

P. Winch: Die Idee der Sozialwissenschaft und ihr Verhältnis zur Philosophie. Frankfurt, Suhrkamp, 1966.

G. Wiswede/Th. Kutsch: Sozialer Wandel. Darmstadt, Wiss. Buchgesellschaft, 1978.

T. Wolfe: Mit dem Bauhaus leben. Frankfurt, Syndikat/EVA, 1984 (Original: From Bauhaus to Our House, 1981).

D. Wyss: Marx und Freud. Ihr Verhältnis zur modernen Anthropologie. Göttingen, Vandenhoeck & Ruprecht, 1969.

I. M. Young: Humanismus, Gynozentrismus und feministische Politik. In: E. List/H. Studer: 1989: 37-65.

E. Zahn: Diskontinuitäten im Verhältnis soziotechnischer Systeme. Betriebswirtschaftliche Interpretationen und Anwendungen von Theoremen der mathematischen Katastrophentheorie. Die Betriebswirtschaft, 1979: 119-141.

M. Zängle: Max Webers Staatstheorie im Kontext seines Werkes. Berlin, Duncker & Humblot, 1988.

W. Zapf (Hrsg.): Theorien des sozialen Wandels. Köln, Kiepenheuer & Witsch, 1971.

E. C. Zeeman: Catastrophe Theory. Reading/Mass., Addison-Wesley, 1977.

M. Zeleny (Hrsg.): Autopoiesis. A Theory of Living Organization. New York etc., North Holland, 1981.

T. Ziehe/H. Stubenrauch: Plädoyer für ungewöhnliches Lernen. Reinbek, Rowohlt, 1982.

Index

suhrkamp taschenbücher wissenschaft
Rechtswissenschaft

suhrkamp taschenbücher wissenschaft
Rechtswissenschaft

– Abweichendes Verhalten.
  Bd. 2: Die gesellschaftliche
  Reaktion auf Kriminalität I.
  Strafgesetzgebung und Straf-
  rechtsdogmatik. stw 85
– Abweichendes Verhalten.
  Bd. 3: Die gesellschaftliche
  Reaktion auf Kriminalität II.
  Strafprozeß und Strafvollzug.
  stw 86
– Abweichendes Verhalten.
  Bd. 4: Kriminalpolitik und
  Strafrecht. stw 87
Müller/Staff (Hg.): Staatslehre in
  der Weimarer Republik.
  stw 547

Riedel (Hg.): Materialien zu He-
  gels Rechtsphilosophie. 2 Bde.
  stw 88/89
Schumann: Der Handel mit Ge-
  rechtigkeit. stw 214
Simitis u.a.: Kindeswohl.
  stw 292
Stolleis: Staat und Staatsräson in
  der frühen Neuzeit. stw 878
Wesel: Aufklärungen über Recht.
  stw 368
– Juristische Weltkunde. stw 467
– Der Mythos vom Matriarchat.
  stw 333
Zenz: Kindesmißhandlung und
  Kindesrechte. stw 362

Über sämtliche bis Mai 1992 erschienenen suhrkamp taschenbücher
wissenschaft (stw) informiert Sie das Verzeichnis der Bände 1 – 1000
(stw 1000) ausführlich. Sie erhalten es in Ihrer Buchhandlung.

2,50 €